U0144457

文史哲學集成

吳復生著

荀子思想新採

文史哲出版社印行

國家圖書館出版品預行編目資料

荀子思想新探 / 吳復生著. -- 初版. -- 臺北市 : 文史哲, 民 87
面 : 公分. -- (文史哲學集成 ; 397)
參考書目 : 面
ISBN 957-549-163-7(平裝)

1. (周) 荀況 - 學術思想 - 哲學

121.27 87011700

文史哲學集成 397

荀子思想新探

著者：吳復生
出版者：文史哲出版社
登記證字號：行政院新聞局版臺業字五三三七號
發行人：彭正雄
發行所：文史哲出版社
印刷者：文史哲出版社
臺北市羅斯福路一段七十二巷四號
郵政劃撥帳號：一六一八〇一七五
電話 886-2-23511028 · 傳眞 886-2-23965656

實價新臺幣六五〇元

中華民國八十七年九月初版

ISBN 957-549-163-7

王序

孟軻、荀卿皆傳孔道之大儒也。而孟軻特爲後世所重，至或尊爲亞聖。於荀卿則不然，甚至排拒其書。明智若東坡者，且指荀卿之書：「喜爲異說而不讓，敢爲高論而不顧。」遑論其他？何以故？蓋荀卿之言人之性惡，言天之自然是耳。

然而荀卿固未嘗言人性之必惡也。唯指出人性有好利，好疾惡，好聲色。三種情欲。若此三端，順是而不可制，則流爲惡是矣。故曰：順是，則爭奪生而辭讓亡；殘賊生而忠信亡；淫亂生而禮義文理亡。此言人之情欲，因順是之過而成惡，初不爲惡也。但天性有欲，心能爲之節制。欲多無害，無理性之制裁則爲害。而心則理性之主也。得心之慮而能動，謂之僞。僞者乃謂屬人爲之者，而非天性也。人爲正其心，以求其心之能慮。人爲之心，惟學之，積之，習之而後成。其學積而習者何，禮樂是矣。

荀卿力持禮之可以感人之心慮智能，心能制情欲之順是泛濫，人而能學能積能習於禮，則可成其慮智之心；有其理念，則可以去惡而致於善。復潤之以樂，以陶冶情性，安其欲動而舒其衝激。此即積善以化性起僞之理也。然則荀卿之學，何嘗揚惡？其取成善之目的與孟軻等，且更以積善化性，先止趨惡之欲，實拔其惡根，而得樹成善之本者也。世人或有未察，遽指其書主性惡。斯後人之誤，非荀卿之過也。

至於言天之自然，本與孔子同。孔子曰：「天何言哉？四時行焉，百物生焉。天何言哉？」天不言而天道行常，是自然之天也。孔子未嘗言天之於人有命定也。後人多謂儒家主天命有定，實則不然。觀詩書中天命之義，蓋都謂王朝之改易，是天命所降。但書君奭云：「天降喪于殷，殷既墜厥命，我有周既受。我不敢知曰，厥基永孚于休。」「又曰：天不可信！我道維寧王德延。」然則所謂天命者，並不可信賴，而由王者之仁暴決之。仁則天命留；暴則天命去。天命既由王者之作爲定去留，天又何嘗主動命定邪？故詩大雅文王云：「禮言配命，自求多福。」多福須由自求，固非天之所定也。

是以荀卿所言天屬自然之論，自未悖於儒道也。後世誤以爲荀卿敢爲反孔孟之謬說，排而棄之。致荀卿之學，鮮有探論者。洎乎唐，始有楊倞一注。迄清末，方有王先謙蒐明盧九章，清・顧廣圻、王念孫等之校訂箋注，編爲集釋。然而止於校勘訓詁考證之類，於荀卿思想學術，尙未能深及也。

延陵吳復生先生。夙景荀卿，深窺其學，積多歲窮研，探賾抉微，鉤深致遠，乃能洞察荀卿之學：實眞傳儒道，誠能體天理之眞義，察人性之潛隱；自格致誠正，至修齊治平，無所不及，無所不碻。意以爲荀學若是其善美，不可不宣於世，以爲教人治世之宏規。於是盡心竭智，撰爲荀子思想新探一書。

斯作也，條理荀卿之思想，胍絡其體系，建立其結構，闡明其義旨，分條析理，廣彼精深，釋明荀學之大體，以禮樂爲器，以學積爲術；正名解蔽，化性起僞，教人使爲君子，治國使爲安康，有本有末，有終有始。用以彰大儒之學，啓世人之智，誠益世濟人之作也。荀卿寂寞二千餘年，有此書庶可傳其心歟。方其書得殺青，爰爲序其因緣云爾。

丙子臘月於臺灣霜茂樓　**王靜芝**

自序

孟、荀同爲孔門後起之龍象，而荀子獨以將聖之資，伊呂懷抱，發孔氏之深微，而駸駸於九萬里以立儒家之新統。蓋其學根本六經，枝葉諸子，求體於經傳，求用於禮樂；相反於老、莊，而相成於自然之趣；相反於墨子、惠、鄧，而相成於名理之備；涵濡於內聖外王，而蛻變於周制之修正；而以器識學問成一家之言。爲周、孔廓包羅萬象之大天地，爲傳統注客觀理性之新生命；爲人類價値正其本，爲人性善惡清其源，爲世俗之論啓其正，爲糜爛之俗求其美，爲天下紛紛理其亂，爲迂闊故常求其切；以歸於知統類、一制度、隆禮義而殺詩書，唯實唯用之建構。其縱橫於楮墨之間，則處處有方略，事事有方法，以柢於「士服民安」之大凝，以畢王者之事於「守則固，征則彊，令行禁止」之實效；而以「君子理天地」爲「天生人成」之終始。此其學之所以出新於周、孔，獨造於百家，殊勝於孟子，而遠賢於盧騷之徒亂人意、徒多盜賊也。

荀子以守正嫉亂而非議諸子，其言或有美中之不足，而韓愈終以「吐辭爲經，優入聖域」稱道之。其或爲宋人所交口以攻者，亦終於四庫全書總目提要中得其論定之昭昭。若夫禮學之爲歷代所兢兢；

心性二元，禮義僞性之說之影響於宋儒之言性理；開明思想之遠及於晚明，黎洲之論原君，實用說之相近於西方之杜威；以及邏輯思想之突出，理性主義之表現於「外王」之極致，而爲今哲牟宗三先生所推崇備至者（詳名家與荀子），則其瞻矚之廣遠，藥言之放推，尤非時代疆宇所能囿矣。蓋衆口固足鑠金於一時，而終莫能泯不朽之學於百世。是故於沈淪千載之下，而能復盛於清季，重光於今日。其道豈偶然哉！觀其生平之所倡議者：或爲諷誦論議於成學，或爲德操定應於成人，或爲辨合苻驗於立言，或爲中理中說於言行，或爲從道從義於立心，或爲養心守仁於致誠，則未嘗或忘禮義倫類於須臾也。遂於傳經之餘僕僕天下，法必後王，議必儒術，不屑爲游士之取容，亦不必卿相而後仕，所志者行道而已。故所治之蘭陵獨能爲沙漠之綠洲，牛刀小試，已足以上追殷、周之百里。其治術之善，蓋孔氏所謂「如有所譽，其有所試」者矣！此其書之所以不可不讀者也。

筆者始讀此書於王先謙集解，既由諸儒文序之所啓，乃讀而樂之；涉獵既廣，則如飲醇醪。故於從政、授課之餘，輒以一卷在手而不知寢食。如是者凡二十餘年，乃自以爲微有所得，敢以公諸讀者。

本書之執筆，旨在「探求」荀子之治平思想，俾與讀者共賞其一新傳統王道之迂闊，而爲經綸亂世之宏規。庶幾裨益世道而有助於開物。爲便閱讀并節篇幅，更以介於文白之間之通俗文體，作義理之今詮。嘗試建構之體系，亦所以明其本末終始，俾使讀者通曉其治道之脈絡於綱目條貫之間。綱目之命名，則力求出於原書，以存其風貌。

本書之內容，係以原書三十二篇之有關章句，分類輯爲三篇九章。第一篇爲前提三論：依次爲天人論、性僞論、庶民論。第二篇爲方略三論：依次爲制度論、君相論、禮樂論。第三篇爲方法三論：依次爲君子論、辨說論、操術論。全書約三十二萬言。篇末以結論總其說并附荀子繹傳，俾便讀者略知其人其事於閱讀之前後。

第一篇之前提三論，將以見其廓清「營巫祝信機祥」，怠於人事之唯神意識，而代以天人分職、人治中心之自然論—所謂「天有其時，地有其財，人有其治」之同步；所謂「從天而頌之，孰與制天命而用之」之善治。亦以見其透視人性，探求人格之組織，以建立其「化性起僞」之論證，以申禮樂刑政之必要；所謂「人之性惡，必待聖王之治，禮義之化，然後皆出於治，合於善也。」復以觀其所倡之生民立君論與國家功能論；所謂「天之生民，非以爲君也；天之立君，以爲民也」；所謂「與天下之同利，除天下之同害，天下歸之」。從而詳探其天人思想，人性思想及唯民思想，以觀其前提理論之究竟。

第二篇之方略三論，將首見其立國之大法—「法後王」之制，而自貴族壟斷之中改革封建，以建立開明政體，而以禮義昭穆思想，取代王公士大夫之世官制度；所謂「分未定也則有昭穆。雖王公士大夫之子孫，不能屬於禮義，則歸之庶人；雖庶人之子孫，積文學，正身行，能屬於禮義，則歸之王公士大夫」。亦以見其將以「繼統」唯「聖」之思想，取代擅(禪)讓或絕對傳子之制度；所謂「天下有聖而在後子者，則天下不離……聖不在後子而在三公，則天下如歸……死則能任天下者必有之矣。夫禮義之分盡矣，擅讓惡用矣哉!」其次則以見其「法後王」以行「先王之道」之「一相無爲」思想，而自專制傳統之中確立其宰相政府；所謂「既能當一人，則身何勞而為，垂衣裳而天下定；故湯用伊尹，文王用呂尚……」。再次則觀其重典思想於「禮刑並重」之架構：所謂「治之經，重禮刑」；「雕雕焉縣(懸)貴爵重賞於其前，縣明刑大辱於其後，雖欲無化，能乎哉」！從而詳探其制度思想，君相思想及禮樂思想，以觀其方略理論之究竟。

第三篇之方法三論，將見其所以主君子、教「讀經、讀禮」、「為士、為聖人」、為王者師「以正四國」之道，所謂「君子者，治之原也」。復見其所以正邪說、息姦言，以止囂亂於天下之道，所謂「是非不亂則國治」也。最後則以見其治詳以約，舉萬於一，以難為易，不為道阻，不為物蔽，積微以成王業之道；所謂「近者謳歌而樂之，遠者竭蹙而趨之……四海之內若一家」也。從而詳探其君子思想，辯說思想及操術思想，以觀其方法理論之究竟。

總全書以觀，則可以見其根極理要於天人、人性之一貫，重民淑世之具體——反闇主、暴君一姓淫威之亂政與貴族政治之不平，而代以君唯「其人」，臣必「賢能」綱紀如山，刑賞可必之政府。進而教君子以「聖」天下，果仁政以「王」天下；「一天下」而不以兵，「兼覆天下」而不兼人之國；攜天下以趨於無苛政、無盜賊、苞苴不行，婦謁不興，禮樂其盛，風俗其美，而「四海一家」之大同世。所謂「撥亂興理，易於反掌」(楊倞序)之術也。

以上為本書之架構及其內容之大端，庶幾分章閱讀以見其精微，合而讀之以貫三篇之大體。書中所錄之不免重疊，則由於涵義相關，而為綱目之獨立完備所必要，亦求把卷無翻檢之勞。惟綆短汲深，未精未盡暨謬誤之處，尚蘄　鴻博君子，不吝珠玉進而教之！

本書執筆凡四年有餘，諸承陳教授中庸兄伉儷之長期校勘商榷；古琇芷姻姪之不厭其煩多方協助，書成復蒙輔大國研所講座教授王靜芝先生賜序；統此敬申感篆之忱！

先嚴介眉公諱鴻祺，為清末名秀才，握瑾懷瑜而不得志，終以憂鬱而卒，距今七十有七年矣。謹以此書為追思之獻禮，庶以繼志之志，愚魯之勤，微慰　英靈於萬一。

民國第二丙子冬月延陵裔孫　**吳復生**　謹識於母難八十周年

荀子思想新探　目錄

王序……一
自序……七
第一篇　前提三論……一
第一章　天人論……一
第一節　非神觀……二
第二節　同步觀……四
一、天人之分職……五
二、分職的交叉……六
三、「人有其治」……八
第三節　制天觀……一五
一、制天的概念……一六

二、心理障礙之排除……一八
三、「善治」與制天……二三
第四節　道貫觀……二三
一、「道」之所指……二三
二、「道」之爲用……二五
三、「道」之所貫……三五
第二章　性偽論……四三
第一節　人格的透視……四四
一、人有「天情」、「天官」、「天君」……四五
二、人有「性」、「情性」、「情欲」……四六
三、「心」的人格功能……四七
第二節　「性惡」的辨證……五〇
一、以師法禮義爲證……五〇
二、以倫理的存在爲證……五二
三、以「欲善」心理爲證……五五
四、以「君上之勢」爲證……五六

五、以言論規則為證……五七
第三節「偽」性之方……五九
一、禮義之「偽」性……六〇
二、積善之「偽」性……六〇
三、內化之「偽」性……六二
四、「積靡」之「偽」性……六四
第四節 「化性起偽」的多面觀……六五
一、勸學篇之言「性」……六五
二、修身篇之言「性」……六七
三、不苟篇之言「性」……七二
四、榮辱篇之言「性」……七四
五、非相篇之言「性」……七六
六、儒效篇之言「性」……七七
七、王制篇之言「性」……七九
八、富國篇之言「性」……八〇
九、正論篇之言「性」……八一

十、禮論篇之言「性」……八三
十一、樂論篇之言「性」……八五
十二、解蔽、正名篇之言「性」……八六
第三章　庶民論……九五
第一節　庶民觀……九五
第二節　保民之政……九九
一、國防與保民……一〇〇
二、治安與保民……一〇三
三、吏治與保民……一〇四
四、倫理與保民……一〇六
第三節　養民之政……一〇八
第四節　富民、教民之政……一一〇
一、富民……一一一
二、教民……一一三
第二篇　方略三論……一四一
第四章　制度論……一四一

第一節 制度理論……一四三
一、基本取向……一四三
二、爲政旨歸……一五〇
三、不富之富……一六二
四、非強之強……一六四
第二節 制度取法與次霸……一六六
一、法後王……一六七
二、王政之原……一六八
三、王者之制……一七〇
四、王制之次—與霸……一七三
第三節 制度的具體……一七五
一、制度設計的前提規範……一七五
二、制度與施政……一八一
第四節 制度的貫徹與善擇……一九五
一、制度貫徹於君子……一九五
二、制度貫於三事……一九七

三、制度貫於善擇……一九八

第五章　君相論……二〇一

第一節　君國與君相……二〇一

一、君國之由來……二〇二

二、國之始建……二〇三

三、相之必要……二〇五

四、君相之同功……二〇八

第二節　明君之持國……二一二

一、持國的前提……二一二

二、持國之首要……二一七

三、持國之道……二三六

第三節　良相之輔國……二四〇

一、相之賢能……二四〇

二、相之事權……二五三

三、相業重點……二六三

第四節　興亡治亂之衢—主相遇合……二七一

一、「衢涂」之警……二七一
二、史例的啓示……二七四
三、「疑止」與「辨方」……二七六
第六章　禮樂論……二八一
第一節　荀子的禮樂思想……二八一
第二節　禮樂的起源……二八四
一、禮起於「人欲」需求……二八四
二、禮起於「差等」需求……二八六
三、「樂」起於「情性」需求……二八九
第三節　禮樂的理論……二九一
一、論禮……二九一
二、論樂……二九九
第四節　禮樂之功能……三〇四
一、禮的應用……三〇五
二、樂之應用……三三三
第五節　禮樂之極致……三三七

第三篇　方法三論……三四一
第七章　君子論……三四一
第一節　君子觀……三四一
第二節　君子之釋名……三四四
一、君子爲反於小人的道德典型……三四五
二、君子爲異於衆人的菁英典型……三四七
三、君子爲士大夫的才美典型……三四九
四、君子爲天子三公的智慧典型……三五三
五、君子爲明主聖王的超特典型……三五五
第三節　君子之功能……三五七
一、典型效應……三五七
二、正義功能……三六六
三、楨幹功能……三七五
四、治理功能……三七八
第四節　君子的菁英教育……三八四
一、教知學……三八五

二、教身行……三九〇
三、教論議……四〇一
四、教爲師……四〇六
五、教爲政……四一一
第八章　辯說論……四一九
第一節　先秦的辯說(名理)思想……四一九
第二節　荀子的辯說概念……四二八
一、關於「辨」……四二八
二、關於「辯」……四二九
三、關於「說」……四三〇
四、關於「言」……四三一
五、關於論、議、論議、言議、辨說……四三三
第三節　辯說的原則……四三五
一、「貴當」原則……四三五
二、「不辭」原則……四三六
三、「不爭」原則……四三七

四、「言仁」原則……四三八
第四節　辯說功能與規律……四三九
一、辯說之由來與效用……四四〇
二、辯說工具之產生……四四三
三、制名與用名的規範……四四五
四、辯說之規則……四五一
第五節　辯說的方法與應用……四五七
一、「心」的把握……四五七
二、知「道」之方……四五九
三、「明辨禁惑」之方……四六二
四、「期命辯說」之用……四六六
五、「重己役物」之用……四七〇
第九章　操術論……四七五
第一節　操術之概念……四七五
一、所以總其要……四七五
二、所以明其辨……四七六

三、所以易其難……四七八
四、所以速其事……四七九
五、所以持其勢……四八一
六、所以成其大……四八二
第二節　為士成人之術……四八四
一、治學之道……四八四
二、正身之道……四八七
三、談說之道……四九〇
第三節　聖人師表之術……四九二
第四節　人臣之術……四九六
一、事君之道……四九六
二、敬人之道……四九七
三、行術通義……四九八
四、持寵之道……四九九
第五節　人君之術……五〇一
一、為政根本之方……五〇二

二、「三德」之政……五〇六
三、「稱義」之治……五〇九
五、王天下之道……五一四
六、霸天下之道……五二二
七、王者之用兵……五二四
第六節 大將之術……五二七
結論……五三一
附錄㈠ 荀子繹傳……五三九
附錄㈡ 參考書目……五四九

第一篇 前提三論

第一章 天人論

悲天憫人的荀子，似乎以爲人類最根本的亂源，在於人性之未化，而天下最直接的亂源，莫過於「亡國亂君相屬」的「不遂大道」，而以「營巫祝信禨祥」爲天下倡(見史記本傳)。故以天人思想、人性思想及重民思想爲基礎，建立他的治術體系。本章所輯爲荀子的「天人論」，內容包括原書各篇的有關言論，而以天論篇爲主幹。他的基本概念是—非天則人無以生，非萬物則人無以爲生；非人則天地不理，宇宙渾然。因爲「天地者，生之始也」(王制)，「天地者，生之本也」(禮論)，「天地合而萬物生」(禮論)。但在另一方面則謂「天地生君子，君子理天地」(王制)。天地生萬物(包括人)，是「不爲而成，不求而得」，而不是出於有機的，不是意志的。所以他對宇宙提出整體的看法是：第一、所有的「天命」、「天帝」、「皇天后土」，都不是人格神，所謂「天」或「天地」，都是自然存在，大自然功能的指稱。第二、人類的吉凶福禍，是自爲主宰的「應」天；宇宙存在的重心是人而不是神。有了人，才能應用「天」的一切—包括天時、地利、人力(含智慧資源)等有形的具物與抽象的「能」力，以「養」人類。第三、人類必須體認眞正的「天」，以及在政治意義上的非神之「神」，而以具體行動規律人類與天地的關係，人與人的關係，人人都在「知其然」的引導下，「不務說其所以然，而致用其材」。同時，「人」不僅僅與「天」同步，而且是統一天人的主體；不但「致用其材」，還要「制天命而用之」，第四、「人」必須以「道」取代傳統的「天」，而以禮義貫徹「道」的支配，使天地宇宙得其「理」，而由「人有其治」、「制天命而用之」，以入於「禮以貫道」；使國君與國家的命運同歸於「道」、於「制」而以「禮」具體之，所謂「人之命在天，國之命在禮」（王制）。以下是他的說法：

第一節　非神觀

在荀子之前的儒家思想中，都以天爲有意志而能主宰一切的人格神，如尙書舜典之謂「肆類于上帝……望於山川，徧於群神」；大禹謨之謂「皇天眷命，奄有四海」；如洪範之謂「王乃言曰：嗚呼！箕子，惟天陰騭下民，相協厥居，我不知其彝倫攸敘」；如論語八佾之謂「獲罪于天，無所禱也」。但荀子卻揭開「天」的面紗，而以左列理由說明天的眞相：

(1)「天行有常，不爲堯存，不爲桀亡。應之以治則吉，應之以亂則凶。強本而節用，則天不能貧。養備而動時，則天不能病。脩道而不貳，則天不能禍。故水旱不能使之飢，寒暑不能使之疾，祅怪不能使之凶。本荒而用侈，則天不能使之富。養略而動罕，則天不能使之全。倍道而妄行，則天不能使之吉……。受時與治世同，而殃禍與治世異，不可以怨天，其道然也。」

(2)「治亂天邪？日月星辰瑞曆，是禹、桀之所同也；禹以治，桀以亂；治亂非天也。時邪？曰：繁啓蕃長於春夏，畜積收藏於秋冬，是又禹、桀之所同也；禹以治，桀以亂；治亂非時也。地邪？曰：得地則生，失地則死，是又禹、桀之所同也；禹以治，桀以亂；治亂非地也。詩曰：『天作高山，大王荒之；彼作矣，文王康之。』此之謂也。」

(3)「星隧木鳴，國人皆恐。曰：是何也？曰：無何也，是天地之變，陰陽之化，物之罕至者也。怪之可也，畏之非也。夫日月之有蝕，風雨之不時，怪星之黨見，是無世而不常有之。上明而政平，則是雖竝世起，無傷也；上闇而政險，則是雖無一至者，無益也。」(以上均詳天論)

以上三則，可能是老、莊學說的交光互影。老子曾說：「天地不仁，以萬物爲芻狗(第四章)」。又說：「生之富之，生而不有(第十章)」。莊子也說：「天道運而無所積，故萬物成；天地固有常矣，日月固有明矣，星辰固有列矣……。」(天道)。「天無私覆，地無私載，天地豈私貧我哉？」(大宗師)又說：「天其運乎？地其處乎？日月其爭於所乎？孰主張是，孰綱維是；孰居無事，推而行是？意者其有機緘而不得已邪？」(天運)。凡此，都是道家的「自然說」，無意志的天地，是麻木無知的，故無分無別，一以萬物爲芻狗。天以陰陽四時化生萬物，皆無心而施化，亦非私物而施仁。天地的覆載是客觀的存在，自然不會使人貧富；天的運作循環，是無休止的化生萬物，所以莊子懷疑它是機械的自然作用。而荀子說得更具體、更有力—他說天只是大自然的指稱，他的運行有永恒的「常」道，也有偶然的「變」則。常道是客觀的，不因堯之仁而獨存，也不爲桀之暴而獨亡。人類的吉凶禍福，乃由於人的因應的「理」或「亂」（據台州本）所使然。天既不能貧之、病之、禍福之，亦不能使之飢、使之疾、使之凶、使之富、使之全；一切都只是「常道」之下的反應，如老子之謂「禍福無門，唯人自召」。可見天的人格是不存在的，天並不能主宰人的一切。所以他又舉日月星辰之於瑞曆與四時之於萬物爲例，更進一步證明天下之治與亂，尤其與天無關。堯之治，是因爲堯之賢明，桀之亂是因爲桀之無道。否則同樣的日月星辰，同樣的四時運轉，同樣的生萬物，何以會有不同的治亂？如果天是主宰一切的人格神，對於不同賢不肖的人君，何以沒有不同的反應？

蓋然率所例外的或然災異，就是上文所說的偶然的「變」，所以對於星墜木鳴，日月之食、風雨之不時，怪星之倘見，他的答案都是「天地之變，陰陽之化，物之罕至者。」是「無世而不常有」的現象。因爲這種「變」，自長期的宇宙來說，也是歷代所嘗有的「常」。如果爲政者是賢明的，政治是進步的，再多的災異，也不會影響他的鼎盛。反之，即使是毫無災變，也救不了國家的危亡，社會的人禍。可見「天」並非有意志的神，而是自然的存在。

第二節　同步觀

一、天人之分職

繼天命天意之否定之後，緊接著更強調他的天人同步觀—天人分職。他說：

「……受時與治世同，而殃禍與治世異，不可以怨天，其道然也。故明天人之分，可謂至人矣。」（天論）

他認爲人類必須認同，「天」自有自然的道—天文、地文乃至於物理的「道」；而人也有應循的人文之「道」。人類的一切休咎，人類自己要負責，不可以怨天，怨也是枉然的。不過兩「道」之間，卻有不可分的關係，而有待人類的判明分際分工合作。所謂「天有其時，地有其財，人有其治，」（天論）。莊子所謂「知天之所爲，知人之所爲者，至矣。」（大宗師）。但人類不可能人人都是「至人」，如何都能「明天人之分？」當然有賴於君子（包括至人、或聖人）的先知先覺的判斷與領導，所以說「天地生君子，君子理天地」，因爲「天地」及其所生的物與人，都無法自我治理，而必須由人類的菁英分子代爲之。所以說「明天人之分，則可謂至人矣」。這是天人分職的基本概念。以下是分職的輪廓：他說：

「不爲而成，不求而得，夫是之謂天職。如是者雖深，其人不加慮焉；雖大，不加能焉；雖精，不加察焉；夫是之謂不與天爭職。天有其時，地有其財，人有其治，夫是之謂能參。舍其所以參，而願其所參，則惑矣！」（天論）

他以爲大自然雖如莊子應帝王中的「渾沌」那樣的「不爲、不求」，但他在宇宙中仍有他的角色使命—「成」萬物，「得」萬物，供資源；故命名曰「天職」。人類必須明白這種分際，不可踰越。這種大自然的功能，即使是聖人至人，也不要「加慮」於其「得」，「加能」於其「大」，「加察」於其「精」。只要在「人有其治」方面守住天人的分際以及人群相處的分際，便是「能參」。如果放棄「所以參」的一切，而盼望任何的獲得，都是無知之惑。

關於天職，前所引述的，只是他的概略，爲了讓人類更明白一點，他又作以下的說明：

「列星隨旋，日月遞炤，四時代御，陰陽大化，風雨博施，萬物各得其和以生，各得其養以成，不見其事而見其功，夫是之謂神。皆知其所以(衍)成，莫知其無形，夫是之謂天職。唯聖人不求知天。」(天論)

以上就「不爲而成，不求而得」，說明所謂「天」之所以生萬物，養萬物是不可思議的。人類都知道其所成，但對於「成」的過程—無形的一切卻毫無所知，這就是自然的「天」。原文「是之謂天」下面，楊倞以爲脫漏「功」字。其實不然，因爲他最後說「唯聖人不求知「天」」，就是指這種神秘而不可知的「天」。也就是性惡篇所謂「不務說其所以然」的「天」。

二、分職的交叉

以下是他的持說：

「天職既立，天功既成，形具而神生，好惡喜怒哀樂藏焉，夫是之謂天情。耳目鼻口形能(態)

各有接而不相能也。夫是之謂天官。心居中虛，以治五官，夫是之謂天君。財非其類以養其類，夫是之謂天養。順其類者謂之福，逆其類者謂之禍。夫是之謂天政。暗其天君，亂其天官，棄其天養，逆其天政，背其天情，以喪天功，夫是之謂大凶。聖人清其天君，正其天官，備其天養，順其天政，養其天情，以全其天功；如是則知其所爲，知其所不爲矣。則天地官而萬物役矣。其行曲治，其養曲適，其生不傷，夫是之謂知天。」(天論)

這是說明天人分職的交叉部份。天職天功之中的「人」，包括人類有了形體、精神所產生的好惡喜怒哀樂的「天情」；各司所接而不相代能的「天官」；以及居中虛、治五官的「天君」等種種官能。然後說明以下幾個天人互動部份的「天」：(1)人非「養」不生，必須有食、衣、住、行的「養」才會生存。而這種「養」的需要，是由天職天功所生的「欲」所產生的。「欲」的滿足，也要取給於天生萬物，前者是人「養」之，後者是天「養」之。所以是天人交叉的第一部份—由天生的人「欲」與天生之「物」以及人類「財(裁)非其類以養其類」的「養」所構成的「天養」。(2)有了「天養」的需要，便產生「養」的順逆問題，就是民生的遂否問題。得其養則民生遂，自然是福，失其養則民生不遂，自然是禍。衆多的順與逆，更會發生大福或大禍。這種順逆，雖然屬於人類的「治」，但所發生的禍與福，卻是生理本能的反應，所以謂之「天政」，是天人交叉的第二部份。如果心不明於禮義，五官不治於禮義，放棄「天養」以逆「天政」；不治禮樂以背「天情」，使以上的「天功」因人而喪失，便是最大的凶危。所以代表人類治理天地的「聖人」，必須「知其所爲，知其所不爲」，使天地的功能得其正，使萬物的效用，皆得其所；使人人的動靜語默充分符合禮義的規範；人人的需要完全得到可能的滿足，使人的生存不受任何的威脅，這便是聖人與人類所應知的「天」。所以代表人類的聖人，雖然不必務知所以然的「天」，但必須認知天人合作互動的「天」。以下他再說明何以「不求知天」與「知天」的範圍，以及如何「人有其治」。

三、「人有其治」

以下是有關概念的組合：

(1)「高者不旱，下者不水，寒暑和節，而五穀以時熟，天下(疑衍)之事也。若夫兼而覆之，兼而愛之，兼而制之，歲雖凶敗水旱，使民無凍餒之患，則是聖君良相之事也。」(富國)

(2)「故大巧在所不爲，大智在所不慮，所志於天者，已其見象之可以期者矣。所志於地者，已其見宜之可以息者矣。所志於四時者，已其見數之可以事者矣。所志於陰陽者，已其見知(和)之可以治者矣。官人守天，而自爲守道也。」

(3)「天不爲人之惡寒也，輟冬；地不爲人之惡遠也，輟廣；君子不爲小人之匈匈也，輟行。天有常道矣，地有常數矣，君子有常體矣。君子道其常，而小人計其功。詩曰：『禮義之不愆，何恤人之言兮』，此之謂也。」

(4)「楚王後車千乘，非知(智)也；君子啜菽飲水，非愚也；是節然也。若夫志意脩，德行厚，生於今而志於古，則是其在我者也。故君子敬其在己者，而不慕其在天者；小人錯其在己者，而慕其在天者。君子敬其在己者，而不慕其在天者，是以日進也；小人錯其在己者，而慕其在天者，是以日退也。故君子之所以日進與小人之所以日退一也；君子與小人之所以相懸者在此耳。」

(5)「物之已至者，人祅則可畏也；楛耕傷稼，耘耨失薉，政險失民；田薉稼惡，糴貴民飢，道路有死人，夫是之謂人祅。政令不明，舉錯不時，本末不理，夫是之謂人祅。禮義不修，內外無別，男女淫亂，父子相疑、上下乖離，寇難竝至，夫是之謂人祅。祅是生於亂；三者錯，無安國。其說甚爾，其菑甚慘。勉力不時，則牛馬相生，六畜作祅，可怪也，而不可畏也。……無用之辨，不急之察，棄而不治。若夫君臣之義，父子之親，夫婦之別，則日切磋而不舍也。」

(6)「在天者莫明於日月，在地者莫明於水火，在物者莫明於珠玉，在人者莫明於禮義。故日月不高，則光暉不赫；水火不積，則暉潤不博；珠玉不著乎外，則王公不以爲寶；禮義不加於國家，則功名不白。故人之命在天，國之命在禮。君人者，隆禮尊賢而王，重禮愛民而霸，好利多詐而危，權謀傾覆幽險而亡矣。」（以上均詳天論）

以上第(1)則爲天人分職的進一步。他以爲地形雖高而不至沒水渴，雖低也不至爲水鄉澤國，寒暑之氣候調節，五穀以四時節序而成熟，都是大自然的天職。至於天下百姓的照顧、關愛與治理，使雖處天災人禍，而無飢寒之困，這一切都是君盡其聖，相盡其賢的「人有其治」。

第(2)則言聖人不求知天，是因爲大巧者在所不爲，大智者在所不慮。有所不爲，乃能專務於當爲；

有所不慮，乃能專注於當慮。所以能爲無不成，慮無不得。在此前提之下，他的知與行，都有一定的範圍—致知於天，則以見象之可以預期者爲限；例如霜雪雨暘之可期於節令氣候等等。致知於地，則以能見土宜之可以生息者爲限；以利用土壤從事一般植物之栽培成長者爲限。致知於四時，則以可以從事於農桑教訓者爲限；如耕耘收藏之分事於春夏秋冬，如詩書絃歌畋獵之教分別於四時等等。致知於陰陽，則以二氣之和生化萬物，以助政事之變理調和者爲限。使百官各立其事於知天之「然」，而聖人則自爲守治之道—「人有其治」之道，以參應天地自然之運作。皆不使過不及。因爲，過則旁騖而不專，不及則不盡其事。這是天人同步的開始。

第(3)則以爲天、地及代表人類的君子(括聖人)，都各有其「常」。在大自然方面的天與地，是以循環不已爲「常」，不因人類的主觀好惡而休止其運作，而君子也必須執著於「常」道的規律—禮義，以貫徹唯他、利他主義的「人有其治」，以對抗唯我主義的功利壓力。而且這種「道其常」要有足夠的道德勇氣—不恤人言而堅持於禮義，更不因小人之「匈匈」而動搖。

第(4)則謂治亂之故，完全繫於君子與小人之間的消長。所以他基於「有辨」之旨，先指出君子與小人之所以差異懸殊之處，乃在於「盡其在我」之行己。君子能「志意脩，德行厚……，而志於古」以盡其道：「敬其在己，而不慕其在天」；小人則否。同時他提出了機會問題，他雖不信有意志的天，但他卻深信生命過程中的「節然」的存在。他說後車千乘的楚王，不必是智者，而啜菽飲水的君子，也不必是愚者，一貴一賤之間，完全出於機會的適然。但君子面對拂逆，仍然要「是其在我」以求與日俱進的境界，以別於小人；積極地等待次一機會的來到。即使終身沒有機會兼善天下，仍然要獨善其身，影響世俗，所謂「在本朝則美政，在下位則美俗」（儒效）。同時，「啜菽飲水」的機率，並非普遍於所有的君子，雖然不排除暴君、闇君一時的反淘汰，但大體上、長期以觀，都不是一面倒的皆然。所以甲君子可能不遇如周昌，乙君子或丙或丁，都可能有伊、呂的際遇；所以君子必須執著於「常道」，以待或然的機會。如果不能「是其在我」，縱有得志的「節然」，也無補於「人有其治」；而無別於小人，更無助於邪正治亂的消長。所以說：「夫遇不遇者，時也；賢不肖者，材也；君子博學深謀不遇時者多矣……且夫蘭芷生於深林，非以無人而不芳，君子之學，非爲通（窮之反）也，爲窮而不困，憂而意不衰也，知禍福終始而心不惑也。……故君子博學深謀修身端行以俟其時。」（宥坐）

第(5)則是要進一步指出，宇宙間眞正可畏的不是天災怪異，而是三種「人祆」──人爲的社會變態：其一是由「楛耕」荒廢所引起的「飢荒」。其二是「政令不明」的荒謬所引起的「本事不理」，其三是「禮義不修」的荒唐所引起的「淫亂、乖張」乃至「寇難竝至」。這三種「人祆」中的任何一種，都足以釀成人類甚慘的災難。如果三種交「錯」發生或「錯」而不理，則危亡在所不免。所以他警告人類：要放棄無用之辨，不急之察，而注意人倫問題，而且要每日切磋，鍥而不舍。因爲這是人類一切禍福之源；所以在正論篇中引述詩經說：「下民之孽，匪降自天，噂沓背憎，職競由人。」因爲一切可憎可咒的災難，都是人類自己相互爲祆的自作自受，而不是從天而降。

關於「政令不明，舉措不時」，更是他最關切的一環。所以特別在大略篇中引述湯旱的禱辭說：

「政不節與？……使民疾與？……宮室榮與？……婦謁盛與？……苞苴行與？讒夫興與？何以不雨而至於斯極也？」所問的六事，無一不由於「政令不明，舉措不時」，而且涵蓋了其他的二祆—「楛耕失薉」與「禮義不修」。例如前三問—一問施政有無濫權？二問有無勞民無度？三問有無大興土木，廣徵粉黛以獨樂於天下？三者都是腐化政權，爲禍於民的亂源；不下雨不是「天」的懲罰，而且這種事實的本身就是吸血的人祆。又如後三問之首的「婦謁」，自然是美婦之謁，是「子女玉帛」的雙重攻勢，必然所向披靡，而禮樂刑政必成具文；「苞苴」焉得不行，「讒夫」焉得不興；如此政府焉得不成爲食人的怪獸？湯之所以聖，就因爲他具有如此高度自覺的「內聖」，念念不忘這六件大事，所以他的政治社會不會出現人祆，所以能「七年旱而不飢」，所謂「天不能禍」。而後世的帝王，都往往以淫、亂爲天下倡，如王霸篇之謂「汗漫突盜以先之，權謀傾覆以示之，俳優婦謁以悖之，使愚治知(智)，使不肖臨賢……」，他的政治如何會清明？又如何脩禮義？如何以事農桑？「人祆」之禍，如何不甚慘？

第(6)則爲繼強調人倫之後抒論禮義的重要。因爲他的界定是：「禮義之謂治，非禮義之謂亂」，簡直是治與亂的唯一關鍵，它的存在與否也代表治亂的存在。所以說「在人者莫貴於禮義」，而與在天的「日月」，在地的「水火」，在物的「珠玉」等量齊觀。因爲沒有禮義，便使國家失其治，社會淪於亂，爲政者不但談不上功業，而且民不聊生，國將不國；當然「民之命在天，國之命在禮」。

就庶人的個體而言，他也認爲「禮」是生死成敗之途。他說：「宜於時通，利以處窮，禮信是也。

凡用血氣、志意、知慮，由禮則通，不由禮則勃（悖）亂提（弛）慢，食飲、衣服、居處、動靜，由禮則和節，不由禮則觸陷生疾；容貌、態度、進退、趨行，由禮則雅，不由禮則夷固僻違，庸衆（俗）而野。故人無禮則不生，事無禮則不成……。」（修身）

禮，是義的具體，也是約定俗成所認同的社會規範。一切由禮，當然容易被接受；反之，也當然被排拒、被非議。尤其是人倫之間的男女關係，更不可無名份之別。所謂「睹近盜，姦近殺」，最容易引起干戈相向的，莫過於女色。社會失去禮的秩序，人類固然無法相安，而男女大防的氾濫，更會召致爭色的殺身之禍，所以「禮義」，幾乎是荀子思想的重心。在天人關係中的「人有其治」，當然不能沒有它。所以說：

(1)「禮者，人之所履也，失所履，必顛蹶陷溺，所失微，而其爲亂大者，禮也。」（大略）

(2)「禮之於國家也，如權衡之於輕重，如繩墨之於曲直也，故人無禮不生……國家無禮不寧，君臣不得不尊，父子不得不親，兄弟不得不順，夫婦不得不驩，少者以長，老者以養，故天地生之，聖人成之。」（大略）

以上兩則，前者說明在人爲決定一切之中的「禮」，是似微而實大，最易被忽略，而最不可忽略的一環。因爲他是安危治亂之所繫。後者更詳細列舉「禮」在人際關係中，如輕重之不可無權衡的判準，如曲直之不可無繩墨的規範。具體說來，君臣不得「禮」的規範，則君臣上下不得其尊，而不能相使；父子不得「禮」，則不得父慈子孝之親；兄弟不得「禮」，則不能相得於兄友弟恭之順；夫婦不得「禮」，則不能相敬相歡於閨房。更重要的是，少者不得禮義之相維，則生理心理均不得其正常成長；老者不得禮義之相維，一旦體弱力衰，必不得子孫之養以終天年。所以說，大自然孳生了人類，還要有賴於制作禮義，貫徹禮義的聖人，才能成就「生」的功能。於是由禮義的重要，驗證了聖人的重要，「人有其治」的重要。以下更提一段爲政者如何領導「人有其治」的「大本」，以及如何善養「天情」：

「夫義者，內節於人，而外節於萬物者也。上安於主，而下調於萬民者也。內外上下節者，義之情(實)也。然則凡爲天下之要，義爲本，而信次之。古者禹、湯本義務信而天下治，桀、紂棄義背信而天下亂。故爲人上者，必將愼禮義，務忠信然後可，此君人之大本也。」(彊國)

以上詮釋「義」的內涵在於「節」。天能生人及萬物而不能「理」，就因爲無「義」以節之。必待聖人制禮義，還要人君本之以爲治，然後萬物「節」，萬民「調」；「節」才是義的眞實意義，所以說「義之情也」，所以他緊緊把握住「義」而具體於「禮」，孔子所謂「義以爲質，禮以行之」(論語衛靈公)。「信」是「義」的外延，但他仍然以爲獨立的綱目而加以強調，而以「忠誠」爲內容。因爲它的意義僅次於「義」，爲社會生活，政治社會所必要；尤爲爲政者所不可或缺的德目，孔子所謂「民無信不立」，無信無以自立立民也。如果爲政者出乎反乎，則整個政治體系便無常之可守，又如何「爲生民立命」？總之，在林林總總的治術之上，須以禮義忠信爲大本。禹、湯、桀、紂的成敗，便是最具體最有力的驗證。不由你不相信。

「禮義」的調節功能，對於人類的「天情」更是唯一的營養。與生俱來的「好惡喜怒哀樂」，是一切直覺行爲的本源，如果沒有「禮義」、「禮樂」的節制與調適，幾乎每一種「情」都足以氾濫成災。有了它，至少都有滿足的希望或合理的把關，而能相安於長治。前面所說的「聖人……養其天情」，所謂「順其類者謂之福」，所謂「天地官而萬物役，其行曲治，其養曲適，其生不傷」的種切，都因爲「禮義」的存在。人情皆得其養，則天下必得其治；即使還有國防、外交問題，也將因內政的健全延伸，迎刃而解。

這一切，都說明了「人有其治」的可能與保證。由治天、到治物、治人，都不能沒有禮義忠信！這是天人同步的重心，也是天人觀的重心。

第三節　制天觀

前節所論，是天人同步關係中的「人有其治」；是先把群體的秩序加以建立，把人類的行爲加以規範，使在和諧一致中發生力量。有了力量，乃能消極地防患於毒蛇猛獸，洪水旱災，一面從事社會建設，經濟建設，以滿足民生的需要。同時勾畫出「政令行，風俗美」可大可久的藍圖。現在，他再告訴我們，人的潛力是無限的，而人類的文明更是不斷隨著經濟生活，人文活動而演進。所以人類必須嚴肅面對天地萬物，不可措人事以思天；必須放棄天意、鬼神、災異、命運的迷信，爲政者更不可靠「天命」做皇帝而以「天之驕子」自居；必須趨吉避凶於善盡人事以求治，善盡潛力以制「天命」，去追求宇宙的美好。以下是他的制天觀：

一、制天的概念

以下更強調人類應如何嚴肅地面對天地萬物，他說：

⑴「大天而思之，孰與物畜而制之，從天而頌之，孰與制天命而用之，望時而待之，孰與應時而使之，因物而多之，孰與騁能而化之，思物而物之，孰與理物而勿失之，願物之所以生，孰與有物之所以成，故錯人而思天，則失萬物之情。」(天論)

⑵「……故曰君子以德，小人以力。力者，德之役也……百姓之群待之而後和……父子不得不親，兄弟不得不順，男女不得不歡。少者以長，老者以養，故曰：天地生之，聖人成之。」(富國)

以上第⑴則是在人類了解如何以人爲的同步治理，適應天時地利之後，更讓人類知道消極的應天還不夠，還有更積極的任務是「天地」的治理—所謂「君子理天地」；包括制天物、用天命、使天時、化其多(美)、理其得、全其成等等，由應天而進於制天支配的階段。於是他認爲：①由於「天」的至高無上，至大無外，的確會引發人類的玄思。但就「外王」觀點說，屬於科學的玄思是無益的，不如物畜萬有而善制之。②「天」所代表的自然世界，對於人類現實生活的嘉惠，也的確會令人滋生感激之情而歌頌他的功德；但天不是人格神，歌頌是浪費的。不如把握大自然的功能應用於民生。③四時的運轉，對於人類生活有種種不同的效用。例如春天是冷熱適中的季節，更是萬物繁榮宜於生產的季節，當然人人會期盼它的來到，但時令未到，期盼也是枉然，不如各就當時的節令，利用它的功能，如夏天的耘田，秋天的收割，冬天的儲藏；或利用它從事雜作、裏作、間作以及農田的休閒糞土。而秋天之適於狩獵，冬天之適於迎娶休閑，更可以從容作好春耕的準備。④大自然所生的萬物如生物、植物乃至礦物之多，都令人驚訝或讚美；早期的人類，更依賴自然繁殖的資源爲生，都以爲他的量取之無盡，用之不竭的，其實不然。荀子以爲人欲是無止境的，而人類的繁殖更可怕，如果從人之欲以待天物的自然供應，必有「不能贍」的一天。而且美好的天物，總是比較少，而人類都喜歡美好，自然會發生質量之間之匱乏與衝突。所以他主張與其依賴萬物的自然蓄生，不如運用人類的智慧能力，加以人爲的生化與調節。例如農、林、漁、牧、礦冶各業的運作，不但可以增加量的生產，而且可以講求質的改善。⑤因物而聯想，而尋求物外之物，更好更多的天物，當然也是人情之常。但這種思物的「思」與訪求的「物」，即使是科學的，也都是不可必得的遙遠。與其費時費力於不可必得之「物」，不如把握眼前的「物」加以充分利用，而不令其暴殄。⑥陰陽化育的神奇，在當時是不可思議的，好奇的人類，自然也會思考他的所以然。但這種思考，顯然也無補於事的；重要的是，如何讓萬物各得其所，各盡其用的成全。所謂「天生之，人成之」。因爲人類的智慧能力，才是萬物得失的眞實主宰，棄人事而思天地，當然會失去天生萬物的眞實意義。

第⑵則以爲人類的主宰萬物，是靠群力，靠群體的智慧；所以他主張在位的君子以涵蓋仁智的「德」領導一般百姓(小人)，而百姓以體「力」接受君子的領導，共同從事於「役物」。因爲百姓的

「群」，必須和諧一致才會發生力量，以征服自然的一切，才會「制天命而用之」。這種和諧卻有待君子德治的領導。什麼才是「和」的具體，那便是禮義所規範的人倫秩序；有了「和」，自有父子之親，兄弟之順，男女之歡；然後「少者」因慈愛而生育成長，而「老者」亦因孝順以養天年。於是天地所生的人與人之間乃至物與物之間，都得到最佳的調適，都因爲聖人的作爲而得到最好的成全。

二、心理障礙之排除

荀子以爲人類不僅要以「人有其治」與天地同步，而且要進一步以人類的智慧制天，所謂「制天命而用之」（天論）。但制天的先決條件是迷信心理的排除，否則永遠被困於「尊天」的自卑、鬼神的崇拜之中。必須能克服制天的障礙，才能談制天，因此在非神說、人爲說之外，更有左列的強調：

(1)「故相形不如論心，論心不如擇術。形不勝心，心不勝術。術正而心順之，則形相雖惡而心術善，無害爲君子也。形相雖善而心術惡，無害爲小人也；君子之謂吉，小人之謂凶。故長短善惡形相，非吉凶也。」（非相）

(2)「蓋帝堯長，帝舜短；文王長，周公短……衛靈公有臣曰公孫呂，身長七尺，面長三尺，焉（顏）廣三寸，鼻目耳具（俱大），而名動天下……葉公子高微小短瘠，行若將不勝其衣然；白公之亂也……公子高入據楚，誅白公，定楚國如反手爾……故事不揣長，不揳（絜）大……亦將志意乎爾……形相豈論也哉！」（非相）

(3)「且……仲尼之狀，面如蒙倛。周公之狀，身如斷菑……傳說之狀，身如植鰭(駝也)。伊尹之狀，面無須麋(鬚眉也)。禹跳，湯偏。堯、舜參眸子。從者將論志意比類文學邪？直將差長短、辨美惡，而相欺傲邪？」

以上三則，首以心術之勝，建立「君子之謂吉，小人之謂凶」之論，否定形相吉凶之說。次以具體人物論證其說以證君子之吉，在於志意文學，而非長短美惡。所謂「志意」、「文學」尤貴在「見聞」與「論議」。所以說：

「古者桀、紂長巨姣美，天下之傑也；筋力越勁，百人之敵也；然而身死國亡爲天下大僇……是非容貌之患也，聞見之不衆，論議之卑爾！」(非相)

「今世俗之亂君(民)，鄉曲之儇子，莫不美麗姚冶……處女莫不願得以爲士，棄其親家而欲奔之者，比肩竝起，然而中君羞以爲臣，中父羞以爲子……俄則束乎有司而戮乎大市……是非容貌之患也，聞見之不衆，論議之卑爾！然則從者將孰可也？」(非相)

他說桀、紂都是美男子，而且是「天下之傑」，勇不可當，但他終以暴政而「身死國亡」；暴政則由於「見聞不衆，論議之卑」的無知，容貌英勇也救不了他。同理，當代的亂君所統的亂民，與在鄉的儇慧小人，幾乎也都是一表人才：令人動心處，甚至閨中處女都願意爲他而情奔。但這種人也因爲「見聞」與「論議」兩種不及格，令人「羞以爲臣」、「羞以爲子」，甚至鋃鐺入獄，死於刑場。於是他反問：作爲萬物之靈的人類，究竟應該從於迷信，還是從於知識？決定吉凶的，到底是心術，還是形貌？「人之所以爲人者何已(以)也？曰……以其有辨也。」(非相)。是否也應該首先「有辨」於人鬼吉凶之中？他似乎相信他的說帖可以排除這種心理的障礙，使人類從「巫祝機祥」中走出來，而共同著手於「制天命而用之」的時代使命。於是他更具體警告人類，眞正的「不祥」與鬼神不能左右的「必窮」，都是「唯人自召」的；必須先排除這種惰性，才能談「制天」，他說：

「人有三不祥，幼而不肯事長，賤而不肯事貴，不肖不肯事賢。……人有三必窮，爲上則不能愛下，爲下則好非其上……必窮也；鄉(向)則不若(順)，偝則謾之……必窮也；知行淺薄，曲直有以相懸矣，然而仁人不能推(崇之)，知士不能明(貴之)……必窮也。以爲上則必危，以爲下則必滅。」(非相)

這是出於天命鬼神之外的不自量力所召來的噩運。長幼、貴賤、賢不肖之間的相使相事，是自然的秩序，也是群體生活的倫理，一旦違背，必然因「天和」—和諧的傷害，組織功能的傷害，而發生負面的效應。這種人性的弱點，如果不知自我克服或以「禮義」之「僞」助其自拔，何只是個人的不祥！「三必窮」的造因行爲，也是人性易患的通病，發生於上下之間，人際之間，「必窮」的結果，都不難想象。尤其最後一「窮」，愈是「知行淺薄」，「曲直」(能不能)懸殊的人，愈是嫉賢妒能，予智自雄，自然不會推崇仁者，貴重智者，也自然「窮」得更徹底。所以制天的前提是，心理障礙的超越。超越之道是，「有辨」、「明分」，是「化性起僞」的一切。以下將論如何制天以「善治」之治。

三、「善治」與制天

荀子的「制天」，不是科學的征服，而是人文的「善治」，他說：

(1)「今是土之生五穀也，人善治之則畝數盆(量器)，一歲而再穫之，……可以相食養者不可勝數也……」(富國)

(2)「……性者本始材朴也；僞者，文理隆盛也，無性則僞無以加；無僞，性不能自美，性僞合，然後成聖人之名，一天下之功於是就。故曰：天地合而萬物生，陰陽接而變化起，性僞合而天下治。天能生萬物，不能辨物也；地能載人，不能治人也；宇中萬物，生人之屬，待人然後分也。」(禮論)

以上兩則，前者說明「善治」的重要。善治的層次當然高於「治」。因爲「治」的境界只到「財非其類，以養其類」爲止。但這種自然的養，不必會滿足人類無厭的欲望，尤其是品質的要求，所以必須更求「善治」——由於耕種方法的「善治」，就能使一畝的作物車載斗量，而且由單期作而進步到兩期作、三期作，所謂「一歲而再穫」。然後又因野生果樹的接種改良，而使水果的質量都有更好的收穫。更由於家畜飼養，遊牧生活的「善治」，也使家畜及飛禽走獸充分繁殖，各以專車分類運銷，以互通有無。於是可食可養的物質，便多不可勝數。所以他反對墨子的唯儉主義：主張天地所生萬物的資生，必須求之於積極的「善治」，而不是消極的節儉。

後者則詮釋，天能生萬物，地能載人類，但天與地都不能自爲治理。所以宇宙萬象，包括萬物之靈的人類，都有賴於聖人爲之「合性僞，化禮義」，而施以「分義」之治。因爲偏惡的人性，只是未雕塑的素材，必須經過人爲的「僞」化，才會有文理隆盛之美；必使未化的人，都與文理之「僞」相結合，天下方有治平的可能，聖人才有成功的可能。就像萬物之生於「天地之合」，一切變化之起於「陰陽之接」一樣。這是「人有其治」的基礎，後此才有漸多的君子、成人乃至聖人以及易治之民；才能上下合力走向「善治」的層次。

必須重複一提的是，他的「騁能」與「理物」思想。後者是反對曠日費時的旁騖外求或思物比類。(胡適在中國古代哲學史中以爲，「思物而物之」的下物字，應從王引之經義述聞卷三十一「物」字條作「比類」解)，而主張即物理物，物盡其用。所謂「騁能」，更主張以人類的能力盡物之美。兩者都是不走科學路線的直覺主義。因爲依荀子的覺察，人類的直覺能力是無限的，在「大清明」——「純粹直觀」(詳日人渡邊秀方中國哲學史概論)的心理狀態之下，人人都可能是「大人」，他說：

「虛壹而靜，謂之大清明……，疏觀萬物，而知其情；參稽治亂，而通其度；經緯天地，而材官萬物；制割大理，而宇宙裏(理)矣。恢恢度度，孰知其極……明若日月，大滿八極，夫是之謂大人。」(解蔽)

他的覺察，當然也只是「直觀」的。但這種觀察，已經夠驚人，因爲他已與科學接壤，甚至可以同步。依此能力所作的「化」物、「理」物，自然是積極的支配自然。他的「善治」「制天」，自非放言高論。

第四節　道貫觀

一、「道」之所指

天的人格既不存在，人類的信仰不免空虛，一切的理論、現實也失其所統。於是他可能想到道家的「人法地，地法天，天法道，道法自然」這句話。在「自然」之下，「道」仍然居於很高的層次；事實上任何事物也不能無「道」無「理」。於是他提出統攝天人的「道貫」觀。他的「道」，是哲學的眞理，也是政治社會的典制。所以在「人有其治」與「善治」制天要求之下，一方面以「道」涵蓋一切，一方面以「制」指導一切。所以他有時稱「百王之道」，也有時稱「先王之制」，因爲他的界說是：

(1)「道者，非天之道，非地之道，人之道也；君子之所道也。」(儒效)

(2)「道者何也？曰：君之所道也。君者何也？曰：能群也……」(君道)

(3)「禮者，治辨之極也，強國之本也，威行之道也，功名之總也。王公由之所以得天下也……嚴令繁刑……由其道則行，不由其道則廢。」(議兵)

(4)「故繩者，直之至也；衡者，平之至也；規矩者，方圓之至也；禮者，人道之極也。……天者，高之極也……。聖人者，道之極也。」（禮論）

(5)「故天子棺槨十重，諸侯五重，大夫三重……皆有翣（篓）菨（棺飾）文章之等，以敬飾之，使生死終始若一；一足以為人願，是先王之道，忠臣孝子之極也。」（禮論）

(6)「夫道者，體常而盡變，一隅不足以舉之……孔子仁知且不蔽，故學亂術（理亂之術）足以為（象）先王者也。一家得周道（周延之道），舉而用之，不蔽於成積也。」（解蔽）

以上所錄，第(1)至(4)則皆明確界定其所謂「道」，乃為人文之道，而具體於「禮」。禮為典章制度、人倫規範之總稱，所以為君子之所由，為國君「善群」之所道，為治事之極致，為強國之所本，尤為威行天下的本源。得其義，王公可以得天下；所有的政治設施，皆因其得失而興廢。因為它是人文世界裡唯一的至高無上的繩墨規矩，所謂「人道之極也」。更因為它是「聖人」為之極，所以是活水源頭之下的主流。第(5)則所舉的喪禮，是具體說明「先王之道」之一斑，以喪禮別天子、諸侯及大夫以下「敬飾」的差等，使天下皆知凡參與隆盛於天下者，其生必得天下之榮寵，其死必得天下之榮哀，以為獻替之報酬，所以「崇功報德」於「生死終始之若一」——這種尊崇是與功德相對同在的，生死如一，終始亦如一。獻替愈豐，尊崇的差等也愈高，不因生死或終始而改變。但如中途變節就不予「若一」了。他的懸鵠，皆足以勸天下。因為這種「禮」是先王之道的具體，也是忠臣孝子的境界；足以激勸天下皆欲為聖君、為忠臣以邀尊榮，亦使天下皆欲為「顯親揚名」之孝子，復使忠臣孝子皆知遵禮以致隆盛於君父，則王者之事可盡於此，所以說「一足以爲人願……」。是「先王之道」，也是「忠臣孝子之極」。

第⑹則是詮釋「道」是人文的常體而能極盡其變的「綱領」。他的常則，可以經緯宇宙；他的變則，也可以極盡其深微。因此，他是系統的，周延的；可以統人文的任何一端，但不是任何一端所能概其全。因爲人類往往因所見所聞之一端而蔽其所未見未聞之諸端，於是「內則惑己，外則惑人，上下相蔽」，則不免於莊子之謂「天下皆惑」之禍。所以他呼籲世之君子，必須取法乎上於孔子之「術」，因爲他的理亂之術，足以象效「先王」而成一家之言，他的「家言」，才是「道」的眞諦。

二、「道」之為用

在上述「道之所指」中，已經略示了許多道的功能，以下將不厭其詳地指出「道」的作用在於：㈠爲天下去陷之表(標示)，㈡爲天下歸心之幟(標竿)，㈢爲吉凶禨祥之主(主宰)，茲分別闡明之。

㈠為天下去陷之表

他以爲，道所具體的禮義，他的規範功能，至少須如「水行之表深」，使民無陷。他說：

「百王之無變，足以爲道貫。一廢一起，應之以貫，理貫不亂。不知貫，不知應變，貫之大體未嘗亡也；亂生其差，治盡其詳，故道之所善，中則可從，畸則不可爲，匿則大惑。水行者表深，表不明則陷；治民者表道，表不明則亂。禮者表也，非禮，昏世也，昏世大亂也。故道無

不明，外內異表，隱顯有常，民陷乃去。」（天論）

荀子把「道」分爲兩類：其一爲引導社會行爲的「道」，其二爲指導政治的「道」。但「道」是抽象的，必須具體於「禮」，才有明確的規範功能。就今傳「三禮」而言，前者爲禮記之所述，後二者爲周官．儀禮之所詳。所以第一類是狹義的「禮」，是不變的基本規範—指倫理道德部份所規律的如君臣之義，夫婦之別的禮，是「無變」的基本法則，也是社會制度、政治制度萬法所本之原。所以足以貫通由此而衍生的任何典制。第二種是廣義的「禮」，包括「祖述堯舜，憲章文武」的典章制度及法律命令的一切規範。這種「禮」，必須適應時代背景而因時制宜的，必須適應人類「日新又新」的需求。所以是可變的，是「一廢一起」的。但也必須萬法不離其宗，不能違悖規律倫常之道的基本原則—禮義。因爲它的「體常」，才產生一貫精神的制度典章，任何的「一廢一起」，都因爲「理貫」而不亂。所以「亂」發生於「貫」的基本差錯，而「治」則由於「貫盡其詳」。所以應變必以「貫」，凡「道」之所善，先王之遺文所苞雖大（詳勸學篇），仍不免尺有所短，故時中其善，才「可從」；偏離則「不可爲」。如果是完全的不合時宜，必使天下皆「惑」。因爲治民者的「表道」—政策政令的揭示，等同於河川管理人的表深，所表的水深不明，不正確，則涉者必溺；而表道之不明，行者必亂。所以他又指出「禮」就是「道」的具體，沒有「禮」，則今古不貫，曲直不辨，是非不明，天下大亂。所以「道」必「貫」之以「禮」，所表現的規律，必須無所不透「明」，無論「外」爲朝聘征伐之禮，或「內」爲婚冠飲酒喪祭之禮，所「表」雖異，但他所代表的意義—無論「內」爲用心所隱於義理，或「外」爲言行之顯於禮文，都必須守「常」，他的可必性，才有警示的作用，才會使民無陷。所以他一直認爲「禮」是貫串今古，經緯人文的「大物」；故在賦篇中的賦「禮」說：「爰有大物，非絲非帛，文理成章；非日非月，爲天下明。……城郭以固，三軍以強，粹而王，駁而伯，無一焉而亡。此夫文而不采者與？君子所敬而小人所否者與？性不得則若禽獸，性得之則甚雅似者與？匹夫隆之則爲聖人者與？諸侯隆之則一四海者與？致明而約，甚順而體，請歸之禮。」由於它的至明而簡約，甚順而有體，所以隆之可以爲聖人，可以統四海；自然是「人有其治」唯一的圭臬。所以他強調「道」，更強調「貫道」以時「中」的「禮」；欲去民「陷」，尤其不可無「禮」。

以上關於「外內異表，隱顯有常」的解讀，可證於孔子之言：

1. 孔子答曾子問七教說：

「上敬老，則下益孝；上順齒，則下益悌；上樂施，則下益諒；上親賢，則下擇友；上好德，則下不隱；上惡貪，則下恥爭；上強果，則下廉恥……七教者，治民之本也……上者民之表也，表正則何物不正。……七者布諸天下而不窕，內（納）諸尋常之室而不塞，是故聖人尊之以禮，立之以義，行之以順，而民棄惡如灌。」（大戴．主言）

這是孔子「政者正也」的一貫理念，雖然重點在「君爲民表」，希望以「內聖」的「立於仁」，以達「外王」的「七教之志」，使其「外」布於天下以正俗，「內」納於室家的尋常日用以正行，這種「尊之」、「立之」的內在意識，與「行之」的外在活動，隱顯之間顯然皆以禮義爲「常」，故使百姓棄惡如洗如滌，如提壺灌頂。而「表」的作用便與「水行者表深」之喻，殊無二致。

2.講求表裡一致的「隱顯有常」，更是儒家主「誠」的註腳。因為中庸說：「誠者物之終始，不誠無物……成己仁也，成物知也，性之德也，合外內之道也。」所以說「唯天下之至誠為能經綸天下之大經」；「至誠之道，可以前知……故至誠如神。」荀子的不苟篇更強調：

「君子養心莫善於誠，致誠則無他事矣；唯仁之為守，唯義之為行。誠心守仁則形，（積中而發外）形則神，神則能化矣。誠心行義則理，理則明，明則能變矣。變化代興，謂之天德。」（不苟）

他簡直以「誠」為最高的道德標準，故曰「天德」。如與中庸第二十六章對照而讀，更可以相得益彰；中庸說：

「故至誠無息，不息則久，久則徵，徵則悠遠，悠遠則博厚，博厚則高明。博厚，所以載物也；高明，所以覆物也；悠久，所以成物也。博厚配地，高明配天，悠久無疆。如此者，不見而章，不動而變，無為而成。天地之道可一言而盡也……。」（二十六章）

中庸以「誠」之一言可盡天地之道；所謂「不動而變，無為而成」。荀子則以為治亂由心，尤其君子之心。而「誠」則為君子養心之善，致誠則能以仁為守，唯義為行。誠心守仁，則能積於中而發於外，則如神之無不能；誠心行義則百事理，萬端明。其神能化，其明能變，一化一變之代興，為政之道可盡矣。所以他又說：

「天不言而人推高焉，地不言而人推厚焉，四時不言而百姓期焉，夫此有常以至其誠者也。君子至德，嘿然而喻。未施而親，不怒而威，夫此順常以慎其獨者也。」（不苟）

蓋謂君子養心以誠之至德，則如天地四時以喻於天下，親於天下，不怒而威於天下，順發天地四時之天德以慎其獨也。獨者，人之所不見之德也；慎者，誠也，謂以誠養其德也；所謂「有常以至其誠」，「順常以愼其獨」，更是取法天地自然所得的方法論。以下更進一步說明爲什麼「莫善於誠」，他說：

「善之爲道者，不誠則不獨（篤），不獨則不形，不形則雖作於心，見於色，出於言，民猶若未從也；雖從必疑。」（不苟）

意謂以誠爲「莫善」；是因爲不誠則不能盡其獨（篤），不能「獨」（篤），便不能形於外在的「行」；這種不能致誠於行的爲政，雖然謀作於心，可見於情態，可聞於言論，但百姓仍然不會接受；即使能接受，也不能無疑，當然談不上「變化代興」的貫道之治。下面再分析其所以然：

「天地爲大矣，不誠則不能化萬物。聖人爲知矣，不誠則不能化萬民。父子爲親矣，不誠則疏。君上爲尊矣，不誠則卑。夫誠者君子之所守也，而政事之本也，唯所居以其類至。操則得之，舍則失之。操而得之則輕（易舉），輕則獨（篤），獨（篤）行而不舍，則濟矣。濟而材盡，長遷而不反其初，則化矣。」（不苟）

誠，何以那麼重要？因爲儒家認爲「不誠無物」。荀子更以爲操而得之則舉重若輕，輕而易舉便能盡其篤，便能見之於行事，而能如水之不舍晝夜，則必然如水之濟；能濟便能盡其材而止於至善。積漸所至，自然由長遷而入於化境，則何道不能貫？何萬物之不能治？由於重要，所以必須以更多篇幅詮釋他的強調。

㈡為天下之所歸心——他說：

⑴「至道大形——隆禮至（致）法則國有常，尚賢使能則民知方，纂（集）論公察（無私）則民不疑，賞克（勉）罰偷（惰）則民不怠，兼聽齊明則天下歸之……」（君道）

⑵「伯禽將歸於魯，周公謂伯禽之傅曰：汝將行，盍志而子美德乎？對曰：其爲人寬，好自用（以身先人），以愼。此三者，其美德已。周公曰：嗚呼！以人惡爲美德乎？君子好以道德，故其民歸道……」（堯問）

他以爲人「道」的極致，於政治也是至大無外，無所不包的。他所規範的政治「張設」，能使國家因「隆禮至法」而擁有正常不輟的運作秩序，有如天之有常道，地之有常數；表現於人才之任使，會使百姓知道見賢思齊，更知道信守政教所規範的義方；表現於重視輿論，辨察必公，百姓就會信仰而不移；表現於賞勤罰惰，百姓就不會怠於敬業；表現於兼聽之無所不明，更使普天之下無不認同於王者之政。所以說他的人文之「道」，既是天下生民去「陷」的指標，更是號召四海歸心的標幟。得天下之心之後，他的禮義之治，必然事半功倍。他的「人有其治」，也從消極的「民陷乃去」，而走向積極的「君子有常體」，以與「天地參」。（天論）

第⑵則更以周公與伯禽之傳的對話，說明「道德」才是美德，能以「道德」倡行於天下，百姓自然歸心於「道」，其他都在其次。所謂「道德」，自然是具體人道的德目—禮義，所以「道」能使四海歸心。能統天下之心。

㈢為吉凶機祥之主

由初民社會的恐懼心理所形成的「吉凶機祥」觀念，是根深蒂固的。荀子的天人思想，否定了天人格的存在，當然還要進一步解決宗教信仰的取代。同時也要解決民俗習慣與祭祀制度中的「神」與「文」的矛盾。於是他先從後者著手闡明「神」的不存在與祭祀之「文」的必要，使人類棄「神」而從「文」，由「三本」而入於禮義，以禮義的信仰取代「神」的信仰，并使「吉凶機祥」觀念，由神化而回歸於人道；使人類之靈悟表現於禮義的「道」，才是眞正的神明。所以說：

「雩而雨，何也？曰：無何也，猶不雩而雨也。日月食而救之，天旱而雩，卜筮然後決大事，非以爲得求也，以文之也。故君子以爲文，而百姓以爲神。以爲文則吉，以爲神則凶。」（天論）

這種對話，是他常用的表達形式，也是民間必然的質疑。因爲他的學說，一方面否定人格化的「天」與「神」，另一方面卻承認祭祀的禮。這是必須解答的問題，否則誰肯相信知識份子的「承先啓後」。「雩」是祈雨的儀式，「雩而雨，何也」，是百姓的疑問。他的答案是，「無何也」—不爲什麼，就等於不祈雨也會下雨。兩者之間並無因果關係，而是出於自然的巧合，如同以上非神觀所指出的「楚王後車千乘」與「君子啜菽飲水」，都由於「節然」的適逢其會。但他的設想是周延的，百姓必然還會懷疑「雩」的多此一舉，所以一口氣往下解答：他說天旱而祈禱降雨，日食月食而有打救的儀式，和決定大事之前的卜筮，都不是出於可求而求的，而是「以文之也」。所謂「文」，是敬事之義的具體禮文。由於民俗的傳統是信天信神的，所以政府有司必須以種種祭祀的儀式，順應風土民情，表現當務之急及鄭重其事，一方面安定民心，另一方面也是君相士大夫「敬事」的規範。儀式雖然是對天對神的，但他的涵義是「人定勝天」的，必須以「事在人爲」的精神來解決問題的。天旱嚴重時，人類是無能爲力的，即使能如今日的人造雨，也往往無濟於事。重要的是，平時的預防與災難的救濟，都必須在禮文的提示之下善盡人事。使百姓不爲災害所驚慌、所吞噬。這種道理，在明理的「君子」，自然知道是禮「文」的作用，而百姓只知道是「神」的庇佑。君子明理而重視禮「文」，而善盡人事，不使前述的三種人祆出現，自然會逢凶化吉，自然會福緣善慶。如果因爲偶然的巧合迷信天鬼而依賴神明，必然荒廢人事而以淫祀求福，也必然不免於貧窮疾病；自然諸事皆凶。所以說「道」是吉凶機祥之主。「道」所表現的「禮義」，才是決定吉凶的「神」。

之後，他更以「三本」之說使天地鬼神觀念，歸統於「禮義」。他說：

(1)「禮有三本：天地者，生之本也；先祖者，類之本也；君師者，治之本也。無天地惡生？無先祖惡出？無君師，惡治？三者偏亡焉無安人。故禮，上事天，下事地，尊先祖而隆君師，是禮之三本也。」

(2)「故王者天太祖，諸侯不敢壞，大夫士有常宗，所以別貴始；貴始得（德）之本也。郊止乎天子，而社止於諸侯，道（禫之古字）及士大夫，所以別尊者事尊，卑者事卑，宜大者巨，宜小者小也。」

(3)「故曰：祭者，志意思慕之情也，忠信敬愛之至矣，禮節文貌之盛矣，苟非聖人莫之能知也。聖人明知之，君子安行之，百姓以成俗。其在君子，以為人道也，其在百姓，以為鬼事也。」

（以上詳禮論）

以上第(1)則說明禮義之本者有三，而祭祀之禮，亦以三者為本，以表示應有的尊敬，以倡於天下。因為萬物皆天地陰陽之所化；人是群居動物，政治動物，而政治必有賴於君之為政，師之為教，故以君師為治之本。由於「三者偏亡焉無安人」──或失其一，便失去人類的安存，無天地之化，根本就沒有人類；無先祖之出，人類無從生；有了人類也能生長繁衍，如果沒有政治秩序的建立，沒有除同害興同利的國君，人類便失去安全生存的保障。國家統治的基礎是人文禮義之教，如果沒有師長，人人不知禮義為何物，人人如禽獸之無知、之難馴，處處亂做一團，根本無從治理。所以必須以禮事天地，祀祖先，而隆於君師。但這種事天地，祀先祖，隆君師的形式，仍然是禮文的作用而不是鬼神的淫祀。因為禮儀的存在，也是尊敬的存在，尊敬天地，使無負天地之生物；尊敬先祖，使無負父母之生身；尊敬君師，使敬遵禮樂刑政之為治，以崇報政教之功德。一切的禮儀，都出於「文」的意義，毫無鬼神的色彩。

第(2)則更具體詮釋「禮」對於三本的區別：王天下的王者，得以太祖配祀於天地。諸侯則善保其始祖之廟而不敢毀壞。大夫及士則有百世不遷之大宗，以分別示貴始之禮；因為貴始為立德之本。「郊」為祭天之禮，唯天子得為之；「社」為祭地之禮，唯諸侯以上得為之；「道」即「禫」─祭先祖之禮，謂此禮則自天子諸侯普及於大夫士皆為之。此種差等之禮，也為了區別尊卑秩序而設─唯天子之尊，得配祀至尊之天；諸侯以上之尊，得配祀次尊之地。卑於天地之先祖，則為士大夫以上所宜祀。所謂「別尊卑，宜大小」。凡此禮儀，都為了追念「三本」之德於人類而設的「文」，絕非因為「神」的存在。敬「三本」之德而善盡人事，自然趨吉而避凶，近福而遠禍；如果但知迷信鬼神而怠於人事，他的效應自然是相反的。

第(3)則更是「君子以為文，百姓以為神」的註腳；說明祭禮是表達人際感情禮節的「文飾」，而不是因為鬼神。

荀子強調「道」之為用，除了以上所述之外，似乎還有更重要的著眼。他痛心疾首於「濁世亂君」之「營巫祝，信機祥」(詳史記本傳)，因為由於這種為政只會領導墮落，只會蠱惑淫亂，而必須破除迷信，加以矯正。但他顯然更為了另一種的學說願望─希望建立健康的「宗教信仰」，化政治神棍於無形。因為這種「營巫祝，信機祥」的闇君、暴君，他的基本動機是為了麻醉百姓，神化自己貫徹他的愚民政策。這種人面獸心的怪獸，所加於百姓的禍害，更是千萬倍於一般神棍的斂財詐色，更是人類進化的最大障礙。所以他必須以外「天」之道的「禮義」，使人類信仰神明所象徵的立功、立德、立言三不朽的精神不死，以使政治神棍喪失推銷的市場，使政府恢復「立君所以爲民」的本來面目，爲社會奠立健全發展的基礎，才談得上「人有其治」──天人同步的一切。

三、「道」之所貫

他的天論，似乎對於人性的偏向，還是放心不下，人類主觀的無知，尤其可怕；所以必須指出，偏蔽是「知」的敵人，是「道貫」的絆腳石，他說：

「萬物爲道一偏，一物爲萬物一偏。愚者爲一物一偏，而自以爲知道，無知也。愼子有見於後，無見於先。老子有見於詘（屈），無見於信（伸）。墨子有見於齊，無見於畸。宋子有見於少，無見於多。有後而無先，則群衆無門，有詘而無信，則貴賤不分。有齊而無畸，則政令不施。有少而無多，則群衆不化。書曰：『無有作好，遵王之道；無有作惡，遵王之路。』此之謂也。」（天論）

他以爲在「道」的大共名之下，萬物只是「道」的局部，任何的「一物」，再多也只是局部的萬物。愚者之所見，也只是諸相之一，但他卻持一偏之見，以概萬物之全而自以爲知「道」，其實是可悲的無知。例如愼到之學，只見其果而不見其因，但重事物已成之相，而無視相之由來；故主懸物準以應萬象；而事理則多變動不居，如以機械的「物準」應之，必歸於「違牾」。老子之學，則主「柔弱勝剛強」，「不爲天下先」故以「詘」爲教，而不見「自強不息，日進無彊」與「剛克」之一面。

墨子尙同，以爲萬物絕對平等，而不知「維齊非齊」的道理。宋牼以「情欲寡」爲教，而不知人之情或欲多或欲寡，甚至於無欲，固難盡同。晉之和嶠於錢欲多，於屐欲寡；阮孚則於屐欲多，而於錢欲寡，宋子但有見於寡遂以爲人情皆如此。如果行愼到之道，則人皆學無知之物，相率於渾沌，則無門徑之可循。行老子之道，有詘而無伸，則天下皆賤而無貴，無貴賤之分，則「兩貴不相使」，「兩賤不相事」，天下惡乎治？行墨子之道，則有齊之平而無畸之差等，不足以勸天下，自然政令無所施。行宋子之道以拂人性，自不能化天下。是故道之所表者欲全而不欲偏，必以禮義之周延表之，乃得人道之條貫。否則表非其道，甚於無表，則天下不免於陷溺。這是「人有其治」，「治民者表道」所不可不知的道理。

其次，關於以道貫治，他更以下列言論比較其利弊：

(1)「墨子蔽於用而不知文。宋子蔽於欲而不知得。愼子蔽於法而不知賢。申子蔽於勢而不知知(智)，惠子蔽於辭而不知實。莊子蔽於天而不知人。故由用謂之道盡利矣；由俗(欲)謂之道盡嗛(快意)矣。由法謂之道盡數矣。由勢謂之道盡便(乘便)矣。由辭謂之道盡論矣。由天謂之道盡因矣。此數具者，皆道之一隅也。夫道者體常而盡變，一隅不足以擧；曲知之人，觀於道之一隅，而未之能識也。故以爲足而飾之，內以自亂，外以惑人，上以蔽下，下以蔽上，此蔽塞之禍也。」

(2)「聖人知心術之患，見蔽塞之禍，故無欲無惡，無始無終，無近無遠，無博無淺，無古無今，兼陳萬物而中縣衡焉。是故眾異不得相蔽以亂其倫也。」

(3)「何謂衡？曰道。故心不可不知道，心不知道，則不可道而可非道……以其不可道之心與不道人論道人、亂之本也。」

(4)「夫何以知？曰心知道然後可道，可道然後能守道以禁非道……以其可道之心與道人論非道，治之要也，何患不知。故治之要在於知道。」(以上詳解蔽)

以上之意有四：(1)指言「道」者每因一偏之蔽，而自以爲所主之道爲客觀的「道」；以爲足夠詮釋其說。於是不健全的邏輯必然亂於內在的思維，不健全的理論便外以惑人，乃至於上下相蔽於人倫、於爲政，其禍自不可勝言。(2)荀子論「蔽」，以爲有「異」必有蔽，欲與惡「異」而交蔽，乃至終始、遠近、淺博、古今之間莫不交蔽於主觀之「異」。故主兼陳萬物，而決之以客觀的「衡」。(3)說明「衡」的道理與「衡」的功能，他說「衡」就是「道」，「道」就是「衡」。人的心不可不知「道」。因爲不知「道」便不會認同「道」，而認同「非道」；若以此心與「不道」之人論君子，論人才，自然不得其正。自然是亂源之一。(4)於是他再說明心何以能知「道」？他認爲從利弊比較的生活經驗上，便能知「道」；知「道」之善，自然會認同於禮義，并據以爲操守，以排拒「非道」的一切。復以此心與同道議論「非道」的一切，自然會得其癥結，而能對症下藥。所以說：治國之要在於「知道」。「知道」乃能「體常而盡變」，而以禮義之道條貫人治以統人文的一切，包括迷信天鬼的取代。

最後，他以爲具體於禮的「道」，其條貫可以貫應於人倫，貫應於政教，更可以貫應於天人之間。

他說：

(1)「舜曰：維予從欲而治。故禮之生，爲賢人以下至於庶民也，非爲成聖也；然而亦所以成聖也；不學不成。」

(2)「夫行也者，行禮之謂也。禮也者，貴者敬焉，老者孝焉，長者弟焉，幼者慈焉，賤者惠焉。」

(3)「君子之於子，愛之而勿面，使之而勿貌，導之以道而勿彊。」

(4)「親親、故故、庸庸、勞勞、仁之殺也。貴貴、尊尊、賢賢、老老、長長、義之倫也。行之得其節，禮之序也……君子處仁以義，然後仁也；行義以禮，然後義也；制禮反本成末，然後禮也；三者皆通，然後道也。」

(5)「禮者，政之輓也；爲政不以禮，政不行矣。天子即位。上卿進曰：如之何憂之長也？能除患則爲福，不能除患則爲賊。授天子一策。中卿進曰：配天而有下土者，先事慮事，先患慮患。先事慮事謂之接(捷)，接則事優成。先患慮患謂之豫，豫則禍不生。事至而後慮者謂之後，後則事不舉。患至而後慮者謂之困，困則禍不可禦。授天子二策。下卿進曰：敬戒無怠。慶者在堂，弔者在閭。禍與福鄰，莫知其門。豫哉！豫哉，萬民望之，授天子三策。」

(6)「禮之於正國家也，如權衡之於輕重也，如繩墨之於曲直也……慶賞刑罰，通類而後應。政教習俗，相順而後行。」(以上均詳大略)

(7)「所謂大聖者，知通乎大道、應變而不窮，辨乎萬物之情性者也。大道者，所以變化萬物也；

情性者，所以理然不（否）取舍也。是故其事大辨乎天地，明察乎日月，總要萬物於風雨，繆繆（穆穆，和美也）肫肫（精密也），其事不可循（揗），若天之嗣（司），其事不可識……若此則可謂大聖矣。」（哀公）

(8)「性者，天之就也；情者，性之質也，欲者，情之應也。以所欲爲可得而求之，情之所必不免也。以爲可而道之，知所必出也。……道者，進則近盡，退則節求，天下莫之若也。……故知者論道而已矣……」（正名）

以上第(1)至(4)則，爲「道」之貫於人倫的部份。①舜之爲政，之所以能從心所欲不逾矩，是因爲服膺於大道所具體的禮義。所以說「禮」雖是爲賢者以下而生，而不是爲了成聖；但是要「成聖」則仍然要學禮，不學禮便不可能成爲「從欲而治」而不逾矩之聖。②禮所規範的人倫環節，無論貴賤之間或長幼老少之間，或以「敬」，或以「孝」，或以「弟」，或以「慈」，或以「惠」，皆因「禮」而各得其所而相安。③父之於子，要扮演嚴父的角色，要愛在心裡而不使恃寵而驕；要正常處遇，不因役使勞動而優以辭色。至於責善，更要以禮義之道加以誘導啓發，尤其不可怒形於色，強人所難。因爲愛與嚴之間，必須無過無不及；不以愛失道，不以嚴傷情。「道」的引導，可使中規中矩，一切正常，更是愛之以德的康莊大道。④「仁」必須有相對的差等，「義」也要有倫次。仁愛之施，應自「親親」及於「故故」，然後及於非親非故者之功勞的報酬。禮義的規範，也要依照貴、賢、老、長的順位，分別爲禮，所謂「行之得其節，禮之序也。」所以君子處仁要合乎義，才是「仁」，行義要合乎禮，才是「義」，制禮要本乎仁義，而具體於禮節，才是「禮」。能貫通仁、義、禮三者之理，才是「道」。也是他以「道」貫乎人倫的道理。

第(5)(6)則，爲「道」之「貫」於政教的部份—禮之於政教，如輓之於車，車無輓不行，政教無禮同樣無從落實。三卿分授天子之三策，是三卿奉職之禮，也是禮對天子的規範—必須虛心接受，故曰「授」。而三策的內容，更是分別規範政教的座右銘。所以說「禮」之於正國也，如權衡、如繩墨。所有的慶賞刑罰，必須合乎禮的統類，才可以相應而施，才能獲得相對的效應；所有的政教習俗，也要符合於禮的規範，才可以「相順」而行，才有正面的效應。

第(7)(8)兩則，爲「道」之貫於天人的部份。前者以爲聖人所制的「大道」，是人類應天、制天，變化萬物質量，成全萬物效用的萬能手。他的功能與人類天生的「情性」是對應存在的。「情性」的本身，是天政、天功、天情、天養的存在，也是聖人通乎大道制於禮義應變不窮的判準；所以說「道」，「其事之大可以辨乎天地，明察乎日月」；其統領天人萬物之大經大緯，一如風雨博施之成化，其繆繆(穆穆)之和美與肫肫之精密，皆在不可捉摸之中。他的功能也和前述天「職」一樣「不爲而成，不求而得」「萬物各得其和以生，各得其養以成，不見其事而見其功」。後者說明與生俱來的「性」；「性」所形成、所具體的「情」；與應「情」而生的「欲」三者的循環關係，以及「道」的相應而生。人「情」皆以爲所欲是可得而求的，而「欲」又是「不可盡」的，於是而有「天君」的「心」爲之「慮」，以求其「可節」，於是產生「進則近盡，退則節求」的「道」。由於「道」的功能「天下莫之若」；知「莫之若而不從道者，無之有也」；所以「智者論道而已」。由此可知，「道」一方面能以人治裁物、變物，使天物的質量近乎人欲之盡；另一方面則以禮義規範，使人欲之求，得其節制而無爭奪之亂之窮。這種「道」，當然是條貫天人的大道。

總之，以天論篇爲中心的天人論，幾乎是他整個思想的經緯。從天地之辨到人天之辨的非神觀，延伸到「人有其治」的同步觀，而趨於「制天命而用之」的制天觀。最後則以「道貫」觀落實於政治的貫道與表道；更以道的眞諦使君相士大夫乃至庶民，皆能「上下無蔽」，由知道而行道，而條貫禮義之道於人倫、於政教、於天人之間之「善治」，以全天人同步之功。可以說是深切於時弊的針砭，合理而完備的綱目。

後人或以爲天論篇中的「道貫」及「一偏」兩段與天論無關。其實，前者之論「貫道」、「表道」，使民如水行之無陷，固爲「人有其治」之大端；而後者之強調明道與「遵王之道，……遵王之路」，亦無悖以「治」應「天」之道。而人類之易失於偏蔽；蔽於「道」而言「治」，豈不是「伏地而咶天」？然則所謂「天地生君子，君子理天地」；所謂「天地生之，聖人成之」，豈不都是「徒託空言」？

（「天人論」終）

第二章　性僞論

在荀子的治術體系之中，「性僞論」是從「天人論」所開出的第二論。在「天人論」中，破除了天人格迷信思想，而以「人有其治」爲中心。人必須先治自己，然後能治物；人性所存在的「惡」，如果不能加以有效的「治化」，不但不能治物，不能「理天地」，而且由爭而亂，由亂而窮之人禍，必然是更嚴重的問題，這是「人欲橫流」的戰國時代所存在的現實教訓。也因此，他以「善言古者必有節於今，善言天者必有徵於人」的原則，從人性的認知著手解決「性惡」問題，同時依「化性」的結果，使人類分別作自我的完成，分別扮演應有的社會角色，完成「合於善」的人格。於是他先有人格的概觀──「性」惡而「心」知道的二元觀──然後求證於「人」事層面的現象，以確立人爲主義、理性主義的理論。由「心之知道」而導向於師法禮義的效應，而以政教刑賞，注錯習俗的致力，助其無蔽、助其清明，以完成「自我」的人格功能，一方面直接規範其「惡」的發展，一方面凝固「善」的僞化。以下將分㈠人格的透視，㈡性惡的辨證，㈢僞性之方，㈣僞性的多面觀。四節分闡之。

第一節 人格的透視

他的人格觀，很近似西方的佛洛伊特的人格理論。佛氏將精神機構分爲意識、前意識與潛意識三個部份而與人格組織的超我、自我、本我的三分法相對應。本我是潛意識的；自我與超我是意識居多，而與前意識密切合作，而發生適應外界所引起的知覺、想像、記憶以及觀念化歷程之中的許多作用。自我的重要功能是，使事物出現於意識，或抑入潛意識。超我則有更高的自覺，通常與自我共同對抗本我，使不可接受的事項重返於潛意識。潛意識就像火藥的倉庫一樣，隨時有爆發的可能。人格之中以自我功能爲最重要，它一面要因應外界的種種危機，另一方面還要壓抑可能導致威脅的內在需求。

荀子以爲，人是由「形」體與精「神」所組成。精神部份則包括人的許多情性的表現，荀子稱爲「天情」。在形體方面，也有許多官能，荀子稱爲「天官」。另外一種官能是大腦，荀子稱爲「心」，它是「天情」、「天官」的主宰，所謂「心居中虛，以治五官」的「天君」(以上均詳「天人論」)。「天情」之中所固有的「欲」，由於它的作用，爲人性善惡之所繫，所以荀子把它獨立在「天情」之外，而所謂「欲」，相當於「本我」的潛意識，「欲」更是隨時可以暴發的「活火山」。絕大部份的「惡」，都由「欲」而生；萬惡之首的淫亂之「惡」，便出於「欲」。此外荀子所指出的「貪利」之「惡」，是出於「天情」的「好」；「嫉惡」之「惡」，是出於「惡(ㄨˋ)」或「怒」。至於「喜」、

「哀」、「樂」則不構成「惡」的因素。所以荀子特別置重於「欲」的治化。「欲」求的背後主使者是「天官」，有肢體才有好愉快快感的「欲」，好飲食男女的「欲」。所以「天官」部份也是潛意識的「本我」。是故皆在「化性起僞」之列。即使是外此的三情，也因爲它的間接影響，而不能例外於禮樂教化，以求其中節。

「心」，相當於「自我」或「超我」；「欲」，相當於「本我」是「唯樂」的，是自私無他的；「自我」是「唯實」的，兼顧人己的；「超我」則是「唯善」的。兩者的功能都在於「選擇」—知辨或知「道」。所以「心」是人格之中，居於主導地位的「天君」—與生俱來的內在主宰。只要賦予是非善惡的標準，它就會發揮「辨知」的意識功能，作合理的選擇，以「令」、以「使」於「天官」、「天情」，使不合理的潛意識不得影響人的行爲。

「心」是容易生病的。就像水一樣，很容易平靜，也容易動盪，所謂「人心譬如槃水……。微風過之，湛濁動乎下，清明亂乎上，則不可以得大形之正也。」（解蔽）。「心」是如此容易「蔽塞」而失其「清明」，所以它的功能也不是絕對的。必須以人爲的「僞」，使他自覺，使他戒懼，使他接受社會模式塑造與規範，才能保證相當的功能。這就是荀子對於人格的概念。以下是他的理論：

一、人有「天情」、「天官」、「天君」

荀子以爲，天生萬物之中的人，是由情性與官能組合而成而以「心」統一切。他說：

⑴「天職既立，天功既成，形具而神生，好惡喜怒哀樂臧(藏)焉。夫是之謂天情。」

⑵「耳目口鼻形能(態)，各有接而不相能也，夫是之謂天官。」

⑶「心居中虛，以治五官，夫是之謂天君。」(以上均詳天論)

以上第⑴⑶兩則皆屬精神組織部份。前者概括指出人是「陰陽大化」所生的有形體而有精神組織的生物。同時列舉精神組織中的基本分子—六情；由於與生俱來，故謂「天情」。後者是精神組織之中居於主體地位的「心」，他的功能是，命令或管制軀體官能的一切活動或并使其適可而止，所謂「欲過之而動不及，心止之也」(正名)。「心」的「大清明」，更相當於「超我」，并能表現更高的人格方式；所謂「聖人縱其欲，兼其情，而制焉者理也。」(解蔽)

第⑵則之「五官形能」，是包括人體機能的一切，它的活動是受命於精神組織，特別是「心」，有了它，才有精神活動的具體；人的生命才能獲得「欲」的滿足，才有「生」的存在與延續。

二、人有「性」、「情性」、「情欲」

荀子以爲，行爲的基本驅力是來自人之性、情、欲三位一體的精神組織。所以他說：

⑴「凡性者，天之就也，不可學，不可事(飾)……而在人者，謂之性。」(性惡)

⑵「性者，天之就也；情者，性之質也；欲者，情之應也。」(正名)

(3)「人生而有欲，欲而不得，則不能無求，求而無度量分界，則不能不爭，爭則亂，亂則窮……故制禮義以分之……。」(禮論)

以上第(1)則是界定：「性」是天功所成；凡人所具之本能，不可學習，也不可以掩飾的一切就是「性」。第(2)則詮釋「性、情、欲」三名。「性」，仍然是本能的總稱，包括心智(另詳)在內。「情」是「性」的實質—具體表現；指人的六情而言，故亦稱「情性」。「欲」，是「情」的反應或對應；故亦稱「情欲」。第(3)則說明「欲」與「禮」的關係。無論生理、心理，皆不能無「欲」，因爲那是與生俱來的本能，相當於「本我」。尤其是生理之「欲」，更是維持生命生生不息的唯一機能。機能本無善惡，只因爲「欲」的無止境，而所求的一切，勢不能盡如人意，於是不免發生惡性之爭，而底於亂、於窮。「心」雖然能「止」之，但「心」不能自生善惡的標準，所以必須有外在的「禮」，定「分」以教之，幫助「心」的選擇，否則「欲」所導致的「惡」，將甚於洪水猛獸，的確是一座「活火山」。因爲猛獸所噬畢竟有限，洪水之爲患，也不過一時，而人「欲」的明爭暗鬥，其禍是無窮無盡的。

三、「心」的人格功能

以上兩目的重點是說明人性的負面存在。現在，他要細說人性之中所同具的正面功能—「心」。因爲「心」有能「知」、能「慮」的功能，能接受「道」，人性才有「善」的希望。而他的「僞」的理論才會生根。所以說：

⑴「……禽獸有知而無義，人有氣有生有知，亦且有義，故最爲天下貴也。」（王制）

⑵「所以知之在人者謂之知（心智），知有所合謂之知（理智）。」（正名）

⑶「人何以知道？曰：心。」（解蔽）

⑷「情然而心爲之擇，謂之慮。」（正名）

⑸「心者，形之君也，而神明之主也。出令而無所受令；自禁也，自奪也，自使也，自行也，自止也。故口可劫而使墨（默）云，形可劫而使詘申，心不可劫而使易意；是之則受，非之則辭。」（解蔽）

以上第⑴⑵則皆詮釋人爲萬物之靈的特質。前者謂人除了有形體，有生命，有知覺之外，還有禽獸所無的「義」—明辨是非義理的意識。後者則謂人所具有的「知」也有別於禽獸的「知」，人有本能的「知」，更有理性的知—所謂「知有所合，謂之知」。這是人所獨有的精神組織，「意識」的「知」。這種「知」，就是「心」功能。

第⑶⑷兩則是說明人之「有義」，是因爲知「道」；有「知道」的「心」功能。「心」之所以能辨知一切，而且能在「情」之所然的反應中，選擇何者兼可於現實世界，而使其發生合理的行爲，何者必須加以抑制，使其回歸潛意識之中；這種能力叫做「慮」；能權衡一切，思考一切，過濾一切，學習一切，才是「心」功能的全部。他的「性」，「情」、「欲」，相當於人格組織的「本我」，而與精神組織的「潛意識」相對應；所謂「情然」，可能指「情性、情欲」部份的「自我」，而與精神組織的「前意識」相對應；「心」，是「自我」功能，兼具「超我」功能，而與精神組織的「意識」相對應。因爲他的智能，能對抗本我的本能衝動，對不可接受的欲念，加以過濾。同時依其學習記憶的功能，逐漸昇高人格的層次—接受「禮義」的「僞」化，使人性由惡而趨善，乃至爲君子爲聖人。

第(5)則，便是詮釋「心」的人格功能。「心」的本質，是獨立而具有判斷是非的機能。是形體的主宰，也是精神思考的主宰，而且他的獨立是絕對的，在人體的內外，沒有任何東西可以命令他，而它卻可以命令人體的一切；所有的「禁、使、奪、取、行、止」；都是自爲決定的。所以五官的「口」，可以外力脅迫它語或默，「形」體可以脅迫他屈或伸，但「心」卻不能威脅他作任何的改變。他的「辭」或「受」，是依「是非」爲判斷的。當然，這種概念或假設，都只是一種「可能」—有此可能，才會接受「化性起僞」的一切，才會分別完成各種不同層次的人格。

以上種切，都是他政治思想的基礎。他從人類的形體結構與精神組織中，確定了性「惡」而可「僞」的人格—情欲之「惡」，固然是致亂致窮的禍源，但主宰五官肢體的「心」，則具有異於禽獸的辨知功能；只要心智不蔽，人人都有自制惡性的意識能力。不過，這種能力，也有待外力的「教化」與自力的「積善」，才會有完整的自覺意識。於是有政教禮樂，「化性起僞」之必要，而以「化民成俗」的循環，不斷地教育矯正，以型塑健全的人格。以下是他的辨證。

第二節　「性惡」的辨證

荀子以爲，人性是偏「惡」的，如果不施以禮義之化，必然發生「爭奪、犯分亂理，而歸於暴」；其結果，於社會，於政治都是嚴重的禍患。所以先證其「性惡」，然後論化性起僞；他說：

「人之性惡，其善者僞（人爲）也。」（性惡）

這是他基於人性觀察所作的歸納。他確定人性是「惡」的，所有表現於「善」的一面，都是出於人爲的教化所使然；未經教化的人類，是非善的。以下將以原書的十大辨證，歸納爲五目分闡之：

一、以師法禮義為證

(1)「今人之性，生而好利焉，順是，故爭奪生而辭讓亡焉；生而有疾惡焉，順是，故殘賊生而忠信亡焉；生而有耳目之欲，有（又）好聲色焉，順是，故淫亂生而禮義文理亡焉。然則從人之性，順人之情，必出於爭奪，合於犯分亂理而歸於暴。故必將有師法之化、禮義之道，然後出於辭讓，合於文理，而歸於治。用此觀之，然則人之性惡明矣，其善者僞也。」

(2)「故枸木必待檃括然後直……今人之性惡，必將待師法然後正，得禮義然後治。今人無師法，則偏險而不正，無禮義，則悖亂而不治。古者聖王以人之性惡……是以爲之起禮義、制法度，以矯飾人之情性而正之，以擾(馴)化人之情性而導之，使皆出於治，而合於道者也。今之人，化師法，積文學，道禮義者爲君子，縱性情，安恣睢，而違禮義者爲小人，用此觀之，然則人之性惡明矣，其善者僞也。」

(3)「孟子曰：『人之學者，其性善』。曰：是不然，是不及知人之性，而不察乎人之性僞之分者也。凡性者，天之然也，不可學、不可事。禮義者，聖人之所生也，人之所學而能，所事而成者也。不可學、不可事、而在人者，謂之性；可學而能，可事而成之在人者，謂之僞。是性僞之分也。今人之性，目可以見，耳可以聽；夫可以見之明不離目，可以聽之聰不離耳；目明而耳聰，不可學明矣。孟子曰：『今人之性善，將皆失喪其性故(惡)也。』曰：若是則過矣；今人之性，生而離其朴，離其資，必失而喪之。用此觀之，則人之性惡明矣(其善者僞也)。」

(以上均詳性惡)

以上第(1)至(3)證，首以人性之「好利」，「好疾惡」，有耳目之「欲」，「聲色之好」，都是與生俱來的本能。如果都順其「性」，任其發展，則爭奪之心，必然取代辭讓之端；殘賊之心，必取代忠信之端；淫亂之心，必取代禮義文理之念，則人類必「犯分亂理」而趨於「暴」力。所以必須有師表之教化，禮義的引導，才會處處出於辭讓，合於文理而歸趨於禮義之治。可見師法禮義的存在，是由於人性之「惡」；如果人性是善的，根本就不需要師表與禮義之化了。

其次他又以枸木之有待櫽括然後直，譬況「師法」、「禮義」之於人及君子小人之所別，以證人性之惡。如果人性皆善，則不待師法禮義之化，也沒有小人君子問題的存在。

復次，孟子主張「學」所以充發人之善端，而荀子則不以爲然。他以爲孟子的說法是不解人性，不辨性僞之分的。因爲「性」是「天職」之所成，既不可以學習，也不可能求之於人事；而禮義之規範則爲聖人之所制定，是人類可以學，可以行的。前者就是「性」，後者便是「僞」；兩者迥然有別。凡是可以見的事物，是離不開眼睛的，可以聽得到的聲音，也離不開耳朵的，生理上的目明耳聰，自然是不可學習。所以孟子所說「今人之性善，將皆失喪其性故也」（梁注「故」下奪「惡」字），這話是不對的。因爲人性是附著於人的「材質」上面的，如果人性與人的質朴資材可以分離，則不成其爲「性」，而且化也無從化；「充」也無可「充」。這是他再次否定孟子之說，驗證「性惡」之可信。其實，孟子也在懷疑他的性善論，否則就不用教人「動心忍性，曾益其所不能」了。

二、以倫理存在為證

他以爲眼前所能見到的人性的「善」的一面，完全是人爲的「僞」，對於附著於「質朴資材」的軀體大腦所施的「美」化；因此才有倫理道德的存在。他說：

(4)「……所謂性善者，不離其朴而美之，不離其資而利（能）之也……今人之性，飢而欲飽，寒而欲暖，勞而欲休，此人之情性也。今人飢見長而不敢先食者，將有所讓也；勞而不敢息者，將有所代也。夫子之讓乎父，弟之讓乎兄，子之代乎父，弟之代乎兄……，皆反於性而悖於情也，然而孝子(弟)之道，禮義之文理也。故順情性則不辭讓矣，辭讓則悖於情性矣。用此觀之，然則人之性惡明矣；其善者僞也。」(性惡)

以上是從倫理角度論證人性之惡。荀子以爲，凡謂「性善」，必須如物之不離其「朴」而美，不離其「資」而利(能)，兩者之間是普遍而不可分離的。凡非普遍或可以分離的一切「善」，都不是本然的「性」，而是出於人爲的「僞」。倫理道德的存在，顯然是屬於後者。因爲它是來自「禮義文理」的，是非普遍而且可以分離的—甲子弟接受「禮義文理」之後，便成爲孝子；乙子弟以未受倫理教育(包括家庭教育)則否。這種「孝弟之道」，顯然不是普遍，也不是不可分離的。所以它只是人爲的「僞」，而不是本然的「性」，由於「性惡」，故不能無「僞」；「僞」的一切，也因爲「性惡」的存在而存在。以下他更舉例說明：飢欲飽，寒欲暖，勞欲休，雖然是人性之常，人性之本然；但經過「禮義教化」之後，便知道有所讓，有所代於父兄。這種美德雖然違反「情性」的本然，但卻是典型的「孝子之道」，「兄友弟恭」之道；典型的「化性起僞」。由此可知順人「情性」，就不會「辭讓」，能「辭讓」是因爲人性的「僞」化。更因爲「性惡」而有「僞」的必要；而有禮義倫理的存在。這是「性惡」的又一論證。以下還有更進一步的辨證。他說：

(5)「問者曰：『人之性惡，則禮義惡生？』應之曰：凡禮義者，是生於聖人之僞，非故(固)生於人之性也。故陶人埏(ㄕㄢ)埴而爲器。然則器生於工(陶)人之僞，非故生於人之性也。……聖人積思慮、習僞故（事也），以生禮義而起法度者，是生於聖人之僞，非故生於人之性也。若夫目好色，耳好聲……是皆生於人之情性者也；感而自然，不待事而後生之者也。夫感而不能然，必待事而後然者，謂之生於僞；是性僞之所生，其不同之徵（驗）也。故聖人化性而起僞，僞起而生禮義，禮義生而制法度；然則禮義法度者，是聖人之所生也。故聖人之所以同於衆人者，性也；所以異而過衆人者，僞也。」（性惡）

以上是他的第五證。在答問之中，解答了另一難題─人性既「惡」，聖人之性也應該是「惡」的，禮義從何而來？他的答案是，禮義生於聖人後天之「僞」，不是生於聖人所固有人「性」。就像陶人擊黏土以成器皿一樣，一切陶製器皿都由陶人後天學習的技藝而來，並非出於陶人的本性。同理，聖人積其上智的思慮與經驗所產生的抽象的禮義，與具體規範的「法度」，當然也是出於聖人後天之「僞」，而不是生於先天之「性」。所以凡是目之好色，耳之好聲，乃至於肢體之好愉佚，都是出於先天的「情性」，是自然的感應；都是生而知之，而不必「待事」而後生的「性」。反之，凡是有所感受而不能如肢體的自然反應，必待人事而後能的，便是「僞」。這是「性」與「僞」兩者之間來源不同的徵驗。所證的第一義是，禮義爲聖人所生。第二義是，聖人能超越衆人以生禮義法度，是因爲他的「資朴」與「積」異於衆人，而且遠過於衆人，所以能自我化性，自我起僞而生禮義法度，以化衆人。這便是「僞」的具體。以下他又舉例：

「假之人有弟兄資財而分者，且順情性─好利而欲得，若是則兄弟相拂奪矣；且化禮義之文理，

若是則讓乎國人矣。故順情性則兄弟爭矣;化禮義則讓乎國人矣。」(性惡)

他假設兄弟分財,如果各順其好利之「情性」,各務於多得,則兄弟之間必然相逆而相爭奪;反之,如果各化於禮義文理之教之學,不但能相讓於兄弟之間,而且能相讓於任何人。這便是「性」與「僞」的大別,也是「化性起僞」的功能與「性惡」的證據。

三、以「欲善」心理為證

他認爲「心」之「欲善」,適足以反映「性惡」之乏善。他就人的心理狀態說明,凡人之爲善,是由於「性惡」而缺少「善」。因爲「無之中者,必求於外」,是人之常情;所以人性雖惡,仍然有「欲善」的一面,這種本能也就是「化性起僞」的造因之一。由此可見,「善」是來自人爲的「僞」,而「僞」的存在是因爲「性惡」。所以說:

(6)「凡人之欲爲善者,爲性惡也。夫薄願厚,惡願美,貧願富,賤願貴,苟無之中者,必求於外;故富而不願財,貴而不願埶(勢),苟有之中者,必不及於外。……今人之性,固無禮義,故強學而求有之也;性不知禮義,故思慮而求知之也。然則生(性)而已,則人無禮義,不知禮義。人無禮義則亂,不知禮義則悖……人之性惡明矣,其善者僞也。」(性惡)

以上是他的第六證,所謂「欲」與「願」都指強烈的願望而言。處於匱乏之「薄」,必然渴望處於有餘之「厚」;貌醜者,必然渴望丰姿之美;貧賤必然渴望富貴,都是無中求有的強烈願望。反之,既富既貴之後，財與勢的邊際效用都不高，對於財勢的欲望，自然不會那麼強烈。因此，人對於自己所「無」的禮義，才會「強學」而求「有」；也因爲人性不知禮義，才會思考以求之。由此可知，如果生而不教不學，則其人無禮義，不知禮義。沒有禮義的規範，必然越軌而亂；不知禮義之所以然，必然會悖逆於人倫；這種人只是禽獸而衣冠，而一切的反射，也來自「無禮義」，「不知禮義」的「惡」。欠缺禮義的「惡」是「性」，化於禮義的「善」是「僞」。我們所能看到的許多「善」的現象，都是「僞」的結果，而不是人性的反應。

四、以「君上之勢」為證

他的第七辨證，是從善惡的界定中求證。并從君上之勢的必要，證人性之惡。他說：

(7)「孟子曰：『人之性善。』曰：是不然，凡古今天下之所謂善者，正理平治也；所謂惡者，偏險悖亂也；是善惡之分也已。今誠以人之性固正理平治邪？則有（又）惡用聖王，惡用禮義矣哉！雖有聖王禮義，將曷加於正理平治也哉！今不然，人之性惡，故古者聖人以人之性惡，以爲偏險而不正，悖亂而不治，故爲之立君上之埶（勢）以臨之，明禮義以化之，起法正以治之，重刑罰以禁之，使天下皆出於治，合於善也；是聖王之治而禮義之化也。

今當試去君上之埶，無禮義之化，去法正之治，無刑罰之禁，倚而觀天下民人之相爲也；若是，則夫強者害弱而奪之，衆者暴寡而譁之，天下之悖亂而相亡不待頃矣。用此觀之，則人之性惡

明矣，其善者僞也。」（性惡）

他反對孟子之說。理由是，善與惡必須先有合理的界定，然後才能判斷人性的善惡。他的界說是，以「正理平治」與「偏險悖亂」作善惡的分野。所以說，如以人性是正理平治的「善」，則何所用於「聖王」、於「禮義」？即使有聖王、有禮義，也不能使人性比「正理平治」表現得更好。正因爲人性是「惡」的，古代的聖人才針對他的「偏險悖亂」而建政府，立人君而賦予權力加以統治—昌明禮義以化之，興法令以治之，嚴刑罰以「禁」其惡，使天下百姓都不會悖亂不正，都合乎「善」的標準—「正理平治」。如果不信，不妨把「聖王」的政府打倒，把「孔家店」打倒；不要禮義，不要「法正」，也不要「刑罰」；然後倚立而觀天下，立刻就會看到強凌弱、衆暴寡—搶劫、強暴，乃至爭權位爭天下的鏡頭，以及民不聊生，血可漂櫓的鏡頭。天下之由亂而相亡，自然都是頃刻之間的事。從這個角度看人性，人性之「惡」更是昭昭若揭，這就是古人所謂「惟天生民有欲，無主乃亂。」（書、仲虺）所謂「其善者僞也」，誰說不是？

五、以言論規則為證

以下的第(8)(9)(10)三證，是以他的推理原則—「辨合符驗」爲前提，再證孟子之非及聖王之治與禮義之化之必然效應；并從質疑中確立「化性起僞」之論；而爲「性惡」作最後的辨證。他說：

(8)「故善言古者必有節於今，善言天者必有徵於人。凡論者貴其有辨合符驗。故坐而言之，起而可設，張而可施行。今孟子曰：『人之性善。』無辨合符驗，坐而言之，起而不可設，張而不可施行；豈不過甚矣哉！故性善則去聖王，息禮義矣；性惡則與聖王，貴禮義矣。故檃括之生，爲枸木也；繩墨之起，爲不直也；立君上，明禮義，爲性惡也。用此觀之，則人之性惡明矣，其善者僞也。」(性惡)

(9)「直木不待檃栝而直者，其性直也。枸木必將待檃栝烝矯然後直者，以其性不直也。今人性惡，必將待聖王之治，禮義之化，然後皆出於治，合於善也。用此觀之，然則人之性惡明矣！其善者僞也。」(性惡)

(10)「問者曰：『禮義積僞者，是人之性，故(固)聖人能生之也？』應之曰：『是不然；夫陶人埏(ㄕㄢ)埴而生瓦，然則瓦埴豈陶人之性也哉！工人斲木而生器，然則器木豈工人之性也哉！夫聖人之於禮義也，辟(譬)亦陶埏而生之也；然則禮義積僞者，豈人之本性也哉！凡人之性者，堯、舜之與桀、跖，其性一也；君子之與小人，其性一也。今將以禮義積僞爲人之性也？然則有(又)曷貴堯、禹、曷貴君子矣哉！凡所貴堯、禹君子者，能化性能起僞、僞起而生禮義；然則聖人之於禮義積僞者，亦猶陶埏而生之也。……禮義積僞者，豈人之性也哉！所賤於桀、跖小人者，從其性，順其情，安恣睢，以出乎貪利爭奪。故人之性惡明矣。其善者僞也。』」(性惡)

以上三證，首於第(8)證以「辨合符驗」爲前提，從「性善」的反面立論，以爲善言者必有徵驗—

言「古」者必有節於現實的「今日」；言「天」必有徵於經驗中的「人」事。這種言論乃可坐而言之，起而可據以爲立法，張以爲政令，可施於天下以資於治。而孟子之言「性善」，顯然不合這個前提；所以只能放言高論，而不能起而設，張而行。於是便在第(9)證以譬喻邏輯的論證，推定「人之性惡」—檃栝與繩墨，都爲木材之加工矯正而存在，因有枸木之不直，乃有加工之必要；人之性惡，乃有君上禮義之必要。如果枸木是直的，就用不著檃栝繩墨；如果人性是善的，自然也用不著聖王禮義。

最後，他又於第(10)證再度以對話式之議論，解決僅存的疑點—「禮義積僞」從何而來？他的答案仍然以陶人埏埴爲喻作間接的論證。他說明陶人與埏埴是「二」而非「一」，猶之乎聖人之與禮義積僞；前者是因，後者是果。不能說因等於果，就不能說埏埴生瓦便是陶人之性，同理也不能說禮義積僞便是聖人之性。否則就不必珍貴堯、禹君子而卑賤桀、跖小人了。再說，聖人之「性」雖與非聖人之衆人相同，但他的智商高於衆人，故能化性以起僞，以生禮義，所以「禮義積僞」之來自聖人，亦猶埏埴之瓦之來自陶人。聖人之異於衆人，也等於陶人之異於非陶人，其埏埴之功，亦非農人、工人之所能。如果也能，那是出於學習之「僞」，而非其「性」之本然。

第三節 「僞」性之方

他的性惡篇，於十證之後還有五段，分論化性之「僞」(原有六段，論「勇」部份從略)。茲分：

㈠禮義之「僞」性，㈡積善之「僞」性，㈢內化之「僞」性，㈣積靡之「僞」性，四目以闡之：

一、禮義之「僞」性

他以爲禮義對於人性的「僞」化，確有具體的效應，他說：

⑴「天非私曾騫、孝己而外眾人也；然而曾騫、孝己獨厚於孝之實，而全於孝之名者，何也？以綦於禮義故也。天非私於齊、魯之民而外秦人也，然而（秦）於父子之義，夫婦之別，不如齊、魯之孝具（且）敬父（文）者，何也？以秦人從（縱）情性，安睢恣，慢於禮義故也。豈其性異矣哉！」（性惡）

本段亦分正反兩面說明「僞」與未「僞」的效應。曾參、閔子騫與孝己（殷高宗太子）能綦（至）於禮義之化，故能獨厚於「孝」的行實，而成就其孝子之名。秦人則「慢於禮義」，自然在人倫方面遠不如齊、魯之民之能孝而且敬。一切皆由於人爲的禮義教化—「僞」施於個人或社會所使然，並非老天的偏私偏愛。

二、積善之「僞」性

以下將論化性起僞的另一途徑—「積善」，他說：

⑵「『涂之人可以爲禹』，曷謂也？曰：凡禹之所以爲禹者，以其仁義法正也。然則仁義法正有

可知可能之理，然而塗之人也，皆有可以知仁義法正之質，皆有可以能仁義法正之具；然則其可以爲禹明矣。今以禮義法正爲固無可知可能之理邪？然則唯(雖)禹不知禮義法正不能仁義法正也。將使塗之人固無可以知仁義法正之質，而固無可以能仁義法正之具邪？然則塗之人也，且內不可以知父子之義，外不可以知君臣之正。今不然，塗之人者，皆內可以知父子之義，外可以知君臣之正，然則其可以知之質，可以然之具，其在塗之人明矣。今使塗之人者，以其可以知之質，可以能之具，本夫仁義之可知之理，可能之具，然則其可以爲禹明矣。今使塗之人伏(服)術爲學，專心一志，思索孰察，加日縣(懸)久，積善而不可息，則通於神明，參於天地矣。故聖人者，人之所積而致也。」(性惡)

本段以路人可聖爲主題，說明積善之「僞」性。他引古人之言「塗之人可以爲禹」加以詮釋—禹之聖，是由於「積善而不息」所得之「仁義法正」所使然，所謂「明禮義之分，得君臣之正」。禹也是許多自然人之一，他能積而得之，可見「仁義法正」並非挾泰山超北海之難，而是人人可以知可以能可以接受的義理；由此可證人人皆有可以知之「質」、可以能之「具」，自然人人也可以爲禹。如果說「仁義法正」是不可知、不可能的，則禹雖聖，亦將不知不能。如果說「涂之人」本無「可以知」之「質」，「可以能」之「具」，勢必內不可以知父子之義，外不可以知君臣之正；而事實上則人人皆知之。可見「涂之人」實皆有可以知之「質」，可以能之「具」，其「可以」爲禹，自不待言；只不過不能皆如禹之「伏術爲學」，專心一志，深思熟慮，自強不息以「積善」，所以不果能爲禹。如果也能如此，自然會由「可以」而入於眞實的「能」。

三、內化之「僞」性

以上的假設，雖然指出人人可以爲禹，但另一種經驗理則卻告訴他—「可以」不等同於「能」，「能」是取決於意志與智能，前者所據的事實是「不可使」；後者則爲「唯賢者爲不然」，兩者皆非外力可以「使然」的，所以他說：

(3)「……曰：聖可積而致，然而皆不可積，何也？曰：可以不可使也。故小人可以爲君子而不肯爲君子，君子可以爲小人而不肯爲小人，小人君子者，未嘗不可以相爲；然而不相爲者，可以不可使也。故涂之人可以爲禹則然，……能爲禹未必然也。……足可以徧行天下，然而未嘗有能徧行天下者也……然則可以爲，未必能也……然則能不能與可不可，其不同遠矣……。」(性惡)

(4)「堯問於舜曰：人情如何？舜對曰：人情甚不美，又何問焉？妻子具而孝衰於親，嗜欲得而信衰於友，爵祿盈而忠衰於君……唯賢者爲不然，有聖人之智者，有士君子之智者，有小人之智者……」(性惡)

以上兩段皆論意識培養可以化性，而且是主要之途。前者以爲路人皆可以爲禹，但他的「可以」，是內化的可能，而不可以他力使爲之。內化要視其人的意識境界而定，所以是可能而不必能。如果可以外力使爲聖人，其爲聖人才是可必的。所以他說：小人可以爲君子而不肯爲君子，君子可以爲小人而不肯爲小人；兩者都只是具有內化的可能，而不是任何外力可以命令他「相爲」；所以「不肯」的意識支配了他。這種意識一天不改變，小人永遠不會成君子；君子也永遠不會成小人。所以要想化性起僞，就必須從固有的辨知功能培養意識的境界。後者在所引堯與舜的對話中，強調人性之不美，是由於私欲使然－既孝之子，會因娶妻生子之私而漸衰其孝；原來很重信於朋友，也因爲嗜欲滿足用不著朋友，便漸衰其信；做官的人都知道忠君的道理，一旦到了官居極品，無可再升的地位，就不會像從前那樣忠心。但在後半段他又說：「唯賢者爲不然」，那是因爲賢者的意識境界不同於常人，他的「心」功能是清明的，也證明了培養意識的內化，足以「化性起僞」，「僞」之後乃可以有聖人之智。因爲聖人之「知」是「多言則文而類，終日議其所以，言之千舉萬變，其統類一也」，君子之知是「少言則徑而省，論而法，若佚(扶)之以繩」，可見他的智能都是後天培養的，而不是與生俱來的；小人之知是「其言也諂，其行也悖，其舉事多悔」；役夫之知是「齊給便敏而無類，雜能旁魄(旁薄)而無用，析速粹孰(熟)而不急，不恤是非、不論曲直，以勝人爲意」的。可見他的「知」，也是由於得不到菁英教育之所致，或由於「不肯」之故，而不是天生的低能。如果也能以教育與環境影響，幫助他建立自覺的境界，累積更高的意識能力，自然「肯」爲也「可以」爲君子，甚至爲聖人。

總之，他的「可以」而「不可使」的概念，是來自「心有辨知」的認知－任何道德或政治的外力，都只有間接的作用，只能助其辨知而無蔽，助其激發「清明」的功能，以完成「自我」乃至「超我」

的人格。而眞正化性的「僞」，也只有人格的內化之一途。因爲外力絕不能直接使「不肯」爲「君子」的小人，翻然而爲「君子」。只有「心」功能的意識內化，才是徹底的化性（另詳化性起僞的多面觀）。

四、「積靡」之「僞」性

繼內化之後，更強調「靡」的化性功能，也可能更是性惡的幫兇。他說：

(5)「繁弱鉅黍，古之良弓也；然而不得排檄，則不能自正……鉅闕辟閭，此皆古之良劍也；然而不加砥厲，則不能利，不得人力，則不能斷……夫人雖有性質美而心辨知，必將求賢師而事之；擇良友而友之……則所聞者堯舜禹湯之道也；……所見者忠信敬讓之行也。身日近於仁義而不自知也者，靡使然也。今與不善人處，則所聞者欺誣詐僞也，所見者汙漫淫邪貪利之行也，身且加於刑戮而不自知者，靡使然也。傳曰：『不知其子視其友，不知其君視其左右。』靡而已矣！靡而已矣！」（性惡）

第(5)段，似乎是他性惡論的結論。他似乎認爲不論「禮義」之「僞」是由於「教」的外力，或由於「爲學」的自力；無論「積善」之「僞」是由於慶賞刑政的外力，或由於「伏術」的知善而篤行的自力；乃至於其他多篇言性所重之政教刑賞之僞化或「注錯習俗」之僞化，都離不了一個「靡」字。所以他列舉許多喻依事例，例如良劍，不加砥石的磨利是不會鋒利的，不得人力的操作不會斷物的；例如良馬，必須有銜轡的管制，有鞭策的恐懼，加上馬師的騎術，才會一日千里；所以人，即使有良好的美質，而具有辨知的「心」，也必須有賢師良友之助，才會所聞之教，無非堯舜禹湯之道，所見的典型，無非忠信敬讓之行，才會不知不覺進入了居仁由義的境界。這一切都是「靡」所使然。另外，他也強調不善之「靡」，會使人性惡上加惡—如果整天與「不善人」相處，必然會「所聞皆欺誣詐僞之術，所見皆汙漫淫邪貪利之行」；也必然不知不覺身蹈法網，而被處徒刑或死刑；自然也是「靡」所使然。所以引述一段古書之言爲證，強調「靡而已矣」。這是說明了人性必然是社會化的；外力之「僞」，固然由於社會模式所使然，自力之「僞」也必然由於社會模式直接間接的影響。因爲「僞」，是來自社會模式，而社會模式則來自政教型塑與「賢師良友」的「終始如環」；天下國家之治，自然也來自人性之化；而長期的化性，更來自「化民成俗」之「靡」。反之，如果模式是畸形的，它的「靡」便是惡性的火上加油。

第四節 「化性起僞」的多面觀

荀子似以爲，化性的工夫，還要從多方面著手，而言治更不能離開人性；是故性惡論以外各篇之理論，亦多以人性爲基礎，以見其「辨合符驗」的一貫性，與人性僞化的完整性。茲分闡如次：

一、勸學篇之言「性」

治學是化性的起步，所以在勸學篇說：

(1)「故木受繩則直，金受厲則利；君子博學而日參省乎己，則知明而行無過矣。」

(2)「干越夷貉之子，出而同聲，長而異俗，教使然也。」

(3)「昔者瓠巴鼓瑟，而流魚出聽；伯牙鼓琴，而六馬仰秣。故聲無小而不聞，行無隱而不形；玉在山而草木潤，淵生珠而崖不枯，爲善不積也，安有不聞者乎。」

(4)「君子知夫不全不粹之不足爲美也，故誦數以貫之，思索以通之，爲其人以處之，除其害以持養之，使目非是無欲見也，使耳非是無欲聞也……是故權利不能傾也，群眾不能移也，天下不能蕩也。生乎由是，死乎由是，夫是之謂德操……是之謂成人……君子貴其全也。」

以上四則：首以繩墨與木，礱厲與金的關係說明學之與人；接受規範之後，還要每日內省其身，才會使「心」的辨知，長保應有的清明，行爲才不會犯規。所「博」之學，不是科學而是人文範疇的禮義法正；人的「心」，雖有辨知的能力，但仍然有待禮義法正的「僞」化與矯正，否則無從「參省」，而多欲多蔽的「知」，更會漸失他的清明，人的行爲，更不可能「無過」。「君子」爲人類的菁英，當然需要更「博」的所學，更多的禮義之「化」，更勤於「參省」，善保其「大清明」之心，「從心所欲不逾距」的德操，才能「理天地」、「善人群」。

次以南方的吳越與北方夷狄的嬰兒，「生而同聲，長而異俗」的事實，證教化的功能與人性僞化於學的可能。否則方言民俗之「異」與同種同文之「同」，都不可能存在。復次，則以古代的兩大音樂家鼓瑟鼓琴的效果，證明善雖小必聞，德雖隱必形。有玉的山頭，草木都得到靈氣滋潤；有珠之水，崖壁也必因靈氣而不枯。皆所以說明學之足以化善，在於累「積」，不愁沒有效果。

最後則更以君子必以欲全欲粹爲美，及其所以爲「成人」，論治學的境界—學禮化性的巔峰。所謂「成人」，是指完美的人格而言。論語憲問：「子路問成人，子曰：『若臧武仲之知，公綽之不欲，卞莊子之勇，冉求之藝，文之以禮樂，亦可以爲成人矣。』」注：「成人猶言全人」。荀子本文亦謂修德而能操持不舍，然後能如中庸之謂「有定」，因定能靜、能慮、能得、而爲能「應」物之成人—與天地同其貴的「全」人。因爲他的學禮，是由熟讀精讀以貫其體系；復由思之，索之以求通達於統類；然後身體之如古人，力行之如古人；更要去惡如除惡草、如持大戒以養其善。必使目、耳、口、心無或違於禮之所是；然後能唯五色之正者好之，五聲之正者好之，五味之正者好之，而心之好利必以「天下之同利」爲前提。所以任何非正的權利，再多的暴衆，甚至天下皆惑，都不能使他動搖，因爲他的生，是爲禮之所是而生；他的死，也可以爲此而死，自然是任何邪惡所不能影響的成人、完人。他接受了禮義法度之學的營養，也以之營養天下—使天下之性皆因人爲之「化」，禮義之「積」而歸於「善」。

二、修身篇之言「性」

修身爲化性以學的實踐，所以在修身篇說：

(1)「人無法，則倀倀然；有法而無志其義，則渠渠然；依乎法，而又深其類，然後溫溫然。」

(2)「見善，修然必以自存也；見不善，愀然必以自省也。善在身，介然必以自好也；不善在身，菑然必以自惡也。故非我而當者，吾師也；是我而當者，吾友也；諂諛我者，吾賊也。故君子隆師而親友，以致惡其賊。好善無厭，受諫而能誡，雖欲無進，得乎哉！小人反是：致(至)亂而惡人之非己也；致不肖而欲人之賢己也；心如虎狼，行如禽獸，而又惡人之賊(賤)己也。諂諛者親，諫諍者疏，修正爲笑，至忠爲賊，雖欲無滅亡，得乎哉……。」

(3)「扁(徧)善之度—以治氣養生，則後彭祖；以修身自強，則配堯禹。宜於時通，利以處窮，禮信是也。凡用血氣、志意、知慮，由禮則治通，不由禮則勃(悖)亂提(弛)僈；食飲、衣服、容貌、態度、進退、趨行，由禮則雅，不由禮則夷固、僻違、庸眾而野。故人無禮則不生，事無禮則不成，國家無禮則不寧。」

(4)「治氣養心之術：血氣剛強，則柔之以調和；知慮漸深，則一之以易良；勇膽猛戾，則輔之以道順；齊給便利，則節之以動止；狹隘褊小，則廓之以廣大；重遲貪利，則抗之以高志；庸眾駑散，則刦之以師友；怠慢僄疾，則炤之以災禍，愚疑端愨，則合之以禮樂，通之以思索。凡治氣養心之術，莫徑由禮，莫要得師，莫神一好。」

(5)「志意修則驕富貴，道義重則輕王公；內省而外物輕矣。……身勞而心安，爲之；利少而義多，爲之；事亂君而通，不如事窮君而順焉。故良農不爲水旱不耕，良賈不爲折閱不市，士君子不爲貧窮怠乎道。」

(6)「禮者，所以正身也，師者，所以正禮也。無禮何以正身？無師吾安知禮之爲是也？禮然而然，則是情安禮也；師云而云，則是知（智）若師也。情安禮，知若師，則是聖人也。故非禮、是無法也；非師，是無師也……舍亂妄無爲也。故學也者，禮法也。夫師，以身爲正儀，而貴自安者也……。」

(7)「君子之求利也略，其遠害也早，其避辱也懼，其行道理也勇。……貧窮而志廣，隆仁也，富貴而體恭，殺執（勢）也；安燕而血氣不衰，柬（檢）理（禮）也；勞倦而容貌不枯，好交（文）也；怒不過奪，喜不過予，是法（公）勝私也。……君子之能以公義勝私欲也。」

以上第(1)則是說「人之生也固小人」（榮辱），沒有禮義之法，便無所適從，徒知禮文而不知其義，則不知所守；必須得禮義之化，而又深明其理，才是溫溫君子。這是「修身」的論據。

第(2)則以君子小人之情性爲對照，以見其善惡，而突顯師友之重要。君子的「心」，是清明的，所以能辨善不善，而有「自存」、「自省」、「自好」、「自惡」的意識反應；也因爲能辨，故能「隆師親友，以致惡其賊」；故能「好善無厭，受諫能誡」，自然身修而日近於禮義。小人之心是蔽於利欲的，故與君子相反—行爲至「惡」，而厭人之非議；至「不肖」，而喜人譽之；心毒如虎狼，行爲如禽獸，而厭人之卑視。於是親小人、遠君子，譏正人，殘害忠良，而不得不同趨於覆巢之下。

第(3)則則論「由禮」與否，足以決定善惡治亂。他以爲至善之道，莫過於禮義。能以之養氣養生，其壽必過於彭祖；以之修身篤行，其名必配於堯、禹；必左右俱宜於聞達，也有助於處貧賤。無論是本能行爲或意識行爲，循禮則必治通於理；反之則必悖、必亂而漫無章法；生活起居，循禮則血氣清和，舉止有節；反之，則必有觸礁蹈溺疾病之禍。待人接物，循禮則無不風雅有方；反之則必倨傲無禮，庸俗而粗野。人若不知修身化性以禮，必不能治生，必不能成事，國家必因之而動盪不安。

第⑷則則繼論「治氣養生之術」，最好的捷徑是「由禮」，最好的要領是「得師」，最高的成效是「一好」。「由禮」的效應，已如前述；「得師」則能直接間接加以「僞化」，血氣方剛之時，則以溫柔之德調和之，以防滋生暴戾之氣。智慮漸生之時，則以平易諒直之教和一之，以防民俗日趨於僥薄。勇敢兇猛者，則以「道順」之術輔導之。心胸狹隘的人，則以「廣大」之利開導之。遲鈍貪利者，則以更高境界開示之。庸劣放蕩者，則以良師益友匡正之。怠惰或輕率者，則以「災禍」警之。誠實端正而乏文采者，則以禮樂之教合成之；以思維之教啓發之。最後則啓以專一其好於禮義師法，更有立竿見影的效應。

第⑸則的重點是，「內省」重於一切。修「志意」，重「道義」，都由於自覺境界的建立。能建立希聖希賢的境界并不斷以「內省」的自覺檢視心意行爲，自然會視富貴如浮雲，自然會見大人而藐之；身外的一切，自然不在眼下；自然會役物而不役於物。他的行爲境界，自然也會遠離獸性而高人一等—凡所爲，必求心安於身，義多於利；寧可爲循道而事窮促之君，也不肯爲富貴而事亂政之君。篤農不因水旱之歉收而綴耕，好商人不因虧本而罷市，士君子之不因貧賤而怠於行道，都由於修意志，重道義的「內省」境界，所以能征服困難，而不爲困難所征服。

第(6)則的重點是，禮與師。因爲欲正其身莫如禮，欲正其禮莫如師。「禮」，是端正身心的判準，所以修身不能無「禮」；「師」，是比較的先覺，聞道在先的先覺，甚至是絕對先覺的聖人；是「禮」的判準。沒有「師」，就無從認知「禮」的眞諦。認同於「禮」，就會情性安習於禮，僞化於禮；認同於「師」，則心智相似於師；情性僞於禮，心智相似於「師」，雖聖人可爲也。如果「非禮」，便否定了規範的存在，「非師」，便無從取法。不認同「師法」，而喜歡師心自用，必然如盲之辨色，如聾之辨聲，所以他仍然強調「學」，修身之道不可不學禮法，禮法則不可無師。因爲師的存在，不僅「所以正禮」，他的身教，更是直接取法的典型。

第(7)則則示意，修身志在爲君子，君子之所以爲君子，在能「以公義勝私欲」。君子的特徵是—疏於求利，不熱衷於利；早於遠害，遠慮而無近憂；懼以避辱，居敬而謹於言行；勇於行道，唯義所在無畏無前。因爲「隆於仁」，故雖處貧賤，而不改其志；爲了自抑權勢，故雖處富貴，而不敢驕人；由於守禮不廢，故雖處安晏之境，而勤勉依然；以其好禮義文理而不淫亂，故雖處勞惓，而容貌依然；更由於貴公去私，故能不以喜怒爲予奪。這是修身篇的最後一段。他所強調的許多特徵，處處都點出人性之惡，在於「好利」，在於「疾惡」，在於「淫亂」，而與性惡論相呼應，最後則提出「私欲」問題，因爲「私欲」是人性中最大的弱點，「性」之所以惡，皆由「私」、由「欲」而起，不明此故，不革此故，則無從化性以修身。

其中還有兩點需要詳加解讀的：其一是「怒不過奪，喜不過予」，其二是「勞倦而容貌不枯」。前者的「喜怒」，是人性六情之中的本能反應。「予奪」，是公權力─威柄的行使，不是私人的予奪。權力之所施，必須是公正、公平的，才合乎人道，才合乎禮義，才合乎「正理平治」的「善」。如果因「喜怒」而有過不及，都是「偏險悖亂」的「惡」。所以為君子，必須喜怒中節，予奪無過，否則就是不事修身的小人。後者所謂「好交」，王念孫以為「交」當作「文」，謂與上文「束理」之「理」，皆謂禮也。性惡篇曰：「生而有好利焉……生有嫉惡焉……生有耳目之欲，而好聲色焉，順是故淫亂生，而禮義文理亡焉」。是以「好文」(禮義)則起居有節，必無貪嫉之擾，聲色之伐，自然會好整以暇，健康良好，自然禁得起任何「勞倦」的考驗。凡此都是「修」「志意」的重要環節；「化性起偽」的重要提示。

三、不苟篇之言「性」

不苟篇所論，為君子的另一面─「不苟」。苟者，虛妄無當也。君子之「行」、之「說」、之「名」為立德、立言、立功三不朽之業，處處必求其有「當」於禮義之時中─行為必「當」於義，乃能立德；辨說言議必「當」於義，乃能立言；處事應變必當於義，乃能立功，故以「不苟」為訓。其言「性」之「養心莫善於誠」，尤為重心之所在，故曰：

(1)「君子治治，非治亂也。曷謂邪？曰：禮義之謂治，非禮義之謂亂。……國亂而治之者，非案

（據）亂而治之之謂也，去亂而被之以治。人污而修之者，非案污而修之之謂也，去污而易之以修。故去亂而非治亂也，去污而非修污也。」

(2)「君子養心，莫善於誠……誠心守仁則形，形則神，神則能化矣。誠心守義則理，理則明，明則能變矣。」

(3)「夫誠者君子之所守也……操則得之，舍則失之。操而得之則輕（易舉），輕則獨（篤）行，獨行而不舍則濟矣。濟而材盡，長遷而不反其初則化矣。」

(4)「欲惡取舍之權—見其可欲也，則必前後慮其可惡也者；見其可利也，則必前後慮其可害也者……如是則常不失陷矣。」

以上第(1)則說明君子之爲治，治本不治標—以禮義爲治，而非據非禮非義以爲治。因爲他的界說是，禮義便是「治」，非禮義便是「亂」。治亂皆以禮義爲實：治國的意義是，從根本去建立「禮義」的國家，而不是從「非禮義」之處逐一加以修正。必須從人性深處去建立「禮義」之化，所謂「去亂而被之以治」，而不是從非禮行爲上加以矯正；例如治盜，緝盜只是治標，化盜才是治本。第(2)(3)兩則皆說明「誠」在「遷化」人性過程中的重要。因爲「誠」的作用，以「守仁」則能形於具體，具體之積則生神奇，神奇則必化通一切。「誠」應用於「守義」，其心必合於理，見事自明，明則能應變，一切皆合乎義理。所以說操誠則可得一切，舍誠則必失一切，所謂「不誠無物」。操誠而得，則舉重若輕，則能行所難能的「行獨」—獨處而不違道，孤詣特立鍥而不舍於仁義，則仁義之事必濟，而人之材性可盡於仁義，自然能得「長遷而不反（返）」其初的「化性」效果。第⑷則更提出權衡作用的「慮」，以爲「誠」的補助；使於處理人「欲」時，多一層知慧，多一分力量，抑制本能的衝動，而兼衡兩面的取舍，自不致「失陷」於「可欲」。然後所立之德、之言、之功皆因有「當」之「貴」而同垂於不朽，所以說「君子行不貴苟難，說不貴苟察，名不貴苟傳，唯其當之爲貴」。

四、榮辱篇之言「性」

榮辱篇之言性，重點在以四勇明人性之「惡」與「僞」，強調「注錯習俗」及「師法」化性的重要。而前者尤爲安榮危辱之所繫：故曰：

⑴「有狗彘之勇者，有賈盜之勇者，有小人之勇者，有士君子之勇者—爭飮食，無廉恥，不知是非，不辟死傷，不畏眾彊，侔侔然唯利飮食之見，是狗彘之勇也。爲事利，爭財貨，無辭讓，果敢而振，猛貪而戾……是賈盜之勇也。輕死而暴，是小人之勇也。義之所在，不傾於權，不顧其利，舉國而與之不爲改視，重死持義而不橈（撓），是士君子之勇也。」

⑵「材性知能，君子小人一也，好榮惡辱，好利惡害，是君子小人之所同也；若所以求之之道則異矣；小人也者，疾爲誕而欲人之信己也，疾爲詐而欲人之親己也，禽獸之行，而欲人之善己也……故君子者，信矣，而亦欲人之信己也；忠矣，而亦欲人之親己也；修正治辨矣，而欲人之善己也……小人莫不延頸舉踵而願曰：『知慮材性，固有以賢人矣。』夫不知其與己無以異

也，則君子注錯之當，而小人注錯之過也。故孰察小人之知能，足以知其有餘可以爲君子之所爲也，譬之越人安越，楚人安楚……是注錯習俗之節異也。」

(3)「凡人有所一同……可以爲堯禹，可以爲桀跖，可以爲工賈……在埶（衍字）注錯習俗之所積耳……爲堯禹則常安榮，爲桀跖則常危辱……。」

(4)「人之生固小人……又以遇亂世得亂俗，是以小重小也。……今是人之口腹，安知禮義，安知辭讓，安知廉恥隅積？亦呥呥而嚌（嚼），鄉（饗）鄉而飽已矣。人無師法，則其心正其口腹也。」

以上四則，第(1)則以狗彘、賈盜、小人、士君子四者有其勇，與性惡篇的「三勇」相呼應。然四勇之中，前三者皆重言人性之本惡，第一類爲純生物之勇，但知爭食色，而不知廉恥，不知是非，甚至不知死活，不畏艱險。第二類雖差勝於「狗彘」，但其爲爭利，爭財貨，則毫無辭讓之心，而且勇敢果決，凶猛貪婪而暴戾；這種人是奸商，也是強盜，同樣是毫無理性之勇。第三類的「小人之勇」，只是知能方面高於前者，但他的「輕死而暴」的傷害力，則有過無不及。只有第四類的士君子之勇，才是經過「化性起僞」之後的禮義之勇。所以能唯義所在，而不顧一切，權勢可以不畏，私利可以不顧，群衆暴力也不在眼下，重仁義死大節而不屈不撓。什麼力量能令他如此？也要在性惡篇的「三勇」之後找答案—「靡使然也」。

第(2)(3)則論君子與小人之材性固無差異，其好惡亦所同然，所異者在於求榮求利之道的差別。凡人無不希望材性知能賢於他人，而不知中人之資無差異；「注錯當」則爲君子，注錯「過」則爲小人。而且小人的知能，可以爲君子而有餘，問題在於「注錯習俗」之節否，完全與知能材性無關。

第(4)則說明人性就是小人的本來面目，處亂世亂俗，則必然火上加油；因爲人的本能—口與腹，根本不知禮義辭讓，更不知「廉恥隅積」，只知道飲食終日；所以說不經師法之化，人心便與「口腹」毫無區別；人與禽獸也一樣的無知。

五、非相篇之言「性」

非相篇之言性，乃強調人心之「有辨」與禮分之重要；故曰：

「人之所以爲人者何已（以）也？曰：以其有辨也。……非特以二足而無毛也……今夫狌狌形笑亦二足而無毛也，然而君子啜其羹，食其胾，故人之所以爲人者，以其有辨也。夫禽獸有父子而無父子之親，有牝牡而無男女之別—故人道莫不有辨，辨莫大於分，分莫大於禮。」

以上所錄，蓋以心之有「辨」爲「人」格構成之要件。否則亦等同於猩猩之徒具人形而無辨，故雖有父子之實，而無父子之親；有兩性之實，而無辨別婚姻關係的意識。所以人道必須能「辨」，「辨」的前提是「分」，「分」的前提是「禮」，有了禮，然後有制度、有節制，而知份際—知父子之間有血緣關係；非父子則反之。夫婦生於婚姻之「禮」，「禮」所規範的夫婦關係是絕對的，不可侵犯的；有夫婦之實，也必有夫婦名份之別，非有夫婦之名，不得有夫婦之實，婚姻生活才有保障，種族血統才不會混亂，才會有家庭的建立與其他倫理關係的衍生，才會產生社會，國家生活的秩序，而與禽獸相區別。人與猩猩同爲二足無毛的動物，而人之能啜其羹，食其胾（大塊肉），就因爲有分有禮，然後能群而多力。所以說「莫大於分」、「莫大於禮」——沒有任何事物比「禮」更重要；因爲它，是「人」與「非人」之辨的判準；人類吉凶禍福之所繫。

六、儒效篇之言「性」

儒效篇是申論儒家思想的「內聖」境界，自然離不開心性；故曰：

(1)「人無師法，則隆性矣，有師法，則隆積矣。而師法者，所得乎情（積），非所受乎性；（性）不足以獨立而治。性也者，吾所不能爲也，然而可化也。情也者，非吾所有也，然而可爲也。注錯習俗，所以化性也。并一而不二（異端也），所以成積也。習俗移志，安久移質。并一而不二，則通於神明，參於天地矣。」

(2)「故積土而爲山，積水而爲海，旦暮積而爲歲……涂之人——百姓，積善而全盡謂之聖人……故聖人也者，人之所積也。人積耕耨而爲農夫……積禮義而爲君子。……居楚而楚，居越而越，是非天性也，積靡使然也。故人知謹注錯，愼習俗，大積靡，則爲君子矣；縱性情而不足問學，則爲小人矣。」（儒效）

以上第(1)則強調人性，雖有心、知、慮的功能，但他不能「獨立而治」。沒有「君師」之教，則受想行識皆以生物本能爲主宰；必須有君師之教，禮義之法，才會聽命於所「積」之善意識。因爲，性是與生俱來的本能，不是人力所能改變的。但是由於前述「心」的人格功能的存在，所以雖惡而可化。所謂「情也者」的「情」，當爲「積」之誤，由於「可化」，則一切因「師法」而生的「隆積」，都可以依外力而「僞」之；即所謂「化性起僞」。所以說，政府是以政教制度所形成的社會模式達成化性的指標；而人師之化性，則以專一之教，不與異端並存之教，達成善的累「積」。因爲，社會模式所涵蓋的「注錯習俗」，足以影響人的意識，而長期的同化，更可以轉移人的氣質。尤其是「并一而不二」的師法之教，內化爲自覺功能的超我意識之後，更具有通神明、參造化的功能。

第(2)則是王者之政－化民成俗的具體。爲「積靡」功能的強調。前段以爲山之土，爲海之水以及爲歲之旦暮，喻爲人之所「積善」。土之累積，可以成山，水之累積，可以爲海，朝夕的累積，可以成歲月，路上的行人－平民，如果能積善而全盡，其人格便是聖人。可見人之性，不但可依善的累「積」，「積」而相「習」加以「僞」化；甚至不難爲聖人。因爲，求土得土，便可累積爲山，求水得水，便可累積爲海，求善自然可以得善，善之所積必隆高，善之全盡必爲聖；成聖可能，化性起僞自然更可能。後段則以方言爲譬，證人性之可「僞」，居楚而作楚言，居越而作越言；語言之外，文化模式更足以支配人的思想行爲，這是「積靡使然」的又一例證，能重視「積靡」，自然會「謹注錯，愼習俗」，以成君子之化。反之，則獸性的發展，自然談不上「問」津於「學」，積靡於「善」，而永遠是小人。這是儒家「化民成俗」的起步，也是禮法思想的基本論據。

七、王制篇之言「性」

王制篇乃由人性而論制度的必要—化性必須以禮義，而禮義之化，則必須落實於制度；故曰：

(1)「……無君子，則天地不理，禮義無統，則上無君師，下無父子，夫是之謂至亂。」

(2)「……人有氣有生有知亦且有義，故最爲天下貴也。力不若牛，走不若馬，而牛馬爲用，何也？曰：人能群，彼不能群也。人何以能群？曰：分。分何以能行？曰：義。故義以分則和，和則一，一則多力，多力則彊，彊則勝物……無他故焉，得之分義也……不可少頃舍禮義之謂也。」

(3)「請問爲政？曰：賢能不待次而舉，罷不能不待須而廢，中庸不待政而化……雖王公士大夫之子孫也，不能屬於禮義，則歸之庶人；雖庶人之子孫也，積文學，正身行，能屬於禮義，則歸之卿相士大夫。……是王者之政也。」

以上前二則，先以君子之理天地，強調禮義之統之於化性的功能。蓋謂人性之惡，若無君子「生禮義、持其統」，則上無君師之教化，下無親子之倫常，天下必然大亂。次謂人之所貴，在於有氣力，有生命、有知覺，而且知禮義。人類經過人性的「僞化」之後，乃由知禮而知分，而和諧一致，而團結多力，然後能勝於物而裁萬物，以養人類。反之，從性於「惡」而無所節制，則必爭必亂，必離必弱，必無異於禽獸。所以在王者之制的觀點下，重言人性之不可片刻無禮義，而言治亦不可「少頃舍禮義」。

第(3)則是，寓化性於百官進退之中，以進退勉禮義之修，使王公士大夫以至庶民之子孫，皆必勤修禮義，化於禮義，而不必求「化」於枝節之「政」。因爲，不修禮義，則不化於禮義，則雖王公士大夫之子孫，將以「罷不能不待須之廢」，而歸屬於庶民社會；反之，則雖庶民之子孫，亦將以「賢能不待次之舉」，而歸屬於王公士大夫之行列，故凡懼失富貴者，或欲富貴者，皆必修化於禮義，故曰「中庸不待政而化」。這是以「不待政」之「政」化性的效應，是間接的著手，更是如影隨形的「化性」。

八、富國篇之言「性」

富國之旨在「以禮節用，以政裕民」，而禮制必以人性爲根源；明分使群尤爲富國之前提，故以言性爲立論之先；故曰：

(1)「萬物同宇而異體，無宜而有用爲人，數也。人倫竝處，同求而異道，同欲而異知，生(性)也。」

(2)「強脅弱也，知懼愚也，民下違上，少陵長，不以德爲政；如是則老弱有失養之憂。而壯者有分爭之禍矣。事業(勞務)所惡也，功利(財貨)所好也，職業無分；如是則人有樹事(私)之患，而有爭功之禍矣。男女之合，夫婦之分，婚姻娉內(納)送逆無禮，如是，則人有失合之憂，而有爭色之禍矣。故知者爲之分也。」

以上兩則，首自宇宙萬物各異其體，各有其用，其宜否則在於「人」的道理說起，次以「同求」而異其爲求之「道」；「同欲」而異其滿足之「知」，分別說明兩種現象有關的物理法則與生理法則。前者支配物我關係——物必有用於人，人必主物之用，必有「人」的主體作用，才能使「物」發生種種的效用。凡物皆可因人爲用，凡人皆能使物資生。但要進一步求更多層次的效用，「主物」的人，必須是經過「師法之化」的社會人，否則只是吃草的牛羊，而不是能吃五穀牛羊的人。即使是原始的「人」或早期的人類，也必須是經過進化的「人」；大自然的「生物」，人的「理物」都是循環不已的。後者是支配人類共處之間許多需求和欲望的滿足之道，即使是很直覺的，仍然有許多不同的方法；所用到的知識智能，也不必相同的，這是屬於自然本能的「性」——生理法則。人人的生理皆有相同的需求，相同的欲望；人人皆能依智愚之別用方法、用知能去達到不同的滿足。兩者也同樣受「優勝劣敗，適者生存」法則的支配，得師法之化，注錯習俗之積者，便能因「治」而獲得生存；反之，便只有因亂之禍而被淘汰；自個人、人類、社會乃至國家，莫不如此。

九、正論篇之言「性」

正論篇之立論，大部份爲矯正「世俗之爲說」，後半篇則爲宋鈃學說的批判；故亦論情性曰：

(1)「子宋子曰：『人之情，欲寡；而皆以己之情，爲欲多；是過也。』故率其群徒，辨其談說，明其譬稱，將使人知情之欲寡也。應之曰：然則亦以人之情爲(欲)目不欲綦色，耳不欲綦聲⋯⋯

…此五綦者，亦以人之情爲不欲乎？曰：『人之情欲是已。』曰：若是則說必不行矣，以人之情爲欲此五綦而不欲多，譬之是猶以人之情爲欲富貴而不欲貨也，好美而惡西施也。」

(2)「古之人爲之不然：以人之情爲欲多而不欲寡，故賞之以富厚，而罰之以殺損也，是百王之所同也。故上賢祿天下，次賢祿一國，下賢祿田邑，愿慤之民完衣食。今宋子以是之情爲欲寡而不欲多也；然則先王以人之所不欲者(爲)賞，而以人之所欲者(爲)罰邪？亂莫大焉！」

以上所錄，爲針對宋子主張「人之情爲欲寡而不欲多」之非議。宋子以爲，人情是「欲寡」的，而世人皆以一己之欲多，概衆人之情，是錯誤的概念，所以帶著門弟子，到處推銷他的學說，希望人人皆知「情之欲寡」。荀子所持的理念有二：其一是以五官之於聲色等等之「五綦」爲喻，證明人情莫不欲此五綦，自然是欲多而非欲寡。其二是以百王之賞罰，證人情莫不欲富厚之多，而不欲其寡。前者以宋子之回應「人之情，欲是已」，斥其說之矛盾—承認人情皆欲此「五綦」，而卻說人情之「不欲多」，豈不是喜歡富貴，而不喜歡財物；喜歡美色，而不喜歡西施。後者則以同樣邏輯指出，古人所立的賞罰制度，原是針對人情之欲多而設，如果照宋子的學說，則先王的賞罰，豈不是反乎人情—以不欲爲賞，而以所欲爲罰？豈不天下大亂。

名家之辨，往往以偏概全，「欲寡」之情，並非絕無，例如「物以稀爲貴」，但這是例外而非原則，是一偏的或然而不是多數的蓋然。荀子的持說，也許也有邏輯的問題—「五綦」之「綦」，是品質問題，而不是多寡問題。但就人性而言，見利自然是「多多益善」的；所謂「夫好利而欲得者，此人之情性也」(性惡)。而針對人性爲賞罰之說，更突顯了「賞罰」制度本身的「化性」功能——「賞」所以勸「善」，「罰」所以懼「惡」，勸與懼都是人性的潛移默化。不能沒有賞罰，就不能認同宋子之說。

十、禮論篇之言「性」

禮論篇爲周孔言禮之引申。其言性部份，尤爲論證之重心。例如：

(1)「……先王憂其亂也，故制禮義以分之，以養人之欲，給人之求。使欲必不窮乎物，物必不屈於欲，兩者相持而長，是禮之所起也。」

(2)「君子既得其養，又好其別。曷謂別？曰：貴賤有等，長幼有差，貧富輕重皆有稱者也。……故人苟生之爲見，若者必死；苟利之爲見，若者必害；……苟情悅之爲樂，若者必滅。故人一之於禮義，則兩得之矣；一之於情性，則兩喪之矣。」

以上第(1)則爲「禮」之起源與禮之功能的強調。前者針對人性之情欲，申論其人性之不可不化與化性之禮的重要。由於「有欲」，不能不求滿足。人欲是貪而無厭的，沒有制度，沒有份際，則必爭、必亂、必窮(詳刪節部份)。於是產生「禮義」加以規範，使在合理範圍，各得滿足。各得所求——在「分」的制度下，分工合作，在人倫的秩序下，各盡所能，各依工作的對應，各取所需；使人欲不因物之不贍，而有匱乏之虞；而物資能源也不會因人欲的無厭，而有過不及之憾。於是「物」因「人」

而不斷增進其數量與效用；「人」也因「物」的增進而不斷改善生活的品質，這樣的「相持而長」，便是「禮義」的功能，而起源於「人欲」的需要。

第(2)則則進一步論「禮義」功能除「分」之外，還有更重要的「別」—客觀的區別。貴與賤有「別」，長與幼有「別」，貧富輕重之間，也有相對的區「別」。有了「別」的區分，才會發生「分」的作用。才會發揮「分」的意義。例如引述原文刪節部份所舉的天子之禮(另詳禮樂論)—郊祀所乘的「大路」之車，「蒲席」之輪，是「養」肢體好愉佚之欲的；車旁所飾的香草，是「養」臭覺之欲的；車轅所飾金碧輝煌的橫木，是「養」視覺之欲的；車上的鈴聲—「步」配合「武象」之樂，「趨」配合「韶護」之樂，是養「聽覺」之欲的；附旒的龍旗，是天子所獨有的徽識，是「養」威信的；車輪所飾伏兕踞虎的圖案，與鞍帶、車簾、車耳的許多采飾，都是「養」天子之「威」的。駕車之馬，必倍加調教，也是以養天子之「安」的。有了類似的禮儀，用以象徵貴賤、長幼、貧富的倫理，使士民各因禮之所重知所信守，知所奮勉。否則，誰知道名節生死之下，才有眞正的生存意義？誰知道輸將納稅之下，才有安全的財富？誰知道孝敬辭讓，才會有眞正的「和」平相處？誰知道禮義文理，才是眞正「養情」、「養欲」的途徑？所以人，如果只見「生」，而不見禮義，則必死於亂；如果只見「利」，而不見禮義，則所「利」必得其反；如果以怠惰偷懦爲安全，而不知別輕重於禮義，必然長處於危殆；如果以恣情縱欲爲樂，而不知禮義文理之節制，必然毀滅於情欲。所以，一切兼衡於禮義；則所欲必與禮義同在，如果以生物本能之情欲爲依歸，則所欲必與禮義俱失—不能擁有禮義，更不能滿足情欲；而「兩喪」於情欲之爭、之亂、之窮了。

這是他以「禮」爲治的強調，也是以禮化「性」的一斑。

十一、樂論篇之言「性」

本篇之論「樂」，亦以人之情性爲論據，故曰：

(1)「夫樂者，人情所必不免也。故人不能無樂；樂則必發於聲音，形於動靜；而人之道，聲音動靜，性術之變盡是矣。故人不能不樂，樂則不能無形，形而不爲道，則不能無亂。先王惡其亂也，故制雅頌之聲以道之，使其聲足以樂而不流（淫放也），使其文足以辨而不諰（佞）。使其曲直繁省廉肉節奏足以感動人之善心，使夫汙邪之氣無由得接焉；是先王立樂之方也。」

(2)「夫聲樂之入人也深，其化人也速，故先王謹爲之文；樂中平則民和而不流，樂肅莊則民齊而不亂……。」

(3)「樂者，聖人之所樂也，而可以善民心，其感人深，其移風俗易。故先王導之以禮樂而民和睦。」

(4)「夫民有好惡之情，而無喜怒之應，則亂。先王惡其亂也，故脩其行，正其樂，而天下順焉。」

禮、樂二論，爲儒家言治的重大引申。此論以言性爲開端。其前提意義，可想而知。

以上第(1)則以爲，樂與禮之起源，皆由於人之情性。先王因「人欲」之「亂」，而制禮；復因人情不免歡樂，歡樂則不免形之於外的表情；這種表情的聲音與肢體活動，如果沒有音樂為引導，則必然不合於善，所以繼制「禮」而作「樂」，而以雅、頌二聲為始。使人類在歡樂之時，足以表達喜悅而不至淫放，使其樂章—歌詞可傳於世而不存邪佞之思；更使其樂聲宛轉高低繁簡清濁節拍，皆足以感發善心；而無從接觸邪惡之氣。這是「樂」的基本理論—「樂」因人之「情性」(詳天人論)而設，人之情性將因「樂」的正聲而化。

第(2)則繼論音樂的效應—由於它的感染性深入而迅速，所以對於人性的「偽化」，具有絕對的功能，所以先王對於樂章的設計，非常愼重，所謂「謹為之文」。因為中平的樂章，能使百姓和諧而不淫放；嚴肅莊重的樂章，則能使百姓同心同德，齊而不亂。以下刪節部份(另詳禮樂論)，則強調「民和齊」之後，則有「兵勁城固，敵國不敢嬰(犯)」的效應，可以說王者之政的先聲，所以說「是王者之始也」。

第(3)(4)兩則，前者的重點是「善民心」與「移風俗易」。善化民心的重申，是因為風俗決於民心，樂之「化人也速」，對於風俗之轉移，當然易如反掌。所以先王導民心以禮樂，而百姓和睦於善良風氣之中，所謂「禮以定分，樂以道和」。自勸學至此，人性之化在他力部份，應該是無以復加了。以下該是最後的「治心」問題，將於下一條目闡明之。

十二、解蔽、正名篇之言「性」

按解蔽、正名二篇皆論心性，前者以析論辨知功能爲主，以救易蔽之患；後者則爲制名辨說而言性，以明治化之功。然兩者之互爲闡發，實多於性惡篇，而精闢尤過之，故以兩篇合爲一目以申之。

(1)「凡人之患，蔽於一曲，而闇於大理。治則復經，兩疑則惑矣。天下無二道，聖人無兩心。今諸侯異政，百家異說，則必或是或非，或治或亂，亂世之君，亂家之人……私其所積，唯恐聞其惡也。倚其所私，以觀異術，唯恐聞其美也。是以與治雖(離)走，而是己不輟也。豈不蔽於一曲，而失正求也哉！心不使焉，則白黑在前而目不見，雷鼓在側而耳不聞，況於使者乎？」

(2)「昔人君之蔽者，夏桀、殷紂是也。桀蔽於末(妹)喜、斯(斟)觀，而不知關龍逢；以惑其心，而亂其行。……故群臣去忠而事私，百姓怨非(誹)而不用，賢良退處而隱逃，此其所以喪九牧之地，而虛宗廟之國也……此蔽塞之禍也。成湯鑑於夏桀，故主心而愼治之，是以能……代夏王而受九有也。……」

(3)「聖人知心術之患，見蔽塞之禍，故無欲、無惡、無始、無終、無近、無遠、無博、無淺、無古、無今，兼陳萬物而中懸衡焉。是故衆異不得相蔽以亂其倫也。」

(4)「何謂衡？曰：道。故心不可不知道，心不知道，則不可道，而可非道。人孰欲得恣而守其所不可以禁其所可？以其不可道之心取人，則必合於不道人，而不知合於道人。以其不可道之心與不道人論道人，亂之本也。夫何以知？曰：(心)知道然後可道。可道然後能守道以禁非道。」

(5)「人何以知道？曰：心。心何以知？曰：虛壹而靜。心未嘗不臧(藏)也，然而有所謂虛；心未嘗不滿(兩)也，然而有所謂壹；心未嘗不動也，然而有所謂靜。人生而有知，知而有志，志也者臧也；然而有所謂虛；不以所已臧害所將受謂之虛。心生而有知，知而有異，異也者，同時兼知之；同時兼知之，兩也；然而有所謂一；不以夫一害此一謂之壹。心臥則夢，偷則自行，使之則謀；心未嘗不動也，然而有所謂靜；不以夢劇亂知謂之靜。未得道而求道者，謂之虛壹而靜；作之：則將須道(者)之虛則人(入)，將事道者之壹則盡，將思道者(之)靜則察。知道察，知道行，體道者也。虛壹而靜，謂之大清明。……」

(6)「心者形之君也，而神明之主也；出令而無所受令。自禁也，自使也，自止也。故口可劫而使墨(默)云，形可劫而使詘申，心不可劫而使易意，是之則受，非之則辭。故曰：心容，其擇也無禁，必自見；其物也雜博，其情之至也，不貳。詩云：『采采卷耳，不盈傾筐。嗟我懷人，寘彼周行』。傾筐易滿也，卷耳易得也，然而不可以貳周行。故曰：心枝則無知，傾則不精，貳則疑惑。以贊稽之，萬物可兼知也。身盡其故則美。類不可兩也，故知者擇一而壹焉。」

(以上均詳解蔽)

以上所錄爲解蔽篇對「心」功能的分析—第(1)則從易蔽之患說起。人往往會蔽於一偏之見，而「闇」於「大理」之全。其心治於清明，則可復於「經」；如果心不治，則不免因蔽而兩疑—以偏疑全，亦以全疑偏，則惑不可解。其實，除了禮義，天下並無第二大道，聖人也只有一條道心，從之則治，不從則惑。「疑」，是由於蔽塞—蔽於私；蔽於「所積靡」，永遠走不出「自是」的主觀圈子。

第(2)則是舉正反兩面的人君，證明「惑其心」與「主其心」的效應，證明人性雖惡，而「心」功能仍然是光明的曙光。

第(3)則介紹聖人治心之術。因爲「心」的功能，很容易因蔽塞而喪失。必須以種種方法助其「清明」，助其建立自覺的世界，以取代動物本能的世界，方能化性起僞以復於「治」。聖人的方法是，兼觀兼聽於所有事物的兩面、兩端，而以客觀的標準爲權衡，所謂「中懸衡焉」。使所有的「異」與「固」，不能交蔽於其心，不能或亂其理念。

第(4)(5)(6)則是，細說「心」功能的所以然。其重點有三——其一是解答「衡」是何物？何以能使「衆異不得相蔽」？他的「衡」器是「道」，「道」才是客觀的存在，而爲萬物的天平。有了天平，自然能知輕重、明是非，可「道」而非「不道」，守「道」以「禁非道」。其心自非衆異所能蔽。因爲，以此心取人，其人必合乎「道人」的標準，而不至以非爲是，以小人爲君子。與君子論道、論人，必不失其正；所以說「治心之要在知道」。知道乃能以道「衡」一切。

其二、關於人何以知「道」的答案？他以爲「心」能知「道」。「心」能知道，是因爲它「臧(藏)而能虛；滿(兩)而能壹」；「動」而能「靜」的三種功能，其示意如左：

(一)「虛」的功能——由「知」的本能而有記憶的「志」，由「志」而有收藏資訊的「臧」。「臧」的另一方面則有接受新知的「臧」否。「臧」（藏）的另一面則有接受新知的「虛」心——不因任何的「已臧」，妨害新的「將受」的求知功能。

㈡「壹」的功能─由「知」而辨「異」，由辨異而生兼知異同的滿(兩)。「滿」的另一面則有選擇精「一」的「壹」─不因任何「兼知」的「夫(彼)一」，妨害取舍「此一」的判知功能。

㈢「靜」的功能─「心」恒因外物的刺激而生種種反應的「動」，「動」的另一面則有能思考的「靜」─不因任何本能反應─包括夢中意識的「劇化」而「亂」其知(智)的省思功能。

人「心」有此三種功能，所以能「知道」；所以有「化性起僞」的可能。其中三者的聯合運作是，「須道者」必「虛」其心；「虛」其心則能入以道；道入則所行所積之道可「壹」而盡禮。「幾於道者」，則可因「壹」而「靜」，因「靜」而「察」。察，所以知道；行，所以體道。所以「虛壹而靜」的境界，謂之「大清明」。於是萬物之形無不明，萬物之理無不彰，理彰則定位無不正；自能見四海、論久遠、觀物情，稽治亂之度。甚至可以「明察日月，大滿八極」。以爲「化性起僞」，自然游刃有餘。重要的是，「道」的輸入助其「懸衡」，使其無蔽。

其三、是重申「心」的作用，而強調「壹」的重要。他以爲，人的「心」是形體的主宰，更是天賦智能的主宰；永遠是主動的─所有的禁、使、奪、取、行、止，絕不受命於他物；任何外力，不能改變它的意志；一切的「受」與「辭」皆決於是非的判斷。因爲人的自由心態是：凡所選擇，必以自見(主觀)之理爲判斷，而不受任何的限制；凡所處事，即使複雜萬分，其意願所至，絕無改變。卷耳詩篇的引喻，更強調「心」不可「貳」。以「卷耳」之易採，「頃筐」之易盈，卻因「懷人」，而無心採擷，放在大路上的淺筐子，自然也裝不滿。所以「心」不可分歧，不可偏傾，更不可貳心。因爲，分歧必無知—旁騖故也；偏傾必不精—主觀故也；貳心必困惑—兩可故也，唯有「虛壹」「須道」之心，可以兼知於萬物，則明；可以身體之以盡其理，則美。因爲同類的事物，不能兼可於兩端，兼之則惑；所以智者必於衆「二」之中，選擇最宜最可之「一」端，以「壹」其心志；以盡其道故（所以然）。

以下是正名篇之言「性」：

(1)「生之所以然者謂之性。性之和所生，精合感應（精神與事物相接，而生之反應），不事而自然謂之性。情之好、惡、喜、怒、哀、樂謂之情。情然而心爲之擇謂之慮。心慮而能（體）爲之動謂之僞。慮積焉，能習焉而後成謂之僞。」

(2)「正利而爲謂之事。正義而爲謂之行。所以知之在人者謂之「知」。知有所合謂之智。智所以能之在人者謂之能（良能）。能有所合謂之能（功能），性傷謂之病，節遇謂之命。」

(3)「凡語治而待去（無）欲者，無以道（導）欲而困於有欲者也；凡語治而待寡欲者，無以節欲而困於多欲者也。……欲不待可得，所受乎天也；求者從所可，所受乎心也。所受乎天之一欲，制之於所受乎心之多（多所計慮），固難類所受乎天也。人之所欲，生甚矣；人之所惡，死甚矣；然而人有從生而成死者，非不欲生而欲死也，不可以生而可以死也。故欲過之而動不及，心止之也。心之所可中理，則欲雖多，奚傷於治；欲不及而動過之，心使之也。心之所可失理，則欲雖寡，奚止於亂！故治亂在於心之所可，亡於情之所欲。」

(4)「……以所欲爲可得而求之；情之所必不免也。以爲可而道之，知所可必出之。故雖爲守門，欲不可去……雖爲天子，欲不可盡。欲雖不可盡，可以近盡也；欲雖不可去，求可節也……道者，進則近盡，退則節求，天下莫之若也。」

以上第(1)則，以「散名」之「性」、「情」、「慮」、「僞」的界定，說明「心」、「慮」、「能」與「積」的功能以及成「僞」的過程。「心」具有擇善之「慮」，「慮」以爲可，然後命令「能」—體能爲種種的「動」。「慮」的累積—良「能」的習以爲常，然後成爲人類的第二天性的「僞」。

第(2)則以「事」、「行」、「知」、「良能」、「功能」、「病」、「命」等「散名」，說明人性成「僞」而「合於善」之後的合理狀態—凡所事，必正其利；凡所行、必正於義，凡所知，必爲知之所以然者，凡智慧，必爲知與道合，知與事合而能支配事物者；凡所具之智能，必爲由心智而發爲行爲的良能；凡所具之功能，必爲能合於事功者。最後更提出兩個問題：一是「性不可傷」—性，指人之欲性而言，生理本能的「欲」性，可以「導」而不可「傷」，傷則必爭、必亂而成爲社會國家萬病之病。二是「命」的認識—「命」，只是偶然的「節遇」—適逢其會的機會或然，而不是「宿命」之命，因爲天不具人格的意志，絕不能主宰人類任何的禍福吉凶。這種「命」，只是一種不可操縱的機率，時遇之則然，時不遇則不然。所以稱爲「節遇」—不論「後車千乘」，或是「啜菽飲水」，都只是「節遇」之所使然。如果仍信宿命，則淫祀鬼神，怠於人事，同樣是社會之大病。

第(3)(4)兩則都針對人欲而言。他認爲「欲」是「不可去」、「不可寡」的存在，凡論「治」而主張窒欲者，都是不知以導欲解決「欲」的存在；主張「寡欲」者，都是不知以調節人欲解決多欲的存在。凡所「欲」之動，是本能的，不會因可得才「動」，也不會因不可得而不「動」。但求滿足的行爲，往往是從「所可」的。前者是人性之所然，是與生俱來而無法改變的。後者是「心」功能的作用，「心」之所可然後可；理性過濾後的「多」優於本能的「一欲」。故凡動乎情的「欲」，往往不及止乎禮的所可，甚至可以舍「欲生」之欲以「成死」，都由於「心」的命令。所以，只要「心」功能是正常的，合「理」的，再多的人「欲」，都只是求之於心之所許—禮之所許，絕不會傷害「治」的秩序；如果「心」功能是失常的，是有病的電腦—所可之動是非禮的，再「寡」的欲，也會造成大「亂」。由此可證，治亂在於「治心」，在於「化性起僞」。因爲「欲」是情性的自然反應，是不可免的，唯有以禮義之「道」引「道」其心，使皆知所可，而必出於可，則賤如守門，貴如天子都可得適「可」的滿足；更使生死之間，從容於取舍。

以上爲正名篇之言性的最後一段。所言雖與「正名」的題旨遠了一點，但仍爲心性「散名」的內涵；而爲制名辯說不可不知的道理。更是「化性起僞」，禮義治化重要的論據。於是這篇性僞論，有合理的人格觀，有「性惡」的充分論證，更有多方面的僞性之方，而爲他的思想康莊打好基礎，鋪好路面。以下將以第三章的庶民論結束他的前提三論。（「性僞論」終）

第三章　庶民論

本章是荀子治國思想中前提三論的第三論。原書雖然沒有專篇的論述，但在三十二篇之中，除了勸學、修身、不苟、非相、非十二子、仲尼、解蔽等七篇之外，其餘各篇無不致意再三，其所重視可想而知，茲以㈠庶民觀，㈡保民之政、㈢養民之政、㈣富教之政等四節分闡之。

第一節　庶民觀

政治思想之重民，古今中外應無例外。但荀子的強調，卻是亂世闇君的當頭棒喝。他的深入與具體，更是前無古人。現在先從他的庶民觀說起，他以爲政府與庶民之間，是權利義務的存在，同時也是現實利害的相互依存。他說：

「天之生民，非爲君也；天之立君，以爲民也。故古者列地建國，非以貴諸侯而已；列官職差爵祿，非以尊大夫而已。」（大略）

他以爲，大自然之生萬物，不是爲了天子之「富有四海」，當然更不是爲了一人一姓之「貴爲天子」而生人類以爲子民。所以「天」所代表的自然趨勢，是爲民而立君。所以在他所及見的政治體制，無論是「封建」或「專制」，都應該以庶「民」爲主體；至於「君」，不論爲天子、爲諸侯及其所統的政權組織，都是應乎庶民的生存與生活的需要而設立的客體；是必須向庶民負完全責任的政府；一切都爲「興公利除公害」而存在。庶民在政治、社會上所享有的一切，當然是來自政府的運作，所以也必須賦予政府的統治權力，服從其統治。是故「君」方享有授予的、一切的統治權利，也要克盡爲君的一切義務；「民」方則享有主體的概括權利，也要善盡其爲國民的一切義務。所以他特別表明，所有爲了統治的必要，而產生的「列地建國」，乃至於「列官職、差爵祿」，都是義務的存在。前者不是只爲「貴諸侯」，後者也不是只爲「尊大夫」，而是爲了善盡統治職責，爲了便利統治運作而設的機體，爲了機體的功能，而不得不「貴」之「尊」之；絕不是作威作福的當然。這是他的庶民論所必須釐清的第一概念。也因此，必須建立他的分工原則—所謂「主道知人，臣道知事」。人主必須善盡知賢善任之責，才會以賢能取代小人或政治侏儒的存在，以求良好的績效，所謂「以賢易不肖，不待卜而後知吉」。爲臣之道，則必須「知事」—知當務之事，知本末先後，知行事之方，以求最佳的效應，以成撥亂反正之「治」。然後以治平之兵討伐亂政之國，自然也可以不戰而知其必勝，所謂「以治伐亂，不待戰而後知克」。所以說「舜之治天下，不以事詔而萬事成」（以上所引均詳大略篇）。有了這樣的前提認知，才是政府向立君之民負責的開始。

在另一面，他更爲依存關係而提出警告：

(1)「無土則人不安，無人則土不守。」（致士）

(2)「用兵攻戰之本，在乎一民；士民不親附，雖湯武不能勝也。」（議兵）

(3)「君人者，隆禮尊賢而王，重法愛民而霸。」（大略）

(4)「馬駭輿，則君子不安輿；庶人駭政，則君子不安位……庶人駭政，莫若惠之，……庶人安政然後君子安位。傳曰：『君者舟也，庶人者水也，水則載舟，水則覆舟』，此之謂也。」（大略）

(5)「得百姓之力者富，得百姓之能者強，得百姓之譽者榮；三者具而天下歸之；三者亡而天下去之。天下歸之者王，天下去之者亡。」（王霸）

以上所錄的重點有三：其一是強調庶民對於守戰的重要。在國家三要素之中，當然以人民與領土爲最重要。而兩者之中的庶民尤其重要。政府的責任，應以守土爲第一。無土則民不安，而無「民」則無戰力之可言，自然有土不能「守」。在用兵攻戰方面，不但要有民，而且要「一民」。一民之道，則在於「惠政愛民」以求民之親附。否則雖有湯王、武王之君，也無法獲得勝利。其二是論治國的愛民目標在於「王」天下或「伯」一方，才能在最佳的國防之下使愛民的一切，獲得具體的落實。而君臨天下者則必須「隆禮義」之制度而尊「賢者」，才能以人才薈萃的陣容，完成王者之業；更能以禮義化民成俗，使百姓習於禮義，而安於禮義之邦，以成長治久安的昇平盛世。其三則爲爲政者必須視為主臬的告誡—他在第⑷⑸兩則中，強調依存關係的兩極。前者以乘馬車喻為政。施政應以安民為第一要義，民不安就等同於馬之受驚，自然不會有安定的政局。此時的君相卿大夫，自然不能安然於其位，而最後的演化，也必然會如水之覆舟。因為正常的水，固然會載舟前進；一旦掀起波瀾，也同樣會覆舟沉舟。所以能惠政愛民，能以富強之仁政安天下，自然能使庶民安政，而如馬之安輿，水之載舟；反之，則必如馬之駭輿，水之覆舟。所以在依存的意義上，必須贏得庶民的親附，不但得其力，還要得其死力；得天下廣大口碑之力，以求國家之富之強以及國家、元首的榮譽，然後因「天下歸之」而王；失此三力，則必以「天下去之」而亡。特別是施政的長期累積與防微杜漸，他說：

⑴「雨小，漢故潛。夫盡小者大，積微者著，德至者色澤洽，行盡而聲問遠。」（大略）

⑵「流言滅之，貨色遠之。禍之所由生也，生自纖纖也。是故君子蚤（早）絕之。」（大略）

以上第⑴則是就施政的正面而言，長期的小雨，可以成漢水之深。能盡之於小者必大，能積之於微者必著；高度的道德修養，必使顏色潤澤，而歡洽終日。行事能盡己、盡致、自然會令名遠聞於天下。為政也須如長期的霖雨膏澤、鍥而不舍，日新又新，切不可一曝十寒。他的說理是，凡「大」必先盡於小，凡「著」必來自積微。為政者以及士大夫同樣要循法，要盡己，要長期累積於德行、德政，才是負責的政府、君相士大夫。

第⑵則則從負面論政治的防腐。所謂「流」言，絕不是暴政王朝殺人藉口的「謠言」，而是施政的一面鏡子。片言片語都可能是顛覆之禍的「星星之火」。所謂「滅之」，自應是「止謗莫如自修」

的反省。能反省自必如「日月之更」，人皆仰之，鏡中的醜陋自必不再出現。財貨的賄賂與女色的蠱惑，更是亡國的根源，有一種就可使君闇而官邪，若兼而有之，必然禍不旋踵。而且這種禍，往往來自「纖纖」之細，但蔓延得非常迅速。如果內政不修，必有擾民、虐民的苛政；而腐化的政權，上下必然唯財貨是問，唯漁色是務，於是在政教刑罰荒廢之下，必有豪門之魚肉鄉民，必使長期疾苦於盜臣盜賊，於普遍的貧窮，於無告的冤抑不平。而讒臣之「必達」，還有什麼賢能的蹤跡，仁政的影子？這樣的政府，如何向庶民負責？所以他諄諄告誡於爲政的君子，要及早滅之、遠之、絕之；而以正心誠意的正面作爲安之、養之、富之、教之以底於風俗致美的「四海一家」，才是負責的政府。

第二節　保民之政

以上是荀子的庶民觀，而以責任政府爲中心。政府的負責，必須先從安民做起。湯武的弔民伐罪，漢王的約法三章，都無非爲了安民。安之必先保之，百姓的生存權利，必須予以充分的保證，才談得上後此的一切，所以說：

「天生蒸民，有所以取之……志意致修，德行致厚，智慮致明，是天子所以取天下也。政令法，舉措時，聽斷公；上則能順天子之命，下則能保百姓，是諸侯所以取國家也。」（榮辱）

這是說庶民之衆，統治是有條件的。天子之取天下，是以高度的德目境界領導三公，監督諸侯，以取得庶民的信賴與支持。諸侯之取國家，則必須能貫徹天下共主的政策政令，以保百姓；以取得諸侯國的領導地位。他的法源，一方面來自天子，一方面也要直接贏得民心，才能在相互依存之下，向庶民負責。在形式上是直接向天子負責，間接向庶民負責；在實質上則天子必須經由諸侯的負責而負責，而諸侯則以直接加於百姓的一切，代替天子任負責之實。關於政體的理念，當另詳於制度論及君相論，此處則闡其保民的具體。關於保民的施政，可分國防、治安、吏治、倫理四目：

一、國防與保民

他以爲國防是一切的屏障，下分「節威與反文」、「文治與心國」、「凝固與由道」三者落實之。

(一)節威與「反文」

「威」指用兵的兵威，「文」是文治。他以爲前者之效是有盡的，而後者之功則無窮；故曰：

「今秦南乃有沙羨與俱……北與胡貉爲鄰，西有巴戎，東在楚者乃界於齊，在韓者踰常山乃有臨慮，在魏者乃有圍津，其在趙者剡然有岭而據松柏之塞……是地遍天下，威動海內，強殆中國，然而憂患不可勝校……常恐天下之一合而軋己也……然則奈何？曰：節威反(返)文—用夫端誠信全之君子治天下……正是非，治曲直，聽咸陽。順者錯之，不順者誅之，則兵不出於塞外而令行於天下矣。……益地不如益信也。」(彊國)

荀子論國防，以民心爲重點，得民心則可以霸、可以王，可以無敵於天下，乃可徹底解決國防問題。得民心之道，以「文」不以「威」，所以主張「節威反文」。他的例證是，秦之地遍於天下，威動於海內，強殆(迨)於中國，卻有數不清的憂患。唯有節制武功而返求於文治，只要以端誠信全者爲治於咸陽，便可不必用兵而令行於天下。因爲君子之治，能正是非、治曲直，錯順而誅逆，自然能得國人之心，得天下之心而所向無敵。有如「秦之銳士不可以當桓文之節制。桓文之節制不可以當湯武之仁義」。所謂仁者無「敵」，自然無人敢來侵犯國土。他的「節威反文」，是節制用兵，而置重於文治，是反對窮兵瀆武的，因爲那是最勞民傷財，疾苦百姓而適得其反的保民。也往往會因爲兵源財源的困竭與民怨之沸騰而漸趨於衰敗滅亡。所以他的國防論是採取積極的防衛，而從文治之中爭取民心乃至爭取敵國的民心，以實現「一天下」的攻勢。

㈡文治與「心國」

文治之所以得民，在於「義立」或「信立」。兩者都必須先固其心國。所以說：

「國者，天下之制利用也；人主者，天下之利埶(勢)也。得道以持之，則大安也、大榮也、積美之源也。……故用國者義立而王，信立而霸……仁人所務白也，挈國以持禮義而無以害之，行一不義，殺一無罪而得天下不爲也；擽然以扶心國且若是之固也。」(王霸)

又曰：

「之(主)所與爲之者，之人則舉義士也；之所以爲布陳於國家刑法者，則舉義法也；主之所極然帥群臣而首鄉(向)之者，則舉義志也。如是則名聲之部(剖)及於天地之間也，豈不如日月雷

霆然矣哉！」（王霸）

又曰：

「德雖未至也，義雖未濟也，然而天下之理略奏矣，刑賞已諾信乎天下矣……政令已陳，雖覩利敗，不欺其民；約結已定，雖覩利敗，不欺其與，爲是則兵勁城固，敵國畏之……。」（王霸）

國家所代表的權力資源，是控制天下的無上利器；而人主則爲利器的持有者，操縱者。得其道以持之，便能得到最大的安全，最大的榮譽，而且是衆美的泉源，反之，則爲最危險的爆炸物，最大的累贅。所謂「義立則王，信立則霸，權謀立則亡」。所以仁人治國之首務，是禮義的倡導呼籲，而不許有絲毫的傷害，即使爲了得天下，也不會行一事之不義，殺一人之無辜——因爲那是禮義的傷害，「心國」的創口。

禮義的實踐，必然是所用的人皆義士，典章制度皆義法，一切的取向皆出於義志；當然會名滿天下而如火如荼。

如果立德未能「取極」，未能立義於天下，若能求其次以申天下之公理，使刑賞之信可必於天下，即使面臨成敗，也不會背信於民；與國之間所有的約定，即使面臨再大的危機，也不要失信爽約，他的信譽，自然贏得庶民及與國的肯定。所以，即使不能王天下，也能以立信霸天下；以兵勁城固，使敵人畏之。

㈢凝固與「由道」

固「心國」之後，還要進一步使國家安定不畏外侮而強固，以達到「以守則固，以征則強」的國防境界。他說：

「古之兵，戈矛弓矢而已矣……城郭不辨(治)，溝池不扣……然而國晏然不畏外而固者無它故焉，由其道故也……。」(議兵)

又曰：

「兼并易能也，唯堅凝之難焉。齊能并宋，而不能凝也，故魏奪之。燕能并齊，而不能凝也，故田單奪之。韓之上地方數百里，完全富足而趨趙。趙不能凝也，故秦奪之。故能并而不能凝則必奪……得之則凝，兼并無強。古者湯以薄，武王以滈，皆百里之地也，天下為一，諸侯為臣，無它故焉，能凝之也。」(議兵)

前段所謂「由其道」，是指同段中刪節部份的「明道而鈞(均)分之，時使而誠愛之」兩大條目，使「下之和上如影響……刑罰省而威行如流」。故能使國家「晏然不畏外而固」。後段所謂「能凝」，是指同段中所刪節之「凝士以禮，凝民以政」；因為「禮修而士服，政平而民安，夫是之謂大凝」。所以能以守則固，以征則強。

二、治安與保民

治安的重要，謹次於國防，他主張正本清源於「大化至一」；所以說：

「爲人主上者也，所以接下之百姓者，無禮義忠信，焉慮率用賞慶刑罰埶（勢）詐除（險）阨其下，獲其功用而已。大寇則至，使之持危城則必畔（叛），遇敵處戰則必北，勞苦煩辱則必犇，霍焉離耳，下反制其上。故賞慶刑罰埶詐之爲道者，庸徒粥（鬻）賣之道也……故古人羞而不道也。……於是有能化善脩身正行，積禮義尊道德，百姓莫不貴敬，莫不親譽，然後賞於是起……榮孰大焉。將以爲害邪？則高爵豐祿以持養之。生民之屬，孰不願（慕）也。雕雕（昭）焉懸貴爵重賞於其前，縣（懸）明刑大辱於其後，雖欲無化能乎哉？……暴悍勇力之屬爲之化而愿，旁（便嬖）辟曲私之屬爲之化而公，矜糾收繚（狷急乖戾）之屬爲之化而調，夫是之謂大化至一。」（議兵）

荀子學說異乎孔孟之處，在以禮義忠信爲體，刑賞爲用，其主眼在「大化至一」。他以爲，所有的「刑罰勢詐」都只是一時的功利作用，而且有極大的反效果，後者更有失忠厚，反感也更嚴重，故爲古人「羞而不道」之道。必以身教爲主的禮義忠信之教，配合刑賞以接下之百姓，才能使百姓莫不願於慶賞，莫不畏於刑罰而不得不「化」於禮義忠信，本段之末所舉之諸惡既化，不僅治安無虞，而且姦佞貪邪權貴富豪之侵害亦化之於無形。還有什麼比「化」更徹底的治安？

三、吏治與保民

吏治的良窳，關係庶民的福祉，更關係庶民的疾苦、尊嚴，所以爲了保民，除國防治安之外更著眼於吏治，故於禮義刑賞制度之後，更求之於吏治的保民，吏治始於「序官」分職的綱紀如山。他說：

(1)「修隄梁，通溝澮，行水潦，安水藏以時決塞；歲雖凶敗，使民有所耘艾(刈)，司空之事也。相高下，視肥墝，序五種，省農工，謹畜藏以時順修，使農夫樸力而寡能，治田之事也。修火憲(防火)，養山林藪澤草木魚鱉百索(蔬)，以時禁發；……定廛宅，養六畜，閒(習)樹藝，勸(勸)教化、趨孝弟，以時順脩，使百姓順命，安樂處鄉，鄉師之事也。……謹盜賊，平室律(肆旅)，使賓旅安而貨財通……治市之事也。抃急禁悍，防淫除邪，戮之以五刑，使暴悍以變，姦邪不作，司寇之事也……。」(王制)

(2)「合符節，別契券者，所以爲信也；上好權謀，則臣下百吏誕詐之人乘是而後欺。探籌投鉤者，所以爲公也；上好曲私，則臣下百吏乘是而後偏。衡石稱懸者，所以爲平也；上好傾覆，則臣下百吏乘是而後險。斗斛敦槩者，所以爲情(情實)也；上好貪利，則臣下百吏乘是而後豐取刻與，以無度取於民。故：君子者治之原也。官人守數，君子養原，原清則流清，原濁則流濁……。」(君道)

(3)「故上好禮義，尚賢使能，無貪利之心，則下亦將綦辭讓，致忠信……，則小民合符節，別契券而信，……不待衡不稱懸而平，……故賞不用而民勸，罰不用而民服；有司不勞而事治，政令不煩而俗美，……故藉歛忘費，事業忘勞，寇難忘死，城郭不待飾而固，……敵國不待服

而詘，四海之民不待令而一……。」(君道)

以上第(1)則，由於盜賊的存在，威脅了家室的安全，更使商旅不安，影響於商業經濟，故設「治田」以富之，設「鄉師」以教化之，以爲治本之計，復設「治市」爲治標之防範。由於「暴悍」「淫邪」的存在，百姓必面臨強凌弱、衆暴寡的疾苦；更面臨淫濫邪惡所加的痛苦，使妻女有被盜之虞，田產財物有被擄之虞，忠誠正直有被害之虞，故設「司寇」以事之。而且不惜「戮之以五刑」。

第(2)(3)則則由於「偏」私、不「平」、「豐取刻與以無度取民」等不良政風的存在，而更求正本清源於上之好禮義，尚賢能，戒貪利之心，使辭讓、忠信皆謹於臣下；使百姓無冤抑委曲之苦、無橫征暴斂之苦，而相安於「有司不勞而事治，政令不煩而俗美」的統治之下。更使百姓於「不賞而勸，不罰而服」之餘，雖處「藉斂」稅負之重而忘於「費」，雖事公業而忘其「勞」、雖赴寇難而忘其「死」，故「城郭不待修而固，兵刃不待陵(厲)而勁，敵國不待服而詘，四海之民不待令而一」，以臻於「至平」之治。

四、倫理與保民

前段的吏治功能，雖使「政令不煩而俗美」，但化民成俗，畢竟是爲政的嚆矢，而必須更從倫理方面痛加針砭以竟其全功。所以他在天論篇中強調人妖之害，而指出人倫的重要—以爲「萬物之怪書不說，無用之辯，不急之察」，皆可「棄而不治」；唯有「君臣之義，父子之親，夫婦之別，則日切礎而不舍也」。國家倡禮義，以為人倫的規範，使民共遵共行於禮義，才是「風俗致美」，國泰民安的境界。所以又說「在天者，莫明於日月……在人者莫明於禮義……故人之命在天，國之命在禮……禮者表也，非禮昏世也，昏世大亂也……」。禮是倫理之義的具體規範—成文規則；禮的存在，才有具體的行為標準，如水之表深，無表則不知水深，表不明則涉水必陷；禮之不存，猶水之無表，行為失其規矩繩墨……自必氾濫相侵以亂，以言保民，自然是緣木求魚。於是他除了專文論禮的禮論篇之外，更於君道篇設問而答說：

「請問為人君？曰：以禮分施，均遍而不偏。請問人臣？曰：以禮事君，忠順而不懈。請問人父？曰：寬惠而有禮。請問人子？曰：敬愛而致恭。請問人兄？曰：慈愛而見友。請問人弟？曰：敬詘而不苟。請問人夫？曰：致功而不流（流淫之行），致臨（隆）而有辨（男女之別）。請問人妻？曰：夫有禮則柔從聽侍，夫無禮則恐懼而自竦也。」

這就是最具體的倫理規範，也是治國保民的不二法門。所以又說：

「此道也，偏立則亂，俱立而治，其足以有稽矣。請問兼能之奈何？曰：審之禮也，古者先王審禮以方皇周浹於天下，動無不當也。故君子恭而不（無）難，敬而不鞏（拘泥），貧窮而不約（簡慢），富貴而不驕（傲），偏（遍）遇變態而不窮（窘），審之禮也。」

倫理功能發生於全而非偏，如果忠於君而不知其他，仍然會天下大亂。所以他比孔子的「君君臣臣，父父子子」更詳細地列舉應有的規範，而且道出「偏立而亂，俱立而治」而必須「審之禮」。審者，通曉也。上下之間都應該通曉於禮，一切發之於心，才會「動無不當」，安於「恭」而無難，安於「敬」而不拘泥以妨大義；雖貧窮而禮不可廢、不可簡；雖富貴不以驕於禮，雖遇萬變而應之以禮而不爲所窮。本段雖是人君所「道」之君道的一部份，但闡明了「審禮」的重要，貫徹倫理的重要，由此所推行的「四統、大形」之術使「聖王財(裁)衍(餘)以明其辨異，上以飾賢良而明貴賤，下以節長幼而明親疏，上在王公之朝，下在百姓之家，天下曉然皆知其非以爲異(標新立異)也，將以明分達治而保萬世也」。故「天子諸侯無靡費之用，士大夫無流淫之行，百吏官人無怠慢之事，衆庶百姓無姦怪之俗，無盜賊之罪……」。至此，保民之道，可謂盡矣。

第三節　養民之政

繼保民之後，必須有以養之，此爲國家政府的基本責任，故曰：

(1)「君者何也？曰：能群也……善生養也……省工賈，眾農夫，禁盜賊，除姦邪，是所以生養之也。」(君道)

又曰：

(2)「王者之法，等賦政事，財萬物所以養萬民也。田野什一，關市幾而不征，山林澤梁以時禁發而不稅。相地而衰(差)政(征)，理道(里)之遠近而致貢，通流財物粟米無有滯留，使相

歸移也；四海之內若一家」(王制)

(3)「君者善群也，群道當則萬物皆得其宜……六畜皆得其長，群生皆得其命。故養長時，則六畜育，殺生時則草木殖……故五穀不絕，而百姓有餘食也，汙池淵沼川澤謹其時，故魚鱉優多而百姓有餘用也。斬伐養長不失其時，故山林不童，百姓有餘材也……。」(王制)

以上(1)(2)兩則皆論爲政的「能群」。能群之謂君，這是他自爲界說的一端。能群的起點是「生養之」。生養百姓之道，是足衣食，是安居樂業。所以要減少工商的從業人口，而增加農業人口，充分生產糧食；同時還要「禁盜賊、除奸宄」，使「生養」不受影響。於是他又以以下兩段的具體措施貫徹養民之政：其一是以田賦爲中心的租稅制度，必須按收入分等，以昭其平，率民以正，以求其公。其二是要發揮物質的效用以滿足民生的需要。租稅的原則是從寬的，田賦不超過「什一」；關卡之設，只是防止不法的經濟犯罪，所以只是稽查而不課稅。山林河川乃至橋梁，都只有適時的管制，使森林魚鱉得以生生不息。田地區分等則并計算路途的遠近而致貢，更使財貨糧食有無相通而不至有留滯匱乏或損失之虞，使百姓可以自由往來或遷移住所，使四海之內相親如一家。

第(3)則則更求「善群」的境界，因爲「群道當」，才會使萬物皆得其時宜，所有生物都能安其性命於生態的平衡。所以養長以時，則六畜便有良好的發育；栽培疏伐以時，植物便得良好的成長；更在「政令時，百姓一，賢者服」的制度下，在草木榮華滋碩之時，不施斧斤；在鱗介孕育之時，不施網罟毒藥；而農業的耕耘收藏更不失其時；使百姓有享受不盡的生活資源。此外關於使民，荀子更重視老弱廢疾之養，以及昏喪事故之寬免。所謂「八十者，一子不事；九十者，舉家不事；廢疾非人不養者，一人不事；父母之喪，三年不事；齊衰大功(之喪)，三月不事；從諸侯不與，新有昏(婚)期(年)不事。」(大略)都是他的養民之政。再進一步，便是富民與教民，當於下節述之。

第四節 富教之政

政府的責任，不以保民、養民爲已足，就依存關係說，「富」與「教」更是繼保民養民之後的當務之急。因爲民富則國富一也；以得民之心之死力二也。教之則民易化而有裨於國家政令之凝固三也。所以說：

(1)「不富無以養民情，不教無以理民性。故家五畝宅，百畝田，務其業而勿奪其時，所以富之也。立太學，設庠序，修六禮，明七義，所以教化也。……詩曰：『飲之食之，教之誨之』，王事具矣。」(大略)

(2)「有社稷者不能愛民、不能利民，而求民之親愛己，不可得，民不親不愛而求其爲己用、爲己死，不可得也。……而求兵之勁，城之固，不可得也……而求敵之不至……無危削、不滅亡，不可得也。」(君道)

以上所錄，首從負面的「不富無以養民情，不教無以理民性」說起，而以五畝宅，百畝田爲富民的起點；立太學以下的教育設施爲教民的大端，使百姓安居樂業於農業社會的經濟生活。也使百姓及社會菁英獲得安心立命的理性教育。其次則強調愛民與利民是親和的基礎；得親君愛君之民，然後能爲「己用」，爲「己死」。反之，欲求兵勁城固，國無危亡，皆不可得。這是關於富民教民的概念，以下將分述富與教之道：

一、富民

(一)經濟心理的觀察

富民的指標，是由生理需要的滿足導向心理需要的滿足并使其蓄積有餘。以下是他對人類經濟心理的觀察：

(1)「人之性，食欲有芻豢，衣欲有文繡，行欲有輿馬，又欲夫餘財蓄積之富也。然而窮年累世不知足，是人之情也。今人之生也，方知畜雞狗豬彘，又畜牛羊，然而食不敢有酒肉；餘刀布，有囷窌（廩窖），然而衣不敢有絲帛；約者有匡篋之藏，行不敢有輿馬。是何也？非不欲也，幾不長慮顧後，而恐無以爲繼之故也。於是又節用御欲，收斂蓄藏以繼之也。……今夫偷生淺知之屬，曾此而不知也，糧食大侈不顧其後，俄而屈安窮矣；是其所以不免於凍餓，操瓢囊爲溝壑中瘠也；況夫先王之道，仁義之統，詩書之分乎？」（榮辱）

(2)「夫貴爲天子，富有天下，是人情之所同欲也；然則從人之欲，則埶（勢）不能容，物不能贍也。故先王爲之制禮義以分之，使有貴賤長幼之差，知愚能不能之分，皆使人載其事而各得其宜，然後使穀祿多少厚薄有稱，是夫群居和一之道也。」(榮辱)

(3)「故仁人在上，則農以力盡田，賈以察盡財，百工以巧盡械器，士大夫以上至於公侯莫不以仁厚知能盡官職，夫是之謂至平。故或祿天下，而不自以爲多，或監門御旅(迎迓逆旅)，抱關擊柝，而不自以爲寡。故曰『斬(儳)而齊，枉而順，不同而一』。夫是之謂人倫。」(榮辱)

以上三則，先說明人所具有的無窮欲望與蓄積本能。有了澱粉糧食之後，還要動物蛋白、可口的食物；有了布衣之後，還要文繡之美；有良好的道路可行，還要有車、有馬；而且還要多多益善的財富蓄積。於是有的人便知道節約消費，從事蓄積以爲長久之計，但是所謂『偷生淺知之屬』，顯然居於大多數，皆以所生產的糧食大量消費於奢侈的交換，當然不久便不免於貧窮，於飢饉；當然更不知先王之道所具體的仁義之統(原則)，詩書之分(守分)了。

其次又說明所謂由社會之教所產生的『義分』的必要—因爲人人都想貴爲天子，富有天下，但事實上有兩大問題無法克服的。第一、在權力結構上，顯然無法容納這麼多的皇帝。相等的兩貴，尚且無法相使，何況全民都是皇帝，誰是卿相士大夫？誰是百姓？誰能命令誰去辦事，一個國家可能只有皇帝，而沒有百姓嗎？這就是所謂「埶(勢)不能容」。第二問題是，「物不能贍」。即使權力理論能夠讓大家都貴爲天子，但是納稅人也無法負擔這種支出；更不可能讓大家都「富有天下」。同時人人都是皇帝，這皇帝與販夫走卒又有什麼區別？當然這種假設只是一種強調的設喻，除了白癡或喪心病狂之外，誰也知道不可能。但是公卿以下的富貴，卻使人人都會有非份之想，而這種非分之想，正是天下必爭必亂必窮的根源。所以先王必須制定禮義之文加以規律，使貴賤長幼有尊卑先後的等差，知愚能不能都有他應得之分；相當的奉獻，必能獲得分內的報酬；也不許有分外的忮求。這就是所謂「群居和一之道」。讓全國百姓都和平相處在同一秩序之下，可以公平競爭，而不可以爭奪。

最後他指出富民的具體設施—必須由仁者為政，使農民得憑勞力以盡農事，商人得憑觀察以盡財貨有無之互通，百工得以其技巧製造械器。必須有這樣大領域的經濟結構，才能充分為庶民爭取更積極的財富。更重要的是，所謂「至平」的政治管理—公侯士大夫都以仁厚為前提，都以高度的知能各盡其職，使生產與消費都獲得通盤而合理的規劃與調節，使經濟行為都獲得更高的效用與效益，而不至因為官吏的苛擾而窒息。所以在「民富則國富」之下的天子，不必自以為俸祿太高，因為那是「功施天下」的報酬。即使是賤為看門打更的小吏，或旅舍裡在門口招徠迎接顧客的店小二，由於皆知報酬的差等，也不會覺得待遇太少。所以說，「參差所以盡其平，枉曲所以循其理，不同所以得其一」。有了這樣的規範，有這樣的政治，百姓才能擁有眞正的財富—難能可貴的財富。

關於富民的經濟觀，荀子是著眼於政經合一的整體發展。而以人性的觀察為基礎。所以他的富國論，開宗明義便說：

⑴「萬物同宇而異體，無宜而有用為人，數也。」

⑵「人倫竝處，同求而異道，同欲而異知，生(性)也」

(3)「皆有可也，知愚同；所可異也，知愚分。埶同而知異，行私而無禍，縱欲而不窮，則民心奮而不可說也。爲是則知者未得治也；知者未得治，則功名未成也。功名未成，則群眾未懸也……則君臣未立也。無君以制臣，無上以制下，天下害生縱欲。欲惡同物，欲多物寡，寡則爭矣。故百技所成，所以養一人也；而能不能兼技，人不能兼官，離居不相待則窮，群而無分則爭。窮者患也，爭者禍也。救患除禍，則莫若明分使群矣。」

他以爲萬物之於人，雖無一定的「宜」(效用)，但直接或間接皆有用於人。這是支配宇宙的自然之道。人類共同生活，有相同的欲求，而滿足之道是相異的；這種同欲而異知的現象便是人性。從所皆有的可不可的本能以觀，智愚是相同的；但從所可的差異看，知與愚是有別的。勢位相同而知識不等，如果沒有政令的限制，刑罰的制裁，則無止境的欲望亢進，是無法形容的。初民社會或亂世所存在的這種現象，都因爲智者不能致用於治，因而群衆也未能相懸相殊於制度的等差，君臣之禮未立於君子之制作。於是國家政府無「君」以統御群臣，機關團體也無「上」以制下；於是天下之大害生於各縱其欲；因爲所欲所惡相同，而物寡於欲，故必爭。同時人的生活需要，仰給於百工的產品，於是在「能」不能兼技，「人」不能兼「官」之下，卻不能以互助達成「通功易事」的功能，自然不免於貧窮，自然又會發生「群而無分」的爭奪，這種人類的大禍患，唯有「明分使群」才能挽救。

(二)節用以禮

他的足國富民之道原則是「節用裕民而善藏其餘，以下是他的主張：

(1)「足國之道—節用裕民而善藏其餘。節用以禮，裕民以政。彼裕民故多餘，裕民則民富，民富則田肥以易……則出實百倍。上以法取焉，而下以禮節用之。餘若丘山，不時焚燒，無所藏之……故知節用裕民，則必有仁義聖良之名，而且有富厚丘山之積矣。此無他故焉，生於節用裕民也。」(富國)

(2)「不知節用裕民則民貧，民貧則田瘠以薉，則出實不半；上雖好取侵奪，猶將寡獲也。而或以無禮節用之，則必有貪利糾譑(收取)之名，而且有空虛窮乏之虞矣。此無他故焉，不知節用裕民也。」(富國)

他以爲富國在富民，而富民則在於「節用以禮」，「裕民以政」。一方面使朝野上下都節約消費，以獲得經濟開發所需的資本資源，另一面則以政治的規劃與支持，從事生產，使百姓由「善藏其餘」，獲得財富的累積；而且有力投資於農田的種仔改良、灌溉施肥，病蟲害的防治，自然會有大量的生產。於是朝廷依法令制度收取合理的田賦租稅，而有司及庶民則依禮義的規範而節約支出，自然會「餘若丘山」而「無所藏之」。反之，如果不知節用裕民，民間的生產與財富，也相對地銳減乃至有「空虛窮乏之虞」。而政府的收入也沒有著落。

關於「以禮節用」，他的設計是：(1)以服制、禮樂、法數的制度分別規範貴賤、長幼、貧富、輕重的等差，使有位者必有德以稱位，位必稱其祿，而衆庶百姓則以政令刑賞加以制約激勸，使各遵禮敬業。(2)量地封建，興利養民，量能分工，使各勝其任，各致其功，收支平衡還要「時有藏餘」。所有上自天子下至庶人，無論大事小事，事多事少，都得類推這種原則，以求政府之中沒有無德而祿的倖進之士，而百姓之中也沒有游惰而食的倖生之民。所以說：

「禮者，貴賤有等，長幼有差，貧富輕重皆有稱者也。故天子袾(朱)卷(袞龍)衣冕，諸侯玄卷衣冕，大夫裨(卑)冕，士皮弁(冠)服(布衣)。德必稱位，位必稱祿，祿必稱用，由士以上則必以禮樂節之，衆庶百姓則必以法數制之。量地而立國，計利而富民，度人力而授事，使民必勝事，事必出利，利足以生民，皆使衣食百用出入相揜，必時藏餘，謂之稱數。故自天子通於庶人，事無大小多少，由是推之。故曰『朝無幸位，民無幸生』……。」(富國)

「朝無幸位」，自然是政府的每一成員都是人才，都是君子，都能「稱位、稱祿」。當他們滿足於榮譽制度之下，官服在身，自會念茲在茲，不會逾閒蕩檢；更不必也不許花上萬的錢去做一套時髦的西裝；花幾百萬去買「賓士」汽車，在道德風氣之下，更會處處爲庶民著想，爲庶民而節用。於是政府不浪費預算，官員不驕奢淫逸，民間不浪費金錢，自然會有漸多的「藏餘」，投資於生產。自然也不會有幸生之民。

㈢裕民以政

至於「以政裕民」，他說：

(1)「輕田野之稅，平關市之征，省商賈之數，罕興力役，無奪農時，如是則國富矣，夫是之謂以政裕民」

(2)「人之生不能無群，群而無分則爭，爭則亂，亂則窮矣。故無分者，人之大害也；有分者，天下之(大)利也。而人君者，所以管分之樞要也。故美之者，是美天下之本也；安之者，是安天下之本也；貴之者，是貴天下之本也。」

(3)「若夫重色而衣之，重味而食之，重財物而利之，合天下而君之，非特以爲淫泰也，固以爲王天下，治萬變，材萬物，養萬民，兼制天下者莫若仁人之善也！夫故其知慮足以治之，其仁厚足以安之，其德音足以化之，得之則治，失之則亂。」

(4)「兼足天下之道在明分—掩地表畝，刺草殖穀，多糞肥田，是農夫眾庶之事也。守時力民，進事長功，利齊百姓，使人不偷，是將率之事也。高者不旱，下者不水，寒暑和節，而五穀以時孰，是天下之事也。若夫兼而覆之，兼而愛之，兼而制之，歲雖凶敗水旱，使百姓無涷餒之患，則是聖君賢相之事也。」

(5)「故君國長民者，欲趨時遂功，則和調累解(平正)，速乎急疾；忠信均辨，說乎賞慶矣；必先脩正其在我者，然後徐責其在人者，威乎刑罰。三德者誠乎上，則下應之如景嚮。……書曰：『乃大明服，惟民其力懋，和而有疾』。」

(6)「不利而利之，不如利而利之之利也。不愛而用之，不如愛而後用之之功也。利而後利之，不如利而不利者之利也。愛而後用之，不如愛而不用者之功也。利而不利也，愛而不用也者，取天下者也。……。」

(7)「觀國之強弱貧富有徵驗……上好功則國貧，上好利則國貧，士大夫眾則國貧。工商眾則國貧，無制數度量則國貧。下貧則上貧，下富則上富。故田野縣鄙者，財之本也；垣窌倉廩者，財之末也。百姓時和，事業得敘者，貨(財)之源也；等賦府庫者，貨之流也。故明主必養其和、節其流，而時斟酌焉。潢然使天下必有餘，而上不憂不足，如是則上下俱富……是知國計之極也。故禹十年水，湯七年旱，而天下無菜色……是無他故焉，知本末源流之謂也。」(以上均詳富國)

(8)「上莫不致愛其下而利之以禮，上之於下，如保赤子。政令制度所以接下之人，百姓有不理者如毫末，則雖孤獨鰥寡必不加焉，故下之親上歡如父母，可殺而不可使不順……然後皆內自省以謹於分……然後農分田而耕，賈分貨而販，百工分事而勸，士大夫分職而聽，……是百王之所同，而禮法之大分也。」(王霸)

(9)「朝廷必將隆禮義而審貴賤，若是則士大夫莫不敬節死制者矣。百官則將齊其制度，重其官秩，若是則百吏莫不畏法而遵繩矣。關市幾而不征，質律禁止而不偏，如是則商賈莫不敦愨而無詐矣。百工將時斬伐，佻其期日，而利其巧任(技巧)，如是則百工莫不忠信而不楛矣。縣鄙將輕田野之稅，省刀布之斂，罕興力役，無奪農時，如是則農夫莫不朴力而寡能(於他業)矣。……商賈愨而無詐，則商旅安，貨財通，而國求給矣。百工忠信而不楛，則器用便而財不匱矣。農夫朴力而寡能，則上不失天時，下不失地利，中得人和，而百事不廢，是之謂政令行，風俗美

……。」(王霸)

以上第(1)則是「以政裕民」的起步。荀子的經濟思想,雖然不限於農業經濟,但他知道民以食爲天與足食足兵的法則是顚仆不破的,所以他的「以政裕民」仍然以農業爲重心。減輕田野的租稅,是鼓勵農業的基本措施;平抑關卡的課征,是便利農產品的流通;省商賈之數,是限制從商的人口;罕力役的征調,至少要無奪農時,都是爲農業的人力資源著想。於是有了充分的農業生產,而有必要的商賈存在,增進了農產的量,也增進了產品的效用與利潤。同時也使其他的民生用品,由商業功能的鼓舞而促進生產,繁榮社會,這便是他的「裕民以政」的基本構想。

第(2)(3)則是他的「尊君」思想—尊君所以裕民。禮樂刑政都是政治的工具,前節所論的「以禮節用」,是施政的消極一面;現在要討論的「以政裕民」,是屬於經濟政策的積極作用。他認爲人的生存不可無群,而群體的生活則不可無分際。爲了避免無「分」的爭、亂與窮,在經濟環境的設計上,必須有人「管分」、「定分」,而國君與政府的第一功能便是去無分之「大害」而興有分之「大利」。所以他不惜以禮制規範許多尊君之禮,使之「美」,使之「安」,使之「貴」,都爲了經濟生活的根本—「分」;經由尊君的基礎,確立於充分的公權力之下。所以說「美」人君。即所以美天下之本,「安」人君即所以安天下之本,「貴」人君即所以貴天下之本。因爲所有禮遇人君的「禮」,包括食、衣、制度乃至於「合天下而君之」的約定俗成,絕非爲了一人,一家一姓的淫樂驕恣,而是爲了人君的「王天下、治萬變,材萬物,養萬民以兼制天下」。更因爲他是政治制度中所假設的「仁人之善者」。因爲他有足夠的智慧可以統治天下，有足夠的仁厚足以安定天下，更有足夠的道德修養足以潛移默化天下的風俗。有這種的人君，就會締造治世，反之永遠都是亂世。所以要想裕民富國；尊君的付出是合理的，必要的。當然，這個「人君」是政府的象徵，也是政府的具體，尊重元首的一切制度，當然也是爲了政府的健全。

第⑷⑸則是「裕民」的分工與爲政者當務之急。於是在「明分」的前提下作基本分工的設計，使農夫、衆庶，將率、司空，乃至於聖君賢相都各有其「事」。後者的「事」，重點在於「兼」。兼者，公平普及也，統籌調節也；照拂遍及於天下，仁愛普及於天下無使向隅；統治也普及於天下使無任何化外或特權。對於天災人禍，更要有備無患，並使有無相濟，然後才談得上「裕民」。所以爲政者要想「趨時遂功」，必須能調和解決一切問題，以求「速乎急疾」—急所當務；以忠信公平的運作，使天下都悅服於所慶所賞；執法更要先端正自我而後懲罰不法，以求—「威乎刑罰」—建立刑罰的威信。以上的「三德」能夠誠修於廟堂，則百官百姓自然會如影隨形，如響斯應，正如書經所謂「乃大明服」—天下大服於明君，此時的民力便形成支持政府的無上的力量—團結一致而有效率的力量。所謂「惟民其力懋，和而有疾」。自然是經濟建設必成的保證。

第⑹則是功利觀的刷新。談經濟離不開功利的，荀子顯然比孟子來得務實，他不但秉承周公的主張，「利而不利」—利民而非利政府，以面對富民富國的問題，而且把儒家的利民愛民的精神推到更高的境界。他認爲爲了更多的公利而取之於民，賢於消極的租稅政策—取而不利。如果更能夠利之而不取，以智慧投資代替資本投資，當然更能夠贏得百姓的愛戴。同理，愛民而後用民，自然賢於不愛而用民，如果更能愛民而避免用民爲力役，爲征兵，當然更能贏得庶民的歡呼。所以他主張以禮節用，便是主張政府要以最經濟的社會成本取之於民，使民不以爲「取」，而發揮了經濟建設的利民功能。同時以高度的愛民境界之「愛之而不用之」——不因宮室營建而征召，不因窮兵瀆武而征召，使百姓以充分的時間、資本及勞力從事於生產或其他經濟活動，增進他的財富，可以求得快速的經濟成長，更可以取天下，或保社稷而不致於危亡。

第(7)則是他「徵驗」邏輯的應用，依據荀子的先驗觀察，可以確定國家的強弱貧富，有下列的因素：由於「強弱」與本章無關，此處只錄「貧富」的部份——他認爲人君的好大喜功，必然勞民傷財；好利，必然厚取於民；士大夫衆——政府編制的膨脹，必然增加納稅人的負擔，增加魚肉百姓的刀俎；工商人口多，必然會相對減少農業生產勞力；沒有經濟制度，沒有因時因勢因地調節的方法，必使經濟社會一片渾亂；自然都會導致「貧窮」。所以除了「以禮節用」之外，還要以政治運作的介入，積極消除致貧的因素；同時還要針對「財」與「貨」的本末源流加以培養調節，使天下必有餘而無不足，以貫徹「上下俱富」的裕民政策。他的驗證是：禹的十年洪水，湯的七年久旱，而天下無一人面有菜色；顯然由於施政之深知強弱貧富之本末源流，而裕民以政。

第(8)則說明上下之間必須以「愛」爲動力，以「禮」爲節制，以「政令制度」爲統治，而不以威怒逞快意；即使還有鞭長莫及之處如毫末之細，也不能使鰥寡孤獨蒙其害，所以臣民百姓都歡愛之如平天下。

父母，可以殺身而不可使其不親上、不忠順守法。於是人人皆自省而謹於守分－農工商皆分別耕、賈，分事而勸；士大夫皆分職而聽政，諸侯皆分工而守其國，三公總四方之事而議其政。天子則可垂拱以平天下。

第⑼則針對經濟發展所存在的障礙－官吏的犯規竊弄，及關市稽征之弊，商業禁令之偏聽不公，乃至商賈之詐、百工之楛（偷工減料）、農夫之「多能」旁騖等等，分別以積極的施政加以革除，使商賈莫不敦厚，百工莫不忠信，農夫莫不專業；使商旅相安，貨財流通，器具便利而不匱乏，不失天時地利而得人和以興百業。自然可得「政令行，風俗美」－以政裕民的必然效應。

至此，他的富民之道－「以禮節用，以政裕民」有了理論的架構，也有具體的輪廓；有消極的針砭，也有積極的取代與輔導，而由農業經濟的領域，跨進了農工商並重的漸進領域。他的「利民」主張，有全盤的指導調節，而沒有計劃經濟的越俎代庖；所以各憑其智慧勞力，自由爭取財富，但不許有任意壟斷剝削或兼并的存在。更嚴禁士大夫以上之「言利」，以杜絕官僚資本與特權經濟之毒害；也使貧富的差距，在機會均等原則之下漸趨於合理；更使合理的差等成爲鼓勵敬業的動力，安定社會的定力，使人人富而不驕，富而好禮。

二、教民

㈠教民之說

關於教民，他以爲「不教無以理民性」（說詳前引大略），因爲：⑴「人之性固無禮義」所以要教以「強學」，學禮義以求其化。⑵「人之性惡……故立君上以臨之，明禮義以化之」，「使天下皆合於善」；「人之性生而好利」順其性則「爭奪生而辭讓亡」「故必有師法之化，禮義之道（導），然後出於辭讓，合於文理而歸於治」（說詳性僞論）。⑶國家不可不強，不強則無以保民。但強國必先富民，富民乃能「富而後教」，教化然後能「調一」，則兵勁城固，敵國不敢嬰（攖）；否則「入不可以守，出不可以戰」根本談不上國防，必不能保民、保財富（說詳彊國）。⑷必須以倫理之教，「勤教化，趨孝弟，以時順修」，才能使「百姓順命，安樂處鄉」。⑸治國不能無刑罰，刑罰不可不先教育，所謂「不教而誅，則刑繁而邪不勝，教而不誅，則姦民不懲。」（詳富國）

總之，由於「性惡」所具諸端，自不能不施教化以理其性。更因爲目好色，情好利，都是無止境的，都必須更進一步養之以「教」。所以設太學以教國子，立庠序以教「士」，使各脩「冠、婚、喪、祭、鄉（飲酒及鄉射）、相見」諸禮，以及父子、兄弟、夫妻、君臣、長幼、朋友、賓客之人倫「七教」，使人類的行爲都符合「善」的標準。而政府更要以政教之化，勤於孝弟的勸勉，使百姓日趨於循良敦厚、敬業樂群，以蔚成美好的社會風氣。更使古代兵農合一之民，經由教化「調一」之後成爲能守能戰的勁旅，而有金城湯池的防衛。同時，邪惡的姦民，更有待教育的配合以收刑罰之效。教而不誅，姦人固然不知儆懼於未然；不教而誅，更使百姓不知陷而陷，這種刑罰的效果是有限的，甚至在反感而麻木之後，根本不發生任何效應。所以犯者愈多，刑罰愈繁，而邪惡之風仍然無法改善，而如老子之謂「法令滋章，盜賊多有」。所以「教」的功能，在刑罰上是不可或無的前提。

㈡教與師法

教育具體於師資、學則與教材，所以首論師法，他說：

(1)「今人之性，生而好利焉，唯是故爭奪生而辭讓亡……故必有師法之化，禮義之道，然後出於辭讓，合於文理而歸於治。」(性惡)

(2)「人之生固小人，無師法，則唯利之見耳」(榮辱)

(3)「人無師法，則隆性矣；有師法，則隆積矣……注錯習俗，所以化性也，并(專)一而不二(異端也)，所以求積也。……則神於造化，參於天地矣」(儒效)

(4)「故人無師法而知，則必爲盜，勇則必爲賊；云能，則必爲亂，察則必爲怪，辨則必爲誕。人有師法而知，則速通，勇則速威；云能，則速成，察則速盡，辯則速論(決)。故有師法者，人之大寶也；無師法者，人之大殃也」(儒效)

以上四則皆強調師法的必要。第(1)(2)則自「教」的主體而言，政府必須針對人性的好利，而施以師法之化，禮義之道，舉措民俗之正，然後思考行爲皆出於辭讓之端，而合乎禮義的規範。反之，好利而無節，則「爭奪」必然取代「辭讓」，也必然永遠是唯利是見的小人。前者所以致治，後者所以致亂，治亂皆取決於師法。第(3)(4)則則就「師法」之成效而言－無師法則隆「性」之惡，有師法則隆「積」之善。師法所得之「積」及其所以成「積」之「不二」，含「注錯」之默化與「習俗」之潛移，皆足以「擾化」人性。而「并一」之極致，更可入於聖通之境。對於知（智）、察、勇、能、辯這五種人，尤其不可一日無師法，因爲一切盜賊犯上怪誕的行爲，皆由沒有師法所使然。而一切的智慮、勇敢、觀察、言論的神速效能更由來於師法。所以得師法，則人類可得百益於「大寶」；失師法，則人類必罹於無形之「大殃」。

㈢**教與身教**

教民於人文方面的教善，莫過於政教的身教，所以先舉例爲證：

⑴「武王始入殷，表商容之閭，釋箕子之囚，哭比干之墓，天下鄉（嚮）善矣。」（大略）

⑵「義與利者，人之所兩有也。雖堯舜不能去民之欲利，然而能使其欲利不克（妨）其好義。雖桀紂亦不能去民之好義，然而能使其好義不勝其欲利也。故義勝利者爲治世，利克義者爲亂世。上重義則義克利，上重利則利克義。故天子不言多少，諸侯不言利害，大夫不言得喪，士不言通貨財。有國之君，不息牛羊；錯質（贄見）之臣，不息雞豚；冢卿不脩幣，大夫不爲園圃，從士以上皆羞利而不與民爭業；樂分施而恥積藏，故民不困財……。」（大略）

⑶「多積財而羞無有，重民任而誅不能，此邪行之所以起，刑罰之所以多也。上好羞（義），則民闇飾矣，上好富，則民死利矣，二者（治）亂之衢也。民語曰：『欲富乎？忍恥矣，傾絕矣，絕故舊矣，與義分背矣。』上好富，則民之行如此，安得不亂。」（大略）

以上三則皆強調爲政者身教之重要。先以武王入殷可以大書特書之舉—表商容之賢於其閭；釋殷宗室賢臣箕子於囚，并哭比干之墓，使天下皆知賢者之可貴，而紛紛向善。其次則說明人之「欲利」與「好義」是并存而不可「去」的，而且爲治亂之所繫。即使是堯舜之賢，不能使民必去其好利之心，桀紂之暴，也不能使民必去其好義之心。但是政教的良窳卻可以改變兩者的比重。堯舜雖不能「去民之欲利」，但他的政教能使其「欲利不克（妨害）其好義」；使「好義」戰勝於「欲利」，以趨於治世。而桀紂的政教則相反。所以他的結論是，「上重義則義克利，上重利則利克義」。所以主張「從士以上皆羞利而不與民爭業」，不但專業於政治而無旁騖，而且以養惠分施爲樂，而以稻粱之謀爲恥；使公職人員皆爲好義而不言利的君子并以爲天下倡；亦使天下皆能重禮義而輕功利，而相安於風氣良好的治世。在亂世的政治教育的意義上，更是一服治本的清涼劑。

最後的第(3)則，更強調民不可「與義分背」，重要的是君相士大夫的功利意識。因爲上有所好，下必有甚。居高位者如果只顧國庫豐裕，必然使官吏有機可乘，而百姓也只好鋌而走險，這是罪惡的開端，也是「嚴刑加於不能負擔的百姓，必然使官吏有機可乘，而以「無有」爲羞，不惜橫征暴斂加重百姓的負擔，甚至以刑繁而邪不勝」的原因。所以上好「羞」（義之誤），則民間必脩身好義於無形，天下必治於無形；上好「富」，則民間無不忘形於求利，即使因財而死，也在所不惜。於是就不免上下交征利，天下交征利，大家都走上亂世的通衢。所以說「義」與「利」二者，正是治亂之間的三岔路口－欲治必須向義；背乎義則必亂；必如民諺所咀咒：一心只爲財富，就必須忍受恥辱以求之，必須傾身絕命以求之，就必須犧牲故舊之交以求之，就必須與綱維天地的正義背道而馳，天下如何不亂？由此可知民不可無教，而為政者的身教，更是治亂之所繫；對於百姓的視聽，更有絕對的影響。

(四)教的內容

以上是「教」的一般理論。以下將論庶民之教的內容，而以「禮」所必要者為條目；因為「學者，學禮也」，言教，自必教之以禮。庶民之教，非如士君子之教之廣，故以「必要」者為度。

關於父子之道，當然以父慈子孝為前提，其說可見諸前述之關於言禮諸端，本節則擇要論其具體。荀子似以為教莫大於父之教子，其教有二端：其一為教子的基本前提－人倫始於夫婦，故以「親迎」之教夫婦之道為首。德行為人獸之別，故以教「行」次之。其二、人群的親和，具體於助生與送死的兩件大事，故以「賻贈」之禮教之，以下是教民的具體條目：

1. 教的大綱－他說：

「立大學，設庠序，修六禮，明七教，所以道之也。」(大略)

以上是說在國家設「大學」，在鄉黨設「庠」，在郊遂設「序」，禮樂志所謂「設大學以教於國」，「設庠序以化於邑」。這是施教的「張設」，有了學校，然後益之以制度師資、教材，就可以開始分級制的教育。關於教材，分做「六禮」「七教」兩大部份，都是人倫之教(均詳禮記)。所謂「司徒脩六禮以節民性，明七教以興民德」(禮．王制)。前者為消極的節制民性，後者則為積極的建立德目。都是把偏「惡」的人性，引向「善」的領域，所謂「所以道(導)之也」。以下將就他在六禮七教之中所置重的條目，分闡之：

2.教夫婦

(1)教親迎之禮

夫婦之道始於婚禮，禮記所謂「昏禮者，將合二姓之好，上以事宗廟，而下以繼後世也，故君子重之」。所有「婚禮」所規範的一切，包括「納采、問名、納吉、納徵、請期」與正式迎親的「親迎」等六禮，(包括「主人筵几於廟，而拜迎於門外，入揖讓而升，聽命於廟」的婚前之禮)，都是象徵婚禮的「敬愼重正」。因為「敬愼重正，而後親之」，是「禮之大體」，而所以成男女之別，而立夫婦之義也。男女有了婚姻關係，然後「夫婦有義……，而後父子有親，而後君臣有正」。所以說：「昏禮者，禮之本也。」荀子曾說「學者，學禮也」，禮以婚禮為本，其教民自應始於婚禮。所以他選擇婚禮之中的「親迎」之禮，為教民之始。他說：

「親迎之禮，父南面而立，子北面而跪，醮而命之：『往迎爾相，成我宗事，隆率(行)以敬先妣之嗣，若則有常』。子曰：『諾，唯恐不能，敢忘命矣！』。」(大略)

這是男方將要迎親之前，其父醮(敬)酒而命其子，照例要說的幾句話—迎回你一生的伙伴，以成我家的宗嗣之事；要隆重其禮以示鄭重莊敬；因為她是歷代「先妣」的影子，是繼續以典型的婦道持家的繼承人。是相敬如賓之始，是一生相處的守則。所以為人子者必須敬謹應諾，并表示將行之唯恐不能，絕不敢或忘今日之(父)命。

這是新生代家庭的開始，更是齊家基礎的奠立。

(2)教夫婦之道

婚禮之後，即有夫婦之倫，所以必須教以夫婦之道；他說：

「易之咸，見夫婦。夫婦之道，不可不正也，君臣父子之本也。咸，感也，以高下下，以男下女，柔上而剛下。」（大略）

易經之中的咸卦，是由「艮」與「兌」所構成。「艮」爲山，是「少男」的符號，「兌」爲澤，是「少女」的符號，兩者合而爲婚媾的象徵，更是相處之道的啓示，所以說是「見夫婦」。它所示的夫婦之道，有兩大重點：其一是夫婦之間的主從關係，其二是生活行事之間的剛柔相濟。前者是指，在內外的分工與相敬原則之下，綱維家庭的主從關係不可不正以禮，否則必成雙頭馬車，甚至牝雞司晨，家不成家。更因爲它是「君臣、父子」二倫之本，不可不先正其「道」。後者則以生理感應的陰陽，與男女兩方相處的剛柔相對應。男女之間的生理方面必有陰陽交感，乃有夫婦之欲，乃能生兒育女，而言行之間，也必須剛柔相濟，乃能相規相忍合作無間。（另詳禮樂論）

此外，還有夫婦之間的重要環節—閨房生活，他也有左列的強調：

「霜降逆女，冰泮殺內，十日一御。」（大略）

這是言簡意賅而必要的性教育。「內」者，近也；「殺」，是減少；「御」，是性生活。古代的農業社會，宜於冬季農閒期中迎娶，所以教民在「霜降」節令中娶妻，至冰解交春，蜜月已過，就要減少接近，而以十日一次爲宜。一方面因爲春耕開始，過密的閨房之樂，勢必影響勤奮的精神與工作的活力。另一面則恐影響胎教，更爲了歡樂的邊際效用與節欲習慣的養成，使在良好習慣之下，雙方都有更好的定力，更能守禮而不逾。一般的庶民應該如此，社會菁英的君子，更應該如此；這是理性教育應有的普及，也是荀子思想的特色。

3.教嚴父

人倫之序是，有夫婦然後有父子，所以繼夫婦之道之後，則教之以爲父之道，他說：

「君子之於子，愛之而勿面，使之而勿貌，道（導）之以道而勿彊。」（大略）

父，是人類所特有的尊親，因爲「禽獸有母而無父」。并非眞無父，而是不知有父。所以孟子喜歡把無父與無君的人，一起視爲禽獸。人類之「有父」，是因爲父母對子女的教與養是分工的，關於教，通常是父教子，母教女；父教戶庭之外的一切，母則教以室家之內諸事。關於養，父之養，是提供「養」的資源；母之養，則爲乳哺、衣食、寢處。父母之勞是均等的，父母之愛親子也是不可區別的；爲了子女的生活與教育，同樣要竭其所能，傾其所有。所以人類應知有生理之父，更應知有倫理之父。也因此，人父所扮演的是「嚴父」的角色，父教是與師表之教，是同樣神聖的大事，必須「嚴」才會成教。因爲，鐵不鍊不成鋼，子不教則不但不成器，而且將是社會的害蟲，國家的蟊賊。沒有一番父母之教，任何師表也無能爲力。

以上所錄，是荀子關於父教的強調，是爲父之道的重心。所謂「愛」，雖然是感性的，但不使他因寵而驕，則爲理性的。所以爲父之道的第一事—愛子，愛子必須不形於色，更要從「德」的角度以愛子，才是寓教於「愛」的愛子之教。

第二件事是，「使之」之教；因爲凡所「役使」，皆爲生活教育，使爲應有之勞，乃至使爲代親之勞，都是教育。勞之中有勤、有儉、有廉、有節；代「勞」之中，有辭讓之禮，有事親之孝，都必須在嚴正態度之下完成的。如果因爲「勞」於子，而假以辭色之「優」，或出於不確定的「溝通」方式，都會影響受教的心理，而誤以爲父子之倫是非當然、非絕對的。於是只要有一次破例，就否定了父子之倫的絕對性，自然談不上「教」的實施。今日之有打罵父母，乃至弒殺父母、亂倫的逆子，都由於生活教育不夠嚴正所浸假、所養成。

第三件事則爲尤其重要的「道之以道」。上之「道」是引導誘導的「道」。下之「道」是「大道」，是「禮義」的指稱。這種的教導，是不可強人所難的。必須使其樂於接受，自然而然地欣然接受，或是漸進的間接的誘導，使他在不知不覺之中，接受合理的「道」(導)。一旦使他視爲畏途，必無效果之可言。也必然會漸漸背離禮義，而趨於禽獸。

總之，荀子的化性原則，無論師法之「僞」，或是刑政禮樂的教化，都只是「擾化其性」，而不是出於強求。父之教子，自然不能例外。而家庭教育之難能，更是爲父之道的可貴；不能盡心於此，不能盡己於此，就不足爲人父。「君子」固應如此，庶民亦不可不知其大要。

4.教孝子

在倫理之中的「孝」，是人子唯一必須遵守的規範，違此規範，必受法律、道德的雙重制裁，即使是道德淪亡的今日，也不會有太大的例外；這是儒家明倫之教的不朽。所以繼爲父之道的「嚴」，而論爲子之道的「孝」。他說：

「曾子曰『孝子言爲可聞，行爲可見』。言爲可聞，所以說(悅)遠也；行爲可見，所以說(悅)近也；近者說則親，遠者說則附；親近而附遠，孝子之道也。」(大略)

民間皆謂孝子之孝，可以感天地，動鬼神。荀子則以爲孝在現實世界之中，更能使遠者附之，近者親之而贏得一片祥和，可以「揚名顯親」，更不會有人輕侮其親。他把「孝」的魅力，從鬼神境界拉近到人文世界，使孝子所旦夕祈求的「大孝尊親」實現於孝子的言行之中。最使父母痛心疾首的，莫過於子之不肖，爲害於社會國家，而被辱罵於生前遺臭於身後。而孝子則能得遠近之「悅」，而以讚美賢父賢母之聲取代其生前、身後之辱；還有什麼遺憾，還有什麼更好的「孝道」。

但他所教的「孝子之道」，也是來自兩種難能的可貴—「言爲可聞」，「行爲可見」。凡所言語，必須無例外的可信，才會入於聽覺，便是眞實。這種「可聞」，是來自去僞存誠的堅持，而且是長期的堅持，才會有這樣的效應—信譽的確立。有這樣的信譽，自然會使遠方的人由歆慕而喜悅，而樂與爲友；樂爲從與。凡所行爲，也必須是無例外地合乎禮義的規範，甚至合乎春秋大義的境界，才會成就光明磊落的人格，才會入人視覺，便是大觀。這種的「可見」，自然更要來自長期的中規中矩，「顚沛必如是，造次必如是」的勉強，而有「從心所欲不踰矩」的效應—風格的樹立。有了這樣的風格，即使是目不識丁的文盲，也不失爲恪士，爲忠厚長者；而使接近的人都由喜悅而親之如芝蘭。這樣的「可聞、可見」，才是「孝子之道」；才是下文所謂「德至者色澤洽；行盡而聲聞遠」。這是荀子教孝最具體的教材。

其次論子對父的基本禮節，他說：

「坐視膝，立視足，應對言語視面……」（大略）

目視者，心之應。目視正，其心未有不正，孟子所謂「人莫良於眸子」。荀子所教的目視之禮，更是誠敬與否的徵驗。子之孝在敬而不在養，故荀子以教目視爲教「敬」的具體開端。子之視父，坐、立、應對與進言，皆有目視的定點，以示其敬－全神貫注之敬；察其言，觀其色，以善體其意。視膝、視足，則察父之欲起，欲行以定所言之詳略，并善盡侍候起居之責。教「敬」所以教「孝」，所以在「言爲可聞」，「行爲可見」之教之後，益之以目視之教，是孝的起點，也是孝的重點。

5. 教尊師

尊師所以重道，師道尊，則人倫可盡。所以不但是士君子於大學要尊師，庠序之中的庶民要尊師，即使是一般的社會成員，同樣要從「尊師」觀念之中尋求良好的風俗習慣，尋求人際相處之道。荀子在許多篇目之中強調過「師法之化」，「尊先祖而隆君師」，那是尊師的積極的一面，這裡的尊師，是從淺顯易見易行之處，從消極的反面論尊師，他說：

(1)「言而不稱師謂之畔，教而不稱師謂之倍（背），倍畔之人，明君不內（納），朝士大夫遇之涂不與言。」（大略）

(2)「禮者，所以正身也；師者，所以正禮也。無禮，何以正身？無師，吾安知禮之爲是也？……故非禮，是無法也；是無師也。不是師法，而好自用，譬之猶以盲辨色，以聾辨聲也，舍亂妄無爲也……。」(修身)

以上所錄，皆從反面論師的重要。「不」與「非」皆爲負面動詞，前者謂凡士民之自言其學之所見，必須稱其師之言，以明師承之所本，以示不敢忘授業之德。同理，凡爲教，不論是爲師之教，爲尹之教抑爲尊親之教，也必須「稱師」，兩者皆出於尊師之道；這種尊師的精神，必隨「言」者「教」者之無畔(叛)、無倍(背)，及其所言所教流布於民間，而化爲規矩繩墨，自然易於化民成俗。所以他指出明君與朝士大夫之重視，而警告「倍畔之人」—不知尊師者，不但不可能爲朝廷明君所接納，而且爲賢士大夫所共同唾棄。

後者則以「正身」的重要，論「師」的更重要。因爲「禮」是「正身」的鏡子，而師則爲「正禮」的裁判。沒有禮，便無從以端正之身，出處於治亂之世；而沒有師，則根本無從確定許許多多的禮，是否出於正統、合乎大道及其義理之爲是爲非。所以否定禮的存在，就是否定鏡子的存在；否定師的存在，更否定了是非的裁判。一切都無所取法，一切都無從學習。這種「不是師法」的「自用」，必然是盲目，是無聽覺的，所辨之色、之聲，必然不得其正？他的所作所爲，也必然是「亂妄」的。荀子在禮論篇以爲「人無禮不生」，就因爲一切非禮的行爲，都會招致錯誤的傷害，乃至於由狂妄而毀滅。如果因爲不知尊師而無人「正禮」，人類社會之由亂而毀滅，也必然是時間問題而已。所以他又說：

「國將興，必貴師而重傅，則法度存；國將衰，必賤師而輕傅；賤師而輕傅，則人有快；人有快，則法度亡。」（大略）

古有師、保之官，前者為世子之師，後者為世子之保、傅；兩者均為禮樂制度所攸關，所以凡為貴師傅之國，其國必將興，反之必將衰。因為「賤師輕傅」的結果，不知禮義為何物，凡事必肆其快意而行，所有的禮樂制度，規矩繩墨皆必名存而實亡，民俗必然敗壞，國家勢必由亂而衰，由衰而亡。所以保民，愛民不可無教，教不可無師，故必強調「尊師」之教。

6. 教交友

荀子以為人性之惡，能否化性起偽，取決於禮義之化，而師友實為「化」所攸關。所以在教尊師之後，復教以交友。他說：

(1)「君人者不可不愼取臣，匹夫不可不愼取友。友者所以相有（右）也。道不同，何以相有？均薪施火，火就燥；平地注水，水流濕。夫類之相從也，如此其著也，以友觀人，焉所疑？取友善人，不可不愼，是德之基也。詩曰：『無將大車，維塵冥冥』。言無與小人處也。」（大略）

(2)「見善，修然必以自存也。見不善，愀然必以自省也……故非我而當者，吾師也；是我而當者，吾友也；諂諛我者，吾賊也。故君子隆師親友以致惡其賊……。」（修身）

(3)「士有妒友，則賢交不親……，隱賢者謂之妒……。」（大略）

以上第(1)則謂平民之必須謹愼於交友，其重要實如人君之必須愼取臣。因爲「友」的定義是「相有」、相輔助；所謂「朋友有責善之義」。交友不愼，其人必不同於「道」，必不能相助相輔以「道」。而且人性之易於習惡，就像施火於等量的薪柴，乾燥者必先燃；注水於相同的平地，地濕處必先見水。火之就燥，水之就濕，是以類相從的，交悖道之友，必類此友而悖道，有如近火之薪，久之必燥，燥必易焚；近水之地，久之必濕，濕必易流。所以說：「不知其人觀其友」。所以交友擇善，爲立德之基，不可不愼。而詩經之誡人「無將大車」，就因爲大車所至，必然塵埃蔽目，與小人相處，也必然爲小人之惡所蔽。

第(2)則則強調「自存」、「自省」的重要，見人有善，如己之修，必以其善自察其身；見人之不善，則如己之憂，必以其不善自省其身。其次則教以隆師親友，而遠離小人之道。所隆之師，必擇其「非我而當者」；所親之友，必擇其「是我而當者」，凡能如是者，非師亦師，非友亦友；必尊之、親之如師友，久之必如近芝蘭。

第(3)則強調「賢交」之必親，因爲不親則不能「相有」，不得其益。而「妒友」實爲「賢交」的天敵，這種朋友與賢者必不兩立，必加以讒毀離間與排斥。而賢者見友而有妒友，亦必由卑視而疏遠。因爲狡譎的妒友與忌賢的妒臣，都是國家社會的妖孽。對於個人之持身立德而言，更是可怕的蛇蝎；有了他，雖有賢交，也必然功虧一簣。所以愼交友，更要辨知小人而痛絕之！

7. 教德行

荀子以爲仁義禮善，這四個德目，對於國家個人，都非常重要；他說：

⑴「仁義禮善之於人也，辟之若貨財粟米之於家也，多有之者富，少有之者貧，至無有者窮。故大者不能，小者不爲，是棄國捐身之道也。」（大略）

⑵「夫行也者，行禮之謂也。禮也者，貴者敬焉，老者孝焉，長者弟焉，幼者慈焉，賤者惠焉。」（大略）

以上第⑴則，是綜言四德之於人，有如財貨之於家，德多則富，寡則貧，一無所有就是「窮」。如果大德做不到，小德不願做，則無異是人君自棄其國，士民自捐其身。其實德行比富貴更重要，財富匱乏，絕不至於棄國捐身。所以魏文侯過段干木之門必軾，就因爲段老師富於「義」；諸侯雖貴，不敢驕也。

第⑵則論四德—仁義禮善之必須具體於行，也只要身體力行之於禮，其德必至。所以他教人以五種具體的行爲—敬、孝、弟、慈、惠。實踐之道，更要出於「推己及人」之心。實踐「敬」，要能以敬己之君師長官之禮，敬一切「貴」；因爲「貴」者所扮演的大小角色，都是政教之美善，所以必須尊敬他，鼓舞他。實踐「孝」，要能以「孝親」之禮遇，事一切「老」；因爲老人畢生所扮演的嚴父角色，社會支柱的角色，都是文化的功臣；事「老」人在物質上雖不能一如養親之豐，但比物質之養更重要的「敬」，則爲人人之所能。「弟」的實踐，同樣要推事兄之「恭」，以禮於一切「長」。「慈」的實踐，則推「幼吾幼」之心以愛所有的「幼」。實踐「惠」，就要推親族鄉里之「施」，以施於所有的「賤」。當然在物質方面要視力之所及，但重要的是一顆仁愛的心。表現於禮節，更沒有能力的限制。因爲，長、幼、賤三者，所扮演的社會角色，同樣是非常重要的；壯年或年富力強的「長」，無論勞心勞力，都是社會的中堅。「幼」者更是民族希望之所寄。而「賤」者也只是一時之賤，他的潛力同樣是不可忽視的；無賤不成貴的角色，更是不可或缺的時間角色。而且後二者都需要更多的扶持，更多的仁愛。這種「禮」的篤「行」，當然希望朝野上下都能見諸行事，而庶民的廣大普及，無寧比君子更來得重要；更有助於人群的「和一」。

8. 教賻贈

喪禮爲民間之大事，而「賻贈」則爲喪家親友不可或失之禮。故荀子教之曰：

「貨財曰賻，輿馬曰賵，衣服曰襚，玩好曰贈，玉貝曰唅(含)。賻賵，所以佐生也，贈襚，所以送死也。送死不及柩尸，弔生不及悲哀，非禮也。故吉行五十，奔喪百里，賵贈及事(時)，禮之大也。」(大略)

以上先詮釋「賻賵」及「贈襚」的區別，然後說明兩者均不可失禮。「賻」的內容指財貨，「賵」的內容是車馬，均爲「佐」助生者治喪之禮，與生者相知者行之。「襚」的內容，限於衣服，「贈」是贈玩好之物(樂器之類)，「唅(含)」，是指死者口中所含之玉貝。均爲「送死」之禮，與死者相知者行之。凡送死之禮必須親詣柩前；弔唁生者之禮，必須嚴肅悲哀，否則都不合乎禮節。因此吉(祭)禮須以日行五十里的步速以赴；喪禮則須以日行百里的速度以赴之；所致賻贈，尤須及時送達。因爲，人要早到，禮物更要早到；誠敬的表達，才是禮的重點。這是教導庶民重視人際關係的一例，必須出於誠敬，合乎禮節，更不可吝嗇或怠慢。因爲事關死者之哀榮，所以助人子之盡孝。

9. 教樂樂

荀子以爲「樂」的重要，不下於「禮」，他說：

「夫樂者，樂也；人情所必不免也。故人不能無樂，樂則發於聲音，形於動靜；而人之道，聲音動靜，性術之變盡是矣。故人不能無樂，樂則不能無形，形而不爲（之）道（導），則不能無亂。先王惡其亂，故制雅頌之聲以道之，使其聲足以樂而不流，使其文足以辨而不諰，使其曲直繁省廉肉節奏，足以感動人之善心，使夫污邪之氣無由得接焉。是先王立樂之方也……。」（樂論）

他以爲，人情不能免於歡樂，歡樂必然發於聲音，形之於動靜，這是人類抒發情性最普遍的現象。但是這種聲音動作，如果不能加以導正，必然會越軌而亂。於是聖人乃以詩六義之中的雅、頌二類的詩章，譜以樂曲以成「樂」，使所謂「正聲之聲，使人樂而不淫」；明辨歌辭之義而不涉邪曲之思，孔子所謂「思無邪」。更使音樂的宛曲高亢與音調之或繁或省，或清越或沉重，或斷或續皆足激發善心，而不爲邪淫之氣所污染。這是先王立樂之旨，也是荀子教民樂「樂」之用心。關於樂「樂」的所以然，將於君子論及禮樂論中詳闡之，庶民之教則止乎此。

總之，他的庶民論，是以「內聖外王」的宏觀，從保民、養民、富民、教民—庶民所必要之普及教育的具體施設中，實現他的重民與愛民主義；更於愛民之中，緊緊把握民心的助力，實現反兼并、反侵略以王天下的不流血主義。使天下之民，「行則皆樂於其所，居則皆樂於其鄉」，以求其可久可大的永恒。（「庶民論」終）

第二篇　方略三論

第四章　制度論

荀子的政治觀是，儒家傳統的引申與修正。他的背景是，人性之惡，天下之亂；所以在性惡篇說：

⑴「聖人以人之性惡—偏險而不正，悖亂而不治，故爲之立君上之勢以臨之，明禮義以化之，起法正以治之，重刑罰以禁之；使天下皆出於治、合於善。」

⑵「故性善則去聖王，息禮義矣；性惡則與聖王、貴禮義矣。故……繩墨之起爲不直也，立君上、明禮義，爲性惡也。」

所謂「君上」，是指賅括君相卿大夫的政府而言。政府不能無制度；治亂世的政府，尤其不可無取法乎上而兼重禮刑的制度。所以他在實證天人、人性、庶民的前提三論之後，繼之以王制篇爲中心的「制度論」。茲分：㈠制度理論，㈡制度取法與次霸，㈢制度的具體，㈣制度的貫徹與善擇四綱分論其經緯：

第一節 制度理論

他的制度思想，是以「王者之政」為取向，「王者之事」為藍本；而以禮刑並嚴，盡聽制分，安政富強，四海一家為內容；其大要如次：

一、基本取向

孟子「言必稱堯舜」。荀子則多言「聖王」，如解蔽篇之謂「故學者以聖王為師」，依他的說法，聖與王有別，他說：「聖也者，盡倫者也，王也者，盡制者也；兩盡者，是為天下極矣。」，盡倫是「以德兼人」，盡制就是「群臣百姓皆以制度行。」(王制)但他所常言的「王者」，則指能「兩盡足為天下極」的聖王。因為聖可能盡倫而不必為王；王可能盡制而不必皆聖，必須以聖兼王，方能兩盡。盡倫是德治，而盡制則兼重禮法；兩盡則以仁義為體，以禮法為用，使盡倫落實於盡制；所以說：「故學者以聖王為師，案以聖王之制為法，法其法以求其統類，以務象效其人」。以下將申論之：

(一)唯賢去惡

「善善惡惡」是儒家的傳統，但荀子以為還要明快、果決而徹底；他說：

(1)「請問為政？曰：賢能不待須而舉，罷(音疲)不能不待須而廢，元惡不待教而誅，中庸不待政而化。分未定也，則有昭繆（穆），雖王公士大夫之子孫也，不能屬於禮義，則歸之庶人；雖庶人之子孫也，積文學，正身行，能屬於禮義，則歸之卿相士大夫。」（王制）

(2)「聽其言則辭辯而無統，用其身則多詐而無功，上不足以順明王，下不足以和齊百姓；然而口舌之均（調），噡（辯）唯則節，足以爲奇偉（誇飾）偃卻（驕人）之屬，夫是之謂姦人之雄，聖王起，所以先誅也。然後盜賊次之。盜賊得變，此不得變也。」（非相）

(3)「人有惡者五，而竊盜不與焉；一曰心達而險，二曰行辟而堅，三曰言僞而辯，四曰記醜（怪異）而博，五曰順非而澤（釋）；此五者，有一於人，則不得免於君子之誅；而少正夘兼有之；故居處足以聚徒成群，言談足以飾邪營（熒）眾，強（剛愎）足以反是獨立（以非爲是，人不能傾），此小人之桀雄也，不可不誅也。」（宥坐）

右錄三則是針對戰國時代亂世政府的無賢無能，而邪惡充斥的社會現象而言。他似乎認爲，要收拾這種殘局，唯有以明快果決而徹底的制度刷新陣容，才能尋求合理的政治秩序。是故主張，對於賢者要破格羅致於立談之間，一如文王之用呂望，而不容遲疑。在職的「罷不能」—反節無行而不能奉職者（據正論、王霸注），要立刻（不待須臾）加以罷廢。對於元惡，更要破例立誅，因爲前者會影響德治與效率，後者是罪大惡極的「姦人之雄」；是孔子所謂「小人之桀雄」；所以儘管儒家用刑的原則是教而後誅，所謂「不教而誅謂之虐」，但「教」對於這種人是浪費的，因爲「盜賊得變，此不得變」，所以先誅之。這樣方能使腐化的政府因徹底的換血而脫胎換骨、而以嶄新的「英傑」陣容貫徹他的王者之政。同時也以事實昭告天下：政府對於進退賢不肖，對於除暴安良，都有明確的制度與無上的道德勇氣。後者更顯示絕對堅持的公權力，正爲伸張正義而存在。使「中庸」——中人以下的士民，不待刑賞之政而立竿見影地從化於禮義。

禮義的揭櫫，更是當務之急，他以名位爵祿與禮義相表裡，溫和而徹底地打破封建的四民界限。他認爲，即使制度的義分尚未建立，也要先依父昭子穆的倫理，使賢者居上，不肖居下。所謂「不能屬於禮義」的禮義，是指一般必要的規範而言，不能認同這種人倫的規範，即使是貴族子孫，也要編戶爲庶民；認同禮義而更能積靡於道德學問者，雖然是平民，也要分別使爲卿相士大夫，而歸屬於貴仕的行列。因爲官吏不是僅僅能認同禮義的人所能勝任，所以要加上「積文學，正身行」兩大要件。

(二)天德之化

上文所謂「中庸不待政而化」，只是一種施政效果的假設。重視推理的化，當然還會設想到存在或繼續發生的不化之民，尤其有待教化。於是而有「天德」之化的思想：

(1)「故姦言、姦說、姦事、逃遁反側之民，職而教之，須而待之。勉之以慶賞，懲之以刑罰；安(嫻習)職則畜，不安職則棄。五疾，上收而養之，材而事之，官施而衣食之，兼覆無遺。才行反時者，死無赦。夫是之謂天德。」(王制)

(2)「故先王既陳之以道，上先服之，若不可，尚賢以綦(教)之；若不可，廢不能以單(憚)之；綦三年而百姓從風矣。邪民不從，然後俟之以刑，則民知罪矣。是以威厲而不試，刑錯而不用……

……。」（宥坐）

荀子所界定的善惡，是以治亂爲區別，所謂「凡古今天下之所謂善者，正理平治也；所謂惡者，偏險悖亂也。」對於治亂，則以禮義之是非爲分野；所謂「禮義之謂治，非禮義之謂亂。」（皆詳性惡篇）故凡民間所存在的姦邪，都是非禮義的。其所有從事「姦言」、「姦說」、「姦事」以及逃遁逋欠，反覆無常，居無定所的游民，甚至妨害治安，參與「反側」的從犯，都足以影響政治社會的安定與庶民的生活。但這種人畢竟不是「元惡」，若「不教而刑，則刑繁而邪不勝」（富國），是故以溫和制度，於事前或事後施以有效的教化，所謂「職而教之，須而待之」。「職」，是現代的職業輔導；「教」，是感化教育或一般教育；「須」，是需時，是稍假時日；「待」，是待其從化。他的外王思想是徹底治本的，所以從根本上以充分就業先解決他的生活需要，使其由悅生而懼死、知恥而向善；然後施以倫理的、政治的、職業的種種教育，以觀後效。更由於「須而待之」的期盼效果—是使其感悟於昨日之非，而遷化於禮義。所以還有激勵爲善的慶賞制度，制裁不法的刑罰制度，考核制度，五疾殘障的養「事」制度，最後才是「殺無赦」的死刑制度。對於善良或痛改前非的人，以獎勵的光榮加以激勸，對於「姦」者，則懸示刑罰的處遇，使違反規範者必得應有的報復刑，也使法網邊緣的人，知所戒懼。考核制度乃施於「職」與「教」之間，觀其安份受教與否。然者予以長期雇用、合理的任使以盡其才，不然則予以流放的隔離，所謂「棄」之。

他的仁政是普及而無向隅的。所以在善惡之間的多種處遇之外，還要兼及於「五疾」。這是有待社會力量加以扶持的智能弱者，必須以人道觀點施以積極的「養」與「事」；所謂「上收而養之，材而事之」。一方面廣爲收容，不使流浪街頭或鋌而走險；一方面衡量他的工作能力施以訓練，畀以工作機會，使各自食其力，使他生活得愉快而尊嚴，而政府的財力負擔也可以事半而功倍。因爲「五疾」之中，不論瘖、聾、跛躄、斷者都可利用其相當的工作能力，使其殘而不廢。至於侏儒，不過體能不及常人，而智能往往有過之；更可以善加輔導，「材而事之」。如此積極的救助方式，如此刑賞教化照拂之政，當然可以「兼覆無遺」。在這種仁政指標之下，更不許有任何的向隅。

他的刑殺原則，是欲嚴、欲必，而不欲繁；對於死刑，尤其愼重而徹底。而且「不待須」；殺則止於「才行反時」的「桀雄」，而且是唯一的「死無赦」。可見他所設計的刑殺功能，是以重點的誅，以懼「元惡」，以懼諸侯中之「暴國」，以懼「才足以濟惡以亂時政者」，違者則予以終身之隔離，以免妨害天下之治平。以收殺一人以儆天下的效果。這是他以禮正刑，以刑輔禮的基本精神。因爲他知道，社會問題的存在，是由於社會生病，必須尋求病因於社會，乃能標本兼治；所以宥坐篇更有完整的層次：⑴「陳之以公道，上先服之……」，這是儒家德治精神的開端，如尙書、堯典之謂「克明俊德，以親九族……平章百姓」如論語之謂「子率以正，孰敢不正」；如本書之謂「聞修身，不聞爲政」的強調。這裡的「道」，當然不限於德目，而是兼指典章制度而言。「道」經政府公布之後，君上便要身先天下，以懸典型於百官百姓，所以昭必行必果之大信於天下。⑵尙賢以綦(教)之，則繼身先天下之後，便要與聖賢、忠義之士共治於朝野。所以不僅以任賢使能爲倡，而且要求賢、教賢，以賢養賢，以期人才輩出；并使見賢思齊，蔚成風氣，以趨於「尙賢」的極致。(3)「廢不能以單（懼）之」，因爲在職者之不能，是反淘汰之端，最足以斲喪士氣軍心的，更足以破壞制度以及政治信譽，「不能」而在位，必非制度所能規範；如果是「不能而居高位」，尤足以「示不仁於天下」。所以必須廢不能以懼不能，使各知勉於立德修能，使「賢不肖不雜」。(4)「邪民不行，然後俟之以刑。」他以爲首服藥理應奏效，次服藥則必然生效，第三服藥，由於三管齊下，而且行之三年之久，百姓更不能不從風而化。如果還有不化，那就是「邪民」，當然要以刑罰懼之。似此在良民既化，而邪民知懼之下，政府所具的威厲制度，刑罰制度，自可備而不用。這就是所謂「天德」境界，王者之政。以下是他對當代諸侯爲政的局部批評，并申德治制度的效應。

(1)「垂(舍)事養民，拊循之，呴嘔(慈愛之聲)之，冬日則爲之饘粥，夏日則與之瓜麮，以偷取少頃之譽焉，是偷道也……；可以少頃得姦民之譽，然而非長久之道也；事必不就，功必不立，是姦治者也。傮然要時務民，進(遂)事長功，輕非(毁)譽而恬失民，事進矣，而百姓疾之，是又不可(「不可」疑衍)偷偏(褊)者也，徙(旋)壞墮落，必反無功。故垂事養譽不可，遂功而忘民亦不可，皆姦道也。」(富國)

(2)「故古人爲之不然，使民夏不宛喝(渴)，冬不凍寒，急不傷力，緩不後時，事成功立，上下俱富，而百姓皆愛其上，人歸之如流水……故君國長民者，欲趨時遂功，則和調累解，速乎急疾；忠信均辨(平)，悦乎賞慶矣。必先修正其在我者，然後責其在人者，威乎刑罰。三德者誠於上，

則下應之如影響，雖欲無明達，得乎哉！」(富國)

上舉之⑴，係就政府功能的角度批評時政。他以為為政固以養民為第一，但政府的職責，在於解決問題，在以政教事功從事於「節用以禮，裕民以政」(富國)；更在於長治久安而不以煦煦為仁；而當代的為政，卻是在嘴上愛民的宣撫宣慰，而以「饘粥、瓜麩」的養民，竊取一時之譽。這種刻意獵名的「偷道」，只能博得「姦民」片刻的好感，而不是全民普遍的認同，更不是長久之計。因為，不能防範災難，致力事功於平時，而出於一時的救濟，只會助長百姓的依賴偷惰，游手好閒，當然更談不上群策群力於事功。相反地，由於嘈然紛紜，勞民傷財於「要時」，無視清議的毀譽，而安然於民心的流失；這種逆向的發展，適足以累積百姓的怨嫉，失去民力的支持，而敗不旋踵。所以無論是「垂事養譽」，或是「遂功而忘民」，都是反常的「姦治」。所以在第⑵則中提出他所取法的古人之政—其一、重視調和宣導，使民悅從以超勝於不達之速；其二、重視忠信公平，使民見賢思齊以超勝於慶賞之勸；其三、為政者凡事必先自我修正，以身作則然後循名責實於僚屬百姓，以超勝於刑罰之威。這種如影隨形，如響斯應的效應，則多力之民，必然會同心協力，速於事功；自然會使百姓「夏不宛渴，冬不凍寒」；役民雖急，而不至傷害民力；施政雖緩，而不至遲誤時效，事功無不成，上下無不富，百姓自然皆愛其上，天下自然歸之如東流之水。

㈢刑政相輔

關於「刑」的原則，荀子是主張以嚴刑與政教相輔而行，因為他的效應是互為因果的。以下是他的詮釋：

「不教而誅，則刑繁而邪不勝；教而不誅，則姦民不懲；誅而不賞，則勤勵之民不勸；誅賞而不類，則下疑俗儉(險)而百姓不一。故先王明禮義以壹之，致忠信以愛之；尚賢能以次之，爵祿慶賞以申重之；時其事，輕其任，以調齊之，潢然兼覆之，養長之，如保赤子。若是故姦邪不作、盜賊不起，而化善者勸勉矣。」(富國)

關於刑賞之說，後此的抱朴子也有類似的申論，例如：

「天地之道，不能純仁，故青陽闡陶育之和，春秋勵肅殺之威。融風扇，則枯籐摅藻；白露凝，則繁英彫零。是以品物阜焉，歲功成焉……寬而無嚴，則姦宄作，……故明賞以存正，必罰以閑邪，勸詛(阻)之器，莫此之要。」(抱朴子外篇用刑)

他以喻依說明刑賞的功能。荀子的說明，顯然更詳盡、更切於實際。他認爲，爲了嚇阻嚴重的犯意，不能沒有死刑。但除「才行反時」者外，必須「教而後誅」。教使其知禮義而知罪，而不敢試法，亦使刑罰的可必性獲得驗證。否則姦民必易蹈法網，而刑罰必繁，刑罰繁必麻木不仁，刑不勝刑。同時，誅必須與賞配合，正如抱朴子所引喻，有誅的一面，也必有賞的一面，使惡者知懼，而善者知勉。此外，荀子更提出「類」的說法，如依他的自爲界說是：「禮者，類之綱紀」(勸學篇)，自應如楊倞所說：「謂禮法所無，觸類而長者(猶律例之比附)。」亦大略篇之謂「有法者以法行，無法者以類行。」但此處似宜作「倫類」解，即君子篇之謂「刑當罪則威，不當罪則侮；爵當賢則貴，不當賢則賤。」大略篇也說：「慶賞刑罰，通類而後應。」蓋謂無論誅賞，均宜切當於名實，否則民間必懷疑政教刑賞之不信，民俗必趨於邪惡，更無法一之於禮義。因此王者之政，在刑賞之前必先以教育制度一之於禮義，以倫理制度愛之以道德，以職官制度勉其崇尚賢能，以爵祿慶賞制度，激勵其好學；更要勸農以時，使民以時，輕徭薄賦，使其悅生敬業。在這樣多層面的制度照拂之下，懸之以刑賞之必當，自然會有「姦邪不作，盜賊不起」，而皆勸皆勉於「善」的效應；以趨於「刑期無刑」—「刑錯而不用」的境界。

二、為政旨歸

荀子以「王者之事」爲聽政的歸趨。他的預期效應是「令行禁止」。以下將分目以論之：

(一)禮刑並舉

禮刑並舉是他的制度原則(體)，而以任賢爲始(用)，他說：

(1)「聽政之大分—以善至者，待之以禮；以不善至者，待之以刑。兩者分別，則賢不肖不雜，是非不亂。賢不肖不雜則英傑至，是非不亂則國家治。若是則名聲日聞，天下願，令行禁止，王者之事畢矣。」(王制)

他認爲治亂的關鍵，在於賢不肖之間。政府的陣容，必須是絕對的堅強；不僅僅要尙賢舉能，更重要的是，「賢不肖不雜」。所以凡是善意參與的人才，必須以禮遇之；如果是動機不正，甚至心懷叵測的人，便要遇之以刑，在這樣的兩極政策之下，當然形成絕對唯賢的政府，是非不亂的施政，自不難使天下英傑盡入彀中，使國家大治；自然會有最後的效應—名聲日聞，天下嚮往，令必風行，禁必不敢，以盡王者之業。下面還有一段更好的制度說明：

「故先王聖人……知夫爲人主上者不美不飾之不足以一民也；不富不厚之不足以管下也；不威不強之不足禁暴勝悍也，故必……眾人徒，備官職、漸慶賞、嚴刑罰；以戒其心；使天下生民之屬，皆知己之所願欲之舉在是者也，故其賞行；皆知己之所畏恐之舉在是于也，故其罰威。賞行罰威，則賢者可得而進也，不肖者可得而退也，能（音疲）不能不可得而官也。若是則萬物得宜，事變得應……。」（富國）

這是他尊君一隆，裕民富國思想的片段，也是以禮儀制度的原理說明賞罰進賢退不肖，乃至政治的制宜應變的所以然。其中刪節部份是禮儀的詳細設計；而關於「賞行罰威」的部份，則爲有關刑政的設計，與王制篇的「王者之事」，正是制度體用的遙相呼應。所謂「能不能」是指雖能而不賢或不能稱職的兩種人，兩者均不得爲官，使「賢不肖不雜」於朝廷。這種強力規範之下的陣容，自然無往不利。

關於治人與治法問題，他的答案是以人統「法」，「禮法」並重。後人或據左列言論，以爲他的思想是由禮治到法治的轉向。

(1)「故學也者，學禮法也，非禮是無法也。」（修身）

(2)「法者治之端也，君子者法之原也。」(君道)

(3)「有法者以法行，無法者以類舉。」(王制)

(4)「治之經，禮與刑，君子以脩百姓寧，明德愼罰，國家既治四海平。」(成相)

其實，他的「法」是指「禮」所兼涵的一切規範而言。雖然也包括典章制度刑律在內；但不是孤立的「法」律，更不是法家的「法術」之「法」；而是指宗法傳統的「禮法」與「刑賞」。否則就不能把「禮」說的那麼絕對。所謂「國之命在禮」，「國無禮則不正，禮之所以正國也，譬猶衡之於輕重，繩墨之於曲直也。」(王制)，「先王審禮以方皇周浹於天下，動無不當也……並遇變態而不窮……」(君道)。第一則的「非禮是無法也」尤其證明了禮法之不可分與禮高於法的涵義。所以他的選擇，仍然是「人治」。是以「治人」爲中心的政治；是禮法賢能並重的君子之治。所以說：

(1)「有治人無治法……禹之法猶存，而夏不世王，故法不能獨立，類不能自行，得其人則存，失其人則亡。」(君道)

(2)「道之與法者也，國家之本作也。君子也者，道法之總要也……得之則治，失之則亂……得之則存，失之則亡。」(致士)

以上的說法與性惡篇之謂「立君上之埶以臨之，明禮義以化之，起法正以治之，重刑罰以禁之」，都是以人統法的強調；君子之治的強調。「道」的界定是禮義，故「道之與法」就是「禮法」；而

「禹之法」顯然更不是法家之法或法治之法。聖人制禮義，故以君子爲「法之原」，更由於君子爲政的設定，故以君子爲「道法之總要」。是故所「學」，所「志」，所「行」者，無非禮法；所謂「重刑罰」，更是爲「禮法」而設之法；「亂世尙重典」也不是法家的私產。蓋謂聖賢爲政，便是君子之治，也必然會「使天下皆出於治」。因爲「法」不能獨立「類」不能自行，只有君子之聖之賢，才是治亂的主宰。所以在「治人」與「治法」之間，他的選擇顯然是前者，而非後者。也澄清了「由儒入法」的「轉向」之說。

(二)行法與議法

在禮刑制度之外，還有因行法而派生的議法制度：

「凡聽—威嚴猛厲而不好假道人，則下畏恐而不親，周閉而不竭（舉）；若是則大事怠乎弛，小事怠乎遂（墜）。和解調通，好假道人，而無所凝止，則姦言竝至，嘗試之說蜂起；若是則聽大事煩，是又傷之也。」（王制）

自古爲政，固有寬猛二說：

周禮：「刑新國用輕典，寬也。刑亂國用重典，猛也。」

左昭廿四年：「鄭子產謂大叔曰……唯有德者能以寬服人，其次莫如猛。夫火烈，民望而畏之，故鮮死焉。水，懦弱，民狎而翫之，則多死焉。故寬難。」

論語：「子曰，政寬則民慢，慢則糾之以猛；猛則民殘，殘則糾之以寬。寬以濟猛，猛以濟寬，政是以和。」但孔子仍然偏重於禮，所謂「導之以禮，齊之以政，有恥且格。」

荀子書中亦頗多嚴刑之論，此處復以「威嚴猛厲」爲論，其主猛的傾向固顯而易見。不過，他畢竟是儒家的「將聖」，故在仁政前提之下，在效應的尙實前提之下，他的「尙猛」是有條件的。所以他批評一般尙猛之政，只知道威嚴猛厲，而不知「告導」於民的重要。以致臣民因恐懼而不親於上，深自封閉，而不敢舉發姦宄，其危殆可想而知。所以他主張威猛必須濟之以「和解調通，好假道人」。在聽取意見時，必須寬和使其盡言；發號施令之前，必有宣導的前奏。但所謂「調通」，「假道」，還要「凝止」衆說於道法的折衷。否則必然治絲益棼，造成傷害；於是他又提出補救之道──「法而議，職而通」。他說：

「故法而不議，則法之所不至者必廢。職而不通，則職之所不及者必墜。故法而議，職而通，無隱謀，無遺善，而百事無過，非君子莫能。故公平者，職（聽）之衡也；中和者，聽之繩也。其有法者以法行，無法者以類舉，聽之盡也。偏黨而無經，聽之辟也。故有良法而亂者有之矣，有君子而亂者，自古及今，未嘗聞也。傳曰：『治生乎君子，亂生乎小人』此之謂也」。

（王制）

以上所謂「職」，是指分工，「法」是法制。他以爲制法之前必須經過「議」，才會周延；制法之後的施政以及行法之「和解調通」與告導，仍然允許以「議」濟法之所不及。否則法之所缺者，必因無法可循而廢、而爭。分工之舉，也不可能盡善盡美，也必須濟之以類「通」。通者，通達統類之謂；通於法理習慣，乃能於分工之所不及者，濟之以類推援辟之議，方能達到「無隱謀、無遺善，百事無過」的境界。但「議」與「通」皆「非君子莫能」。因爲「公平」是聽政的天平，「中和」是聽政的繩墨。前者所以知輕重，後者所以辨曲直。唯有君子，乃能客觀公平，致中和以議於法，以通於職；法有明文，固然要勇於執法而行，法之所無，亦能以類推而舉，以臻於聽政之極致。更重要的是「經」，凡議必以「經」(常法)爲主，偏私而無常法，乃是邪僻的聽政，亂之所由生；所以說「有良法而亂者有之矣；有君子而亂者，自古及今，未嘗聞也。」也就是所謂「治生乎君子，亂生乎小人」的註腳。這是他在治人與治法之間所選擇的唯賢主義，因爲「法不能獨立，類不能自行」；這類的古人名言，都經過他的驗證有合。所以他敢斷言：

「故人主用俗人，則萬乘之國亡；用俗儒，則萬乘之國存；用雅儒，則千乘之國安；用大儒，則百里之地久而後三年，天下爲一，諸侯爲臣；用萬乘之國，則舉措而定，一朝而伯。」(儒效)

他以爲，國之存亡安危決於用人；爲伯爲王，更決定於用人。只要能任賢使能，至少可以存萬乘之國，如能用大儒，則雖百里之地，三年可以王天下；爲諸侯，同樣可以爲伯於一朝。這是唯賢論的具體效應，歷史的例子俯拾可得，自然不待舉證。不過，社會秩序與政治秩序，仍然至關重要，雖有賢能，也不能不從秩序著手；秩序決於「分」的差等，以下便是他的差等說：

(三)致平以分

荀子以爲，政治所追求的治平，是來自「分」的差等。眞正的公平是「分」的合理，是扮演社會角色的恰得其分；是對應的等齊，而不是形式的平等。所以他說：

「分均則不偏，埶(勢)齊則不壹，衆齊則不使。有天有地而上下有差，明王始立而處國有制。夫兩貴之不能相事，兩賤之不能相使，是天數也。埶位齊，而欲惡同，則物不能澹(贍)，則必爭，爭則必亂，亂則窮矣。先王惡其亂也，故制禮義以分之，使有貧富貴賤之等，足以相兼臨者，是養天下之本也。書曰：『維齊非齊』，此之謂也」。(王制)

以上所謂「分」，是指尊卑上下貧富貴賤應有的差等；亦稱「分義」。「偏」是辨(治)的借字。「埶(勢)」是權力或倫理的威權。荀子似以爲不論什麼政體，政府不能沒有公權力；社會也不能沒有強制力。公權力是來自內而外的份際關係，而以差等的「分義」爲基礎；然後才能建立「相事」、「相使」的執行規範的秩序。必使卿相士大夫乃至地方守吏，都層層相事，然後國君能使卿相，卿相能使士大夫，六部亦能使地方守吏；然後刑賞政令能及於賢不肖。社會也必須以老幼尊卑，貧富貴賤之分義爲基礎，乃能建立相事相使相責相扶的倫理秩序，然後法令、清議有所加。如果沒有差等的區分，根本無法統治、無從施政。因爲卿相百官的權力如果相等，勢必一國三公，政出多門，甚至無從發號施令，自不能使天下寧壹於「一隆」。社會群衆，如果不分老幼尊卑，貧富貴賤，必不能相歸屬、相取養、相規範。而成爲烏合之衆。所以明王開國的第一大事，便是治國制度的建立；以禮義制分，以制度立秩序；就因爲「兩貴不能相事，兩賤不能相使」的自然法則。而且，人的「欲惡」本能是相同的，如果威權地位都相等，則高官厚祿，宮室車馬，珍羞美食，子女玉帛，勢必不能取之無盡，則必爭、必亂、必窮的局面必然相尋而至。所以才產生禮義之制，分別作合理的定位，使在差等之下，足以相兼於照覆，相臨以任使，以立「養天下」之大本。儒家政治經典—尙書，所強調的「維齊非齊」，就因爲反乎倫理的「維齊」只是假平等，是天下的亂源。

關於貧富的差等，並無卑視、歧視的階級意識，而是著眼於社會現象的存在與倫理功能的效應。他認爲「無宜而有用」（富國），也是支配人類社會的自然法則。就人的個體而言，人對於富貴貧賤，並無一定的宜可；賤者「務積德」而貴；貧者亦可因「勤儉」而富。縱有「節（遇）使然也」的存在，也不是絕對的。但是，貧富貴賤的社會角色，是永恒存在的。兩者之間的關係，更不能沒有規律，因爲富貴貧賤，是相需相成，各有其用的。慢說無貧不成富，無賤不成貴的相形道理；於實質上，一將之貴，成於萬骨之枯，而校尉之擢升，亦成於將帥之識拔；煮鹽鑄錢之富，非百工不可，而貧者之漸裕，亦莫不由於富者之獎掖。所以得差等的規範，則貧富角色調和而各有其用；反之，則相非而亂，所以他說：

「人有三不祥，幼而不肯事長，賤而不肯事貴，不肖而不肯事賢，是人之三不祥也。人有三必窮，爲上則不能愛下，爲下則好非其上，是人之一必窮也；鄉（向）則不若，偝則謾之，是人之二必窮也；知行淺薄，曲直有以相懸矣，然而仁人不能推，知（智）士不能明（尊），是人之三必窮也。」（非相）

所謂「不祥」、「必窮」顯然都沒扮演好他的社會角色，也都由於差等的分義不明。尤其是仁人之不能推愛，智者之不能敬尊，更與倫理功能背道而馳，更使倫理功能完全掃地。

所以他的結論是，求「齊」不能不嚴差等於分義。

這種制等制分的禮義制度，不僅是規律富貴貧賤的，而且也是規律人倫長幼與資賦智愚的。他說：

「夫貴為天子，富有天下，是人情之所同欲也，然則從人之欲，則埶不能容，物不能贍也。故先王案為之制禮義以分之，使有貴賤之等，長幼之差，知愚能不能之分，皆使人載其事，而各得其宜，然後使穀祿多少厚薄之(有)稱，是夫群居和一之道也。」(榮辱)

此論與王制篇略同而較詳盡。前半段仍然以人欲物力相衡，但所謂「埶不能容」則指名位而言；其祿固非物力所能及，而天子之位，尤非事勢所能容。國有二君尚且不可，自不容天下皆君。所謂「案」為之，是按照、針對之意。「長幼之差」以下，不僅規律內容較王制所述為廣，而說理尤其周延而重要；他說明了差等不限於貧富貴賤，而且涵蓋了長幼、智愚、能不能之區分。包括秩序要求的延伸，更包括名位、分工、報酬等許多問題；都以政治倫理或社會倫理加以解決。使差等倫理維持整齊的秩序，更由合理的對應，使政治結構因公平的規則而發生更高的效能，自然是促使社會和諧進步的最佳制度。其中兼顧到「愚」與「不能」者的「各載其事，而宜」，更是分工的極致，人道精神的極致，儒家「嘉善而矜不能」精神的極致。也是後世任何社會主義所無法超越的求平境界。因為貧富貴賤是角色的設定，自然人並未因角色的設定而失去機會均等的平等。因此，今日的貧者、賤者，只要合乎富者貴者的角色要件，明日便可成爲富者貴者；而原有的富者貴者，亦必因失去扮演角色的要件，而淪爲貧者賤者，扮演機會的均等，才是眞正的平等。荀子之所以要打破封建的宗法，就因爲封建的富貴貧賤是無條件而終其身的，貴族的子孫，不論賢、不肖皆可長富貴，而庶民的子孫也不論賢不肖只有長久的貧賤—(較貧較賤於貴族的)而永遠沒有富貴的指望。所以他必須針對封建差等的錯誤事實，而在自然法則之下尋求客觀的秩序。

(四)安政以惠

繼定分致平之後，必須先求安定，使徬徨不安的社會大衆，不再駭政於暴虐，而相安於王者之政。相安之道，「莫若惠之」，他說：

(1)「馬駭輿，則君子不安輿；庶人駭政，則君子不安位。馬駭輿，則莫若靜之；庶人駭政，則莫若惠之。選賢良、舉篤敬、興孝第、收孤寡、補貧窮；如是則庶人安政矣。……傳曰：『君者舟也；庶民者水也。水則載舟，水則覆舟。』此之謂也。」(王制)

(2)「故君人者，欲安，則莫若平政愛民矣……是君人之大節也。」(王制)

(3)「治國者分已定，則主相臣下百吏各謹所聞，不務聽其所不聞；各謹所見，不務見其所不見。所聞所見誠以齊矣，則……百姓不敢不敬分安制以化其上，是治國之徵也。」(王霸)

(4)「故上好禮義，尚賢使能，無貪利之心，則下亦將綦辭讓、致忠信，而謹於臣子矣。如是則雖在小民……不待探籌投鉤而公，不待衡石稱懸而平……賞不用而民勸，罰不用而民服……政事

不煩而俗美，百姓不敢不順上之法、象上之志，而勤上之事，而安樂之矣。」（君道）

(5)「成侯、嗣公聚斂計數之君也，未及取民也；子產取民者也，未及爲政也；管仲爲政者也，未及脩禮也，故脩禮者王，爲政者彊，取民者安，聚斂者亡。……」（王制）

右錄第(1)則，雖自君子之安與安位立論，但君子所扮演的角色是爲政者、是政府、國家。水之覆舟，猶民之覆國，皆因失去政治、社會的安定，豈可等閒視之。於是便不能沒有惠政的制度—選賢能、舉篤敬、興孝弟，皆所以激勸天下，使安於倫理之政教；收孤寡、補貧窮，更爲直接的嘉惠，使貧賤相安於惠政。

第(2)則，爲君人大節的強調，以爲客觀的制度固應如是，而爲政者尤不可不致力於辨是非，重人道的平政愛民以貫之，以收安定的效應。

第(3)則的重點是「謹」與「齊」。謹是專務所守，齊是勤治；是「各載其事」的引申，而兼論其效應。業精於勤，而事成於專。都是可以驗證的因果律。所以他強調謹務於份內的見聞，而不旁騖於未見未聞，或不對應的見聞；更不可侵越於他職之事務，使各專於責成，而無摩擦扞格的紛紜。果能善「齊」於所聞所見，百姓自不敢不謹守其義分，而相安於制度，以從化於政教。所以說是「治國之徵」—可必的徵驗。

第(4)則，是說明關於安政的另一效應。他從爲政的方法中論制度的效應；所謂「好」「尙」，都是指爲政者的內在境界與身體力行，也是追求安定於公平的不二法門；所得的結果，也是最可能、最佳的安政效應。因爲，由於刑責權力的作用，上有所好下必有甚的心態，是人同此心，心同此理的；所謂「楚王好細腰，則朝有餓人」。上能好尙於禮義賢能，則臣下必有對應的思齊。其影響所至，所有的庶民，自可不用度量衡器，而趨公平，不用刑賞而服從政令；其施政之清簡，風俗之致美，自在意中。因爲由尊敬而從化，才是可必而眞實無疑的。

「不貪於利」，更是「好尙」的先決條件。凡貪利必流於卑污，則「好尙」之所倡，即使是至聖至賢，信誓旦旦，也無人相信。所以孔子說：「使貪且吝，其餘不足觀」。

第(5)則，更是安政的當頭棒喝。孔子說：「苛政猛於虎」，孟子曰：「與其有聚斂之臣，寧有盜臣」，甚至視爲「率獸以食人」。可見聚斂問題，一直是嚴重的存在。因爲，國家的財政，總是絀多而裕少，在「諸侯力政」的戰國時代，尤其如此。窮兵瀆武的軍費，公務的浪費與貪污的漏卮，宮庭及貴族的窮奢極欲，都不得不出於橫征暴斂，而稅吏苛擾的火上加油，更使民不聊生，鋌而走險。

而且聚斂總是加在升斗小民身上。因爲小民既是經濟弱者，又是政治弱者；弱則易欺，所以租稅的惰性本來就偏向於易征而無阻力的小民。而豪門巨富，復爲政府所不敢得罪的，其子女玉帛的攻勢，更是所向披靡的。因此，本來難以公平的稅制，一旦有意聚斂，則「上好貪利，臣下百吏乘是而復豐取刻與以無度取於民」(君道)。於是，無力繳納或需索不遂的種種迫害，無所不用其極的殘酷，都必須加在小民身上，而政風更不可收拾。這種民心盡失的國家，必然「入不可以守，出不可以戰」。政權的傾覆，國家的危亡，可以立見。所以筐篋雖富，府庫雖實，適足以召敵之來寇，資富於敵國，而罹亡國危身之禍。所以他批評衛國的成侯、嗣公，但知聚斂計數，而不知平政愛民以取民心；子產能取民心以安國，而不能隆禮敬士，尙賢使能以爲政；管仲能爲政以強國，而不能脩禮樂、宏教化以王天下。在這裡，他指出爲政爲王之不易，也指出爲政最可怕的敵人是「聚斂」。賢如子產，只能求「安」；賢如管仲，也只能求「強」；自三代以下，還沒有出現過眞正「脩禮者王」的人才；倒是「聚斂計數之君」，可以車載斗量，而歷史上因聚斂而亡國危身之君，也比比皆是。所以他以衛國亡國之君爲殷鑑，強調不能爲王霸，不能致富強都不重要；重要的是，先能平政愛民以求國泰民安；千萬不可爲聚斂之君如成侯、如嗣公的自取滅亡。這是庶民駭政的結果；也是爲政者的暮鼓晨鐘！

三、不富之富

富足是養民的根本，明恥立教的前提，是立國強大的基礎。孔子所謂「既庶矣，則富之，教之。」，荀子則謂「不富無以養民情，不教無以理民性」（大略），亦以富先於教。所以示爲政不可不求富民。

荀子的富足原則是：「節用裕民，而善藏其餘」；是「等賦政事，四海一家」（詳後）。他說：

「足國之道，節用裕民，而善藏其餘；節用以禮，裕民以政。彼裕民故多餘；裕民則民富，民富則田肥以易（治也），田肥以易，則出實百倍。上以法取焉，而下以禮節用之，餘若丘山，不待焚燒，無以藏之。夫君子奚患乎無餘。故知節用裕民，則必有仁義聖良之名，而且有富厚丘山之積矣。」（富國）

以上所謂「節用」，是他的消費思想，也是政府財政支出的原則。「善藏其餘」，是他的資本思想、蓄積思想。實現兩大思想的利器，仍然是「禮」與「政」——以禮定分，「節用御欲，收歛富藏以繼之。」（榮辱），由欲的節制而進於節約，於積蓄，不僅有聖君明君之名，而且使民間有富厚丘山之積以藏富於民。這是他關於富足的基本概念。

關於「禮以節用，政以裕民」，他有更進一步的詮釋：

「禮者，貴賤有等，長幼有差，貧富輕重，皆有稱也。……故德必稱位，位必稱祿，祿必稱用。由士以上則必以禮樂節之，衆庶百姓則必以法數制之，量地以立國，計利而富民，度人力而授事；使民必勝事，事必在利，利足以生民，皆使衣食百用出入相揜；必時藏餘，謂之稱數。……輕田野之稅，平關市之征，省商賈之數，罕興力役，無奪農時，如是則國富實，夫是之謂以政裕民。」（富國）

他仍然以等差之分爲經濟生活的基礎。所謂「禮」，是制度的總稱。禮所規律的貴賤長幼的等差，乃至貧富間的輕重，皆必相稱於分。所以士大夫的「德」，必須與「位」相稱；「位」必須與「祿」相稱，「祿」必與包括族黨養惠在內的生活費用相稱，以突顯重視品位，而無過不及的原則。凡士以上之有位者，皆以禮樂之等加以節制；平民則以法令刑賞規律之，使生理、心理之欲皆得適可的滿足。量地以立諸侯之國，預計收入（量入爲出）以養其民，衡量人力資源的智能等差而分工授事，使所授必能勝任，所事必能獲利，而其利必足夠生活，而且歲時要有積餘，以符合「節用」的原則。此外還有幾件關於裕民的措施—如減輕田賦負擔、平抑關卡的稅制，限制商業人口、避免勞力的征用，尤其不許影響農時。於是他的重農致富的政策得以實現—租稅政策的鼓勵，農業勞力的充足，百工的相對成長，商業的四海一家互通有無，增進效用，平準物價等措施，皆足以增加所得，促進繁榮；在早期經濟型態之下，自然可以裕民以政，不富國而國自富，故曰非富之富。

四、非強之強

關於強國，當然是繼富民足國之後的當務之急。所以對富、強各有專論；而王制篇則以制度角度提示其綱要。他說：

(1)「王奪之人；霸奪之與(國)，強奪之地。奪之人者臣諸侯，奪之與者友諸侯，奪之地者敵諸侯。臣諸侯者王，友諸侯者霸，敵諸侯者危。」

(2)「用彊者，人之城守，人之出戰，而我以力勝之也，則傷人之民必甚矣；傷人之民甚，則人之民惡我必甚矣；人之民惡我甚，則日欲與我鬥……則傷吾民必甚矣……則吾民之惡我必甚矣……則日不欲爲我鬥。人之民日欲與我鬥，吾民日不欲爲我鬥，是彊者之所以反弱也。地來而民去，累多而功少，雖守者益，所以守者損，是大者之所以反削也。諸侯莫不懷交接怨而不忘其敵，(莫不)伺彊大之間，承彊大之敝，此彊大之殆時也。」

(3)「知彊大者不務彊也。慮以王命，全其力，凝其德。力全則諸侯不能弱也，德凝則諸侯不能削

也，天下無王（霸）主，則常勝矣；是知彊道者也。」（以上皆詳王制）

荀子以爲，能夠王天下的，必然是能得天下之民的政權；能夠霸天下的，必然是能得與國之心的政權；稱得上強國的，也必然是能以武力奪取更多的土地。得天下之民者，必得天下之臣服；得與國之心者，必得與國之友好；唯有攻城略地務得領土者，必須與諸侯爲敵。所以爲王爲霸，才是眞正的強大；而務強大而與諸侯爲敵者，則隨時有危殆之患。因爲諸侯皆以強國爲假想敵，更難忘強大者所加之凌侮，是故莫不處心積慮，締盟共伺其隙以乘其敝。所以他的「知彊之道」，是以天下共主存在爲前提，保全其武力，而堅持爲政以德。不務侵奪，而擁有充分的國防力量，既不樹敵，也無諸侯的侵犯；能堅持政治道德，必能得民心、民力的支持，自非諸侯所能弱、所能削。所以他的指標，不是一般的彊大，乃是不戰而「常勝」於天下。

在戰國時代，諸侯皆不惜悉索敝賦，竭其丁壯以赴戰爭，而我獨能「全其力」，則消長之勢可以立見；諸侯之民皆苦於窮兵、傷於傜役，死於苛政，而我能「凝其德」，其間之相去，何異霄壤。以圖「具具而王」或「具具而霸」，自非難事。可見他的概念是高明而非迂闊；是切於事情，而可以徵驗的「王霸」之道。所以又在王霸篇說：

(1)「國者，天下之制利用也；人主者，天下之利埶（勢）也。得道以持之，則大安也，大榮也，積美之源也；不得其道而持之，則大危也，大累也，有之不如無之；及其綦也，索爲匹夫不可得也；齊湣、宋獻是也。」

(2)「故用國者，義立而王，信立而霸，權謀立而亡。三者明主之所謹擇也，仁人之所務白也；挈國以呼禮義而無以害之，行一不義，殺一無罪而得天下，仁者不爲也；擽然扶持心國，且若是其固也……。」

以上第(1)則，說明國家之安危，人主之榮辱，皆取決於權力運作的「得道」與否。權力的功能並非絕對，得其道則多助，則可以致國家於王霸之強，失其道則將如齊湣、宋獻之索爲匹夫不可得。他所謂「得道」，是指「全其力、凝其德」的策略。

第(2)則所謂「義立」、「信立」皆所謂「凝其德」的引申。能全其國力之後，更能凝固其德於「立義」，自可得天下之「心」而王天下；凝其德於「立信」，自可得諸侯之「與」而爲霸。不務凝德，而務權謀，自必離心離德，天下皆乘其敝而危亡之。所以他的指標是爲王而次霸的彈性「外王」，他的制度原則是「不務彊而彊」的非強之強。

第二節　制度取法與次霸

荀子是重視取法的。所謂「人無法則倀倀然……依乎法而又深其類，然後溫溫然。」（脩身）又曰：「不是師法，而好自用，是猶以盲辨色，以聾辨聲也；舍亂妄無爲也。」（脩身）自然人的立身行事固不可無所師法，而國家的制度典章，更不能不取法乎上，然後因革損益，以通古今之變而有託古改制的一切。所以他在書中論「取法」，「師法」者比比皆是。以下是制度的取法：

一、法後王

先秦的制度取法，當然不外乎先王。但書中每稱先王，繼則強調後王，因爲至仁至聖的偶像，莫過於堯舜，但堯舜之道，以世久而無可徵；六經所存者，亦欠完整或未盡具體。所以依內聖立論，固應取法於先王之立心，故多稱先王；以行於外王，則不能不取法於世近之「後王」，「郁郁乎盛哉」的「後王」，或稱「王者」。所以說：

(1)「辨(治)莫大於分，分莫大於禮，禮莫大於聖王。聖王有百，吾孰法焉？故曰：文久而息，節族(奏)久而絕，守法數，有司極禮而褫。故曰：欲觀聖王之跡，則於其粲然者矣，後王是也。……故曰：欲觀千歲，則數今日；欲知億萬，則審一二；欲知上世，則審周道；欲知周道，則審其所貴君子……。」(非相)

(2)「……法先王(楊謂當爲後王)，統禮義，一制度，以淺持博，以古持今，以一持萬，苟仁義之類也，雖在鳥獸(蠻貊)之中，若別白黑；倚物怪變，所未嘗聞也，所未嘗見也，卒起一方，則舉統類而應之，無所儗㤜(怍)；張法而度之，則晻然若合符節，是大儒者也。」(儒效)

以上所錄，前者詮釋所謂「後王」，乃指其制度文獻「郁郁乎文哉」的文、武之政。所謂「則審周道」，「所貴君子」，更明指姬、周盛世之王，及其制法之先聖。後者則尤其強調大儒之所以爲大儒，在能法後王以統禮義，一制度；而能舉類應變於無窮。以下將分論其取法之大端。

二、王政之原

為政貴有本源，儒家之論政，尤重源委。荀子則有甚之。他以為為政之本，在於王人的典型，故述王者之朝，其人必為君子。他說：

「王者之人，飾動以禮義，聽斷以類，明振毫末，舉措應變而不窮，夫是之謂有原，是王者之人也。」（王制）

以上所錄，是敘述王者制度中的人物標準，也就是官僚角色應有的典型。所謂「王者之人」，梁啓雄柬釋引王懋竑注：「此指王者言，謂其人如此。」饒彬輯釋謂與「王者之制」、「之論」、「之法」四者各為王政之一體；應從後說為是。蓋謂王者之朝；其君相士大夫之言行，必飾以禮義，聽斷為政，必循於法理統類而明察秋毫；凡所舉措之張設損益應變，皆有所本而不為事勢所窮，才是「有原」的君子，合乎體制標準的「王者之人」。故所謂「原」，亦指禮義統類而言。二者為王政之統，亦為王人之本原。有原君子，乃得謂王者之人。以下數則，可以互發其義：

(1)「有亂君，無亂國；有治人無治法……禹之法猶存，而夏不世王。故法不能獨立，類不能自行，得其人則存，失其人則亡。法者，治之端也；君子者，法之原也。故有君子，則法雖省足以徧矣；無君子，則法雖具，失先後之施，不能應事之變，足以亂矣。不知法之義，而正法之數者，

雖博臨事必亂。」(君道)

(2)「故械數者，治之流也，非治之原也。君子者，法之原也。官人守數(術)，君子養原；原清則流清，原濁則流濁。故上好禮義，尚賢使能，無貪利之心，則下亦將綦辭讓，致忠信，而謹於爲臣子矣。」(君道)

(3)「古者天子千官，諸侯百官。以是千官也，令行於諸夏之國，謂之王。以是百官也，令行於境內，國雖不安，不至於廢易遂(墜)亡，謂之君。聖王之子也，有天下之後也……然而不材不中，內則百姓疾之，外則諸侯叛之；……甚者諸侯侵削之，攻伐之，若是則雖未亡，吾謂之無天下矣。」(正論)

以上第(1)(2)(3)則，皆說明後王四制中，何以以人爲首要。(1)(2)兩則更強調人治，以君子爲「治」之原，法令爲「治」之流；第(3)則以爲王者之國，更要設千官然後「令行於天下」。但徒有千官而不材不中(包括聖王之子)，則不爲百姓、諸侯所認同，甚至不免於「侵削」、「攻伐」，這種「天下」是有名無實的，遲早必亡的。這是他所及見的姬、周末代；所以論王者之制，首揭「王者之人」。

由此可知，本目所舉之「王者之人」，係指「天子千官」而兼及於聖王之子。蓋「千官」及「後子」爲賢能君子或聖人，必以禮義統類爲本原，然後原清則流清，王制以舉，百姓以寧，天下以平。反之，千官之不材不中，則雖有其名，而無王者之實者如晚周之世矣。

三、王者之制

荀子所要建立的制度，是取法於前述的「後王」之制，他說：

(1)「王者之制，……道不過三代，法不貳後王。道過三代謂之蕩；法貳後王謂之不雅。衣服有制，宮室有度，人徒有數，喪祭械用，皆有等宜。聲則凡非雅聲者舉廢；色則凡非舊文者舉息；械用則凡非舊器者舉毀；夫是之謂復古，是王者之制也。」(王制)

(2)「五帝之中無傳政，非無善政也，久故也。傳者久則愈略，近則愈詳；略則舉大，詳則舉小。愚者聞其略而不知其詳，聞其細而不知其大，是以文久而滅，節族久而絕。」(非相)

(3)「世俗之為說曰：『堯、舜擅(禪)讓』，是不然。天子者埶位至尊，無敵(匹)於天下，夫有誰與讓矣！道德純備，智惠甚明……生民之屬，莫不振動從服以化順之，天下無隱士，無遺善，同焉者是也，異焉者非也，夫惡有擅天下矣哉！」

(4)「曰：『死而擅之』，是又不然。聖王在上，決德而定次，量能而授官，皆使民載其事而各得其宜，不能以義制利，不能以偽飾性，則兼以為民。聖王已沒，天下無聖，則固莫足以擅(禪)天下矣。天下有聖而在後子者，則天下不離，朝不易位，國不更制，天下厭(晏)然與鄉(向)無以異也；以堯繼堯，夫又何變之有矣？聖不在後子而在三公，則天下如歸，猶復而振(治)之矣。……夫又何變之有矣。唯其徙朝改制為難，故天子生則天下一隆致順而治，論德而定次，死則能任天下者必有之矣。夫禮義之分盡矣，擅(禪)讓惡用矣哉！」

(5)曰：「『老衰而擅』。是又不然。血氣筋力則有衰，若夫智慮取舍則無衰……。」曰：「『老者不堪其苦而休也』。是又畏事者之言也。天子者埶至重而形至佚，心至愉而志無所詘，而形不爲勞……故曰諸侯有老，天子無老。有擅國，無擅天下，古今一也。夫言堯、舜擅讓，是虛言也……」(以上均詳正論)

以上所舉，涵義有三：(1)爲所法者何王之制？(2)爲「制」的內容，(3)傳子之制，應否認同？第(1)則是主張取法後王的「周道」。理由是後王世近而盛，而堯、舜、夏、商之文獻均欠完備，其世之遠，更莫驗於今。第(2)則更詳詮政治制度之久則略，近則詳，故久必不存，有如音樂節奏之聲，歷久必絕。所以他的構想是法「周道」，法「其人君子」之所制作。

關於「制」的內容，包括一般的典章制度之取法與政權之「徙朝改制」。前者於(1)(2)則中主張原則「復古」於後王之封建，一切典制「各依其禮，皆有等宜」，以建立新的政治秩序，以求齊平於差等之義(詳前)。樂章則存雅正於禮樂二經，而盡廢其邪音，因爲當代的社會現象是「禮樂廢而邪音起」；而先王則「貴禮樂而賤邪音」。更進一步則「禁淫聲，以時順(愼)修，使夷俗邪音不敢亂雅。……」(樂論)。更因爲先秦所存在的鄭、衛淫聲，爲世所詬病，而尤爲重視「化民成俗」的儒家所深惡痛絕；同時宮庭、豪門之生活糜爛，更衍生許多足以「亂雅」、「亂俗」之聲，所以要一律廢止。衣服的顏色，以五色爲正，式樣亦以合制爲正，皆應符合舊文，而廢其他。因爲他在非十二子及非相兩篇中，曾經嚴詞批評當代的奇裝異服，甚至男女不分，而流行女裝—所謂「世俗之亂君，鄉曲之儇子，莫不美麗姚（妖）冶，奇衣婦飾……」（非相）；所謂「學者之嵬（怪異）容……其冠絻（俛），其纓禁（襟）緩……酒食聲色之中則瞞瞞（放縱）然，瞑瞑（沉溺不悟）然；禮節之中則疾疾（厭煩）然，訾訾（毀訾）然……，無廉恥而忍謑訽（笑罵）」（非十二子），這種現象，當然不是尙禮的儒家所能容忍；而事實上也是俗亂與亂俗的因果循環。

關於「械用」之「復古」，是唯恐翫物喪志，更唯恐奢靡之習足以傷害敦樸勤儉的風尙。這一切的復古主張，絕非食古不化，而是針對當代的亂君、亂俗、亂世的觀察所作的有效針砭。

第⑶⑷⑸則所論，則爲更根本的一環—關於政權交替的繼統問題。他以爲，堯、舜的禪讓之說，根本無此必要。至於「因死而擅」，「因老而衰而擅」，「因不堪其勞而休」都不成理由。但他顯然不以傳子制度爲然。而從禪讓制度的評價之中，提出繼統唯聖的主張，作爲兩制的折衷。他以爲「非聖人莫之能王」，後子（嗣子）聖明，固然順理成章；否則應以聖明的三公繼之，而不可盲目傳子，也不必舍後子之聖而禪他聖。所以他的原則是，「以堯繼堯」傳聖而不傳子。他的順位是以「聖在後子」爲優先，「聖在三公」次之。舍此別無他途。因爲在王制理論之下，三公固不能不聖，則天下歸之也是當然的；所謂「死則能任天下者有之」。「天下厭然與鄉無以異也；以堯繼堯，夫又何變之有。」這種長保安定而進步的主張，與他的反對天命之說，一隆一相之說，是一貫的唯公天下觀；也是觀察當代的政治現象，驗證古今所得的結論之一。他的假設是，天下之亂源，由於亂君之亂俗，而亂君則源於傳子的絕對；若得聖者爲王，固足以撥亂反正，而繼統唯聖，尤足以杜絕無窮的後患。即使聖不易求，只要不限於一家一姓，則求次於賢哲之三公或其他「能任天下者」，原則是以堯之德繼堯之位。所以他的設計應是「起而可設，張而可施行」的藍圖。

四、王制之次—與霸

荀子法後王而與霸。前者是守經，後者是通權達變；爲傳統王制的修正。儒家的孔孟，都不喜歡霸道，所謂「仲尼之門，五尺之豎子，言羞稱乎五伯」（大略）。荀子雖然也批評五伯之政—「非本政教也，非致隆高也，非綦文理也，非服人之心也。」更批評霸者之術，是重權謀而舍本逐末的；他之所以能顛倒敵人，完全得之於詐術的假仁假義，所謂「鄉方略，審勞佚，謹蓄積，修鬥備，而能顛倒其敵者也。詐心以勝矣，彼以讓飾爭，依不仁而蹈利者也；小人之傑也，彼何足稱於大君子之門哉！」（仲尼）。但在另一方面，他的書仍然論及霸政。因爲王者之政的前提是聖明，而聖者之君，畢竟不常有，所以他仍有不得已而求其次的持說，因此他的君主制度觀，也是王霸並存的。他說：

(1)「……彼霸者不然，辟田野，實倉廩，便備用，案謹募選閱材伎之士，然後漸慶賞以先之，嚴刑罰以糾之；存亡繼絕，衛弱禁暴，而無兼并之心，則諸侯親之矣。修友敵之道以敬接諸侯，則諸侯悦之矣。所以親之者，以不并也；并之見，則諸侯疏矣。所以說（悦）之者，以友敵也……

……故明其不并之行，信其友敵之道，天下無王(霸)主，則常勝矣，是知霸道者也。」(王制)

(2)「故天下莫不貴也……故天下莫敢敵也。以不敵之威，輔服人之道，故一戰而勝，不攻而得，無甲兵之勞而天下服，是知王道者也。」(王制)

(3)「德雖未至也，義雖未濟(梁註謂齊之訛)也，然而天下之理略奏矣，刑賞已諾信乎天下矣……政令既陳，雖覩利敗，不欺其民；約結已定，雖覩利敗，不欺其與；如是則兵勁城固，敵國畏之……與國信之……威動天下，五伯是也。……是所謂信立而霸也。」(王霸)

以上第(1)(2)兩則論霸者與王者之異「具」。前者謂霸者之所以霸一方，是由於諸侯悅之、友之，故能常勝於無王(霸)之時。諸侯之所以悅之、友之，則由於內務富強，而外能伸張正義於國際，而不存兼并之心。後者之所以王天下，乃由於天下莫不親，莫不貴，莫敢敵，故能不戰而勝，不攻而得，足不出境而天下服。這種效應，是來自仁義俱眇於天下；其仁義之高明照拂，無可比擬於天下。

第(3)則謂霸者之德雖不能如聖王，之義雖不能齊於聖王，但他所經營的一切，尚能大致奏效；所施行的刑賞然諾，亦能昭信於諸侯，士大夫皆知其可以信賴；公布的政令，不因利害而不信於民；盟約既立，亦不以利害而不信於與國。因此，內則兵勁城固，外則敵國畏之。更由於國家統一，上下一心，而信譽昭著於天下，與國皆堅其盟，故能威動天下，為伯於一方。「五伯」，是他為了驗證所謂「信立而霸」所舉的例證，包括「僻陋」之國的嬴秦在內。

第三節 制度的具體

以上所論爲制度原則與理論取向。以下將論制度的具體－㈠具體制度的規範前提，㈡制度如何具體於政策，㈢制度如何具體於序官，㈣制度之貫徹；以明王者之制究爲何物。

一、制度設計的前提規範

㈠四不原則

荀子似以爲，政治原則是制度的前提規範。制度的設計，必須接受原則的指導。他所強調的「統類」，便是從學理及經驗事實觀察驗證中抽出的原則。通常原則、制度的設計，有一貫的體系，纔不會犯錯誤；制度有所不足，也由原則的類推辟援加以補救。而在不變的原則之下，更可使制度作因時因地的修正。所以他提出談原則的「王者之論」。

「王者之論：……無德不貴，無能不官，無功不賞，無罪不罰。朝無幸位，民無幸生。尚賢使能，而守位不遺；折愿禁悍，而刑罰不過。百姓曉然皆知夫爲善於家而取賞於朝；爲不善於幽而蒙刑於顯也。夫是之謂定論，是王者之論也。」(王制)

這是他所揭櫫的四「不」原則，并略示其效應。王者的基本指標是，「朝無幸位，民無幸生」。

前者是政治之原，後者則爲社會之本。政府的官僚制度，在非德不貴，非能不官原則之下建立，政府的陣容，自然是健全的、堅強的。由於無功不濫賞與無罪不濫罰的嚴正精神，以及無不賞之功，無不罰之罪的積極作用，官吏與政事的品質，自然都是一流的。因爲，絕對的尙德、尙能、尙功、察罪，自能資以排除鄉愿，而禁止暴悍；自能刑罰不過於罪，慶賞必當於功，以勸天下之爲善，以懼天下之不善，使政府無倖進之士，社會也不會有素餐之民，一切的制度設計，才有貫徹的可能，才有正面的效應。其中「無德不貴」的原則，尤其是重要的起點。無德而貴，必然爲患於天下，於其籠罩之下，必然一切以私念爲出發，仁政的一切都徒託空言。

(二)分義原則

以下還有更重要的分義原則：

(1)「分均則不偏（辨，治也），埶齊則不壹，眾齊則不使，……故制禮義以分之，使有貧富貴賤之等，足以相兼臨者，是養天下之本也……。」

人何以能群？曰：分。分何以能行？曰：義。故義以分則和，和則一，一則多力，多力則彊，彊則勝物……故序四時，裁萬物，兼利天下，無他故焉，得之分義也。」（王制）

(2)「聖王在上，分義行乎下，則士大夫無流淫之行，眾庶百姓無奸怪之俗，無盜賊之罪，莫敢犯上之禁。天下曉然皆知夫盜竊之不可以爲富也，皆知乎賊害之不可以爲壽也，皆知夫犯上之禁不可以爲安也；由其道則人得其所好焉，不由其道則必遇其所惡焉。是故刑罰綦省而威行如流，世曉然皆知夫為姦則雖隱竄逃亡之由(猶)不足以免也。」

(3)「……故刑罰當罪則威，不當罪則侮；爵當賢則貴，不當賢則賤。古者刑不過罪，爵不逾德。……分然各以其誠通，是以為善者勸，為不善者沮……政以致明，而化易如神。」

(4)「……亂世則不然，刑罰怒罪，爵賞逾德，以族論罪，以世舉賢。故一人有罪而三族皆夷，德雖如舜，不免刑均(連坐)，是以族論罪也。先祖當(嘗)賢，後子孫必顯，行雖如桀、紂，列從必尊，此以世舉賢也。……雖欲無亂，得乎哉！」(以上皆詳君子)

以上第(1)(2)(3)則，詮釋取法王者之故，根據他的歷史觀察，自周公以前，由於聖王在上、更由於「分義」制度的建立與貫徹，士大夫之間，上下有差，貴賤有等，相事相使皆以名分；百官皆以德而貴，以能而舉，自無流淫之行，怠慢之事，姦怪之俗；沒有盜賊，沒人敢犯禁令，都因為制度是合理的，刑賞是可必的，人人都知道犯罪犯禁的結果只有更貧窮、更痛苦，甚至要與人世永遠隔離；都知道行為與禍福之間，必然有種瓜得瓜的效應。所以官爵與刑罰制度，都必須求其合理的相當。過輕或過重的制度，都會傷害法的尊嚴，所謂「罪至重而刑至輕，庸人不知惡矣，亂莫大焉。」(正論)；官爵更要符合賢能的差等，否則更會傷害政府的聲譽，影響政治的功能與風氣的激勵。因為一旦刑侮爵賤，則公權力必然掃地，人才也必然望望然而去。必須有「分然各以其誠通」的分義制度，才有朝野的誠信，政治才會清明，風俗才會淨化，仁政才有眞實的內容。

上述第(1)則刪節部份所揭之「上下有差……處國有制」與後段之強調「分義」，尤其重要。蓋前者關係政治運作之組織功能、社會功能；以及「物不能澹」而必爭必亂之民生問題，皆爲天下之根本。後者則尤足以促進人類社會之和諧合作，勝物裁物，兼利天下以盡王者之能事。（其說另詳禮樂論）

第(4)則是嚴辭批評當代的政治之無制度或不合理。刑罰以喜怒愛憎爲判準，當然談不上法制；官爵的予奪都超越品德、聲聞的制限，同樣談不上官制；所謂「德不稱位，能不稱官，賞不當功，罰不當罪，不祥莫大焉。」（正論）對於「族誅」的荒謬，他更強烈反對。按「族誅」始見於殷紂之「罪人以族」，一人有罪，刑及父母妻子或父族、母族、妻族。這種濫刑制度，嚴重破壞了「罰不及嗣」與「罪人不孥」以及「殺一不辜以得天下而不爲」的王道傳統。然而此風至春秋時復盛於秦文公之「初有三族之罪」（分別詳見書・泰誓、史記・秦本紀）。所以荀子痛斥這種「以族論罪」制度，即使有德如虞舜，也不免於株連，不僅慘無人道，而且會發生「民不畏死」「法不可懼」的反效果。另一批評主題是「以世舉賢」，在這種制度之下，只要祖先之中曾經有賢者，他的子孫即使如桀、紂之惡，也必然循例而貴，同樣失去儒家「唯器與名，不可假人」（左成二年）及「選賢與能」（大同篇）的正名與平等精神。其結果是「賞僭則利及小人，刑濫則害及君子」（致士）。這樣的人才反淘汰，尤其可怕。這是原則效應的對照。

㈢貴利原則

繼分義效益之後，更提出所謂「貴」「利」效益，而爲制度必須遵循的原則。他說：

「論法聖王，則知所貴矣；以義制事，則知所利矣；論知所貴，則知所養矣；事知所利，則動知所出矣；二者，是非之本，得失之原也。故成王之於周公也，無所往而不聽；知所貴也。桓公之於管仲也，國事無所往而不用，知所利也。吳有子胥而不能用，國至於亡，倍(悖)道失賢也……。」(君子)

以上說明前節所述取法「王者之論」的另一意義，在於「知所貴」，「知所利」。王者以「義眇天下」而王天下，其論自爲義理之所萃，而爲政治理論與社會現實之所「辨合符驗」。所以法王者之論則知爲政之所貴者何，以其義制事，則知爲政之所利者何。知所貴者，知任使制度之尚德尚能也；知所利者，知所張設動必有據於利國也。前者如成王知所貴於周公之德能，而王於天下；後者如桓公知所利於管仲之賢，而霸於一方。不知所貴、所利的吳王，則以不能用子胥而亡。可見貴「利」原則，的確是「是非之本，得失之原」。

(四)倫理原則

以下是制度倫理的強調，也是關於先王之道與聖者之所以爲天下貴的說明：

(1)「故尚賢使能，等貴賤，分親疏，序長幼，此先王之道也。」

(2)「故尚賢使能，則主尊下安；貴賤有等，則令行而不流(留)；親疏有別，則施行而不悖；長幼有序，則事業捷成而有所休(美)。故仁者仁此者也；義者分此者也；節者，死生此者也；忠者，惇愼此者也。」

(3)「兼此而能之備矣，備而不矜，一(皆)自善也，謂之聖。不矜矣，夫故天下不與爭能而致善用其功。有而不有也，夫故爲天下貴矣」。詩曰：『淑人君子，其儀不忒，其儀不忒，正是四國』(以上均詳君子)

以上第(1)則是強調先王之道，除了「尚賢使能」之外，還有重要的制度倫理—「貴賤有等，親疏有分，長幼有序」。第(2)則是，指出先王之道的方法論與效應的因果律。他強調制度倫理的重要，并爲「仁義忠節」及「聖」者下界說。因爲尚賢使能的原則，固然會使國家元首因政府的陣容與政績，而顯得尊貴；元首以下的百官，也必然因制度的公平合理而各理其事，各安其位；下及於平民百姓，自然也會各務其業而相安於治平之政。但制度必須有綱有紀，有貴賤的差等，才會產生相事相使如臂使指無所窒礙的功能。凡任使升遷，還要在「賢能」順位之下依從倫理的順位，求其「貴賤有等」的秩序，無使私意介入而有超越倫理的離心離德；更不許「使典作尚書，廝養爲將軍」(李義山詩)的反淘汰。否則必然是領著國人走向亡國的死胡同。還有什麼「主尊下安」；「令行如流」之可言！

關於「親疏有分」，固然是封建制度的產品，但在「親親仁民」的理論之下，在性惡論前提之下，不能「親親」，便不可能「仁民」，禮義所能僞化的人性，也不能進入推己及人的倫理境界，而視人爲物。而且在厚薄先後的選擇上，必然會有伯仲之間的困難，這種順位的設定，即使是惡法，也賢於無法，畢竟是公布周知的制度，這種「賢齊則其親者先貴，能齊則其故者先官」(富國)的規範之下的「私」，要比拐彎磨角的虛僞做作好得多。反觀「內舉不避親」所得的賢能之士，史不絕書。比起迴避親等，而離不開「裙帶」的做法，更君子得多。尤其在冊立嗣君時，由親而疏的順位，更是不可或缺的秩序，必須循此秩序，乃能不悖於人情，有助於和諧與安定。如果因寵而立，因寵而官，必然因失去認同而失去尊敬；政令的推行必有陽奉陰違之悖；因不平而發生政局的不安，更不在話下。「長幼有序」，是指「相臨」「相使」的倫理，在「貴」與「官」的層次；是「親疏」順位之下的又一順位，如果親疏相等，便要論長幼；更不可「幼以臨長」、「卑以臨尊」，以免心理因素影響制度功能的發揮，而各有「事業捷成」的建樹。所以必須依循以上的倫理以立制度，以行制度，才會得到正面的效果與效率；而先王所標榜的「仁義忠節」也必須以此爲內容，爲界定，而具體於行事。

最後的第(3)則，是「聖」的界定，并說明「聖」者之所以尊貴於天下，是因爲「不矜」之德。必須兼備仁義忠節於上述的制度倫理，而且要無所矜伐，一皆自善如本然，才是「聖」者，也因此使天下不與爭能，而得從容中道，以收政治的無上效果。這種「有而不有」的精神，是儒家傳統的境界，而與道家的「爲而不有」的美德是共通的，同爲天下所珍貴的。詩中的「淑人君子」之所以能「正是四國」，就因爲這種絕對的政治典型與制度同在。

二、制度與施政

繼「王者之論」之後，則有「王者之法」的具體制度，可分爲財經、社會、行政三方面：

(一)財經制度—以租稅為鍥入

財政爲庶政之母，租稅則爲財政之本。但財政必源於經濟作用，才是積極而有源流的。因爲租稅制度可以引導資金，鼓勵生產，調節生產，然後取給於所得，資用於政府的支出，經濟環境之建設，循環不已，則富強隨之。以下是他所採的財經制度：

(1)「王者之法，等賦，政(正)事，財(裁制)萬物，所以養萬民也。田野什一，關市幾(稽)而不征，山林澤梁，以時禁發而不稅。相地而衰政(征)，理(分)道之遠近而致貢，通流財貨粟米，無有滯留，使相歸移也；四海之內若一家。故近者不隱其能，遠者不疾其勞。無幽閒隱僻之國，莫不趨使而安樂之。」(王制)

(2)「北海有走馬吠犬焉，然而中國得而畜使之。南海則有羽翮齒革曾青丹干焉，然而中國得而財之。東海則有紫(貝)結(紶)魚鹽焉，然而中國得而衣食之。西海則有皮革文旄焉，然而中國得而用之。故澤人足乎木，山人足乎魚，農夫不斲削不陶冶而足械用，工賈不耕田而足菽粟。故虎豹爲猛矣，然君子剝而用之。故天之所覆，地之所載，莫不盡其美，致其用；上以飾賢良，下以養百姓而安樂之。」(王制)

以上第(1)則，列舉幾個基本制度的條目：經濟生活始有於農業，其背景則由於「民以食爲天」。是故論經濟，固不能不首先以「賦稅有等」規律農業的秩序。論財政，尤其是國家費用的基本來源，更不能不量出爲取—依土地效用與收獲價值而分別課以合理等差的稅率，謂之「等賦」。早期的政事是單細胞的，今日的內政、民政部門所掌的民事行政，在先秦都只有雛型的，以經濟爲主的民事；正民事之應與應革者，便是「政事」。然後就生產作物及非生產之自然物，加以人為的「裁制」，增進其效用，謂之「財萬物」；合「等賦」、「政事」三者，皆所以養萬民。因為萬民不僅靠稻粱為生，也需要其他的自然物；更不能生活在無秩序的社會裡。所以他先作原則性的制度提示，然後具體於政策：①田賦分等則之後課以值什征一的賦稅。②商旅糧運往來的關卡，則只有稽查其有無違禁，而不征稅。③對於林業、漁業，也只有禁止開發的時段，而不課稅。「禁發」，是基於經濟的理由，是為了保護成長—生產的保續。④「相地而衰政(征)」，可能還是「等賦」的細則，因為此時的土地，除了農地，不可能更有賦稅的用地，如果有，也是極有限的商業用地。所以依農田的品質、等第，而遞減其稅率，故謂之「衰政」(征)。⑤「理道之遠近」而致貢，指諸侯之貢，或古代租稅名詞中的「貢助」，總之是按距離的遠近，分別規律貢品或租稅的量值。這種制度的意義，旨在鼓勵生產之外，并使有無相通，增進效用；不因生產過剩而供過於求，也不因生產不足，或根本缺乏而求過於供。更由「通流」的鼓勵，使近而有能者，因得利而不隱其能，遠方的技術貨品，也因為有利可圖，而不遠千里。這是他的「四海一家」的制度藍圖，使中夏夷狄「莫不趨使而安樂」的藍圖。

第(2)則，乃以經濟資源的資訊，詮釋他的商業制度之通商而惠及農工；貫徹其鼓勵之所及，即使虎豹之猛，也有人獵用其皮，可謂「物盡其用」了。所以說，凡天所覆，凡地所載之萬物，無不「盡其美，致其用」。用於禮遇賢良的士大夫，更用於養百姓而使長安樂於「四海一家」之境。這是王者之法的神奇效應，也是詩經周頌天作篇之所謂「太王荒之，文王康之」的經濟效應—由初闢草萊的洪荒時代，而趨於農耕，工商經濟的「四海一家」，一如太王之拓荒以至於文王之成邑成都。所以他還有以下的詮釋批評：

(1)「故曰：君子以德，小人以力；力者德之役也；百姓之力，待之而後功；百姓之群，待之而後和；百姓之財，待之而後聚；百姓之勢，待之而後安；百姓之壽，待之而後長。父子不得不親，兄弟不得不順，男女不得不歡，少者以長，老者以養。故曰天地生之，聖人成之，此之謂也。」

(2)「今之世而不然，厚力布之斂，以奪其財，重田野之稅以奪其食，苛關市之征以難其事……不然而已矣，有掎挈伺詐，權謀傾覆或以相顛倒，以靡敝之，百姓皆知汙漫暴亂而將大危亡也。是以臣或弑其君，下或殺其上，粥其城，倍(悖)其節，而不死其事者……人主自取之也。」

(3)「兼足之道在明分—掩地表畝，剌草植穀，多糞肥田，是農夫眾庶之事也。守時力民，進事長功，和齊百姓，使人不偷(惰也)，是將率之事也。高者不旱，下者不水……是天下之事也。若夫兼而覆之，兼而愛之，兼而制之，歲雖凶敗水旱，使百姓無凍餒之患，則是聖君賢相之事也。」(以上詳富國)

以上第(1)則，是「太王荒之……文王康之」的註腳。所稱君子，爲聖賢士大夫之共名。他認爲社會生活所發生的經濟價値，是來自勞心與勞力兩種人的分工合作。即孟子所謂「勞心者役人，勞力者役於人」。君子的「德」，概括賢與能的勞心；小人之「力」，則指百姓的一般勞動與技術勞動。但兩者之中更以前者爲主導。百姓之力，必待君子之德然後有功；百姓之群，亦必待君子之德然後和諧。

百姓的生產，效用是有限的，資金的孤立運用，產值也是有限的；必待君子的統合調節，才會產生經濟體系的建構；所以百姓之財必待君子之德，然後有大量的「聚」。而群體活動的社會趨勢，也有待君子所爲的秩序規範而獲得安定。循此以往，百姓之壽，父子之親，兄弟之順，男女之歡，皆由君子之德所主導的種種規範而獲得。這是他所詮釋的王者之法中的經濟觀與社會觀。

第(2)則，則以當代的制度批判爲對照。春秋、戰國之間的財經制度的確醜陋，巧立名目之「聚歛」，奪民之財，還要課以沉重的賦稅負擔，扼殺了百姓的生產意願，還要苛征關卡之費，使農產運銷與商旅往來均如蜀路之難。還有惡吏的雪上加霜，需索無度，爲了賄賂取樂，而不惜摭拾細故，深文周納，設詞誣陷、詐欺，於官民之間，朝廷之間，都層出不窮；加上爭權奪利，互相傾軋，最後則由「民之駭政」而自食其果－破壞倫理的種種之惡果。這種以聚歛爲出發的財經制度，正如宋末鄧牧所謂：「頭會(聚)箕歛，竭天下之財以自奉，而君益貧。焚詩書，任法律，築長城，凡所以固位而養尊者，無所不至，而君益孤……」(鄧著君道)。又曰：「後世之所以害民者，牧民而懼其亂，周防不得不至，禁制不得不詳，然後大小之吏布於天下，取民愈廣，害民愈深……天下愈不可爲矣……」(吏道)其所謂「君益孤」，固不可免於「暴亂危亡」，而「害民愈深」的結果，自然是經濟崩潰，民不聊生，而不可免於水之覆舟。這種制度與反應發生在戰國，自然爲荀子之所痛心疾首而不得不以「今之世而不然……」的嚴辭批判其違反古制，以明王政與暴政之懸殊，更強調他的選擇。

第(3)則的「兼足」，便是均遍之富。他以爲求「兼足」在於合理的分工：①農夫衆庶之事爲表畝、耕耘、施肥；②將率(帥)平時兼領之事是，守四時以勸民力，執行經濟政策而計時程功；和諧百業，使民無惰。③所謂「天下之事」，仍從王引之解作「天之事」(見梁注)，蓋所謂「高者不旱，下者不水，寒暑和節，五穀時熟」，即天論篇之謂「天有其時，地有其財」——大自然的「分」內事。④聖君賢相之所事，則爲仁政之兼覆無遺——豐其養，先其備，以制應凶敗水旱之患。前三者只是分守其「分」，分事以求「足」。不但有所不能，更不能「兼」及於天下。例如「九河」之氾濫，湯之久旱，皆非「天」所能爲力。唯有後者，乃能以兼人可必之仁愛智能，兼愛兼養兼制兼及於天下，以完成「兼足之道」的經濟政策。這是分工制度的重心，也是德治「兼」統的強調。

㈡社會制度—以倫理為中心

後王的社會制度，具體於人文的倫理。他的社會觀是人欲與人倫的存在；他說：

(1)「以類行雜，以一行萬；始則終，終則始，若環之無端也，舍是而天下以衰矣。」(王制)

(2)「天地者，生之始也；禮義者，治之始也；君子者，禮義之始也。爲之，貫之，積重之，致好之者，君子之始也。(「之始」二字，王引之以爲衍)故天地生君子，君子理天地；君子者，天地之參也，萬物之總也，民之父母也。無君子則天地不理，禮義無統；上無君師，下無父母，夫是之謂至亂。」(王制)

(3)「君臣父子兄弟夫婦，始則終，終則始，與天地同理，與萬世同久，夫是之謂大本。故喪祭朝聘師旅一也，貴賤殺生與奪一也，君君臣臣父父子子兄兄弟弟一也，農農士士工工商商一也。」

（王制）

(4)「人生而有欲，欲而不得，則不能無求，求而無度量分界，則不能不爭。爭則亂，亂則窮；先王惡其亂也，故制禮義以分之，以養人之欲，給人之求；使欲必不窮乎物，物必不屈於欲，兩者相持而長，是禮之所起也。」（禮論）

(5)「天地者，生之本也；先祖者，類之本也；君師者，治之本也。無天地，惡生？無先祖，惡出？無君師，惡治？三者偏亡焉無安人。故禮，上事天，下事地，尊先祖，而隆君師，是禮之三本也。」（禮論）

以上第(1)(2)(3)則，皆謂人類社會不可無倫理，而倫理不得不具體於禮。因爲宇宙萬象皆具體於社會，有萬象紛紜的「雜」，乃有所謂待理之「事」。理萬事必以「統類」；因爲萬象無外於理，故唯理之「類」乃可以行「雜」，唯原理原則可以治萬象。治事必以人，治人必以人，治萬事之人，治衆人之事，固非多人而不可；多人必以一君統之，君於何統之？禮義統類之所規範也。是故「雜」始於「類」，亦終於「類」；「萬」始於「一」，亦終於「一」（一統之也），所以說始即終，終而始，如環之無端，也就是所謂「天地生君子，君子理天地」，生生不息，循環不已。所以他的社會觀是，人欲的存在，人倫的存在，而必須以倫理之統類與倫理之「一」統之。理由是，由於人欲的存在，必須有整體和諧的秩序，才能以正義團結的力量「勝物」，使人欲在合理節制之下得到必要的滿足。由於人倫的存在，人類社會必須有禮義所規範的秩序，一面防止人倫之亂之爭，一面以教育制度求人性的根本改善。建立秩序，有賴於知識與人。知識，指人文科學中的道德學問；人，指具有知識智慧的君子，包括聖君賢相。有了知識，才能以類行雜；有君子，才能以一行萬，人類社會才得到正常合理的終始循環。其中第(3)則論人倫終始之下所涵蓋的四個「一」，更是社會制度功能的詮釋，由於秩序制度的建立，乃使祭祀、外交、軍事皆寧一於禮儀的規範；政治寧一於儆懼或勉勵的刑政規範；使人倫之間寧一於恩義的規範；使四民寧一於職業的規範。

第(4)(5)則，先論禮義之功能，在以「分」養人之欲。次則論人之三本，而以禮義經之。使知所生而謹事天地；知所出而謹事先祖；知善群勝物，謹養人倫於政教，而以「禮」致尊於君師，皆爲社會制度重要的揭櫫。

以下將就社會規範中的孝順與忠貞論述它的眞義：

(1)「入孝出弟，人之小行也。上順下篤，人之中行也。從道不從君，從義不從父，人之大行也。若夫志以禮安，言以類使，則儒道畢矣，雖堯舜不能加毫末於是矣。」(子道)

(2)「昔萬乘之國，有爭臣四人，則封疆不削；父有爭子，不行無禮；士有爭友，不爲不義。故子從父奚孝？臣從君奚貞？審其所以從從之之謂孝、之謂貞也。」(子道)

以上所舉，爲人倫之間的一般規範與特殊規範。能夠入則孝出則弟，只是一般層次的「小行」；能夠順命於長上，篤誠以待人，還只是較廣層次的「中行」；必於面臨義利之辨的特殊情況中；從君以道、從父以義；才是最高境界的「大行」。因爲倫理道德的一般要求是孝弟忠信，人際的規範也以此爲已足。但在君臣、父子、兄弟、朋友之間還有必須遵守而難能的前提—道與義。在特殊情況之下，必須以道義爲順從的判準，才會發生第⑵則前段所示的效應，否則只是盲目的忠孝，並非眞正的孝與貞。因爲倫理的存在，比法律更爲絕對，法律只是起碼的道德，道德律令的位階顯然高於法律。但兩者都有原則的例外，道德所規律的臣必忠、子必孝，都是絕對的，但它只是一般的原則，還有更高順位的「道」與「義」爲備而不用的律令，只有在忠孝與道義相衝突，而不能並存時，才成爲人倫律令的例外，而必須捨忠孝而從道義，所謂「從道不從君，從義不從父」。如湯、武革命便是「從道」的例子，由於忠與道的衝突，從君則廢道，廢道則生民無噍類。更因爲桀、紂是無道虐民的「君不君」，湯、武的「從道」，便成了順天應人的「誅一夫」，是服從先王仁民愛物之道的，故爲春秋之所與之「不從亂命」，更是兼兩者而有的達例—從君命以「道」，也是從父命以「義」。所以必須從道、從義而能爲道義而「爭」，才能發揮眞正的道德意義，使其君永保其疆土，其父不行無禮，其友不爲不義。必須從道與義的角度明辨義利而從之，才是所謂「審其所當從而從之」，才是「從所可」的孝弟忠信。

這種道德境界與道德勇氣的強調，是矯正一切政治制度的檃括，一切反倫理行爲的檃括。使暴君佞臣不敢爲所欲爲，使惡法暴政反正於「謀救」之爭議；更是爭臣爭子爭友的經典憑藉。

㈢政治制度—以序官為具體

以上係就財經與社會問題作必要的強調，以下將從狹義的政治運作，提出具體的規範；他說：

「國者，天下之大器也，重任也，不可不善爲擇所而後錯之。錯險則危；不可不善爲擇道然後道之，途薉則塞，危塞則亡。」（王霸）

他以爲，國家高權爲政治之利器。但國家必須具體於君相卿大夫的政府組織，然後能行使其高權；國家的安危存亡榮辱，尤繫於爲政之道的臧否。所以爲政者必須擇「所」而處，擇「道」而行，不擇安所而處必危，不擇善道而行則荊棘爲阻，「途薉爲塞」，處之危而行於塞，必趨於滅亡。但天下之大，非一人所能獨治，雖聖者有所不能，故必求之於官制。所以在論述他的社會觀之後，即繼之以「序官」：

(1)「宰爵（官名）知賓客、祭祀饗食犧牲之牢數。司徒—知百宗（族）城郭立器（械用）之數。司馬—知師旅甲兵乘（車）百（佰人爲單位）之數。脩憲命，審詩商（章），禁淫聲，以時順脩，使夷俗邪音不敢亂雅（正），大（太）師之事也。脩隄梁，通溝澮，行（達）水潦，安水藏以時決塞；歲雖凶敗水旱，使民有所耘艾（刈），司空之事也。相高下；視肥墝；序五種；省農功；謹畜藏，以時順修，使農夫樸力而寡（專）能，治田之事也。脩火憲，養山林藪澤草木魚鱉百索（蔬），以時禁發，使國家足用而財物不屈，虞師之事也。順州里，定廛宅，養六畜，閒樹藝，勸教化，趨孝弟，以時順脩，使百姓順命，安樂處鄉，鄉師之事也。論百工、審時事，辨功苦（精粗）、尚完利（堅固實用），便備用，使雕琢文采不敢專（私）造於家，工師之事也。相陰陽，占祲兆，鑽龜陳卦，主攘（禳）擇五卜（雨、霽、蒙、驛、剋之性），脩採（埰）清（廁清也），易道路，謹盜賊，平室律(肆),以時順脩,使賓客行旅安而貨財通,治市之事也。抃急禁悍,防淫除邪,戮之以五刑,使悍暴以變,姦邪不作,司寇之事也。本(平)政教,正法則,兼聽而時稽之,度其功勞,論其慶賞,以時順脩,使百吏免(勉)盡,而衆庶不偷,冢宰之事也。論禮樂,正身行,廣教化,美風俗,兼覆而調一之,辟公之事也。全道德,致隆高(崇尚),綦文理,一天下,振毫末,使天下莫不順化從服,天王(子)之事也。」(王制)

(2)「故政事亂,冢宰之罪也;國家失俗,則辟公之過也;天下不一,諸侯俗反,則天王非其人也。」(王制)

上舉第(1)則,前段以宰爵、司徒、司馬分掌:①國家宴享,山川宗廟祭祀所需之祭品;(27)國家機構及城郭守備所需之器械;②三軍作戰所需之裝備、兵員。這是國家最基本的大事,所謂「國之大事,唯祀與戎」。故設官以「知」之。後段的精神是因事設官,自太師至天王,分十一部門各掌國事:

①設「太師」負責學宮教育法令之脩訂,詩書禮樂教材之審定,以及傷害善良風俗的音樂、歌舞之嚴禁,而且要定期脩省督導,更使蠻夷風俗與邪亂之聲不敢或亂中夏之雅正;如有美國歌星「麥可」的淫舞淫聲,絕不許進口。因爲在「唯祀與戎」之外的大政,莫過於「憲命」之脩、禮樂詩書之教與民俗風尚的端正。

②設「司空」負責交通、水利及凶敗水旱之調節救濟,使不廢於耕耘。所有的隄防、道路;河川乃至於下水道、陰溝都要定期整修增建,使多餘的水,必能流暢宣洩,而無氾濫之患。儲水的設備—

「水藏」，更要因時關閉、開放或洩洪，以作水旱之調節，務使農耕之無廢。

③設「治田」負責地政、農政及太倉之定期脩繕，務使農業人口安於專業，不以多能而分心旁騖。

④設「虞師」負責森林、漁業、畜牧及園蔬之管制輔導，并時申禁令。不使非時焚山竭澤、伐山林、盡魚蔬；并使生生不息，生產無輟，國家足於財用，而物資不屈於人欲。

⑤設「鄉師」負責全國鄉鎮之地政戶政，社區規劃，輔導副業，使各嫻於園藝、六畜之生產，定期巡行於州里之間并宣導教育文化政令，使百姓各脩孝弟之行，奉行國家政令，而安居樂業於鄉鄰之間。

⑥設「工師」負責工商業之管理，考論百工之技，審查市場之供需時宜，分別其產品之精粗取值，而以堅固實用方便爲風尚，更對雕刻淫巧之物加以管制，使不敢私造於家，以免百姓翫物喪志，習於逸豫。

⑦設「治市」負責全國都市管理，凡寺廟、堪輿、星相醫卜，均納入管制。公私墳墓必脩，廁所必求清潔，道路必求平坦暢通。并謹防盜賊，規範商店，均按時檢查政令之損益修正，以使賓客商旅之往來安謐，而商品物資乃至金融，均得安全充分之流通。

⑧設「司寇」負責全國之治安，包括急難之處理，暴力行爲之取締，對姦宄邪淫行爲，更要防微杜漸；現行犯更要分別處以五刑(指周禮·秋官大司寇之五刑，指墨、劓、剕、宮、大辟)，使暴民盜賊因之而悔改，百姓無姦邪之興作。

⑨設「冢宰」(百官之長)負責國家行政—治平政教，制定政策法令付諸實施，并兼聽正反或多元反應，隨時驗證，然後加以損益修正。對於功勳勞績，則定期分別慶賞，以勸善良，使百吏勤盡其力，而民衆不敢偷惰。

⑩設「辟公」(諸侯)，分治諸侯國之禮樂教化、察舉士大夫之言行，以美風俗并兼及於夷狄之邦，使天下之文化習俗皆調一於中夏。這是分治政體的重心，也是封建與專制的分水嶺。

⑪立「天王」(天子)，主帝王之事，統天下共主之大政。他的具體大端是：a以修己治人，盡道德之極致；b以張設施行，致禮義之隆高；c以王者之法，極禮文義理之具體；d以禮樂刑政，調一天下之心、而鉅細無遺，使各心悅誠服於仁政。其中「振毫末」的強調，絕非越俎代庖的多管閑事，而是「治要」的著眼，所謂「一物不稱，亂之端也」(正論)。

在他的思想體系中，「毫末」是全體的局部，「一物」爲萬物一端，必使毫末盡得其理，萬端各得其所，才是「治」。否則必然由「漸」而「亂」。當然這是天子所務的原則，而不是代庖臣下的細節。是說王者的大政要「求是」，雖毫末必振，雖一物必稱其所，詳密分工而不廢其統一的監督。

第⑵則所舉，則爲循名責實的大端，由於冢宰所掌之職是全國的政事，其所責求的實務，自然也是政事的治平，不治而亂，自然罪有應得。由於辟公所掌之職是封建重點—諸侯國民俗的調一致美，其國之失俗，當然是辟公的過失。更由於天子帝王所摠持的大政是，天下政事的統一與民俗的統一，如果禮樂征伐不能出於天子，致有春秋、戰國之僭越；如果諸侯國的民俗，一反王畿的傳統，致有春秋、戰國之淫亂，自然是天子的罪過。冢宰的罪，是可以「刑」的，即使是刑不上大夫，也難逃道德律令的制裁。辟公之過，雖然只言過，而不言罪，但政治過失的責任，還是不能旁貸的。「天王非其人」，更明顯指出廢立的制裁與代謝的必要。

總之，他的官制是以事設官，而不因人設事，以見名器之貴於朝。於事之分工，可謂綱舉目張，明確而扼要。所設之官，賅「天王」在內共以十一種職位盡全國中央及地方之政事。凡所責成之成效，皆爲針對民俗的制度重心。例如「脩憲命，審詩商，禁淫聲」之後，便責其「以時順脩」，使無怠忽；并責成須使「邪音不敢亂雅」。可見其重視禮樂之於人心民俗之影響；因爲民俗淫亂，天下未有不亂。此外，如司空之事所責成之「歲雖凶敗水旱，使民有所耕耘……」等等，或爲民生民食攸關的水利需要，或爲專業經濟之著眼；或爲生產財用之養源；或爲百姓子弟之倫理教育；或爲管理之必要，使不因淫巧喪志而敗俗；或爲防止淫邪而責成「變暴悍，絕姦邪」；或爲廬墓溷廁之清潔；或爲交通治安之責成；或爲官吏管理之勸善罰惡與百姓生活習慣之端正。可謂應有盡有。對於「辟公」、「天王」所責之事，尤其重要。

第四節　制度的貫徹與善擇

本節爲制度論的論結，而以爲政之成敗關鍵爲內容。

一、制度貫徹於君子

關於「君子」之論，在他的書中有極高的比重。(另詳本書第七章)以下的強調，顯然以君子爲貫徹制度的主軸，而希望把他納入制度的設計。所以說：

(1)「……禮義者，治之始也；君子者，禮義之始也。……無君子，則天地不理，禮義無統；上無君師，下無父子，夫是之謂至亂。君臣父子兄弟夫婦，始則終，終則始，與天地同久，與萬世同理，夫是之謂大本。……。」(王制)

(2)「法先王，統禮義，一制度，以淺持博，以古(今)持今(古)，以一持萬，苟仁義之類也，雖在鳥獸之中，若別白黑；倚(奇)物怪變……卒然起於一方，則舉統類以應之……張法而度之，則晻然若合符節；是大儒者也。」(儒效)

(3)「君子者法之原也。故有君子則法雖省，足以徧矣。無君子。則法雖具，失先後之施，不能應事之變，足以亂矣……。」(君道)

以上第(1)則先說人類之治，始於禮義；而禮義則始於君子—凡禮文制度之研議制作，而見諸施政以及制度文化之累積，乃至舉國上下百世千秋，對於制度之服膺光大與損益，皆作始於君子而行之於君子。所以說「天地生君子，君子理天地」(王制)。反之，則天地失其理，禮義失其統，君師無制度，父子無人倫，天下必然大亂。繼謂得君子則人倫之終始可與天地同其理，萬世同其久，是爲宇宙之大本。故凡國之大事，政之施設，群之倫理，民之生計，莫不「一」之於制度，統之於君子。所謂「喪祭朝聘師旅一也，貴賤殺生與奪一也，君君臣臣父父子子兄兄弟弟一也，農農士士工工商商一也」（詳刪節原文）必須有君子，乃有禮義法制之產生，之貫徹；乃有人倫秩序之建立，使人類社會之保族生活與經濟生活，皆能相本相源，終始如環，以與天地同久遠。

第(2)(3)兩則以爲，君子（含大儒）爲「法先王，統禮義，一制度」之先知先覺，而能以淺約推於博大，以今日推於往古，以一端之微而知萬端之明。如果不出於禮義之統，即使在蠻夷之邦，亦能明辨是非如判黑白。對於未嘗見聞之變異，卒然發生於一方，則能舉法理以應之，援辟法制以衡之，而皆能奄同合轍如符節。是故爲禮法制度之所原，復能運統類以濟法制之不足，更能知先後，應事變，以治天下之已然，慮天下之未然，而「一」之於「制度」之推行，以貫徹郅治於天下。於是，始則終之，終則復始──政不外於禮義，治不外於君子，其盛自不待言。反之，任何優良的政治設計，都只是空中樓閣。

二、制度貫於三事

爲了「行制度」、「服天下」，在君子功能之外，還有要體行以下的三件事，其一、使賢良自進，其二、使敵國自詘，其三、使國家自富。他說：

「權謀傾覆之人退，則賢良知聖之士案自進矣。刑政平，百姓和，國俗節，則兵勁城固，敵國案自詘矣。務本事，積財物，而勿忘（妄）棲遲薛越也，是使百姓皆以制度行，則財物積，國家案自富矣。三者體此而天下服；暴國之君案自不能用其兵矣……。」（王制）

天下不能獨治，也不是少數君子可以「外王」於天下。必須擁有「賢不肖不雜」於朝的陣容，乃足以言仁政。必須善體「惡惡而能去」的重要；隨時省察，隨時行動於「退不肖」，使賢良智聖之士不勸而自進，乃足以行仁政於天下。

王者的國防，是建立在民心之上，必有清明的內政，才有和諧的社會，良好的民俗，才談得上守必固，攻必克的國防。所以必須善體「刑政平，百姓和，國俗節」的重要，才能「兵勁城固，敵國不待戰而自詘」。

王者之國的經濟，是建立於以農業爲主的生產結構，而輔以節約消費的蓄積政策，必使上自百官，下至百姓，皆能奉行這種的經濟制度，使財物自然「積如丘山」，國家不求富而自富。更因爲制度是客觀的、公正的，經過思辨的；「群臣百姓皆以制度行」，便不至因營私而蠹國，而危及風氣。

必須沉潛體會以上三事之重要，而致力於制度的貫徹，才能使天下臣服，而任何的暴國暴君也都自自然然地，有兵而不用於瀆武，更不至覬覦王室，妄圖問鼎了。因爲，「其民之親我，親若父母，好我者若芝蘭；反顧其上則若灼鯨，若仇讎……豈有肯爲其所惡，賊其所好者哉！」（王制）。因爲，民心的向背決定一切。一切的制度，必須爲庶民的需要而建立，一切制度的功能也必然貫徹於民心之得失。

三、制度貫於善擇

最後他談到制度本身與爲政者之立身行事之選擇的重要，他說：

「故古之人，有以一國取天下者，非往行之也；脩政其所，天下莫不願，如是而可以誅暴禁悍矣……安以其國爲是者王。殷之日，安以靜兵息民，慈愛百姓，辟田野，寔倉廩，便備用，安謹募選閱材伎之士；然後慶賞以先之，刑罰以防之，擇士之知事者使相率貫也，是以厭（晏）然畜積修飾而物用之足也。兵革器械者，彼將日日暴露毀折之中原，我今將脩飾之，掩蓋之於府庫。貨財粟米者，彼將日日棲遲（暴殄）薛越之中野，我今將畜積并聚之於倉廩。材技股肱健勇爪牙之士，彼將日日挫頓竭之於仇敵，我今將來致之，并閱（容）之，砥礪之於朝廷。如是，則彼日積敝，我日積完；彼日積貧，我日積富，彼日積勞，我日積佚。君臣上下之間者，彼將厲厲焉日日相離疾也，我今將頓頓（敦）焉日日之相親愛也。……安以其國爲是者霸。立身則從傭（常）俗，事行則遵傭故，進退貴賤則舉傭士，之所以接下之人百姓者，則庸（用）寬惠，如是者則安存。立身則輕楛（脆惡），事行則蠲（惑）疑，進退貴賤則舉佞兌（銳），之所以接下之人百姓者，則好取侵奪，如是者危殆。立身則憍暴，事行則傾覆，進退貴賤則舉幽險詐故，之所以接下之人百姓者，則好用其死力矣而慢其功勞，好用其藉斂矣而忘其本務，如是者滅亡。此五等者，不可不善擇也……善擇者制人，不善擇者人制之；善擇者王，不善擇者亡……」（王制）

關於「法」或「人」之「善擇」與「一制度」、「行制度」之論，屢見於荀子原書其重要可想而知。以上所舉的五個等級，分別析論王、霸、安存、危殆、滅亡之「具」，使知制度應該慎於選擇，而貫徹制度之立身行事，尤其重要。他的利害分析，是敵我相形的邏輯化。例如他分析古人有以一國取天下者，乃由於「脩政其所」—以最佳的政治制度與最佳的立身行事爲號召，使天下莫不嚮往。所以「周公南征而北國怨」；「東征而西國怨」。「曰……何獨後我也！」他是如此能得天下之心，自然是「仁者無敵」。能作這種的選擇，自然可以貫制度、「王」天下。

「霸」者的制度選擇是「息民」，是愛民，是務民食，選鬥士；然後繼之以「慶賞」制度之習漸，「刑罰」制度之從嚴，而以「知事」之士「相率貫」。他的先後輕重之間，也是邏輯的。必先止戰，乃能與民休息；必先息民，乃能著手愛民；愛民的具體是足食與足兵。前者以民生爲第一，後者以國防爲第一。必先之於善行之獎賞與慶典，使善者身受其榮，而加勉於將來；亦使未善者，因慶典之鼓舞而見賢思齊。然後論刑罰，刑罰之從嚴已詳前述，其意在使法律與政教相輔相成；政教賞慶是積極的促進，以期蔚成風氣。刑罰戒懼是消極的嚇阻，以助政教賞慶效應之完成。所以能夠在安定之中完成應有的戰備與民生物資的畜積，「君臣上下」之間的倫理親和，然後以優勝劣，以待其自敝。故「霸」業可成。

國家「存立」之道，在於有常可以共守，而寬惠可以得民。爲政者以及卿相士大夫，其立身但能不悖於良俗，行事不違於達例；政府的人事行政但能謹守制度的規範，不以私意妨害其公正；上下百姓之間，但能不失於寬容有恩，自然可以「安存」於王霸之次。

至於「危殆」、「滅亡」，是制度及立身行事的儆示；因爲刻薄寡恩，輕舉妄動，猜疑離貳，都是取敗的先兆；人才的進退貴賤之間，尤爲安危存亡之所繫。如果更有驕暴的立身與反覆無常的行事，侵奪好得於僚屬庶民，再加上「用其死、其力而慢其功、其勞；聚歛無度而不務農桑」，必然日趨於危亡。所以說「善擇之者王，不善擇之者亡」。善擇之所以「王」，在「制人」；不善擇之所以「亡」，在「制於人」。王者之制，固在善擇以「制人於天下」也。

總之，他的制度論不是盲目的「法後王」，而是基於「善擇」的取舍與修正。其中關於貴族政治的突破，開明政體的設計，繼統唯聖的折中，王霸兼可的彈性以及天子、諸侯政治責任的規範，乃至君子之強調，更是眞知灼見的大開大闔。(「制度論」終)

第五章　君相論

君主的統治必須具體於政府組織。於是相臣便成了僅次於國君的角色，所謂「卿相輔佐，人主之基杖也」(君道)。因為在他設計或託古之下的相臣，是具有三種功能：①是國君的幕僚長—最高政治、軍事顧問；②是政府組織的最高行政首長；③是君權的制衡力量。也因此，繼「制度論」之後復有以「君道」、「王霸」二篇為中心的「君相論」。以下將以相應綱目分闡之：

第一節　君國與君相

這是他的君相論也是國家論的起點—「群」不可無君，君何由生？君不可無相，相何由來？君相既備，則所為何事？都是必須厘清的前提。所以在本節先論立君，次論建國，三論相臣，四論君相的共同職責。茲分述如次：

一、君國之由來

關於君的起源，他認爲是來自不可無君的自然趨勢；他說：

「天之生民，非以爲君也；天之立君，以爲民也。」（大略）

這是一種政治警示，更是他的立君起源說；聯下文（詳後）以觀，便是完整的君國起源論。在他的思想中，「天」已經不再是有意志的人格神（詳「天人論」），因此「生民」的「天」與「立君」的「天」都是「自然」的存在；而後者更是由於初民社會之不可無君的事實所形成的自然趨勢；所謂「勢使然也」。這種趨勢的後面是人類的基本需要—洪水猛獸、異族相侵，強凌弱、衆暴寡之威脅生存；生活資源之有時而窮與男女爭色現象之威脅生活等等，都是形成趨勢的驅力。在這種趨勢之下所立之君，自然是一切爲了庶民的需要與願望。如果說是契約型態的起源，這兩句話便是契約的重心—(1)約定了兩者之間的主從關係是，先有民後有君，而不是爲君而生民；君爲民所代表的趨勢所立，自然是民爲主，君爲客，所以黃黎洲說：「古者以天下爲主，君爲客」（原君）。(2)約定了權利義務並爲權利義務的法源；「立君以爲民」所涵蓋的一切，自然是客體之「君」的義務。而「善群之君」所需要的權力—「貴賤生殺與奪」的六柄與「禮樂」爲君而設的部份，便是「君」的權利與報酬；是庶民所授與的，而非「天命」「天意」的「貴爲天子，富有四海」的存在。他的完整概念是：天之生民，是自然生態；立君也是自然的趨勢。君統民是爲民而統，民立君是爲民而立。民固然要支持君的統治，而君也必須向民的需要負政治及道德的責任；更不可擅作威福，「塗毒天下之肝腦，離散天下之子女」（黃黎洲語），因爲這是必須接受的警示。否則便有「天王非其人」的宗法對應（詳「制度論」）或「民則覆舟」的政治對應（詳「庶民論」）。

二、國之始建

荀子的國家設計，不是帝國主義的專制，而是開明的封建分治；而且是屬於「禮義」而不屬於貴族的封建政體。他說：

(1)「古者，列地建國，非以貴諸侯也；列官職，差爵祿，非以尊大夫而已。」（大略）

(2)「故有社稷者而不能愛民，不能利民，而求民之親愛己，不可得也……故人主欲彊固安樂，則莫若反之民，欲附下一民，則莫若反之政，欲脩政美俗，則莫若求其人。」（君道）

(3)「分未定也則有昭繆（穆）。雖王公士大夫之子孫也，不能屬於禮義，則歸之庶人。雖庶人之子孫也，積文學、正身行，能屬於禮義，則歸之卿相士大夫……」（王制）

以上第(1)則「列地建國」，就是揭櫫他的國家體制觀—認同「古者」的封建—由天子統天下兼治王畿，由諸侯統國，是多君分治而不是一君專制。因此，他的「國家」必須是諸侯分治，而由天子一統的王者之國；國君須是天下共主的天子或帝王。分治的理由，是基於他的「至約」的治國觀—簡化統治單元，并以足夠的權力建制—強化地方的統治；諸侯可以設「相」并擁有「三軍」，以免中央鞭長莫及，所謂「建國諸侯之君分土而治，三公總方而議，則天子共(恭)己而已矣。」(王霸)，事實上以中國之大，聯邦式的封建政體也應該是別無選擇的修正。更重要的是，制衡與互援的作用；因爲內有君相三公之間的平衡，外有諸侯中央之間的相制，自然不易出現暴政，即使有，必有如湯、武之弔民伐罪—「一夫」之討。而且烽火相通，馳援相應，一旦有警，必因互相營救而不虞有他。這是他分土而治的另一用心。

在列地封建的同時，自然也是整個天子國的建立。除了諸侯國的一切委由諸侯自主之外，中央政府更要著手建立「列官職，差爵祿」的制度及運作。前者是統治的分工合作；後者則爲政治倫理的重點。分官設職，各司其事，以收綱舉目張，衆擎易舉之效；而上下縱橫之間職位之貴賤尊卑，自然更要以爵祿的差等具體之，使各因賢能獻替獲得應有的榮譽報償與物質報酬，激勵在位的忠藎，也使社會菁英都見賢思齊。而等差所發生的「相事」、「相使」作用，更是組織功能的關鍵。絕不是爲「貴」而貴、爲「尊」而尊。

第(2)則乃自君民之利害角度強調愛民利民之必要，而具體得「民」於爲政、於「求其人」，然後能附下一民，能脩政美俗，以盡政府之功能。

第(3)則則如第四章之所申，其主旨在於立國精神的基本建立，而以禮義之歸屬爲揭櫫，人才主義爲號召。(詳「制度論」第一節)

三、相之必要

相臣的重要僅次於人君，甚至有過無不及。所以早自黃帝，便有「得六相而天地治，神明至」(史記)的說法，以後便有「堯舉八凱……以揆百事，莫不時敘、地平、天成；舉八元……內平外成」的「十六相」。(同上)殷商則以伊尹、仲虺為二相及高宗之用傅說，而且說：「若金，用汝作礪；若濟巨川，用汝作舟楫；若歲大旱，用汝作霖雨。啓乃心，沃朕心，若藥弗(極)瞑眩，厥疾弗瘳。」(尚書說命上)更可見「相」的效應。因此荀子也說：

(1)「人主無賢，如瞽無相何倀倀(不知所適)……曷謂賢？明君臣，上能尊主下愛民；主誠聽之，天下為一海內賓。」(成相)

(2)「有亂君，無亂國；有治人，無治法……禹之法猶存，而夏不世王。故法不能獨立，類不能自行，得其人則存(法存)，失其人則息(政息)。法者，治之端也；君子者，法之原也。故有君子，則法雖省，足以偏矣，無君子，則法雖具，失其先後之施，不能應事之變，足以亂矣。……故明主急得其人，闇主急得其埶(勢)，急得其人，則身佚而國治……不急得其人，則身勞而國亂，功廢而名辱，社稷必危。故君人者勞於索之，佚於使之。書曰：『惟文王敬忌，一人以擇。』此之謂也。」(君道)

(3)「……故法而議，職而通，無隊謀，無遺善而百事無過，非君子莫能。故公平者，職之衡也，中和者，聽之繩也。其有法者以法行，無法者以類(例)舉，聽之盡也……故有良法而亂者，有之；有君子而亂者，自古及今未嘗聞也。傳曰：『治生乎君子，亂生乎小人。』此之謂也。」(王制)

(4)「卿相輔佐，人主之基杖也，不可不早具也。」(君道)

(5)「志安(習)公，行安脩，知通統類，如是則可謂大儒矣。大儒者，天子三公也。」(儒效)

以上(1)至(3)則，都沒明指「相」臣，但第(1)則以瞽之相爲譬，其意已夠明白；所下「賢」的註腳，更是呼之欲出。第(2)則的「得其人」，可與以下之「使要百事者誠仁人也」的「仁人」及「能當一人而天下取」(王霸)的「一人」相呼應。第(3)則的「君子」，就是下文所謂「善服人」的「聰明君子」；與「與禮義之君子爲之則王」(王霸)的「君子」，都是相臣人選的強調，第(4)則乃明言相臣的重要，第(5)則則列舉相臣必備之賢能。因爲「相」在「三公」之內。因此，我們可以引申如次：

第一、以上所稱「賢」、「三公」、「其人」、「仁人」、「君子」、「大儒」及「聰明君子」，都是指相臣或相臣的人選而言。

第二、無相臣則治法無源，主無基(几)杖，「法」必廢，「職」必隊，其國必亂；其君必辱。有相臣則治法有源，明主有輔，身佚國治；得天下之勢，而天下歸之。

第三、相生於「治」的必要—主無良輔，如瞽之無助，倀倀然不知所之。得良相之賢，則因其能明君臣之義之職，而尊主以愛民；尊主所以固「和一」之中心，所以倡團結於天下，所以獲於上以使下，乃能施政愛民，乃能寧一天下，四海賓服。他以爲治國在「人」而不在「法」，如果徒「法」可以治國，夏王朝就不必改朝換代而萬世一系了，事實上沒有任何良法不因「治人」而存；而「治人」的典型就是君子。法只是治的工具，君子才是治的本源，才是使用工具的主人。因爲，制法固非君子不可；應變的援辟類推乃至行法之先後本末，均非君子不可。明主知尚賢，故以「急得其人」爲當務之急；闇主則予智自雄，心目之中更只有「權謀傾覆」，自然不以人才爲意。前者因知「急」而治，後者則因不急之「急」而亂；所以說「惟文王敬忌，一人以擇。」的確，這句話的啓示太重要！一切的成功都決定於選擇，選擇愈精詳，成功的機率也愈大，伊呂之相殷周，就是最佳的選例。所以說相生於「治」的必要。

第四、相生於「法」之必要—「法」畢竟是治國的規矩繩墨，沒有規範一切的法制，仍然無從言治。但法的制定，法的損益修正，法的言議謀救，都不能無「君子」，尤其不可不「議」的法，更不能沒有「多言則文而類……少言則徑而省，論而法若佚(扶)之以繩」(性惡)的君子；而爲相所必備的「公平中和之德」，更莫備於「君子」，故明主「急得其人」而用之。所以說相生於「法」的必要。

第五、相生於「勢」的必要—以上曾引「聰明君子」一詞，便是說明「勢」的必要。他的原文說：

「……羿蠭門者，善服射者也，……聰明君子者，善服人者也。人服而勢(勢)從之，人不服而埶去之……故人主欲得善射—射遠中微—則莫若逢門矣；欲得調壹天下，制秦楚，則莫若聰明君子矣。」(王霸)

這是現實世界最現實不過的大勢。說明了相臣的產生也是「勢」所使然。所謂「聰明」，自然不是「小時了了」的小聰明，而是聽政無不聰，見事無不明；所謂「兼聽齊明，而天下歸之」的大智慧。所稱「君子」，更是高度道德的典型，這種人選自然善於服人；一旦大用，自然會因服人而得衆，得衆則能盡天下之勢；不得其人，則其政不能服人，必失其衆，失衆則大勢去矣。所以他以「射遠而中微」的后羿、逢門爲譬，強調「聰明君子」之德之能及良相之重要。明主欲「盡天下之勢」，則不得不亟求「人服而勢從」的良相，所以說相生於「勢」的必要。

四、君相之同功

由於君之爲政與相之執政的一體兩面，自應以共同指標向立君之民負政治責任。以下將分闡之。

(一)君相一體

君相的相需已如前述，他的懷抱利害與運作，自然是一體的。以下是他進一步的強調：

(1)「彼持國者，必不可獨也，然則彊固榮辱在於取相矣。身能相能，如是者王……身不能，知恐懼而求能者，如是者彊……安唯便嬖左右親比者是用，如是者危削，綦之而亡。」(王霸)

(2)「國者天下之大器也，重任也，不可不擇所而後錯，錯險則危；不可不善爲擇道然後道(蹈)之，塗薉則塞，危塞則亡。彼國錯者，非封(界)焉之謂也，何從之道？誰子之與也？故道王者之法與王者之人爲之，則亦王；……道亡國之法與亡國之人爲之則亦亡。」(王霸)

(3)「君者，論一相，陳一法，明一指以兼覆之，兼炤之，以觀其盛(成)者也。」(王霸)

(4)「處勝人之埶，行勝人之道，天下莫忿，湯、武是也。處勝人之埶，不以勝人之道，厚於有天下之埶，索爲匹夫不可得也，桀、紂是也……夫主相者，勝人以道也，是爲是，非爲非，……併(摒)己之私欲，必以道夫公道通義之可以相兼容者，是勝人之道也。」(彊國)

以上第(1)(2)則皆論「君相」關係，前者以爲天下之大，一君不可能獨治，而以成敗榮辱決於取相。從後段的利害分析，更可知君國的政府，是君與相兩種「能」的組合。必須合兩「能」爲一體，乃能王天下。而知懼求相之賢，其「彊」更由於以相之長濟君之短。如果相不賢，即使「身能」，國家也不免於「危削」，因爲「便嬖左右親比」之中，不是奸佞小人，便是不學無術的裙帶幽靈。不但不足成事，而且敗事有餘；這樣的政府組織，國家如何不危？彊土如何不削？國家如何不走向滅亡？這是有相甚於無相的畸形政府，自然談不上「指標」。後者更是「選擇」的強調。他以爲國家是天下唯一的「大器」，而且是容易破碎的貴器；也是一副任重道遠的擔子。「大器」必須選擇最安穩之處以「錯」之，因爲錯「危」則必墜。「重任」則必須選擇最好的路線，如果挑著重擔走上荊棘叢生的道路，不但愈挑愈重，而且阻「塞」不通；處於「危塞」的國家，也必然不免於滅亡。所以他的結論是：國家之能否成王成霸或致富強，不是論疆土之大小，而是取決於制度與人才，所謂「何從之道」？「誰子之與」—走那條路？伙伴是誰？而後者更是主導一切，決定成敗的君相組合。

第(3)則是君相組合的具體明文，也是分工合作的大經大緯。君的定位是，居於相權之上的監督官署，一方面爲相權之法源，一方面是觀其成效的監督者。他所任命的相臣，是不二之選，也是唯一倚任的助手；所揭之法，是不二之大法，是萬法之源，絕不隨便修正的大憲章；標榜的最後歸趨，更是全國不二的總指標。這一切都爲了天下的「兼覆無遺」，「兼炤無遺」并據以監督考核相臣施政的依據。

第⑷則更指出主與相必須共同以「勝人之道」，「處勝人之勢」；必須共同明辨是非能不能，而且要摒棄私念私欲而以「公道通義」爲施政，其君相一體之義，尤其昭然若揭。

相的分工，是君權之外的概括。是負責成敗的總經理。他的重點是論百官之長而用其長，同時考核百官的聽政—以脩明政事的應興應革，使其各謹其職，各守其分。然後評鑑功績，加以勳獎；年終則以綜合全年全國施政成效，向國君述職。至於「當則可，不當則廢」，則爲國君監督權的具體。這種組合的特點是，君只監督相而不指揮相，而相則爲君的全權代表，以成其無爲無不爲之治（容後論之），所以是君相一體的政府。

㈡共同功業

君相的分工雖然有別，但合作的目標必須是一致的，必須以共同功業向生民負責，向立君背景的一切需求負責任。舉凡消極的除害，積極的興利都必須負責到底。所以說：

「湯武者，循其道，行其義，興天下之同利，除天下之同害，天下歸之。故厚德音以先之，明禮義以道之，致忠信以愛之，賞（尚）賢能以次之，爵服賞慶以申重之，時其事，輕其任以調齊之；潢然兼覆之，養長之如保赤子，生民則致寬，使民則綦理，……是故百姓貴之如帝，親之如父母……無他故焉，道德誠明，利澤誠厚也。」(王霸)

由此可知他的共同負責的目標，是以湯武爲境界，而以「興天下之同利，除天下之同害」爲內容。這是涵蓋性極高，非常周延的揭櫫；簡單明瞭，而包羅萬象。「同利」包括庶民所好的一切；「同害」則概指所惡的一切。就運作與效應而言，「厚德音」，是身先天下的典型，民德歸厚的基礎；孔子所謂「子率以正，孰敢不正」；原書所謂「聞脩身，未嘗聞爲國也」。以「禮義」爲內容的倫理規範引導百姓的行爲；以誠信精神爲愛民的出發；以賢能在位爲仁政的保證。然後所事必當其時，凡取於民必善調濟以輕其任(負擔)；普遍公平的嘉惠，必如雨露之均霑，如天之無不幬覆；照顧百姓，必如慈母之養長幼兒，無所不至；養民的政令，必從寬厚；使民服役，必極其合理而且有極好的秩序。所以自然發生「貴之如(天)帝，親之如父母」的效應。爲什麼會有這樣的境界？他的結論是「道德誠明，利澤誠厚」。以下一段是他的註腳：

「……朝廷必將隆禮義而審貴賤，若是則士大夫莫不敬節死制者矣。百官則將齊其制度，重其官秩，若是則百姓莫不畏法而遵繩矣。關市幾(稽)而不征；質律(法)禁止而不偏(私)，如是則商賈莫不敦慤而無詐矣。百工將時斬伐，佻(緩)其日期，而利其巧任(技能)，如是則百工莫不忠信而不楛矣。縣鄙將輕田野之稅，省刀布(貨幣)之斂，罕興力役，無奪農時，如是則農夫莫不朴(樸)力而寡能(專其業)矣。」(王霸)

以上都是「道德誠明，利澤誠厚」之所然。因爲士大夫敬節死制，百吏畏法守法，然後「國常不亂」自然弊絕風清，一片清明；無商不奸的商賈能返於敦慤忠厚，百工莫不忠信，人類社會自然一片祥和，而且「國求常給，而財不匱」；更由於田賦從輕，沒有任何官方的聚斂剝削，征兵與勞役極罕見，而且避免農時的征調，使農民都放棄任何技巧行業而專於農事，使「農本」型態的經濟日趨於繁榮；更因爲「上得天時，下得地利，中得人和，而百事不廢」，完全做到「政令行，風俗美」的一片昇平。這樣的「興同利，除同害」，自然是無以復加的負責境界。他所歸納的原因—「道德誠明，利澤誠厚」，自然也成了落實負責的總綱目；也是君相政府最高目標的揭櫫。因爲湯武不過如是，伊呂不過如是。

第二節　明君之持國

一、持國的前提

他以爲治國的前提條件有三：一爲社會倫理，二爲統治方向，三爲人君的節操；三者具備乃可言治。茲分闡如次：

(一)國之大本—政之所一

他以為國家的人倫秩序，如樹之根本，有了它，才有可久可大的生機。沒有它，也沒有國的存在，所以除了在「天人論」所強調的人倫之外并以為「國之大本」，他說：

⑴「君臣父子兄弟夫婦，始則終，終則始，與天地同理，與萬世同久，夫是之謂大本。故喪祭朝聘師旅一也，貴賤殺生與奪一也，君君臣臣父父子子兄兄弟弟一也，農農士士工工商商一也。」（王制）

⑵「禮之於正國家也，如權衡之於輕重，如繩墨之於曲直也。故人無禮不生，事無禮不行，國無禮不寧，君臣不得不尊，父子不得不親，兄弟不得不順，夫婦不得不驩。少者以長，老者以養……」（大略）

以上第⑴則的前段，重申人倫為國之大本，因為有了人倫，人類社會及其國家才會有始必有終，有終復有始，所謂「終始如環」。其道與自然現象的天地同其理，自必與萬世同其永恒。這是人類之所以異於其他生物的分野；失去人倫，便與禽獸無異；「群」無從「和」，力無從「一」，更談不上「勝物」；而失常之亂，更比禽獸社會還要亂。所以在後段說明國之大事的「祀與戎」以及外交朝聘的國際交往，必須「一」之於人倫之禮；六柄正反之間，必須「一」之於人倫之勸；君臣父子兄弟之間，必須「一」之於人倫之義；農士工商四民之間，必須「一」之於人倫之教；一切都以人倫秩序統之，以固國之根本。

第⑵則以「禮」為政治的規矩繩墨──不可或無的基本規範；所謂「禮者，政之輓也，政無禮不行」

（大略）。此處更作許多強調，以示人倫秩序的重要—君臣之間，因「禮」乃有上下尊卑之勢，才會有政治的存在。父子之間，因「禮」而長保其親慈子孝之親，乃有家庭的存在。兄弟之間，因「禮」而長保兄友弟恭之情，乃有相規相助之詳和，而無相嫉相爭之暴戾。尤其夫婦之間，因有婚姻之「禮」的合法規範，乃有心安理得的魚水之歡；否則必因男女之無別而有爭色之患，何來閨房之樂？沒有相敬之禮的規範，貧賤必有百事之哀，富貴則不免內外之疑，何來夫婦之歡？關於少與老的長養問題，尤其不可無「禮」，少之「長」，不在衣食，而在教養，得「禮」的教養，才是人類的成長，否則只是禽獸的成長，沒有身心健康的幼苗，國家還有什麼希望！老之養，更不在衣食的奉養，而是來自禮教的精神營養，否則只是「犬馬」之養，而不是人類之養。因爲人類是天生重視「尊嚴」的動物，更能「教人生死以之」，也是這兩字。年青的人類有方長的來日，可以爭「尊嚴」於千秋而不必爭於一日，而生理弱勢的老年人則否；功利社會所能給他的「尊嚴」，已經微乎其微，嗟老嘆貧的折磨，已然日甚一日，如果子孫家人之間沒有「禮」的奉養，不知養之以「敬」，那只是對待豢物的養，無尊嚴的養，生不如死的養；那裡還有人道，還有禮義，還有什麼「敬」的意義？所以他以爲人倫關係，只是生物本能的存在，必須得到禮義的教化與規範，才是完整的倫理秩序；倫理的建立，才是國之大本。

(二)政之大經

荀子以善惡爲治亂之界定（詳「性僞論」），民善則治，民惡則亂。姦人的存在，自然會破壞統治的秩序與成果，故君子爲政，必以禮義忠信爲大經，以防百姓之棄仁義而趨姦邪。所以說：

> 「凡姦人之所以起者，以上之不貴義不敬義也。夫義者，所以限禁人之爲惡與姦者也。今上不貴義不敬義，如是，則下之人百姓皆有棄義之志，而有趨姦之心矣，此姦人之所以起也。且上者下之師也，夫下之和上，譬之猶響之應聲，景之像形也。故爲人上者，不可不順(愼)也。夫義者，內節於人外節於萬物者也；上安於主而下調於民者也；內外上下節者。義之情也。然則凡爲天下之要，義爲本，而信次之。古者禹、湯本義務信而天下治；桀紂棄義背信而天下亂。故爲人上者，必將愼禮義務忠信然後可；此君人之大本也。」(彊國)

他認爲國君的修身，才是治國的不二法門；因爲君上的影響力是絕對的，所謂「儀正而景正」，「槃圓而水圓」，「楚王好細腰，故朝有餓人」(君道)。此處以同等邏輯說明「貴義」與「敬義」的重要；因爲「義」之貴在於「限禁」作用，有了「義」的標準，無論是知廉恥或是懼刑罰，都不敢「爲惡與姦」，所謂「君子大心則敬天而道，小心則畏義而節」(不苟)。但這種「限禁」作用，乃發生於君上之貴義與敬義的以身作則與倡行。否則「義」的意識必漸由淡漠而消失，而「限禁」更談不上；於是百官乃至百姓都存棄義趨姦之心，姦人因之而起，國家焉得不亂。所以他警示人主，一方面必須正視這種如影隨形的負面效應，另一方面更要致意於「義」的積極意義—內以義方節制人的潛在意識，外以義理節制於萬物之取舍裁制；上所以致人主之安嫻，下所以調一於萬物。這種內外上下俱節的功能，更是「義」的眞實；比「限禁」作用更高一層。所以他又以禹、湯、桀、紂的史例，警示爲政者不可不將愼於禮義忠信；因爲它，是君人之大本—爲政之大經。

㈢君之大節

荀子以爲，爲政有三節，合而爲人君之大節，亦爲治國成敗之所繫；故曰：

「故君人者，欲安，則莫若平政愛民矣；欲榮，則莫若隆禮敬士矣；欲立功名，則莫若尚賢使能矣—是君人者之大節也。三節者當，則其餘莫不當矣。三節者不當，則其餘雖當，猶將無益也。孔子曰：『大節是也，小節是也，上君也。大節是也，小節一出焉，一入焉，中君也。大節非也，小節雖是，吾無觀其餘矣。』」（王制）

以上所舉的「三節」，似乎是耳孰能詳的老生常談，但荀子卻以爲人君之「大節」；因爲：

「馬駭輿，則君子不安輿；庶人駭政，則君(子)不安位。馬駭輿則莫若靜之；庶人駭政則莫若惠之。選賢良舉篤敬，興孝弟，收孤寡，補貧窮；如是則庶人安政矣。庶人安政，然後君(子)安位。傳曰：『君者舟也，庶人者水也。水則(能)載舟，水則覆舟。』此之謂也。」（王制）

他的說理是，拉車的馬如果受驚，車上的人自然不得安然於車中；百姓如果受政治的苛擾，爲政者自然也不得安於位，所以行車要平靜，施政也要寬惠。惠民之道，莫過於尚賢能以求政治的清明，倡孝弟以求社會之和諧，補清寒之所不足，更是直接的施惠，以化暴戾於無形。於是他以「欲安」，「欲榮」，「欲立功名」三大目標，規律爲政者的大節，而指爲人君所必須把握的「大節」，而不再是老生常談了。因爲它關係國家的根本—民之載舟與覆舟的大事。所以孔子認爲除了三節之外，其餘的任何美政都只是枝節。同時更以三分法把「大節」作爲人君分級的標準—上君必須大小節俱當；中君則大節必當，小節出入可也；最後則爲小節雖佳而無大節，被列爲不足觀之君。

二、持國之首要

荀子以爲「治之要在知道」，更以爲「主道知人，臣道知事」，故以知道知人爲治國之首要。茲分闡之：

㈠知道

關於道，包括先王之道，後王之道（制），君之所道，持國之道，取天下之道。他說：

(1)「先王之道，仁之隆也，比中而行。曷謂中？曰：禮義是也。道者，非天之道，非地之道，人之所以道，君子之所道也。」（儒效）

(2)「道者何也？曰：君之所道也。」（君道）

(3)「道不過三代，法不貳後王。道過三代謂之蕩，法貳後王謂之不雅（正）。衣服有制，宮室有度，人徒有數，喪祭械用皆有等宜。聲，則凡非雅聲者舉廢；色，則凡非舊文者舉息……夫是之謂復古，是王者之制也。」（王制）

(4)「天地始者，今日是也；百王之道，後王是也」（不苟）

(5)「人主者，天下之利勢也，得道以持之，則大安也，大榮也，積美之源也；不得道以持之，則

大危也，大累也，有之不如無之；及其綦也，索爲匹夫不可得。」（王霸）

(6)「百里之地可以取天下。—是不虛，其難在人主之知之也；取天下非負土地而從之之謂也，道足以壹人而已矣……故百里之地，其等位爵服，足以容天下之賢士矣！其官職百業，足以容天下之能士矣；循其舊法擇其善者而明用之，足以順服好利之人矣……三者具而天下盡……故百里之地足以竭埶（勢）矣；致忠信，著仁義，足以竭人矣；兩者合而天下取……。」（王霸）

(7)「聖人知心術之患，見蔽塞之禍，故……兼陳萬物而中懸衡焉。是故衆異不得相蔽以亂其倫也，何謂衡？曰：道，故心不可不知道，心不知道，則不可道而可非道……以其不可道之心與不道人論道人（君子），亂之本也……心知道然後可道，可道然後能守道以禁非道……以其可道禁非道……以其可道之心與道人論非道，治之要也；故治之要在於知道。」（解蔽）

(8)「夫民易一（齊）以道而不可與共故；故明君臨之以埶（勢），道之以道，申之以命，章之以論，禁之以刑，故其民之化道也如神……心也者，道之工宰也，道也者，治之經理也」（正名）

以上第(1)(2)則，是以先王之道爲導向，是以禮義爲內容而落實於後王的典章制度。因爲，先王之道是「仁」的極致，是以禮義爲基準的政治哲學，自然是人人所共由的「道」，是君子之所遵行的「道」；是立國治國的最佳導向。

第(3)(4)則均指後王之制的一切，後者是強調後王之制才是百王之道的具體。因爲文獻不足的百王之道，是與天地之始一樣的渺茫，舍後王之制而去追求先王之道，就等於舍今日之天地而追求元始的天地。前者則謂先於三代的道，是蕩然無存的道，不是後王版本的道「法」，是不得其正的「法」(道的變詞)。所謂「復古」，更是有感而發的強調，針對當代政治的漫無制度與淫聲婦飾之傷風敗俗而發的變革倡議。標榜「復古」，是持之有故，在古代的社會心態之下，更有「託古」的同等功能。重視驗證的荀子，自然不會有盲目法古的思想；他的相對變革，正是重視制度化，重視民俗精神之所在。

第(5)則強調「道」，爲持國所不可無的方法。因爲人主的「利勢」，有如鋒利的寶劍，道有如劍術，以術持用之，則可以制人，制天下，而不至自割；自然是一切美好的源流；反之，人必奪其器，自然是危國危身的大負累，有不如無的不祥之物，甚至禍延子孫。

第(6)則是詮釋「百里之地可以取天下」這句話的可能性，繫於人主之是否知「道」。因爲取天下不是背著百里之地去打人去壓人，而是人主之「道」足以壹天下。百里雖小，有分等的高位爵祿，可以容納天下的聖賢；有官職百業的政治機會，可以容納天下的人才；在舊法之中，擇善以爲新法，便可以賞罰調一天下的貪夫；三者具則可以盡天下之勢。這是人主手中的政治籌碼，百里雖小，卻大有可爲。如果更能致力於忠信，著明於仁義，便可以由「竭勢」進而「竭人」，自然可以取天下。

第(7)則以爲天下之亂，莫過於心術有病；莫過於蔽塞不明之禍。而蔽塞生於「衆異」之「相蔽」。例如「欲」與「惡(ㄨˋ)」異，見「欲」則蔽於「欲」，而不見「惡」的一面；見「惡」則蔽於「惡」，而不見「欲」的一面。故於萬物異同之中以「道」爲衡器。使有客觀之判準，而無衆異之蔽。

因爲蔽生於衆異，衆異生於不知「道」，不知「道」就不會認同「道」而肯定「非道」，人人皆以此心—以「非道」爲議論賢不肖的標準，則是非不明，焉得不亂。反之，如果人人之心皆知「道」而「可道」，自能「守道」以限禁「非道」的一切；更能以「可道」之心與君子論「非道」以共求所以息邪說，距詖行，放淫辭，則人心自正，則如上文之謂「姦人不作，姦事不行」，天下必治。所以說「治之要，在於知道」。

第(8)則詮釋參差不齊的萬民，只能如孔子之謂「道之以禮，齊之以政」，使其「有恥且格」；而不可一一使其共知「道」之所以然，那樣只會治絲益棼，徒亂人意。所以他主張以政府的公權力爲後盾，以具體於禮義的「道」爲前導，使政策落實於政令的共知共曉的告導與共行。一面加以必要的宣導，一面則以政令刑罰使其共履於作爲或不作爲的義務。這種共知其然而「不務知所以然」的統治，簡單明瞭而更具效率，自然要比「築室道謀」的「開放」好得多，所以能獲得「化道如神」的效應。

於是，他的治國之道，有最佳的導向原則；有正大的制度傳統，有及時的變革；有「乘利勢」、「制天下」之術，更有以百里之地輕取天下之大術，所以說「治之要，在知道」。

(二)知人

關於知人，他說：

(1)「主道知人，臣道知事。故舜之治天下，不以事詔而萬物成。農積於田而不可以爲田師；工賈亦然」(大略)

(2)「無土則人不安居，無人則土不守，無道法則人不至，無君子則道不舉。故土之與人也，道之與法也者，國家之本作也；君子也者，道法之總要也；不可少頃曠也，得之則治，失之則亂；得之則安，失之則危；得之則存，失之則亡。故有良法而亂者有之矣，有君子而亂者，自古及今，未嘗聞也。傳曰：『治生乎君子，亂生乎小人。』此之謂也。」(致士)

(3)「今人主有六(大)患—使賢者爲之，則與不肖者規之；使知者慮之，則與愚者論之；使脩士行之，則與汙邪之人疑之；雖欲成功得乎哉！譬之是猶立直木而恐其影之枉也，惑莫大焉。語曰：好女之色，惡(醜)者之孽(害)也。公正之士，眾人之痤也。脩道之人，汙邪之賊也。今使汙邪之人論其怨賊而求其無偏，得乎哉，譬之是猶立枉木而求其影之直也，亂莫大焉。故古之人爲之不然：其取人有道，其用人有法。取人之道，參之以禮，用人之法，禁（限）之以等。行義(儀)動靜，度之以禮，知慮取舍，稽之以成；日月積久，校之以功。故卑不得臨尊，輕不得懸重，愚不得謀知，是以萬舉不過也。故校之以禮，而觀其能安敬也；與之以舉錯遷移，而觀其能應變也；與之安燕（晏），而觀其能無流慆（淫）也；接之以聲色權利忿怒患險，而觀其能無離守也。彼誠有之與誠無之者若白黑然……故伯樂不可欺以馬，而君子不可欺以人，此明王之道也。」(君道)

以上第(1)則乃揭櫫人主之道以「知人」爲重，非不重知事，知人重於知事也。人臣之道，在知事理事，在臧事以賢能；人主但能知賢能，舉賢能，則百事無不理，無不臧。所以舜的統治，不以事詔，而萬事自成；不以宮中遙控府中，遙控方面，更不以遙控疆場，而府中之事，諸侯郡縣之治，邊關攻守之戰，皆因得其人，用其長而無不成。農夫之不可以爲田師，是因爲田師之務非其長；工賈之不可以相爲；不可以爲工賈之司，也因爲非其長；非其長則事不臧，所以重要在「知人」。

第(2)則是強調知人之要在於知君子。領土固然重要，但無百姓的領土守不住；百姓雖然重要，沒有良好的統治，天下的戶口不會來歸。而良好的統治，是由道法與君子的結合而來。沒有君子，不可能有良好的統治秩序，更不會有愛民利民的一切。所以土地、人口、道法都是國家的根本；而君子更是一統道法的總綱。他的得失更是治亂存亡的關鍵。最後一句話，更警告人君，必須知道非君子則國不治；更要知道，用小人其國必亂；所謂知人，除了知賢能而用之，更重要的是「親君子遠小人」，的長期警覺！

「君子」一詞，荀子在政論部份多半用作聖君良相的指稱，尤其是後者。因爲尙實的他，處處都注意效率與效果(另詳「操術論」)，人君的治國，更要執簡馭繁──所謂「守至約而詳」，「治近不治遠」(王霸)。所以他經常以類似論調強調「得一人而百事理，……而天下歸之」。這裡所稱的「君子」，便是指「論一相」的一人而言。所以才有「君子也者」以下一連串的強調。所以他的「知人論」的重點是相臣的選擇，如湯武、如文王的選擇以「白功名於天下」。

第(3)則是他從負面說到正面效應的知人之術；有深入的觀察，有細密的分析，更有具體驗證的方法。是古今爲政者不可不上的一節課。他以爲人主有三種通病，而且是爲政之大「病」──一爲喜掣肘，任賢者以事，卻與不肖者共規其正；二爲喜求疵，使智者謀事，卻與愚者共議其長短；三爲喜猜忌，使端人行事，而卻與姦人疑其忠信。掣肘之下，則賢者必去；求疵之下，則智者必去；雄猜之下，端人必去。即使不是自動的「去」，也必然不久其位，這種「主」自然不會是明君，但也不會是暴君，而是介乎兩者之間之「中人之君」。因爲他，畢竟還知道任賢使智取用於端人。但這種中人之君，往往會由庸而昏，由昏而亂，由亂而亡。由於他的「規」、「論」與「疑」都是終身不解的大惑，都是「立直木而恐其影之枉」的準白癡。更因爲他的朝廷，只剩下嫉賢妒能的「不肖」，大惑不解的「愚者」和無惡不作禍國殃民的「汙邪」；而這種人偏偏都是賢能君子的天敵，就像醜婦之必「孽」好女；「衆人」之必以公正爲「痤」；而邪正之間更是勢不兩立；欲正而用邪，焉得不亂，不亡！於是他重申古之人君之「不然」，他的取人用人，都有嚴密的方法，取人必先觀察他的行爲儀態動靜語默，而以「禮」爲判準。用人之後，必嚴守制度的禁制；一方面以成就的考核，觀其智慮才能，一方面則以「日月積久」，「校之以功」；他的制度原則是—卑不臨尊，輕不懸(衡)重，愚不謀智；絕不會以不肖規賢，以愚者論智，更不會以汙邪疑脩士。所以能「萬舉不過」。因此從禮的角度，觀其嫻習(安)素養；以行事錯置，興革權宜，觀其應變能力；設晏安逸豫與共之，以觀其能否處安樂而不失其志；使臨聲色、權柄、財貨、怨怒、禍患、艱危諸境，以觀其能否不失其德操(守)。經過這樣嚴密有效的觀察，他的才德眞僞，必然判若黑白，就像伯樂相馬一樣萬無一失；明君之能以此取人用人，自然也是萬無一失。而所知之人，也必然會「百事理」而「萬舉不過」，所以說「主道知人，臣道知事」

（大略）

㈢知刑殺

嚴刑思想，是荀子治國重點之一，因爲這是治亂世不可不用的猛藥。因此他一方面承傳儒家「先教」的傳統，另一方面也強調必誅的嚴刑。所以他先引述一段孔子與冉予的對話說：

「孔子爲魯司寇，有父子訟者，孔子拘之，三月不別（決），其父請止（撤回），孔子舍之。季孫聞之，不說（悅）曰：是老也欺予；語予曰：爲國家必以孝。今殺一人以戮不孝，又舍之。冉子以告。孔子慨然嘆曰：嗚呼！上失之，下殺之，其可乎？不教其民而聽其獄，殺不辜也。三軍大敗，不可斬也；獄犴（法令）不治（當），不可刑也，罪不在民故也，嫚令謹誅，賊也；今生（物）也有時，歛也無時，暴也；不教而責成功，虐也；已此三者，然後刑可即（就）。書曰：『義刑義殺，勿庸（喜怒）以即，予維日未有順事。』言先教也」。（宥坐）

孔子「舍之」，是由於上不教孝。因爲他的「刑」是有原則的；所謂不教其民，不可殺；三軍大敗，不可斬；法令不當，不可刑；都因爲「罪不在民」。他以爲，法令廢馳，而嚴於刑罰，是殘賊之政；生產有限而賦稅無已，是殘暴之政；不先於教令，而責其成功，是苛虐之政。必須無此三政，乃可用刑。書經康誥所謂「義刑義殺，勿庸以即」，就是「不罪無辜」的強調，是政府必須愼重的大事。

但刑教必須更求其「當罪」；他說：

(1)「……一物失稱，亂之端也。夫德不稱位，能不稱官，賞不當功，罰不當罪，不祥莫大焉。昔者武王伐有商，誅紂，斷其首懸之赤斾。夫征暴誅悍，治之盛也；殺人者死，傷人者刑，是百王之所同也……刑稱罪則治，不稱罪則亂。故治則刑重，亂則刑輕；犯治之罪固重，犯亂之罪固輕也。」(正論)

(2)「刑當罪則威，不當罪則侮；爵當賢則貴，不當賢則賤。古者刑不過罪，爵不踰德。故殺其父而臣其子，殺其兄而臣其弟。刑罰不怒罪，爵賞不踰德，分然各以其誠通，是以爲善者勸，爲不善者沮，刑罰綦省而威行如流，政令致明，而化易如神……。」(君子)

以上第(1)則是說：凡事欲求其當，爲政更不可有一事一物之「失稱」。因爲破例開端之後，吏民必群起而效尤；而政令不信的影響，尤其可怕！如果德能不稱其官位，賞罰不當其功罪，必然是貪污無能的政府，不公不正的政府，無人願意立功。而罪刑之或枉或縱，更會召致更多的民怨，更多的盜賊強梁；自必危及國本，所以說「不祥莫大」。武王伐紂之加以斬首示衆之刑，當代及後世都以爲他的討暴政，誅暴君是治世之中的盛事。就因爲「殺人者死，傷人者刑」的原則是無例外的，刑稱其罪則刑罰可必，罪重者刑亦重，自然無人敢犯罪，其世必治；如果殺人者不死，傷人者不刑，是所謂「惠暴而寬賊」。天下焉得不亂。

所謂「治則刑重，亂則刑輕」，是說刑重則治，刑輕則亂。刑之重輕是因不是果。尙書之謂「刑世重世輕」，是就歷史而言—治世每因刑之漸寬漸弛而亂；亂世則每因刑漸嚴漸張而返治。刑之重輕與治亂之間，不但以前者爲因，而且是相因相果的。荀子因戰國之亂而作此強調，更是「重刑」以輔禮樂的論證。

至於節略部份「世俗之說」：「治古無肉刑，而有象刑」，乃謂古之治世多以「象(徵)刑之寬」取代「肉刑之嚴」，故以爲刑宜輕。荀子則以爲「重刑」的結果是「刑措而不用」，連「象刑」都沒有必要；這種「愛人以德」的「嚴」，自然比煦煦其仁的「寬」好得多，所以才有以上的說帖。

第⑵則更進一步詮釋「刑當罪」的正面效應，而並舉爵賞的效應，強調刑賞的相同重要與相輔相成的重要。刑當罪，則其刑必威於民，不當罪則無論過不及，其刑必輕於民。這種效應與爵之貴賤道理是相同的。所以古人爲政，絕不肯刑過於罪或爵過於德。所以有殺其父而爵其子，殺其兄而爵其弟的史例，就證明了施刑不以怒，更不可遷怒其所親。鯀有罪則宜「殛」之；禹有功則宜爵之；管叔叛國則宜殺之，康叔有功則宜封之。如果因鯀而遷怒於其子，則禹之功不可得，無以勸天下之立功；如果因管叔之叛，而疑康叔，則同樣不能勸天下之忠。所以是「刑罰不怒罪，爵賞不踰德」的具體；君臣之間，各「以其誠」相通於「分」之所當然，以申政信，以正是非，而不至離心離德。乃使天下之爲善者獲得鼓舞；也必然會嚇阻罪惡的一切，而使刑罰罕施，甚至不施而威行如流水。政令之當之明，更使治化之平易如神。這是繼「知道、知人」之後所不可不知的刑殺之道。

三、持國之道——以下是他的治術：

㈠能群「四統」——這是治術的開始，他說：

「……。君者何也？曰：能群也。能群也者，何也？曰：善生養人者也；善班（平）治人者也；善顯設（器使）人者也；善藩飾（賞慶）人者也。善生養人者人親之，善班治人者人安之，善顯設人者人樂之，善藩飾人者人榮之；四統者俱而天下歸之，夫是之謂能群。不能生養人者，人不親也；不能班治人者，人不安也；不能顯設人者，人不樂也；不能藩飾人者，人不榮也；四統者亡而天下去之，夫是之謂匹夫。故曰：道存則國存，道亡則國亡。」（君道）

以上所謂「道」是人君治國之術。「道」的內容便是能群的「四統」，理由是：善治民生之養之君，群衆必親之；善於治平（社會）之君，群衆必安之；善於因才器使之君，群衆必樂從之；善於獎飾人才之君，群衆必以名器爲榮；四統俱備，能與四統同在者，天下必歸之，便是「能群之君」。反之，失四統者，天下必去之，那只是「匹夫」而不是人君。前者將因治國之道存而國存，後者則因其道亡而國亡！

關於四統的具體內容，他說：

「省工賈，衆農夫，禁盜賊，除姦邪，……是所以生養之也。天子三公，諸侯一相，大夫擅官，士保職，莫不法度而公……是所以班治之也。論德而定次，量能而授官，皆使人載其事而各得其宜；上賢使之爲三公，次賢使之爲諸侯，下賢使之爲士大夫，……是所以顯設之也。修冠弁衣裳黼黻文章雕琢刻鏤皆有等差，……是所以藩飾之也。故由天子至於庶人也，莫不騁其能，得其志，安樂其事，是所同也；衣煖而食充，居安而游樂，事時制明而用足，是又所同也。若夫重色而成文章，重味而成珍備，是所衍(延伸)也。聖王財(裁)衍以明辨異(上下)，上以飾賢良，下以飾長幼而明親疏……，天下曉然皆知其非以爲異也，將以明分達治而保萬世也。故天子諸侯無靡費之用，士大夫無流淫之行，百吏官人無怠慢之事，眾庶百姓無姦怪之俗無盜賊之罪，其能以稱義徧矣。故曰：治則衍及百姓，亂則不足及王公，此之謂也。」(君道)

他的「生養」條目，是以經濟運作使民樂業，而以治安措施使民安居。而不是「垂事養民」的福利社會。是徹底的長治久安，而不是「邀譽於姦民」的政治「秀」。這是他重農而強力禁盜鋤姦的民生政策。他的「班治」條目，是以嚴格而負責的分工與分層任事，以建立原則化，制度化、合理化的政治秩序，使民安樂於公正公平而紀律嚴明的統治。自天子至大夫，皆居於「使人爲之」的定位，分別向天下大事，或國之大事，或地方百業之政策，政務或事務之指揮監督負其責任。而「士之保職」條目，則爲見於行事的執行工作。縱橫上下的分工有別，各專其責；更重要的條目是，上下之間的統治戒律—「法度而公」，一切皆以制度法令爲依據，皆以公正公平爲原則而絕無例外。這是原則性的政策，是落實政令的前提，也是可以防止腐化貪墨的政治保健。「顯設」的條目，是以榮譽制度突顯爵祿報酬與人才的結合，用以鼓舞賢能，激勵天下。這種制度(闡詳「制度論」)的重點是「譎(論)德」與「量能」的分等，而以各任其事，各得其宜的任使爲中心的人事政策。「顯設」的條目，是以獎飾慶賞制度，突顯政治及社會地位的分等—所有衣帽服裝車馬乃至器物，皆依官等加以式樣、顏色、文繡、雕刻、裝飾的區別；并依勳獎制度加官晉爵或異其服飾車馬隨從及禮儀等等，使知官爵尊卑之重，而忠於職守；亦使百姓知名器之重，敬爵而尊賢；并使在野之士見賢而思齊。這是他的人事政策的又一面。所以在「四統」之下，上自天子下至庶民，無不各騁所能，各得其所志，各樂其事業；同等的賢能，必得同等的報酬與榮譽。無倖進之官，無不平之事，光榮快樂皆屬於正人君子。在社會方面，衣食之溫飽，居之安，游之樂，施政以時，制度合理而財用無不足；凡屬同等的「樸力」，必享同等的滿足；無失常之政，亦無偷惰之民。此外，人君的「貴賤與奪」之權的裁量，還可以作「四統」之延伸(衍)—以「重色」而成錦繡衣帽，或以「重味」而成的珍備宴享為分別上下的差等；上加獎飾於賢良，下加獎飾於家庭之長幼親疏，都有順位的差別，使朝野共知這種差等不是為貴賤尊卑而設，而是為了昭明分際之義，禮義之序以達成王者之治。

最後他提出「四統」的政治效應—貴為天子諸侯，也不敢有奢侈浪費的揮霍；士大夫不敢有放浪形骸的行徑；其他官吏更不敢有怠慢職務的行事；民間則無邪惡怪異風俗，無人膺盜賊之罰，可以說禮義之治遍及於天下。所以說：這種統「治」的效應，必然由上而下而使全國皆治；即使得其反，至少還有王公階級不會亂，還有撥亂反正的機會，而不至天下皆惑。

㈡「大形」之術

荀子的治國思想，是講究方法與效果的，治國之術自然在內，以其繁多，只好留在操術論中專章闡明，此處則擇要加以引申。所以在能群四統之後，更以「政教之極」，介紹他的另一治術。他說：

「至道大形—隆禮至(重)法則國有常，尚賢使能則民知方，纂論公察則民不疑，賞克(勉)罰偷

(惰)則民不怠，兼聽齊明則天下歸之；然後明分職，序事業，材技、官能，莫不治理，則公道達而私門塞矣，公義明而私事息矣。」(君道)

他以「至道大形」強調此術之重要與精微，因爲這是治道的極致，故曰「至道」；「天下從之如一體，如四肢之從也」，故曰「大形」。他的方法有五種：⑴隆禮重法，⑵尚賢使能，⑶篡論公察，⑷賞克(勉)罰偷，⑸兼聽齊明。這是致道，行道的五大原則。國君的政權運作循此延伸；先使國家「有常」—有禮義至上，刑政至上的大秩序，使百姓在人才政府的統治之下，皆知舉手投足必有義方；更要立論公正，察辨必公以立誠信；使百姓信賴而敬畏政府，在賞勤罰惰制度之下，不敢游手好閒，「白吃午餐」。而兼聽之明與大齊之治，更可使天下歸心於仁政。然後關於政府百官的分職，社會百業的分工，論技以材，論官以能，都得到合理有效的治理，使公正之道暢通無阻，而私謁賄賂之門自然閉塞；處處講公義，公門之內自然不會有私事。於是便有以下的絕對效應：

「如是，則德厚者進而佞說(悅)者止，貪利者退而廉節者起。書曰：『先時者殺無赦，不逮時者殺無赦。』人習其事而固(不移)，人之百事如耳目鼻口之不可以相借官也；故職分而民不慢；次定而序不亂，兼聽齊明而百事不留。如是，則臣下百吏至於庶人莫不脩己而後敢安止，誠能而後敢受職；百姓易俗，小人變心，姦怪之屬莫不反愨，夫是之謂政教之極。故天子不視而見，不聽而聰，不慮而知，不動而功，塊然獨坐而天下從之如一體，如四胑(肢)之從心，夫是之謂大形。」(君道)

他認爲爲政的效應是漸進的，多層次的，連鎖的。從五大原則的貫徹而得到「公道達而私門塞，公義明而私事息」的初步效應之後，便能得到第二層次的效應—德厚君子得進其身，而佞悅小人自然止步；貪利之徒皆被斥退，而廉能有節之士自然及時興起。所引夏書胤征篇的一段話，更強調政令之嚴，刑罰之必—行事不待命而先時者必殺無赦，奉命而不能及時完成者必殺無赦。分職分工是固定的，使人人安習其事，而能駕輕就熟；而百官百工之間，更有如五官之各有其功能，而責無旁貸。所以分工之後，百姓便不敢怠慢或旁騖；倫理順位確定之後，秩序更不會紊亂；聽政無不聰，見事無不明之後，自然今日事今日畢，而不至積壓滯留。之後，他又以「如是……」的表達形式，申述第三層次的效應—舉國上下無人不脩身量能而後敢受職；人人脩身而量能，風俗自然因而改變，使小人莫不變心以嚮於君子，姦怪之徒莫不回歸於忠厚，自然是無以復加的「政教之極」。再進一步的連鎖效應，便是「塊然獨坐而天下從」的無爲而治了。所以他的「政教之極」，「至道大形」都是無爲而治的境界。不過他的無爲，還有術的問題，而必須經由「至約」之治，而入於治道之微，以下將分論之。

(三)「至約」之治

他的政「治」界說是「少而理曰治」(修身)。所以主張「至約」之治。他說：

(1)「……故治國有道，人主有職。若夫貫(累)日而治詳，一日而曲(周)列(別)，是所使夫百吏官人爲也……若夫論一相以兼率之，使臣下莫不宿(止)道鄉(嚮)方而務，是人主之職也。若是則一天下，名配堯、舜。之主者，守至約而詳，事至佚而功，垂衣裳不下簟席之上，而海內之人

莫不願得以爲帝王。夫是之謂至約，樂莫大焉。」（王霸）

(2)「主道治近不治遠，治明不治幽，治一不治二。主能治近則遠者理，主能治明則幽者化，主能當一則百事正。夫兼聽天下，日有餘而治不足者，如是也，是治之極也。既能治近，又務治遠；既能治明，又務見幽；既能當一，又務正百；是過者也，過猶不及也……不能治近，又務治遠，不能察明，又務見幽，不能當一，又務正百，是悖者也。……故明主好要，而闇主好詳。主好要則百事詳，主好詳則百事荒。」（王霸）

以上所舉，前者是「守約」而不「治詳」，後者是「治近而不治遠」。他以爲明君必須得「百樂」於「先治其國」；如果急於逐樂而緩於治國，則憂患無窮。但「先治」必以其道，人主必守其職。其道在使百官分事以治詳，并曲盡其治於一日，而不可越俎代庖，事必躬親；其職則在於「論一相」以統百官；相賢能，百官自然皆止於「道」鄉於「方」以務其事，這種以分工之「約」得合作之「詳」的方法，自然會得到「事至佚而功……」的系列效應，這就是「至約」之治，而且其樂無窮。

關於「治近不治遠……」，是「治約不治詳」的引申，也是他的註腳。他把國事─天下事約分爲骨牌效應的第一張牌的操縱。「近」的後面有許多「遠」的；「明」的後面也有許多「幽」的；「一」的後面自有許多「百」的，只要推倒第一張牌，後面再多的牌也必然應聲而倒。反之，如果以一人之知之力之時而兼治遠近、明幽以及無數的「百事」，必然會「過猶不及」；如不能治近而務其遠……，不能當一又務其百，更是不可能的荒謬。所以他的斷語是：明主好執要，闇主好躬親，其結果是務要者「百事詳」，務詳者「百事荒」。因爲務詳則力不及而百官怠於負責；務要則日有餘力，而百吏奉職，自然天下不足治；所以說「治之極也」。這是他的「至約」之治，也是執簡御繁之術。

(四)「至平」之治

他的至平之治，是落實於人君之誠信公平，好禮尙賢。他說：

(1)「合符節，別契券者，所以爲信也；上好權謀，則臣下百吏誕詐之人乘是而後欺。探籌投鉤者，所以爲公也；上好曲私，則臣下百吏乘是而後偏；衡石稱懸者，所以爲平也；上好傾(反)覆，則臣下乘是而後險……上好貪利，則臣下乘是而後豐取刻與以無度取於民。……」(君道)

(2)「人主之患，不在乎不言用賢，而在乎不誠必用賢。夫言用賢者，口也；卻賢者，行也；口行相反，而欲賢者之至，不肖之退也，不亦難乎？夫耀蟬者，務在明其火振其樹而已。火不明，雖振其樹無益也。今主能明其德者，則天下歸之若蟬之歸明火也」(致士)

(3)「君子者，治之原也，官人守數，君子養原。原清則流清，原濁則流濁。故上好禮義，尚賢使能無貪利之心，則下亦將綦辭讓，致忠信，而謹於臣子矣。如是則雖在小民，不待合符節別契券而信，不待探籌投鉤而公，不待衡石稱懸而平……故賞不用而民勸，罰不用而民服，有司不勞而事治，政令不煩而俗美……故藉斂忘豐，事業忘勞，寇難忘死，城郭不待飾而固…敵國不待服而詘，四海之民不待令而一，夫是之謂至平。」(君道)

(4)「夫貴爲天子，富有天下是人情之所同欲也，然則從人之欲，則埶(勢)不能容，物不能贍也。

故先王案爲之制禮義以分之，……皆使人載其事而各得其宜，然後使穀祿多少厚薄之(有)稱，……故仁人在上，則農以力盡田，賈以察盡財，百工以巧盡械器，士大夫以上至於公侯莫不以仁厚知能盡官職，夫是之謂至平」(榮辱)

以上第⑴⑵兩則，前者說明古代的「符節」與「契約」制度，都爲了驗合誠信而存在。如果不重誠信而好權謀，則心術不正的官吏，必然乘機欺詐百姓。掣籤決定先後，擲錢以卜勝負的民俗，以及度量衡制度，也都爲了公平而設立。由於上好「曲私」，官吏必然偏頗不公，上下其手；上如「貪利」，官吏必然乘機剋扣剝削於民。所以臨民必須以誠信公平爲起點。後者是說，人主的通病，在於言用賢於「口」，而「卻(排斥)賢」於「行」，表裡不一，不誠無物，自然不可能至賢者而退不肖。果能明其德如火之耀蟬，則得衆得賢之效應，亦必如蟬之歸明火。誠信之德的重要，可想而知。

第⑶⑷兩則皆爲「至平」的註腳。前者說明誠信之道，在於「養原」，道理是「原清則流清」。養原的具體是「上好禮義」以倡之，「尙賢使能」以踐之，「無貪利之心」以立一切。由於源流的效應，辭讓忠信乃至於人臣之道，必然皆詳於人心。而風行於民間。這種君子之風所偃之處，必使上下貴賤都不假符節契約而能一諾千金，不假探籌投鉤而無不公，不假度量衡器，而無不平。所以百姓不待「慶賞」，而自知相勉於守分敬業；不用「刑罰」，而自知遵守政令；官吏不勞，百事皆治，施政不煩，風俗自美。甚至負擔極重的租稅，不覺痛苦；再多的勞動征調，也不覺辛苦；爲了盜賊國難，連生死都忘記。因爲在誠信好禮的明君統治之下，在賢能百官奉職之下，大家只知道共同爲社會、國家公而忘私，而忘記眼前的犧牲，所以能達到「至平」的境界，—使城郭必堅，兵刃必勁，敵國必屈，而四海之民自然歸統於一尊。後者則強調各當「禮義之分」，乃得「至平」之平。

㈤治道之微

以下將以更進一步論治道之「微」，爲「無爲」之治鋪路，他說：

「空石之中有人焉，其名曰觙。其爲人也，善射（策）以好思。耳目之欲接，則敗其思；蚊蝱之聲聞，則挫（損）其精。是以闢耳目之欲，而遠蚊蝱之聲，閑居靜思則通。思仁若是，可謂微乎？孟子惡敗而出妻，可謂能自彊矣；有子惡臥而焠掌，可謂能自忍矣；未及好也。闢耳目之欲，可謂能自彊矣，未及思也。蚊蝱之聲聞則挫其精，可謂危矣；未可謂微也。夫微者至人也。至人也何彊！何忍！何危！故濁明外景，清明內景。聖人縱（從）其欲，兼其情，而制焉者理矣；……故仁者之行道也，無爲也；聖人之行道也，無彊也……。」（解蔽）

他在以上寓言中設問：如果人的「思仁」能像觙的「閑居靜思則通」，是否可謂已達精微之境！他的答案則舉孟子的「出妻」，有若之「焠掌」爲例，說明觙之能「闢耳目之欲」以思，只能說是善「自彊」，還談不上「好」的境界；「遠蚊蝱之聲」，也只能說是善「自忍」或是善「自危」，也說不上「思」的境界；二者都談不上「微」。因爲聖人的境界是「清明」的「內景」，遠高於濁明的「外景」；清明的內在，是不假自強、自忍或自危，而無慮不得的「內聖」，而以「兼盡其情而制焉」的「外王」之術行其道；所以說：「仁者之行道」，是「無爲」的「無彊」的。這是治道的入微。

㈥無為而無不為

以下將繼上述「仁者之行道也，無爲也」申論「不自爲」的無爲與「使人爲之」的無不爲。他說：

(1)「人主者，以官人爲能者也；匹夫者，以自能爲能者也。人主得使人爲之，匹夫則無所移（旁貸）之。……今以一人兼聽天下，日有餘而治不足者，使人爲之也。……以是縣（懸衡）天下，一四海，何故必自爲之？爲之者，役夫之道也。」

(2)「論德使能而官施之者，聖王之道也，儒（相）之所謹守也。傳曰：農分田而耕，賈分貨而販，百工分事而勸，士大夫分職而聽，建國諸侯之君分土而守，三公總方而議；則天子共（恭）己而已矣！」

(3)「故君人者，立隆政本朝而當，所使要百事者，誠仁人也，則身佚而國治，功大而名美，上可以王，下可以霸。……非仁人也，則身勞而國亂，功廢而名辱，社稷必危，是人君之樞機也。故能當一人而天下取，失當一人而社稷危。不能當一人而能當十人百人者，說無之有也。既能當一人，則身有何勞而爲，垂衣裳而天下定。故湯用伊尹，文王用呂尚，武王用召公，成王用周公旦。……齊桓公……於天下不見謂脩，然九合諸侯，一匡天下爲五伯長，是亦無他故焉，知一政於管仲也……。」

(4)「……制度以陳，政令以挾（浹）；官人失要則死，公侯失禮則幽（囚），四方之國有侈（誃）離（麗）之德則必滅。」（以上均詳王霸）

荀子的「無爲」思想，不是絕對的，更不是兩漢初期文景之間的黃老之治。他的無爲而治是「不自爲」而「使人爲之」的無爲而無不爲；是君無爲而相有爲，百官有爲的執簡御繁。所以上錄第(1)則首明爲人主的職能是「官人」，是知人善任以使人，而不是如匹夫之以「自能爲能」。因爲人主之「勢」得使人爲之，而匹夫則無勢以使人，他的「自能爲能」是不得已的。人主之能兼聽天下而日有餘力餘暇，而天下不足治者，就因爲他擁有君臨一切的權柄，其勢足以「使」人以爲治，足以懸衡於天下，寧壹於四海。如果不知使人以「守約」，必以自爲於「治詳」，那只是匹夫之道，而不足爲人君。這是他從制度功能，組織功能上論「無爲」之理所當然。所以在第(2)則指出「聖王之道」，在「論德使能而官施之」。是古今聖王爲政的圭臬，更是相臣之「儒」所應「謹守」的分工原則。分工之要在區分合理，更在於「德」的普遍要求與「能」的分級要求，分職要求。因此而有農工商的社會分工，士大夫諸侯三公的政治分工；而天子則當如論語衛靈公篇之謂「夫何爲哉！恭己正南面而已矣！」分工而得人，自可無爲而治。

但是他的所謂「共己」，並非無所事事，而是還有更重要的保留—除了所謂「論一相，陳一法、明一旨……以觀其盛(成)」(王霸)之外，還有第(3)(4)兩則所舉的無爲之爲。前者的前段是強調人君恭己南面的兩件大事：一是「立隆正」必當於本朝；一是所使「要百事者」必須是「仁人」。兩者都是關係成敗安危的樞機，更是能否恭己無爲，「垂衣裳而天下定」的關鍵。因爲「立隆正」就是所謂「立國有制」的大法，是昭大信於內外的根本措施，更是執大政的相臣所秉承的宏規。這種憲章制度是客觀的存在，是爲政的綱紀，可以制限帝王的專制，相臣的濫權，以及佞臣的竊弄，也是國家社會公是公非之所繫。它的重要，無殊於人治的良相；故所立的大政方針必須是適切於立國精神與時代背景的「隆正」。至於綜理「百事」的宰相，尤非「仁人」莫屬。因爲他的「仁人」，是下文所指「法先王，統禮義，一制度，以淺持博，以古持今，以一持萬……舉統類而應之，無所疑怍；張法而度之，則晻然若合符節」的大儒；因爲他說過「大儒者，天子三公也」。得此大儒爲相，乃能「垂衣裳而天下定」，所謂「當一人而天下取」；乃能如殷周之得伊、呂，才是可能的「無爲」；否則必然放心不下，就不能「無爲」而治了。

後段則繼續強調相臣與「無爲」密不可分的另一因素——「用相」問題。他以爲得良相，誠然足以「調一天下」以貫徹其「守至約而治至詳」的原則。但人君之「知」否、能否「一政」於良相如湯之用伊尹、周之用太公、或如桓公之一政於管仲，顯然尤其重要。所以說「故古人之有大功名者，必道是者也；喪其國危其身者，必反是者也。」(王霸)。所以又引孔子的話說：「知者之知，固以(已)多矣，有(又)以守少(約)，能無察乎？愚者之知，固以(已)少矣，有(又)以守多(詳)，能無狂(悖)乎？(王霸)」。這是歷史公例之一——明君必多智而守「約」，闇君必寡智而守「詳」，其安危治亂的效應也是必然的。前者因「一政」之專信，使良相「易與爲力」；能以君臨天下之勢，委於「一政」之「約」。後者則因自用而狂悖於「自爲」之詳。知「一政」之「約」者，乃使有能之「相」得以無不爲之爲而爲盡其「詳」，故能「共(拱)己貫日而治平」，所謂「南面而立萬事備」(成相)。反是者，寡智而務「詳」，自不免狂悖以喪其國，以危其身；縱有伊、呂、管仲，也是枉然。由此可知，他所反覆致意的「垂共」、「垂衣裳」的「無爲」，一方面是「尙賢」思想的衍化，使良相得專其任，申其賢；另一方面則爲專制傾向的謹防，不希望君權太過集中，更不希望傳統的相權被忽視、被侵奪；是消極的防亂，更是積極的治亂以觀盛世之術。

第⑷則更是人君「一政」於相臣之後，關於監督權的列舉—第一是所謂「官人失要則死」，其義有三：①「官人」是指具有進退黜陟權貴的大官。②所謂「失要」是指其重要典守的重大過失。因爲服官之「要」，在於典守其職，所以「要」是職守，也是職守之「要」。③禮記所謂「百官廢職服大刑」，已經包括「甲兵」之討與「斧鉞」之誅。大臣職重，其影響尤大，故凡有重大過失，必須處以絕對的「死」刑。第二是所謂「公侯失禮則幽」，是說三公諸侯失君臣之禮者，必須加以囚禁。因爲「國無禮不正」(王霸)，而「君君臣臣」更是綱常之首，而不可不嚴其罰。第三所謂「四方之國有侈離之德」者，是指四夷之「不廷」或「禮樂不一」而言。二者皆爲「賓服」之反，離心背叛的具體，所以不可不以「甲兵」之討滅其國。王制所謂「諸侯俗反」，自然更不在話下。以上列舉都是荀子嚴刑原則的貫徹；而且是反對「刑不上大夫」的強調。三者之中，或爲防止統治機能的腐化，或爲防止禮治的靡弛，或爲防止「大一統」的解體。前者爲「令行禁止」的基礎；後二者則爲「禮樂征伐出於天子」的大原則；都是不容忽視，不可旁貸的大政；正之所以「正紀綱」，所以「一天下」。反之，則紀綱必墜，天下必失。所以是必要的保留。於是，他的治國模式—有不專屬於貴族的封建分治，有良好的制度揭櫫，有健全的人才政府，有典型的良相三公，有大政隆高的確立，有至約至平的治術，有周延可必的政令，有針對亂世的重刑；更有突顯開明的「無為」境界。

第三節　良相之輔國

本章應闡之大綱，凡君國君相之大經以及人君之持國，已如前述；本節將論相臣之輔國，而以賢能、相權及遇合之盛為重心。茲分闡如次：

一、相之賢能

(一)仁智之資

荀子以為，古今人主皆有「三欲」「三惡」，而趨避之道莫便於相臣之賢，而不可不兼仁智之達德；他說：

(1)「為人主者莫不欲彊而惡弱，欲安而惡危，欲榮而惡辱。此禹、桀之所同也。要此三欲，辟此三惡，果何道而便？曰：在愼取相，道莫便是矣。故知而不仁，不可；仁而不知，不可；既知且仁，是人主之寶也，而王霸之佐也。……無其人而幸其功，愚莫大焉。」(君道)

(2)「故尚賢使能，則主尊下安；貴賤有等，則令行而不流；親疏有分，則施行而不悖，長幼有序，則事業捷成而有所休。故仁者仁此者也；義者，分此者也；節者，死生此者也；忠者，惇愼此者也；兼此而能之備矣，備而不矜……謂之聖。」(君子)

(3)「……故君子之於禮，敬而安之；其於事也，徑而不失；其於人也，寡怨寬裕而無阿(曲從)；其所爲身也，謹修飾而不危(詭於義)；其應變故也，齊給便捷而不惑；其於天地萬物也，不務說其所以然而致善用其材；其於百官之事，技藝之人也，不與爭能而致善用其功；其事上也，忠順而不懈；其使下也，均徧而不偏；其交遊也，緣類而有義。是故窮則必有名，達則必有功，仁厚兼覆天下而不閔(從外傳作窮)，明達用天地理萬變而不疑；血氣和平，志意廣大，行義塞於天地之間，仁知之極也……。」(君道)

以上第(1)則說明相之功能在於輔君以趨「三欲」，而避「三惡」。欲國之強，欲國之安，欲主之榮，最好最便捷的途徑，莫過於「愼取相」。「愼」之故，是因爲事關國之強弱安危與人主的榮辱，得其人則可致「三欲」，失其人則不能避「三惡」。所以必須謹愼加以選擇，而「仁智」便是選擇的標準。由於相臣是人君授權「一政」的對象，當然要以「知」(智)爲第一順位。但王者之政，是以愛民爲前提，不仁則不知愛民，所以徒智而不仁不可；更因爲不智則不能愛民，所以徒仁而不智亦不可，必須是仁智兼資的相臣，才是人主之寶，才是王者或霸者之佐。不得其人而想倖得王霸之功，自然是愚不可及的想法。

第(2)(3)則是「仁」與「知」的詮釋。前者強調聖者四德，皆爲政治倫理、社會倫理而存，而以

「仁」爲首。仁的具體即爲尙賢使能，貴賤有等，親疏有分，長幼有序，而不伐其善。後者則論「仁智之極」，其涵義有三：第一、所謂「仁知」，先有修身學禮的基本修養—主敬於禮，安習於禮，修飭言行而不違於義理；所謂「於禮，敬而安之」；「其所爲身也，謹修飾而不危」。第二、對人的「仁」，須能仁愛不爭，寬厚不阿，忠順不偏，交遊有義。—人際之間，一般的待人接物必以從寬從厚爲原則，力求減少嫌怨。但寬仁，也要堅持正義的立場，不可曲從於世俗之見；所謂「寡怨寬裕而無阿」。對於僚屬百工必須不爭能，而善用其所能於事功；更不可嫉賢妒能；所謂「不與爭能而致善用其功」。對於君國，必須忠貞不貳；對於長官，必須循法循命，而且要終始如一，歷久不懈；必要時更要做到「從道不從君」的「通忠而順」（另詳第三目）。所謂「其事上也，忠順而不懈」。對於僚屬之相使、厚薄輕重、賞罰之間，都要心平如稱一視同仁無稍偏頗；所謂「其使下也，均徧而不偏」。對於師友，須能從類而聚，而能相責以義—所謂「緣類而有義」。第三、對事的「知」（智），須能遊刃有餘，無失無惑—凡事都要「成竹在胸」，如道之取直，而不會迷失；對於應變於卒然之間，更要研判迅速，從容不惑；對於生活資源的萬物，更要知「所不爲」，知「所不慮」，不浪費於理論的思考，而善加應用於現實；所謂「從而不失」，「齊給便捷而不惑」，所謂「不務說其所以然，而致善用其材」。所以能達則兼善天下，以必其功；窮則獨善其身，以安其名；仁厚兼施於天下而能無窮無盡；其明達足以用天地，理萬變而不窮其智；更有心氣和平，浩然廣大，不朽的行誼，充塞宇宙的境界。這就是「仁知之極」。

㈡上勇之德

荀子論勇，不是衝鋒陷陣之勇，更不是匹夫之勇；而是道德之勇，爲達智行仁之勇。以下是他的道德角度：

「有上勇者，有中勇者，有下勇者—天下有中(中道也)，敢直其身；先王有道，敢行其意；上不循於亂世之君，下不俗於亂世之民；仁之所在無貧窮，仁之所亡無富貴；天下知之，則欲與天下共樂之，天下不知之，則傀(魂)然獨立天地之間而不畏；是上勇也。禮(體)恭而意儉(節)，大齊信焉，而輕貨財；賢者敢推而尚之，不肖者敢援而廢之；是中勇也。輕身而重貨，恬禍而廣解苟免；不恤是非然不然之情，以期勝人爲意；是下勇也。」(性惡)

以上所論，爲勇者三品。所謂「上勇」—指敢於挺身衛道，敢於行道、體道而行其意的道德勇氣。代表禮義的「中」，是爲天地立心，爲生民立命的中道；是先王之道，更是中道的具體典制。前者必須有人敢於挺身衛道，使爲亂君亂民所不便的理論體系，倫理精神，不因「亂」而隳。後者爲政治的實際施設，更要有人敢於不循亂君之命，不苟同於亂世亂民之流俗，而篤行貫徹之，政治才有希望。但這種勇者，必須能夠不怕死，不怕貧窮，不怕失去富貴。面對亂君亂民，必須無視於打壓，無視於暴力。爲了「仁」，還要不怕被排擠，處貧窮；求「仁」不得，更能不惜棄富貴掛冠而去；甚至不惜一死。一旦「天下知其賢」而大用之，要能同天下之樂，而不敢先，不敢異。不遇其君，便要貧賤不移其志，獨立特行盡其在我，而無懼任何的毀傷，所謂「在本朝則美政，在下位則美俗」。所以說這是最難能的「上勇」。

所謂「中勇」─體恭敬而以中節爲貴，不因曲從而僭禮；重忠信，而輕財貨，不以財貨失忠信之守；知賢而敢舉於高位，知不肖而敢謫其過廢其職。這一切的高難度雖不及「上勇」，但是中節於禮的堅持，舍財貨重忠信的堅持，仍然要有相當的道德勇氣。善善而能進，惡惡而能去的堅持，更需要足以排拒壓力，無懼報復的勇氣；破格的「推而尙之」，尤其需要更磅礴的大氣。能戰勝嫉賢妒能的潛在意識與周遭的小人，已經很不容易；舉賢而大用，豈是常人所能及，這是非常接近「上勇」的勇者，但荀子視爲「中勇」。

至於「下勇」的貪夫殉財，已經不足爲訓；恬然於死卻滿懷僥倖之心；置是非然否之正義事實於不顧，只爲勝負而鬥，這種低格調的勇，盲目的勇；自然都是不及格的下品。

以上的「上勇」，很顯然明指天子三公的大儒之德，不具這種道德勇氣，便不可能發揮宰輔的功能，更談不上「覆君」「調君」，「兼覆天下」的相業。這是王者之佐不可或無的「上勇」；缺少它，「仁智」都毫無意義。至於「中勇」，可能指不得已而求其次的霸者之輔。因爲霸業同樣不可無良相，尤其荀子所主的霸者(詳制度論)，與王者同爲正義的象徵，他的相臣同樣需要相當的道德勇氣支持他的仁智；推賢而尙能的美德，更有無上的意義。所以爲相之賢，不可無道德之勇。

㈢君子之長

由於相臣之必須綜理百事，輔弼萬機，所以必須是通才。以下所申之義─君子之所長，便是通才的要求，他說：

「君子之所謂賢者，非能徧能人之所能之謂也；君子之所謂知者，非能徧知人之所知之謂也；君子之所謂辯者，非能徧辯人之所辯之謂也；君子之所謂察者，非能徧察人之所察之謂也；有所止矣。……若夫……量能而授官，使賢不肖皆得其位，能不能皆得其官，萬物得其宜，事變得其應，愼、墨不得進其談，惠施、鄧析不敢竄其察。言必當理，事必當務，是然後君子之所長也。」（儒效）

以上所稱「君子」，仍指相臣的人選。蓋謂相臣之賢，當然包括有才「能」，有「智」慧、能「辯」、能「察」，但他不是萬能之賢，更不是遍能一切，遍知一切，遍辯遍察一切之「賢」，而是知「止」於相臣之職，綜理大政的一切，而「止」於至善之賢。所以相臣之長，也是相職所需求的──賢不肖皆得其應得之位，能不能皆得其應得之官，萬物皆得其生其用之宜，卒然而來的橫逆災異，皆得最宜最捷的因應；使愼到、墨翟不得罅隙而進其談說；惠施、鄧析不敢以所見改變其察辨，而做到凡所言，必曲當於理，凡所事，必曲當於務。重要的是「譎德而定次，量能而授官」。論德而宜，授位必當；量能而宜，授官必賢，乃有其後的連鎖效應。而所言所事自然無懈可擊，這才是宰輔之賢，君子之所長。

(四)輔佐之材

以上所論，係以德爲主，能次之。以下將論相臣之材，則以認「知」之辨爲主，故於君道之末，論人君因材器使之道中以為，卿相之材在於「知」八事；他說：

「材人……知隆禮義之為尊君也，知好士之為美名也，知愛民之為安國也，知有常法之為一俗也，知尚賢使能之為長功也，知務本禁末之為多材（財）也，知無與下爭小利之為便於事也，知明制度權物稱用之不為拘泥也，是卿相輔佐之材也……。」（君道）

所謂「材人」，是以匠人之用材喻人君之用人，原則是大材則大用，小材則小用，所以分三類而論之。除了第一、二兩類之「官人使吏之材」及「士大夫官師之材」從略之外，第三類便是論大用之材─「卿相輔佐之材」。他以為，由於取相之後，即將「一政」於相，欲其一柱擎天，故非大材而不可。他所列舉的八「知」，即為缺一不可的材質。第一種「知」是，「隆禮義」的認「知」─致隆盛於「禮義」，是為了君位必須高尊於一切。因為君為國家之象徵，統治高權之所寄，君尊乃得「臨之以勢」，以求「正理平治」，所謂「重色而衣之，重味而食之，重財物而制之，合天下而君之，飲食甚厚，聲樂甚大，臺榭甚高，園囿甚廣……而天子之禮制如是也。」（王霸）。所以在禮論篇更有許多關於天子之禮，舉凡體、鼻、耳、目，乃至象徵神聖威嚴的種種儀飾，都為了尊君的禮教而設（另詳禮樂論）。因為人之性惡，不知隆禮，便不知尊君，便不知重名分以養生死之節；不知出費用立制度以養貨殖之財；不知恭敬辭讓，以養無亂之安；不知重文理節淫亂，以養耳目聲色之情（欲）。可見欲歸於治，必須「尊君」，尊君則必「隆禮義」。禮義隆乃有君師之尊，乃有師法之化，禮義之導，所謂「隆禮義者，其國治」（議兵）。所以為相必知「隆禮義之為尊君」。

第二種「知」是，「好士」的認知，宜與第三種「愛民」之認知並申之。前者所謂「士」是指人才而言，尤其是高職等的人才。「人才決定一切」，應是政治社會不易的公例；在主張「有治人無治法」的荀子眼裡，更是絕對的。天子王天下的仁政，霸者伯一方的美政，乃至諸侯之強者的善政，都來自人才，更來自相臣的人才。所謂好士之爲「美名」，就是荀子喜歡強調的「仁人之所務白」，「名聲若日月，功績如天地」（王霸）；就是功業之盛，名滿天下的意思。這種「美名」，自然由「好士」而來，舍此別無他途。是故爲相必知「好士」，而且要如周公之好士，所謂「吾僅得三士焉，以正吾身，以定天下」（堯問）。周公能越踰而見至賤之士於百人千人之中，故「士至而後見物，然後知其是非之所在……是以天下之紀不息，文章不廢」（堯問）；然後功名白於天下。所以爲相不可不知「好士之爲美名」。後者之所謂「愛民」，是指愛民以「治」的愛。他以爲，愛民必須與共治國之「百樂」，他說：

「國危則無樂君，國安則無憂民。亂則國危，治則國安。……夫人之情，目欲綦色，耳欲綦聲，口欲綦味，鼻欲綦臭，心欲綦佚……此五綦者，人情所必不免也。養五綦者有具，無其具，則五綦不可得而致也，萬乘之國可謂廣大富厚矣，加有治辨（平）彊國之道焉，若是則恬愉而無患難矣，然後養五綦之具具也。故百樂者生於治國者也。……故明君者，必將先治其國然後百樂在其中。」（王霸）

所以他主張「治國」才是根本的愛民，徹底的愛民；治平之國，才有民生，才有良好的政治秩序，才有尊嚴的歡樂。另一方面，由於國治則民安，民安則君安國安，更由於「政脩則民親其上，樂其君，而輕爲之死」（議兵），國家自然由強而安。所以爲相必知「愛民之爲安國」。綜上三知，可知他的治國理念是一貫的—隆禮所以尊君，尊君所以爲治，治來自君子「好士」；好「好法(禮)而行」之士，所以隆禮義；隆禮義所以治國，治國所以愛民；愛民則國強、國安以得美名。所謂「好士者強，不好士者弱……愛民者強，不愛民者弱」（議兵）；「故君人者，愛民而安，好士而榮，兩者無一焉而亡」（君道）；「故與積禮義之君子爲之則王……明主之所以謹擇也，而仁人之所以務白（名）也……」（王霸）

第四種「知」是，「常法」的認知。法貴有常，朝野乃有常守的秩序，使天下民俗寧壹於禮義之常，否則必亂；所謂「隆禮至法則國有常……人習其事則固……故職分而民不慢，次定而序不亂……則臣下百吏至於庶人莫不修己而後敢安止……百姓易俗，小人變心，姦怪之屬莫不反愨」（君道）。儒家言治，必以民俗爲基礎，亦以「化民成俗」爲目標，俗美固然易於爲治；而致美於「一俗」之後的「小人變心」、「姦怪」「反愨」，更是「治」的無上境界。所以爲相不可不知「常法」是爲了「一俗」；而「常法」之道，則復歸於隆禮。

第五種「知」是，「尙賢使能」的認知。賢能是明君爲政的唯一工具；更是主相求治的唯一利器。一切功業都來自「賢能」，而且他的利害得失的效應，非常顯著。所以他列舉三例加以詮釋—第一例是「成王之於周公也，無所往而不聽，知所貴也」；第二例是「桓公之於管仲也，國事無所往而不用，知所利也」；第三例是「吳有子胥而不能用，國至於亡，倍(悖)道失賢也」。所以說「尊聖者王，貴賢者霸，敬賢者存，慢賢者亡，古今一也」。成王之功，得自周公之賢能；桓公之功，得自管仲之賢能，而吳之亡，則由於不能用子胥。所以主相欲成功業，則不可不知「尙賢使能」。此說與第二種認「知」之「好士之爲美名」的區別，在於層次與時態的差異，後者泛指未得之一般人才；前者則專指既得之高職人才。前者爲廣泛接觸，沙中淘金；後者則須睜大眼睛，知賢尊賢，而能使之「人盡其才」，所以欲美其未成之名，則須「好士」；欲長待長之功，則不可不「尙賢使能」。

第六種「知」是，「務本禁末」的認知。這是經濟運作的方針，「本」是經濟的重心，「末」是從屬的枝節，在當時的經濟是重農的，所以以「農」爲「本務」，而以其他行業爲「末作」，所謂「多材」，是廣其財源，增進財富的意思。他所強調的務本禁末，是治財用的原則，也是有所「爲」的政策；前者謂凡「務」必於「本」，凡「禁」必以「末」；後者則指當務之農商，及械用之工而嚴禁淫巧之技。使智慧、人力、資金均得集中於「本」務之開發，而不至浪擲於「末」作；使經濟事業有更多的效益，使民間擁有更多的財富。所以相臣不可不知這種輕重本末的重要。

第七種「知」是，「無與下爭小利」的認知。所謂「下」不可能是僚屬，當指下民而言；所謂「小利」，應是富國篇之謂「不利而利之」的取民之利。以相臣之尊，自不至與下民爭私利；即使是公利，也應當衡量其輕重得失，而不可因小失大，因小利而不「便於事」。因此，爲了「便於事」之大，而不宜與民爭「小利」之出入。即使爲了「興天下之同利」，也不可因小利，而影響施政的便利，因爲「便於事」的背後，必然有更大更多的「同利」，而「保社稷」或「取天下」的「同利」順位，自然更高於一切；不能取天下，保社稷，所興之「同利」，必然無法享受。事實上其民不親，根本談不上「興利」。所以說：千萬千萬不可因小失大；因小利而失施政之「便」。

第八種「知」是，執行「制度」、貫徹「制度」的認知。千言萬語的爲政，所追求的不外「公平」二字。公平的保證，除了品德，便是制度，品德必須能爲制度而堅持，這種客觀存在的工具才能發生不偏不倚的功能。因爲它畢竟是約定俗成的產物，客觀存在的公準，根據制度所作的「權物稱用」，必須是絕對的，不可妥協的，才有正義之可言，公平之可言，絕無從權改變的餘地，否則便無從談「公平」。所以良相必須作此認知，作此堅持，而千萬不可視爲拘泥而濫用裁量權力的彈性。

這是荀子所強調的八種認知－知其所以然，然後知其利害，而亟務於其然；於是君尊而勢可用；名美而國安；俗一而功長；有財用之豐，有施政之便，更有權物稱用之擇善固執，自然是棟樑之材，更是可以放心「一政」的相臣。

(五)「大儒之術」

最後，他強調「儒」的地位，而以「大儒」爲良相才能之典型；他說：

(1)「應侯問孫卿子曰：入秦何見？孫卿子曰：……觀其風俗，其百姓樸，其聲樂不流汙，其服不挑(佻)，甚畏有司而順，古之民也。及都邑官府，其百吏肅然……，古之吏也。入其國，觀其士大夫……，倜然莫不明通而公也，古之士大夫也。觀其朝廷……，恬然如無治者，古之朝也。

……故曰：佚而治，約而詳，不煩而功，治之至也，秦之類矣。雖然，則有所諰(懼)矣；兼是數具而盡有之，然而縣之以王者之功名，則倜倜然其不及遠矣，是何也？則其殆無儒邪……。此亦秦之所短也。」(彊國)

(2)「彼大儒者，雖隱於窮閻漏屋，無置椎之地，而王公不能與之爭名；用百里之地，而千里之國莫能與之爭勝；笞棰暴國，齊一天下，而莫能傾也……其言有類(統)，其行有禮，其舉事無悔，其持險應變曲當……通則一天下，窮則獨立貴名……桀、跖之世不能汙，非大儒莫之能立，仲尼、子弓是也」(儒效)

(3)「法先(後)王，統禮義，一制度，以淺持博，以古持今，以一持萬……倚物怪變……卒然起於一方，則舉統類而應之，無所疑怎(怍)；張法而度之，則晻然若合符節，是大儒者也。故人主……用大儒，則百里之地久而後三年，天下爲一，諸侯爲臣……一朝而伯(白)。」(儒效)

以上第(1)則，以入秦觀俗觀政所得，論秦國政治之美，而以「無儒」爲憂懼。雖然本段只說他不可幾「王者之功名」；但他在前面已經遠遠談到「人主用俗人，則萬乘之國亡，用俗儒則萬乘之國存……」(儒效)。用非儒的俗人，才是眞正的無儒之「諰」，儒的重要，可想而知。他對政局的高瞻遠矚，更値得注意！

第(2)則以孔子、子弓爲大儒之典型，論大儒可徵可稽之處，以及「事必當務」之「無悔」，與處變因應之「曲當」；「一天下，立貴名」之效應，以示天子三公，非大儒莫屬。所謂「大儒者，天子

三公也」。(儒效)

第(3)則則更進一步論大儒之術—本源於先(後)王之道，以禮義爲施設之統，而以制度爲百事之準繩，以近知遠，以古知今，以一之始而知千萬之數；乃至於突然面對奇物災異生於一方之變，皆能據義理之統爲因應，而毫不猶豫；而且完全符合後王之法，以成大儒之治。所以說：用大儒之臣，只要百里之地，一縣方圓，不出三年，便能使天下統一，諸侯賓服，一朝而名「白」(滿)於萬方。

由此可見，大儒之名實。以下一段，更是大儒之術的畫龍點睛：

「君子位尊而志恭，心小而道大；所聽視者近，而所見聞者遠；是何邪？則操術然也。故千人萬人之情，一人之情是也。天地始者，今日是也。百王之道，後王是也。君子審後王之道……推禮義之統分是非之分，總天下之要治海內之眾，若使一人。故操彌約，而事彌大，五寸之矩，盡天下之方也。故君子不下堂室而海內之情舉積此者，則操術然也。」(不苟)

以上所謂君子，即指大儒而言。反覆強調「操術」，更是「儒術」的表明。他的術是，凡「相之所當務者，無所不見，無所不聞的，而且不必奔命於視察；是無所不知、無所不能的。人同此心，心同此理；知道天地之所「始」，是無數的「今日」，歷史的法則，更是古今經驗文化的累積；可以從一人之心，知千萬人之心，以知萬事之情實；可以從今日知遠古；也可以由後王之道，知百王之道，所以無所不知。從後王之道的認知取法，故能推禮義的統類以明是非，以管天下之樞要，以治海內之眾民，如使一身；所以他的「操術」至爲簡約，而應用於治的「事」卻至爲廣大，就如同五寸之矩，可以測盡量盡天下之方；所以無所不能。因此，海內之情，甚至宇宙萬象，都可以不下堂室而治，都因爲他的術是，凡所必要，皆無所不見，無所不知，無所不能，所謂「操術然也」。這是相臣輔國所不可或無的大儒之術。

二、相之事權

以下將以傳統的相職爲比較，分闡冢宰之職，三公總方之議，「一政」代君之政以及「專殺」之柄，以明相臣之事權。

㈠傳統的相職

荀子以「大儒」爲相臣的典型，是來自儒家思想的承傳。關於相職的思想，自然也來自儒家的傳統，漢書諸子略中的說儒，可以旁證他的想法，茲節錄如次，以明相職之源流：

「儒家者流，蓋出於司徒之官。助人君，順陰陽，明教化者也。游文於六藝之中，留意於仁義之際，祖述堯舜，憲章文武，宗師仲尼，以重其言，於道爲最高。孔子曰：『如有所譽，其有所試。』唐、虞之隆，殷、周之盛，仲尼之業，已試之效也……。」（漢志諸子略）

這是儒家學術思想的評價─說明以下三事：⑴儒家的典型人物，是以「助人君，順陰陽，明教化」爲職志的人物。⑵儒家的學術，是來自上古主「教化」之職的「司徒之官」，所以是游文於六經，留意於仁義，而引重仲尼之學；是高於百家之道，而且是具有效應的南面之術，所以荀子說「大儒者，天子三公也」。(3)所謂「其有所試」，是指舜、禹相唐、虞而隆，伊、呂相殷、周而盛，孔子相魯而治—相職所具體的相業。所以如何行儒家之道、貫徹儒者的職志，都是傳統的相職；而致君於堯、舜，更是相職傳統的懸鵠。

所謂「助人君」，是概括的職掌。「順陰陽」是宰相必須致力的「致中和」的工夫，所謂「燮理陰陽，調和鼎鼐」之事；荀子王制篇之謂「序四時，裁萬物，兼利天下」的工作。至於「明教化」，則爲教育文化的設計與推動，而以「化民成俗」爲指標。都是傳統相職之大端。以下將依荀子原書，分闡有關相臣之事權：

(二)「冢宰」之事

在荀子思想中，相臣的事權應包括三大部份：其一是王制篇所謂「冢宰之事」。其二是王霸篇所謂「一政」的授權。其三是屢論周公、孔子所突顯的專殺之權。關於冢宰之事，他說：

(1)「本政教，正法則，兼聽而時稽，度其功勞，論其慶賞，以時順(愼)脩，使百吏免(勉)盡，而衆庶不偸，冢宰之事也……故政事亂則冢宰之罪也。」(王制)

(2)「……言味者予易牙，言音者予師曠，言治者予「三王」。「三王」已定法度，制禮樂，而傳之；有不用而改自作，何以異於變易牙之和，更師曠之律。無「三王」之法，天下不待亡，國不待死。」(大略)

(3)「井井兮其有理也，嚴嚴兮其能敬己也。分分(介)兮其有終始也。猒猒兮其能長久也。炤炤兮

其用知(智)之明也。脩脩兮其用統類之行也。綏綏兮其有文章也。熙熙兮其樂人之臧也。隱隱兮其恐人之不當也。」(儒效)

以上第⑴則所謂「使百吏免盡、而衆庶不偷」，是說相臣的基本任務是，使所統的百官，必須皆能奉職，而且能勉力曲盡其職，才能夠「弊絕風清，令行禁止」，以近於「正理平治」之境；使所正所教的百姓，勤勉不懈，各守其分，各體其倫，各安其事，各敬其業，才能「和一多力」，共「除天下之同害」，共「興天下之同利」，以立相業之基礎。但這種基本任務的達成，是來自相職的克盡。所謂「本政教」以下的許多條目，便是相臣所事之事：第一是立法—依據先王之所揭櫫的政教精神及國君所陳之「一法」，所明之「一旨」，所立之「隆正」(均詳本章第一節)，脩明治國應有的典章制度以及規律政治運作的規章律令，以為施政之準繩，并為循名責實，考核黜陟進退的判準。所謂「本政教，正法則」是也。第二是百官的分層負責，指揮監督—兼聽齊明於大政的綜理，而且要「時」於考核，勤於督責百官之奉職，以求施政的落實，所謂「兼聽而時稽之」是也。第三是繼考核之後的論功行賞—以「慶賞」的榮典制度為「功勞」的報酬，并鼓舞更多、更廣大的忠臣義士；而且要「以時順脩」。以上三職之中，更重要的是「度」其功勞，與以「時」「順」脩。前者是功績的眞實慶賞與輕重的衡量，如果不眞實，則無功而賞；如果衡量不當，則賞不當功，兩者有其一，都會構成不公不平的後果。不僅會喪失激勵鼓舞的制度意義，而且使人心麻痺，使政治機能陷於癱瘓。名器的封賞，更是全盤施政效應之所繫，「名不正，言不順」的後果，尤其嚴重。相有「阿衡」之稱，就因為他身繫天下之公平，失其衡平，便不是宰相。

後者是關於「慶賞」制度之有常與愼重，所謂「以時」，就是定期的或及時的榮典。因爲有常則、常典之賞，才是可必、可信之賞，才能激勵人心，鼓舞人心；所謂「法欲有常」。愼重則與衡「度」的意義相仿佛，失之輕率，不免失衡失實，都會發生反效果。而愼重之賞，更能顯得榮典的珍貴，而爲天下之所重；所謂「慶賞刑罰，通類而後應。」（大略）

第⑵則是「本政教」的註腳。所強調的「三王之法」，便是先王之道，而爲後世「政教」之所本。讚美美食的人，都知道肯定易牙；欣賞音樂的人，都知道肯定師曠；論治國的人，都肯定「三王」。而「三王」之治，在於「定法度，制禮樂」，如果不遵「三王」之經，不本「三王」之政教而擅自改變，就等同於改變易牙的烹調，改變師曠的樂律，更與天下相習已久的風俗相違背，所以說「無三王之法，天下不待亡……」。所以典章制度，必以王者之「政教」爲本。所以說「政教習俗相順而後行」（大略）

第⑶則是強調相職的境界──必須有井井的條理；必須能嚴格地律己；必須能作有始有終的堅持；必須使四海晏然而可久；必須堅定磊落篤行王道而不懈；必須能炤炤之明於用智；必須能應用統類而勇往無前；必須能泰然安然而有文章黼黻之美；而待人接物之間，更能樂人之善，而憂人之過。這是大儒的境界，也是良相盡職的境界。

㈢「揔方」之議

荀子極重視議論功能，「三公摠方而議」，尤其重要。他說：

(1)「少不諷誦，壯不論議，雖可未成也。」(大略)

(2)「古者桀、紂長巨姣美，天下之傑也；精力越(輕)勁，百人之敵也；然而身死國亡，爲天下大僇(戮)，後世言惡，則必稽焉。是非容貌之患也，聞見之不眾，論議之卑爾。」(非相)

(3)「今世之亂君(民)，鄉曲之儇子，莫不美麗姚冶，處女莫不願得以爲士，棄其親家而奔之者，比肩並起，然而中君羞以爲臣……中人羞以爲友，俄則束乎有司而戮乎大市……是非容貌之患也，聞見之不眾，論議之卑爾。」(非相)

(4)「百王之道，後王是也。君子審後王之道，而論於百王之前，若端拜而議。」(不苟)

(5)「士大夫分職而聽，諸侯之君分土而守，三公摠方而議；則天子共己而已矣！出若入若，天下莫不平均，莫不治辨，是百王之所同也，而禮法之大分也。」(王霸)

以上第(1)則是重視少壯之學的「論議」，而以爲少不事諷誦，壯不論議爲憂。蓋聞見不博則議論不精；不事議論更不能通情達理，以爲中理之辨說，更談不上精微之論政。第(2)(3)兩則，前者舉桀、紂爲例，其人雖爲天下之傑，百人之敵，終以「論議之卑」「而身死國亡」。就因爲「論議之卑」不能免過，而遂非的結果，自然不免於危亡。後者所舉之亂民及儇慧少年，也因爲「論議之卑」，不務正業，以致爲中人之資的人君、父兄、朋友所不齒，終因墮落犯罪而身首異處。第(4)則則可見古代政治制度重視論政之一斑。第(5)則是王制篇中兩處強調分工之一，以爲合理分工之下，天子可以無爲而治。所謂「三公」，據楊倞註釋，係指周初之三公分工—「自陝以東，周公主之；自陝以西，召公主之；一相於內」之卿相。本段意謂社會有百業之分工，政治則有士大夫、諸侯、三公之分工，只要謹守「論德使能」原則，便能「出若入若」—內外皆能如此，人必當分，事必當理，天下事必能「平均治辨」。後段(引述從略)則以「隆正」爲前提，意謂果能「上莫不致愛其下而制之以禮」，然後皆能內自省以謹於分工之事，自然內外皆能以愛民守禮爲隆正，使天下莫不治平治辨—無不平之事，無不備之物。其中關於「三公摠方而議」一條，爲三公摠萬方之政的合議制度，事關法制政策或重大施設之決定，而相臣復爲三公之首，爲三人小組召集人，於是「議」的一切，便成爲相臣的重要職守。而且這種綜合多方之議而議的「議」，正是需要仁智素養與道德勇氣之處。尤其是「天子共(恭)己而已」，所有的「議」，是否能「無隱謀，無遺善」，是否能「百事無過」，除了借重其他二公的才智方略之外，一切的溝通、判斷、選擇、綜合乃至付諸施行，都是相臣責無旁貸的職掌。

㈣「一政」之輔

荀子的相職構想，除了以上三種之外，還有更重要的全權綜理軍國大事的「一政」；所謂「其任至重」的相職。爲了由於「少而理」的「無爲」邏輯，固然要「一政」於相臣；爲了追求殷、湯、文、武的王業，齊、秦的霸業，更不能沒有這樣的大開大闔。所以他在「垂衣裳而天下定」的君職原則之下，更認爲必須如「湯用伊尹，文王用呂尚」那樣專其任，至少也要如「齊、桓公之知一政於管仲」(詳上述「無爲無不爲」條目所引王霸篇)。更重要的是，一政之後關於宰相職權的具體制度。於是他說：

「……相者，論列百官之長，要百事之聽，以飾朝廷臣下百吏之分。度其功勞，論其慶賞，歲終奉其成功以效於君。當則可，不當則廢。」(王霸)

以上所引，乃以王霸篇所論君相制度之宰相部份，繼論爲了「休於使之」，所作之充分授權。使相臣、全權執行代位之君的相職—「一政」之職。以下是他的具體條目：

第一、百官專長的分類，所謂「論列百官之長」—包括所謂「譎(決)德而定次，量能而授官，使賢不肖皆得其位，能不能皆得其官」(儒效)的政府組織。這是君權六柄、殺生貴賤與奪之中的「貴賤」之柄，所謂「趙孟能富貴之，亦能貧賤之」，是相權也是相職。「論列」之後必有初始的授官或過程的異動之事，一方面要曉暢百官的角色功能，另一方面也要深知每一個高職位官員的專長才能，使人與職作合理的結合，才能得心應手於萬機，所以分類授職的允當與否，繫於「百官之長」的「論列」，自然是相臣必須負責的事。

第二、綜覈百官之聽政，綜理全國之政事，所謂「要百事之聽」—「要」，是繼「論列」專長之後的指揮監督權的行使，也是相職的又一方面。前者是靜態的了解或組合；後者則爲動態的運作，合兩者的功能，才能「飾(飭)臣下百吏之分」，使禮樂、刑政、盟會、征伐乃至農士工賈皆得井然的秩序，皆作有常的敬業，兼愛兼利於天下。

第三、考功與述職，所謂「度其功勞，論其慶賞，歲終……以致於君……。」這是相職的最後部份—平日須就百官奉職的成就，衡量其功其勞之大小，議論其應得的榮典之慶或爵祿名物之賞。年終則以其成果向國君述職。百官之中，當於職者可之；不當於職者則廢之。所謂「賢能不待次而舉，罷不能不待次而廢。」（王制）所謂「可」，可其所論之慶賞也；「廢」則爲斷然的處罰。在嚴明賞罰之下，百官必然奉職；而且在嚴格淘汰之下，也必然是「賢不肖不雜」、「是非不亂」；自然使天下英傑望風而至，而國家之治，亦自在意中。自然用不著國君「貫日以治詳」，自然可以「垂衣裳而天下定」。至於另一境界的「若夫兼而愛之，兼而覆之，兼而制之，歲雖凶敗水旱，使百姓無凍餒之患，則聖君賢相之事也。」（富國），在「一政」之後，自然也是相臣的專責。

㈤「專殺」之柄

關於相的權力，以下所論「一政」的制度，自然是全權的職責；有其綜理朝政之「事」，自然也必有其便宜行事的全權。但他仍然要強調專殺之柄，以支持相臣的功業。於是他反覆敘述相臣專殺的事實於次：

(1)「大儒之效—武王崩，成王幼，周公屏成王而及武王以屬天下，惡天下之倍（背）周也。履天子之籍，聽天下之斷，偃然如固有之，而天下不稱貪焉。殺管叔，虛（墟）殷國，而天下不稱戾焉……。」（儒效）

(2)「孔子爲魯攝相，朝七日而誅少正卯。門人進問曰：夫少正卯，魯之聞人也，夫子爲政而始誅之，得無失乎？孔子曰……人有惡者五—而盜竊不與焉：一曰、心達而險（詐），二曰、行辟而堅，三曰、言僞而辯，四曰、記醜（詭）而博，五曰、順非而澤。此五者，有一於人則不得免於君子之誅，而少正夘兼有之……文王誅潘止，周公誅管叔，太公誅華仕，管仲誅付里乙，子產誅鄧析、史付—此七子者，皆異世同人，不可不誅也。」（宥坐）

荀子兼重刑罰，所謂「嚴刑以待之」（王制）。雖然主張「教而後誅」而且誅愈少，境界愈高，所謂「文王誅四，武王誅二，周公卒業」（大略）。但他似乎也認同相臣所必要的專殺之柄。所以從史例中加以突顯，期有強調之實而不致直接刺激時君的敏感。以上的二則，前者強調必要之殺；是親如兄弟，貴爲王侯，同樣可以殺無赦。而且天下無人以爲暴戾。因爲管叔背周以亂天下，故爲法之不容。後者則列舉更多的例子，除湯與文王之外，其餘皆爲相臣的專殺。孔子代理魯相，到職七日即誅魯大夫而兼爲聞人的少正夘而且尸於朝三日；理由是，此人兼五惡而有之。這種人孔子稱他爲「小人之桀雄」，他的五惡，足以聚衆惑衆，利用群衆心理，破壞施政，而無法加之以罪；更能以非爲是，以是爲非，淆亂視聽，而無以破其說，皆足以亂天下。所以無論是通達而險詐，邪僻而堅持，異端而雄辯，博聞強記而詭詐，文過飾非而美好；五者之中有其一，都難逃有司之誅，而五者兼備的少正夘；自然要殺無赦，而且殺之愈快知之愈廣，愈有效應；因爲這種殺，可以突顯相權之重之威，一方面有效而快速地杜絕了亂源；另一方面由於鋤惡務盡的儆示，使舉國不敢不從善，不敢不接受他的規範，使他的相業事半功倍—「三月而魯國治」。

文王所誅的二人，只有潘止可考，但「止」字仍有出入。尹文聖人篇，家語始誅篇皆作「正」，說苑則作「阯」。事故則未詳。周公所殺的管叔，已略申如前。管仲所誅的付里乙不詳；子產誅鄧析年代與史實頗有出入，然以雄辯亂法而誅；至於華士，楊注引韮子之說，以其因立議「不臣天子，不友諸侯，耕而食之，掘而飲之，無求於人……」而見殺。太公是法家，法家殺人，往往不講人道，只因爲「不得而臣」，「不得以賞罰勸禁」，「誰爲君乎」，便「執而殺之」。這是儒家所不能接受的事實，然而荀子仍加以引述，因爲就「專殺」而言，不失爲好資料，也不失爲強調公權力，強調相權的依據。雖然他已經是由相臣就國的諸侯，但諸侯可以專殺，居於諸侯之上的宰相更可以專殺。而且，管仲、子產都只是諸侯之相，天子之相，「一政」之相，自然不在話下。

以上第1目至第4目均但論事不論權，是因爲有責必有權，權責是相侔的。公權力低落的政府，是低能的政府；無法保民，更無法愛民，對於天下之同害，同利都無能爲力，自然不是負責的政府。一旦失去公權力，更失去政權。所以孤立而無權的責，是行不通的路；但權也必須因責而存在，必須依職責而正當行使其權力，才是公權力的意義。而且這種權，是有限度的權限，而不是無止境的權力，逾越限度的權力行使，是無效的行政行爲。所以孤立而無權或超限的權，都是無用的政治工具。所以人臣但能知所任事──知分內之事，自有其分內之權；只要不逾越，自然可以奉職而無過，所謂「君道知人，臣道知事」也。本目之所以論專殺之權，是因爲他的「任」是至重的，是代位行使君職的；如果沒有生殺之權以懼天下，不但他的相職行不通，而且會誤盡天下蒼生。如果事事有人掣肘，必然不成其爲相臣，因爲那只是有責無權；或爲有重責而只有小權的傀儡。對於無爲而治的原則，顯然相去千里；對於君權的制衡功能，更只是夢想。所以主張開明的荀子，必須作此強調。儘管是專制時代犯忌諱的主張，但他仍然以側面的引述，突顯它的精神。

三、相業重點

以下將論宰相功能的展現，及重點的操控。茲分目續闡之：

㈠「輔君」之功

荀子在臣道篇分別對「順、諂、忠、簒、國賊」作應有的界定以爲人臣之戒之後，更以「諫、爭」的功能論相臣的「輔君」。他說：

⑴「從命而利君謂之順，從命而不利君謂之諂，逆命而利君謂之忠，逆命而不利君謂之簒，不恤君之榮辱，不恤國之臧否，偷合苟容以持祿養交而已耳，謂之國賊。」(臣道)

⑵「君有過謀過事，將危國家殞社稷之懼也，大臣父兄有能進言於君，用之則可，不用則去，謂之諫。有能進言於君，用則可，不用則死，謂之爭。……伊尹、箕子可謂諫矣，比干、子胥可謂爭矣」(臣道)

⑶「魏武侯謀事而當，群臣莫能逮，退朝而有喜色。吳起進曰……楚、莊王謀事而當，群臣莫逮，退朝而有憂色。申公巫臣進問曰：『王朝而有憂色，何也？』莊王曰：『不穀謀而當，群臣莫

能逮，是以憂也。其在中歸（仲虺）之言也，曰：諸侯自為得師者王，得友者霸，得疑（擬）者存，自為謀而莫己若者亡。今以不穀之不肖，而群臣莫吾逮，吾國幾於亡乎！是以憂也』。楚、莊王以憂，而君以喜！武侯逡巡再拜曰：天使夫子振寡人之過也。」（堯問）

以上第⑴則所詮者五：其一、君有嚴正之命，有能從命以利君國者，斯謂之「順」臣；其二、從君之亂命，不利於君國者，則為「諂」媚之臣；其三、能逆亂命利君以後利者，斯可謂之「忠」臣；其四、逆命自利而不利於君國者，為「篡」國之臣；其五、不念國家安危利害，而迎合當道，保全祿位以養賓客者，為君國之「賊」。這是主相所宜辨的吉凶之途。如果不知防佞臣，去亂臣，而禮遇忠臣，則必影響國祚，更談不上相臣的功業。

第⑵則論「諫」君之臣，必須能及時敢於進言，以救君之「過謀過事」，而且要勇於負責，君能用其言則可留，不用其言則當掛冠求去；而諍君之臣則更要以死為「爭」。因為錯誤的策略，過當的行事，皆足以傷害國家，甚至危及根本；必有忠臣加以諫爭，促其憬悟，使其不流於昏暴；所謂「萬乘之國有爭臣四人，則封彊不削，千乘之國有爭臣三人，則社稷不危，百乘之家，有爭臣二人，則宗廟不毀……。」（子道）

第⑶則則以吳起諫魏武之故事，證明諫爭的效應。武侯自賢，不知以無師、無友、無可比擬於己者為憂，竟以「群臣莫能逮」而沾沾自喜，得吳起之諫，翻然以悟，乃得免於危亡，而有一時之盛。他的「盛」，自然是得自其相吳起之功；然而設無吳起之諫，遇事皆「自為謀」，雖有吳起，不得專其信任，功從何來？第(2)則之中，伊尹與箕子二例的強烈對照，便是最好的例子；更是爭臣功能的突顯。前者甚且「放太甲」，甘冒天下之大不諱，終有武丁及太甲後期之盛；後者則因「諫」之不從，而有紂之滅亡。是故「諫爭」為相臣起碼的功業，也是功業的鎡基。

(二)「輔拂」之境

以下將進一步論「輔」君之難能與「拂」君之境界。他說：

(1)「有能比(合)知(智)同力(心)率群臣百吏而相與彊君橋君，君雖不安，不能不聽，遂以解國之大患，除國之大害，成於尊君安國謂之輔……平原君之於趙，可謂輔矣……。」(臣道)

(2)「有能抗君之命，竊君之重，反君之事，以安國之危，除君之辱，功伐足以成國之大利，謂之拂……信陵君之於魏可謂拂矣。傳曰：『從道不從君』此之謂也。」(臣道)

(3)「入孝出弟，人之小行也。上順下篤，人之中行也。從道不從君，從義不從父，人之大行也。若夫志以禮安，言以類使，則儒道畢矣，雖舜不能加毫末於是矣。」(子道)

(4)「魯哀公問於孔子曰：子從父命，孝乎？臣從君命，貞乎？三問，孔子不對。孔子趨出，以語子貢曰：鄉者，君問丘也……三問而丘不對，賜以為如何？子貢曰：子從父命，孝矣；臣從君命，貞矣，夫子有奚對焉。孔子曰：……昔萬乘之國有爭臣四人，則封彊不削；……父有爭子，不行無禮……故子從父，奚子孝？臣從君，奚臣貞？審其所以從之之謂孝，之謂貞也。」(子道)

(4)「脩百王之法若辨白黑，應當時之變若數一二，行禮要節而安之，若生四枝(肢)；要時立功之巧，若治四時；平正和民之善，億萬之衆而博(專)若一人；如是則可謂聖人矣。」(儒效)

(5)「哀公曰：敢問何如斯可謂大聖矣？孔子對曰：所謂大聖，知通乎大道，應變而不窮，辨乎萬物之情性者也。大道者，所以變化遂成萬物也；情性者，所以理然不(否)取舍也。是故其事大辨乎天地，明察乎日月，總要萬物於風雨，繆繆(和而美)肫肫(精而密)，其事不可循，若天之嗣，其事不可識，百姓淺然不識其鄰(涯)，若此則可謂大聖矣。」(哀公)

以上第(1)(2)則論功臣之業，而以管仲、咎犯、孫叔敖爲典型。前者所謂「一民」，齊民也。整齊萬民言行於統一之政教，使有常安常作之序，以安社稷之謂也。所謂「距難」者，拒外患或賊寇之侵也。合兩者謂「安內攘外」之功也。政教不信，表裡不一，下固不足以一民，上不足以使民拒難，以下的條目，亦將一無所成。是故能一民，必能拒難，必使民親之，使士信之，而忠乎君。相臣必有高度的德與能，乃能造此境界，而信義尤其重要。平原君之不惜殺愛妾以取信於士，乃得死士三千，秦軍爲之卻三十里，乃使楚魏之兵及時救趙。(詳史記列傳)。後者則論孫叔敖之爲相於楚，而民不怨，士不妒，而君不恨之故。他的表現是：每入相，必心愈謙卑；每增爵祿，必施惠愈廣；每位愈尊，而執禮愈恭敬。再加上爲相之賢之所加於民、於士，於尊君效君，自然由民之不怨而趨於「一民」；由士之不妒而趨於「信之」；由君之不疑而趨於「忠乎君」。以獲乎上，然後能愛民以政，以成一國之治，自然是功臣之相的功業。

第(3)(4)兩則，則論聖臣之功，而以伊尹、周公爲典型。前者論聖臣之聖在能尊君愛民；其所施之政令教化刑罰皆能立竿見影；應變於倉卒之間，并能成竹在胸，如響斯應；對於無常法可循之政事，則能類推法理，以立範例；無論守經達變，皆能曲盡其方，以成規模。其聖如此，其功具見於政教刑罰，制象規模效應之中；而如伊尹之相湯，周公之相周，皆可謂聖臣之相的典型功業。後者之能「應當時之變若數一二，……要時立功若治四時」，更是聖人之功。

第(5)則則引孔子「五儀」之說中的「大聖」。強調聖臣之相的功業。孔子以爲「大聖」之聖，在於智通於大道，仁及於情性。大道通於天人之間的陰陽大化，以生萬物，以成萬物之萬理；情性爲物理人道之所在，而爲取舍然否之依據。由於通大道，故能應萬變而不窮，由於辨乎萬物之情性，則然否取舍皆曉然於胸際。所以他的博大，能遍如天地，高明能察如日月；綜理萬物於風雨四時之應，和美精密而一般德象不可得循。如大自然之所主司；非常人之可識，尤非百姓所能窺其涯涘。這是聖臣的註腳，其義雖與前說大柢相同，但其「通」其「辨」，其「繆繆」之美、「肫肫」其仁，則爲相臣之賢與功業的更高境界。有此境界，然後能「以勝人之勢，行勝人之道」（彊國）；能「兼而覆之，兼而愛之，兼而制之，歲雖凶敗水旱……無凍餒之患」（富國），而能「以德覆君而化之……若周公之於成王也」（臣道）

(四)相職的重心

以下還有相業所植根的重點，他說：

不公，人臣不忠也。人主則外賢而偏舉，人臣則爭職而妒賢，是其所以不合之故也。人主胡不廣焉無卹親疏無偏貴賤，唯誠能之求？若是則人臣輕職（業）讓賢，而安隨其後；如是則舜禹還至，王業還起；功壹天下，名配堯禹……嗚呼！君人者亦可以察若言矣！楊朱哭衢涂……曰：此夫過舉蹞（跬）步而覺跌千里者矣！哀哭之。此亦榮辱安危存亡之衢已，此其可哀甚於衢涂。嗚呼！哀哉！君人者，千歲而不覺也。」（王霸）

(2)「觀國之治亂臧否……其候徼支繚，其竟（境）關之政察，是亂國已（矣）。……其田疇穢，都邑露（敗壞），是貪主已。……其貴者不賢，……治者不能，……信者不愨；是闇主已。凡主相臣下百吏之俗（屬），其於貨財取與計數也，須孰（熟）盡察，其禮義節奏也，芒（荒）軔（怠）僈楛，是辱國已。其耕者樂田，其戰士安難，其百吏好法，其朝廷隆禮，其卿相調議，是治國已。觀其朝廷，則其貴者賢，觀其官職，則其治者能，觀其便嬖，其信者愨；是明主已。凡主相臣下百吏之屬，其於貨則取與計數也，寬饒簡易；其禮義節奏也，陵（嚴）謹盡察，是榮國已。」（富國）

以上第(1)則強調欲有天子之貴，欲有四海之富，欲享聖王之名，欲制天下人而不爲人之所制，皆爲人情之所同然；欲有日月之名聲，欲有天地之功績，欲使天下呼應如影之隨形，如響之應聲，亦爲人情之同然；而能王天下者皆兼有富貴。可是儘管欲王天下之君，多可並肩；而能建王者之功，致君爲堯舜之士，亦無世無之；然而其君不可世王，其士不可世相，而王業終不可得者，實由於兩者之不能遇合，而且往往長達千載而不合；他的癥結，是「人主不公，人臣不忠」。因爲，人主不能貴公去私，則必然外賢者而偏舉其所私；人臣不能公忠體國，則無不爲爭位而嫉賢妒能；儘管皆營巫祝，皆信鬼神，卻不怕禍延子孫的報應。這是無法克服的人性弱點；愈是親信寵嬖，「公忠」的蓋率愈低，幾乎近於不可能。這是不由人不悲觀的事勢使然，至於人君，欲其突破晏私之情，自雄自用之心，好譽惡毀之性，也同樣是戛戛其難。所以荀子一方面爲人君說教—問他何不廣大心胸，不爲親疏貴賤之所囿，而一心一意追求眞正的人才？果眞能夠如此，人臣儘管不忠，也不敢不輕職位而讓賢，而安隨於賢者之後；於是則舜禹之政可以復見，王者之業可以復興；可以「功壹天下，名配堯禹」。另一方面他又悲觀地，引述「楊朱哭衢涂」的故事，以爲人君之能否醒悟於誠求宰輔，有如面臨榮辱安危存亡的「衢」道，而一念之差的可哀，尤甚於楊朱之哭。楊朱就是拔一毛以利天下而不爲的「愛己」主義者，他以爲在人生的道路上，過失的舉步，半步之間，就決定一生的命運，所以他在三岔路口，徬徨而哭，爲取舍之難而哭。他的錯誤，還不過是個人一生的休咎，尙且如此痛哭；而人君的毫釐千里，則關係整個國家君臣百姓的一切；更關係千載之下的治亂安危，是千萬千萬錯不得的舉步！而事實上卻是必然必有的問題。所以荀子更爲千古人君的「覺跌千里」而婉惜，更爲未來而憂心忡忡，而以這則寓言致意再三—警告再三。

第⑵則則以觀察治亂臧否之所得，以爲見軍警巡邏頻繁，邊政控於中央，則知其爲「亂國」；見其貴者不賢，治者不能，寵信不忠，盡察於貨財，而怠忽荒廢於禮義，則知其爲「辱國」。觀其農戰

第(2)(3)則所舉皆王者用相之例。前者以文王「舉太公於州人」之例，說明文王之能突破阻力，乃能獲得呂望之功。文王非無貴戚之親，而能用太公於平民之中；文王非無子弟故舊，而能用素不相識的姜某人；便嬖親信之中，有的是青年才俊，偏偏要重用一個糟老頭；就因爲他知道欲「立貴道，白貴名以惠天下」，非此人不可。於是他的「偶然」超越，完全實現了他的願望。

後者則強調知人的智慧加上「愼治」與「長用」的正反兩面。夏桀蔽於末喜、斯觀，而不知關龍逢之忠，所以心爲所惑，行爲所亂。紂蔽於妲己、飛廉而不知微子啓之賢，也步上桀的後塵，以致「群臣去忠而事私，百姓怨誹而不用，賢良退處而隱逃」，所以「喪九牧之地而虛(墟)宗廟之國」。更慘的是，夏桀終於死在鬲(歷)山，紂王則懸首於赤旆。所以成湯有鑒於夏桀之亡，故以清明之心爲主於內在而愼於其治，所以能用伊尹而且能長用而不疑，使其身不失於道，所以能取代夏王朝的政權。文王之長用呂望，也是有鑒於殷紂之死，所以能伐殷而統九牧之地。才有所謂「至盛」之業。

三、「疑止」與「辨方」

以上所舉的人物，有負面的失敗者，更有正面的成功者。後者在「衢涂」中走出康莊；在排除萬難的遇合之下，主相共同走上王業或霸業的成功大道。前者則爲楊朱所慟哭的——在迷失的悲哀中，沉淪於衢道的泥淖。所以他最後提出疑止辨方的方法與警告。

(1)「曷謂罷，國多私，比周還(營)主黨與施，遠賢近讒，忠臣蔽塞主埶移。曷謂賢？明君臣，上能尊主下愛民，主誠用之天下爲一，海內賓。主之孽，讒人達，賢人遁逃國乃蹷……闇以重闇成爲桀。世之災，妒賢能，飛廉知政任惡來……世之衰，讒人歸，比干見刳箕子累，武王誅之，呂尚召麾殷民懷。世之禍，惡賢士，子胥見殺百里徙，穆公任之強配五伯六卿施。世之愚，惡大儒，逆斥不通孔子拘，展禽三絀、春申道綴（輟），基畢輸（墮）……堯在萬世如見之，讒人罔極，險陂傾側此之疑。基必施，辨賢罷，文武之道同伏義，由之者治、不由者亂、何疑爲？」

(2)「凡成相，辨法方，至治之極復後王……治復一，脩之吉，君子執之心如結……世無王，窮賢良，暴人芻豢仁人糟糠，禮樂滅息，聖人隱伏，墨術行……」

(3)「請成相，道聖王……堯授能，舜遇時，尚賢推德天下治。……舜授禹……外不避仇，內不阿親賢者予。……禹有功，抑下鴻（洪），辟除民害逐共工……躬親爲民行勞苦，得益、皋陶、橫革、直成以爲輔。」

(4)「世亂惡善不此治，隱過疾賢，良由姦詐鮮無災。……不覺悟，不知苦……門戶塞，大迷惑，悖亂昏莫（闇）不（無）終極，是非反易，比周欺上惡正直，……上壅蔽，失輔埶（勢），任用讒夫不能制，郭公、長父之難，厲王流於彘。……觀往事，以自戒，治亂是非亦可識，……。」

（以上均詳成相）

(5)「人主欲得善射——射遠中微者，懸重賞以招致之……，然而求卿相輔佐則獨不若是之公也；案唯便嬖親己者之用也，……故有社稷者，莫不欲彊，俄則弱矣；莫不欲安，俄則危矣；莫不欲

相喻依，相發明。他把具體先王理論的「後王之道」，比做人所走的路，現實政治的明「路」；他的「道」，是源於聖王伏羲，所以是「至道」──至高無上的「道」，也是行之可至必至之「道」。所以是「衢涂」之中，「由之則治」的明路，行之未有不至的大道。所謂「道者，君子之所道也」。反此，便是「非道」的旁門左道，便是他以「路」喻「道」之所謂「涂薉則塞」的道路；走上荊棘滿目，野草蔓天的荒蕪之路，自然愈走愈不通，愈迷失。就本章而言，他的政治理念也一直框架在「後王之道」之中。在這條明路上，只有兩個象徵人物──君，必須是「明主」；相，必須是「大儒」。這樣的君相典型，才知道君國之起源，政權的主從；才知道君相所爲何事；才知道修身行道以治國，才知道索「賢」、求「能」以爲輔，才知道垂拱一政以任相；才知道主相相成，貫道以一天下，所以兼覆炤於天下──除天下之同害，興天下之同利；致富強，勁城守，斥兼并，拚刀兵，而以心國之固，堅凝王者之治於「千歲」。所謂「由之則治」。反之，則君必闇君，相必弄臣，所由必非其道，自無不亂之理。故曰「不由則亂」。乃以「衢涂」爲譬而歸趨於主相之遇合。

總之，治國的興亡成敗，決於由「道」與否。盛世之所以千載難逢，更由於君相遇合之不易。因爲通往治平盛世的道路，是一條多歧的衢道，明主無蔽而由「道」，則有君相之遇合，其所行必至，所以成其盛；闇主多惑，則背「道」以信讒，而相失於歧路；故以「衢涂之哭」況之。這是他治平方略之大合，也是語重心長的暮鼓晨鐘。（「君相論」終）

第六章 禮樂論

本章以原書之禮、樂二論爲中心，輯爲禮樂論；爲方略論的最後一章，更是荀子治術最根本的一環。以下將以一、禮樂思想，二、禮樂之起源，三、禮樂之理論，四、禮樂之功能，五、禮樂之極致等節分闡之。

第一節 荀子的禮樂思想

禮樂之教，來自儒家思想的道統，而具體於周公之制禮作樂，孔子之定六經；爲儒家貫徹「內聖外王」的工具，所謂「克己復禮爲仁。一日克己復禮，天下歸仁焉。」（論語・顏淵）蓋遠自帝堯已見其濫觴，所謂「乃使舜愼和五典……四門穆穆，諸侯遠方賓客皆敬」；「舜……舉八元使布五教（五禮－吉凶賓軍嘉）于四方，父義母慈兄友弟恭子孝，內平外成」。（均見史記・五帝紀）其後復有周禮之大備，所謂「大司徒以五禮防萬民之僞」；「以嘉禮親萬民，以飮食之禮親宗族兄弟，以昏冠之禮

最後更強調先王之道，仁義之統，必須論之於詩書之義，而行之於禮樂之分以爲治，以見於行事。所以說「況夫先王之道，仁義之統，詩書禮樂之分乎，彼固爲天下之大慮，將爲天下生民之屬，長慮顧後而保萬世也……夫詩、書、禮、樂之分，固非庸人之所知也。故曰：一之而可再也，有之而可久也，廣之而可通也，慮之而可安也，反鉛察之而俞好也；以治情則利，以爲名則榮，以群則和，以獨則足樂……」（榮辱）。所以他不得不處心積慮，把「法而不說」的禮樂，充實其說，以通其理，以分別施教於庶民、於士君子。後者更是可以一再教之，使其「有」，使其「廣」，使其「能慮」，能自論而「省察」，則無論治情、治名，處群以及行己，皆可無往不利；而治國之道，優在其中了。這是他的禮樂觀，也是創作禮樂二論的動機。

第二節　禮樂的起源

一、禮起於「人欲」需求

他以爲，禮是因應「人欲」而起的，他說：

「禮起於何也？曰：人生而有欲，欲而不得，則不能無求，求而無度量分界，則不能不爭，爭則亂，亂則窮。先王惡其亂也，故制禮義以分之，以養人之欲，給人之求。使欲必不窮乎物，

物必不屈於欲；兩者相持而長，是所由起也。」（禮論）

他以爲，人欲之求「得」，是生物的自然法則，不可無禮義以養給之。關於「性惡」諸端，荀子在性惡論之中，論之極詳，例如因有好利之「惡」，「故爭奪生而辭讓亡」；有疾惡之「惡」，故殘賊生，而忠信亡；有耳目之「欲」，聲色之「好」，「故淫亂生，而禮義文理亡」。都是致亂的根源，有待禮樂之化的人性。由於「人欲」是其中最重要、也是涵義最廣的一環，所以在禮論中特指以爲「禮」之所由起。人欲之中，有食色之欲，有好利之欲，有榮辱之欲，有權位之欲，後二者尤爲「疾惡」之導源。故人性之惡，實可以一言以蔽之，「欲」是也。凡「欲」必求滿足，當欲念初動之時，皆以爲可以取之無禁、無盡，所謂「欲不待可得」（正名）。但事實上必然會遭遇可不可的「可」的問題。因爲「欲」必然會有「不得」的時會，於是前有「不得」先生的排拒，後有「欲得」先生的驅力，必然會乞靈於「求」的行爲，「求」也是盲目的「皆有所求」，而「所求」則爲有限的，於是以無限之「求」求有限的「所求」，如果沒有「心」的節制，必然發生爭奪；必須有「心」的判可，才是可以不爭而得的「求」；所謂「欲不待可得，所受乎天也；求者從所可，所受乎心也」（正名）。因爲「欲」是自然的存在，不知可否的存在，而心之所可，也必須是本諸「禮」的標準，必須是合理的，合乎「度量分界」的，所以可以不爭而得；如果「心」以爲不可而禁止之，也不至因不得而爭。所謂，「欲過而動不及，心止之也」。所以說，只要「心」之所可是合理的；再多的「欲」，都可以不爭而得而不會影響「治」；反之再少的「欲」也必然發生爭奪，也不能避免「亂」。所謂「心之所可中理，

貴。由於角色必有人爲或自然的制限，這種貴賤的「分」，自然無法平均分配的。例如在國劇的舞台上，必須有主角、配角、丑角、龍套，方能成戲。在同一幕戲劇中，不可能使每一演員都是主角，也不可能大家都是龍套。同理，權勢職位也不能等同，否則號令不能統一的雙頭馬車，必然走不動。團體的成員，也不能大家平等，也必須有職務之分，否則群龍無首，萬頭躦動，都無法發揮體制的功能，也不成團體。所以自然界之必然有天地上下高低之分，國家也必須有差等的制度，因爲兩「貴」之間，不可能相服從，而兩賤之間也不可能相命令，這是自然的法則，即使是蜜蜂，螞蟻都不能例外。更嚴重的是，兩人或衆人的權力與職位如果一般高，由於人之所欲所惡相同，必然會因爲「物」的不足而爭，而亂，而窮。所以必須制禮加以規範，使人類社會在貧富貴賤的差等法則之下，獲得統治的秩序，在秩序意義之下，使人人必須分別扮演一時的角色，善盡角色的職能，共同完成舞台的任務。而且爲貧賤、爲富貴，更只是角色的符號，今日爲販夫走卒，便是貧賤，他日爲王侯鉅子，便是富貴，自然人的競爭機會是均等的，而角色的差等存在，是組織功能的存在，也是才能與報酬的合理存在。這樣的「齊」，才是眞正的平等(另詳制度論、性僞論、庶民論)。如果人人都貴爲元首、貴爲將軍，人人都是董事長？誰是政府的成員？誰是打仗的士兵？誰是農夫工人？有沒有這樣的國家、社會？所以說直覺的平等不是平等。違反差等的自然法則，無論社會、國家、天上人間都走不通；而「禮」正爲規律「差等」所需求的具體規範。

第(2)則也是討論「分」與「治」問題的關係。他在富國篇曾作更詳細的分析，重點是「埶同而知異」的假設—，如果沒有貧富貴賤的「埶(勢)位」差等，而智愚又無法求「齊」；勢必人人只顧「行私」—爲所欲爲；「行私」而無所顧忌，勢必「縱欲」而無止境，則民心必然爲求「得」而亢進不可理喻。於是，雖有智者也不可得而治；其故皆由於「同求」「同欲」的存在，而不能因其「異」而建立「治」的差等。因爲智者之未得其治，由於未得智能差等之位而成其功名；功名之未成，則由於群衆無埶位差等之足以相事相使；而群衆之未得埶位差等，則由於君臣之「分」未立。所以天下之亂，生於「縱欲而不窮」—由於無君以制臣，無上以制下的無政府，乃有「欲多而物寡，寡則必爭」的現象。乃有「離居不相待」之窮；「群而無分」必爭的禍患。於是具體言之：彊脅弱，知懼愚；民間之下違上，少陵長；而政府之不以德爲政，不以倫理爲重，更使老弱有失養之憂，壯年有紛爭之禍，人有樹事之患，爭功之禍。更因爲男女之合，夫婦之分，婚姻聘內(納)等等沒有差別的規範，而發生人人因「失合」之憂而引起爭色之禍。所以說「救禍除患，莫若明分使群」，所以智者爲之制禮義以分之。所以說，「禮」由起於「差等」的需求。

三、樂起於「情性」需求

「禮」的重點是「禮義法度」的制定，是道德規範與法制規範的建立，使朝野—社會國家皆有良好的秩序；而「樂」的重要則在於「情性」的調適，使人情所不免的歡樂之發，由合乎「禮」的「正聲」之導，導入於群體所必要的「和一」；所謂「審一以定和」；兩者兼施於表裡，以成禮樂之治。

(旁門左道)之說」，其高足以墜「暴慢恣睢」，輕忽禮俗者流。所以如繩墨、懸衡、規矩之不可欺。中於禮，則能思索以慮，能不易而固；如能好禮如好色，則更可以爲聖人，所以說：「禮者人道之極也」(禮論)，以下將申論之：

(一)**養尊別異**─禮的第一種意義是能養能別。他說：

(1)「故禮者養也─芻豢稻粱，五味調香，所以養口也；椒蘭芬苾，所以養鼻也；雕琢刻鏤黼黻文章，所以養目也；鐘鼓管磬，琴瑟竽笙，所以養耳也；疏（通明也）房檖貇（音貌，廟也）越席(蒲席)床第几筵，所以養體也。故禮者養也。」(禮論)

(2)「君子既得其養，又好其別。曷謂別？曰：貴賤有等，長幼有差，貧富輕重皆有稱者也。故天子大路(車)越席，所以養體也；側載睪(澤)芷，所以養鼻也；前有錯(描金)衡，所以養目也；和鸞之聲，步中武象，趨中韶護，所以養耳也；龍旗九斿（旒），所以養信也；寢兕持虎，蛟韅、絲末、彌龍，所以養威也。故大路之馬，必信(倍)至教順，然後乘之，所以養安也。孰知夫出死要節，所以養生也，孰知夫出費用之所以養財也！孰知夫恭敬辭讓之所以養安也！孰知夫禮義文理之所以養情也！故人苟生之爲見，若者必死；苟利之爲見，若者必害；苟怠惰偷懦之爲安，若者必危；苟情悅之爲樂，若者必滅。故人一之於禮義，則兩得之矣；一之於情性，則兩喪之矣。」(禮論)

以上兩則，是他詮釋古禮之中，如何以差別的種種禮儀，爲天子以下的「君子」養尊處優。前者說「養」：以牲畜米麵，加以五味烹調，養其口腹之「欲」；以香草養其臭覺之「欲」；以考究高級的器物、衣物，養其視覺之「欲」；以多種配禮之「樂」，養其聽覺之「欲」；以豪華的宮室，有採光良好的庭院深深的宮室官邸，並有考究的蒲席、寢具、几桌設備，養其身體愉佚之「欲」，即所謂「禮者養也」。

關於「養尊」的意義，我們在以上有關章節中，已經多所闡述。他的作用，在於培養人格的尊嚴，培養高度的榮譽感，使其珍惜榮譽，愛惜羽毛，忠於職守以善盡其職責；並使其舉手投足，進退語默，皆足爲士大夫庶民之楷模，以期化民成俗於無形。

後者則論禮儀的差等意義，而以天子之儀則爲示例說明之，以見其隆重之一斑；等而下之的三公、諸侯、卿大夫乃至於庶民之間，皆有貴賤之「等」，長幼之「差」，而使貧富貴賤之間，皆有適度禮儀的「稱」。就天子而言—天子郊祀所用的車輛，是大輪鋪席而行的禮車以養其體；車旁懸掛香草，以養其「鼻」。車上衡軛塗以金色采飾，以養其「目」。車軾、車衡分別飾以「和」「鸞」之鈴，以節其行；「步」中武象之樂，「趨」中韶護之樂。這是天子享受的特定樂章，所以養天子之「耳」。儀隊所揚之「龍旗」及其所附之「斿」，爲天子所獨有之徽誌，以象徵天子之貴、之尊。使觀者必信以爲天子，而天子之號令亦當必信必行於天下；無形式的象徵，無以共知爲天子，無實質之必信必行，則不足爲天子。故曰「所以養信也」。車輪所飾的伏兕踞虎，車上所覆的絲帲(音質)，衡軛末端所飾的龍首，以及駟馬鞍韅之象蛟形，皆所以養天子之威嚴。最後則言駕天子乘輿的馬，更要經過特別訓

這是對於「禮」所必備之情用文理與隆殺的強調，而後者尤其重要。因爲稍有疎失，便會失去道德的肯定，倫理秩序的完整，亦必喪失統治原則與制度，則無公正公平之可言，無賢能立足之餘地，其於治亂得失，自可立見分曉。

第⑵則論「禮之中流」的另一涵義—哀樂過不及的調節原則。賢者之於喪禮，往往會過於哀毀，而不肖者則往往忽於禮節。過甚的哀毀，自必傷害健康，而非死者之所願；而怠慢於禮儀，勢必影響愼終追遠的善良風俗。是故對於慰靈作用的「文飾」、「聲樂」、「恬愉」之禮，與對於致哀盡孝作用的「麤惡」之禮所表達的感情，是相反相成的；兩者分用於喪禮之中，而不時交替。前者是視死者如生時而行的吉(祭)禮；而後者則爲生者對於死者的殮殯所行之凶(喪)禮，吉凶之禮，相間而行，使文飾之美與服食之粗惡相調節，而不至因哀傷而自棄；使聲樂恬愉與哭泣哀戚相調節，而不至因哀戚而忘「髮膚」之孝，也不至因節哀之「禮」，而放肆、怠慢於「文」。這是「禮」與「生」的兼顧，是以「禮」的文理，執其兩端而用其中，使兩得而不相失的道理，故曰「禮之中流」；使賢者得「中」於愛敬之禮文，而不傷父母之遺體；使不肖者得「中」於禮義之美德，而漸化其醜陋。

㈢禮之所謹

他以爲「禮」的第三涵義是「謹於二事」，其一爲「治生死」，其二爲「吉凶不相厭(ㄧㄚˋ)」。前者爲「忠厚敬文」精神之所寄；後者則爲「忠義」之所在。所以說：

⑴「禮者，謹於治生死者也。生，人之始也，死，人之終也，終始俱善，人道畢矣。故君子敬始

而愼終，終始如一，是君子之道，禮義之敬文也。夫厚其生而薄其死，是敬其有知，而慢其無知，是姦人之道而倍(背)叛之心也。君子以倍叛之心接臧穀，猶且羞之，而況以事其所隆(尊)親乎。故死之爲道也，一而不可得再復也，臣之所以致重其君，子之所以致重其親，於是盡矣。故事生不忠厚，不敬文，謂之野；送死不忠厚，不敬文，謂之瘠(薄)。君子賤野而羞瘠，故天子棺槨七重，諸侯五重，大夫三重，士再重。然後皆有衣衾多少厚薄之數，皆有翣菨(蔞翣)文章之等，以敬飾之，使生死終始若一；一足爲人願，是先王之道，忠臣孝子之極也。天子之喪動四海，屬(會)諸侯；諸侯之喪動通國，屬大夫；大夫之喪動一國，屬脩士；脩士之喪動一鄉，屬朋友；庶人之喪合族黨，動州里；刑餘罪人之喪，不得合族黨，獨屬妻子，棺槨三寸，衣衾三領，不得飾棺，不得晝行，以昏殣，凡緣(因常)而往埋之，反無哭泣之節，無衰麻之服，無親疏日數之等，各反其平，各復其始，若無喪者而止，夫是之謂至辱。」(禮論)

(2)「禮者，謹於吉凶不相厭(一丫丶)者也。紸纊聽息之時，則夫忠臣孝子亦知其閔矣，然而殯斂之具，未有求也；垂涕恐懼，然而幸生之心未已，持生之事未綴也。卒矣，然後作具之。故雖備家必踰日然後能殯，三日而成服。然後告遠者出矣，備物者作矣。故殯久不過七十日，速不損五十日。是何也？遠者可以至矣，百求可以得矣，百事可以成矣；其忠至矣，其節大矣，其文備矣。然後月(日)朝卜日，月夕卜宅，然後葬也。當是時也，其義止，誰得行之？其義行，誰得止之？故三月之葬，其須(貌)以生設飾死者也，殆非直留死者以安生也，是致隆思慕之義

也。」(禮論)

以上第⑴則是論喪禮種切之所以然。他的基本精神是以喪禮之隆重配合養生之孝道，以成其「敬始而慎終」的終始如一之禮，所謂「禮之文也」。由於世人往往會「厚其生而薄其死」，而怠忽於喪禮，他認爲這是必須以「禮」矯正的錯誤。敬其有知而慢其無知的「姦人之道，背叛之心」，更不是君子所以事尊親之禮；因爲他對於廝養之奴(臧穀)，都羞以倍叛之心待他。所以對於一生只有一次的喪禮，是人臣人子所必須極盡其隆重於其君親之禮；也是最後之禮。所以必須以君子之道，禮義之文，盡其忠厚敬文之禮。更因爲這是君子野人之別，是仁義與刻薄之別，必須特別詳細具體的加以規範，自天子以下，分別以隆重差等的大殮禮爲「敬飾」，以示生死如一之心，忠臣孝子之極。然後更有喪殯之禮，分別規範參與儀式的範圍，各以其禮，以表應享之榮哀，以盡忠孝之情，肅「忠厚敬文」之風。最後則爲刑餘罪人之喪的強調，因爲這種人的惡性重大，不得享受正常的喪禮，所以除了妻子，不得求族黨親友的參與，祗以最薄的棺槨，最少的衣衾，棺上不得作任何的文飾，只能在黃昏之後送去埋葬，妻子的送葬也沒有任何的禮節。包括哭泣、喪服、期月等等，一切都與正常之禮相反，而復始於平時。因爲他的自暴自棄，已「至辱」其生，也應該以「至辱」之禮加之於死後，以儆世俗。

第⑵則爲自彌留以至於卜葬期日的規範，其基本精神則爲「吉凶不相厭」——吉不掩凶，凶亦不得掩吉，即使是最後一秒，也要生歸生，死歸死，各守其禮。一息尚存，不得預求殯殮之具；理由是，此時孝子家人必存幸生之心，希望有復甦的奇蹟，不能先絕其望。斷了氣，才可以治喪具，即使是富家，也必須隔日出殯，三日成服，然後可以遠出報喪於至親至友。但出殯也不能遲於七十天，以符入土爲安之義，欲早也不可少於五十天，以便從容籌備使遠者可以至，禮之所求之物可以得，治喪之百事可以成；如此，以治其君之喪，則人臣之「忠」可以見於周詳之至；以治父母之喪，則人子之「節」可以見於盛作之大；兩者應有之文飾，亦可見於百事之備。然後於次日之朝行卜筮以定殯葬之期日，之夕則卜其葬地；卜然後葬，以昭其隆重。在此期中的一切行止，悉按喪禮定之，禮之當行則行，當止則止，任誰都不能擅加改變，所謂「遵禮」是也。所以有「三月之葬」的定制，不是盲目規定，更不是以死者之留，安生者之情，而是以死者之飾一如生前，以致思慕之情，使賢不肖皆以中節之禮，盡其哀思之情；不因過毀而傷其生，也不因不及而失其義。

二、論樂

由於樂之始乎人情，以止其亂，自不能不申其「立樂」之故，所以荀子在樂論之中論立樂之術，樂之所飾及其所象，以明其基本理論；以下將分闡之。

(一)立樂之術

他以爲「樂」爲修齊治平之所繫；所以說：

(1)「故樂在宗廟之中，君臣上下同聽之，則莫不和敬；閨房之內，父子兄弟同聽之，則莫不和親；鄉里族長之中，長少同聽；則莫不和順。故樂者，審一以定和者也，比物以飾節者也，合奏以

成文者也；足以率一道，足以治萬變，是先王立樂之術也。」（禮論）

(2)「故聽其雅頌之聲，而志意得廣焉；執其干戚，習其俯仰曲伸，而容貌得莊焉；行其綴兆，要其節奏，而行列得正焉，進退得齊焉。故樂者，出所以征誅也，入所以揖讓也。……則莫不聽從……莫不從服。故樂者，天下之大齊也，中和之紀也，人情所必不免也；是先王立樂之術也。」（禮論）

以上兩則皆論立樂之術。前者謂樂的定和作用—可以致君臣上下之和敬，致父子兄弟之親和，致鄉里長幼之和順。它的「審一定和」，「比物飾節」以及「合奏成文」的三種作用，分之，所以定音階的高低，所以求衆聲之和諧，所以表節奏之配合；合之，則五聲之音之演奏，則可成完整之樂章，它的導「和」，可與大道之「致中和」目標，異曲而同工，所以能統大道，理萬殊。它的基本原理是，以五聲之中的「宮」爲最低音的基調，所謂「五聲下不過宮，高不過羽」，就是「審一」。然後可以依樂章之別而調升所要的高低調，比合樂器以成其節奏；再合奏以成各種樂章。以發中聲所感，以和民聲，禮記之謂「禮節民心，樂和民聲……樂至則無怨，禮至則不爭；揖讓而治天下者，禮樂之謂也」（禮．樂記），這就是先王立樂所以「率一道」，「治萬變」的道理。

後者則更明確強調—「樂」，爲同天下之大齊，總中和之綱紀，爲人情所最能接受於無形的工具。因爲聞正聲之聲，則胸襟自廣，境界自高；執干戚之儀，則姿態舞步，動必以禮，其容貌自然得莊；舞者的表現、步伐，皆合於節奏，其行列自得其正；進退自得其齊。所以「樂」行於國門之外，則爲征討撻伐之聲；行於人倫之際，則爲恭敬辭讓之導。無論征誅揖讓，所發生的令人不得不從服的自然作用是共通的，所謂「其義一也」。他的影響力是直接施於人格組織的「心」，比斧鉞慶賞更有效；也是先王「立樂之術」—更深一層的意義。

㈡樂之所飾

他以爲「樂」的第二意義，更在於配合「禮」以飾王者之喜怒，他說：

「且樂者，先王之所以飾喜也；軍旅鈇鉞者，先王之所以飾怒也。先王喜怒皆得其齊焉。是故喜而天下和之；怒而暴亂畏之。先王之道，禮樂正其威也……。」(樂論)

王者以天下爲心，其喜者天下之所喜也；其怒亦天下之所怒。故先王以鐘鼓金石絲竹之樂，文飾其喜；而以軍旅鈇鉞之禮，文飾其怒；使天下聞其聲樂而皆知其喜，天下之暴亂見其禮制而皆畏其怒，所謂「一怒而安天下」。所以說，禮樂之飾，所以正先王之威。

㈢樂之所象

荀子非常重視象徵，因爲它的涵蓋性，更能表達事物的意義。這裡是他以象徵的手法，說明樂理；以下將以1.聲樂，2.管樂，3.雜樂，4.歌舞四者分闡之。

1.金石之樂—關於聲樂之象，他說：

「聲樂之象，鼓大麗(讙)，鐘統(充)實，磬廉(明)制……；鼓其樂之君邪！故鼓似天，鐘似地，磬似水……。」(樂論)

他詮釋「鼓」之響最大，所及最遠，所以象徵歡欣之情，所謂「歡欣鼓舞」；又因爲合樂的演奏，必以鼓聲爲中心，以導節奏，所以鼓爲衆聲之君，故似「天」。樂記詮之曰：「樂者，心之動也，聲者，樂之象也；文采節奏，聲之飾也。君子動其本，樂其象，然後治其飾，是故先鼓以警戒，三步以見方，……備舉其道，不私其欲，是故情見而義立，樂終而德尊，君子以好善，小人以聽過，故曰生民之道樂爲大。注：「文采，樂之威儀也，先鼓……以警戒衆也。三步謂將舞必先三舉足，以見其舞之漸也。」

鐘之聲象充實，故劉師培以爲「統」，當作「充」（充者實也，見穀梁莊二十五年傳注）以其聲博而厚，故又似「地」。

磬之聲，廉而制。以其形有隅積輪廓之明，故曰廉；磬以明貴賤親疏長幼之節，故曰制。以其有制而不濫，故又以爲似「水」。

以上是聲樂之象，所象或似天之爲廣大，或似地之爲博厚，或似水之爲廉制，皆爲成「樂」之本。因爲，無「鼓」不能合衆樂以成章；無「鐘」則乏充實之聲，無以致其遠；無「磬」則無以辨人倫之節，無以制聲音之煩喧。

2. 絲竹之樂—關於管樂、弦樂之象徵，他說：

「竽笙簫（肅）和，筦籥發猛，塤箎翁（泱）博；瑟易良，琴婦好。……竽笙筦籥似星辰日月；……。」（樂論）

以上是包括管弦二樂的絲竹之樂的象徵說法。竽笙二器所發之聲，雖然不排除其他喜怒哀樂之音，但它的基調是嚴肅和平的。在合奏交響之中，尤其如此。

箎簫所發之聲，它的基調是威猛，英勇的。如果合奏於武韶廣樂之中，更能突顯武王功烈的征伐之聲。

塤箎之聲，是泱泱然廣大之徵；即呂覽古樂所謂「其音英英」。

琴瑟之聲，是平易善良婉曲美好的象徵。前者即非十二子之謂「良、樂易也」；後者即賦篇注「女好」所謂「女好？柔婉也」。

大抵說，管樂可以陽剛之氣概之，而弦樂則可總以陰柔之氣；所以說它像星辰日月。

3.其他雜樂—關於附屬的雜樂之象，他說：

「鞉柷、拊鞷、椌楬似萬物。」(樂論)

以上是雜樂部份，鞉(ㄊㄠˊ)，為有柄可執之小鼓。旁側附物如耳墜，執柄搖之，其耳自擊成聲。詩經商頌那所謂「置我鞉鼓」，傳文說它是「樂之所成」。

柷，是形似方斗，擊以止音的小樂器。

椌(ㄎㄨㄥˊ)楬(ㄐㄧㄝˊ)，擊柷止樂的長柄木椎。

拊鞷，即禮論之「當拊膈」，禮、明臺作「拊搏」。為牛皮所製，中實糙糠形如小鼓的樂器。也是節樂之器。

凡此雜樂，皆爲附隸於正樂的小樂器，如萬物之附著於地面，故曰「似萬物」。於是樂之中有天、有地、有水、有星辰日月、有萬物，於和諧旋律之中各盡自然之趣。

4. 歌舞—關於歌舞之象，他說：

「歌清盡，舞意天道兼……曷以知舞之意？曰：目不自見，耳不自聞也，然而治俯仰、詘信、進退、遲速，莫不廉制，盡筋骨之力，以要鐘鼓俯會之節，而靡有悖逆者，眾積意謘謘（諄諄）乎！」（樂論）

他的禮樂論，是包括歌舞的。因爲人類文化的演進，是由於神權時代求神庇佑所產生表現願望的舞蹈，而有戲劇、音樂、詩歌的相繼產生，所以他特別置重於「舞」的象徵。「歌」的意義，則在以合樂悅耳之歌聲，反覆唱出歌詞中的每一個字，傳播作者歌者或樂中所蘊涵的情意。而「舞」之意，則同於天道，合於天道—目不能自見其形，耳不能自聞其息；然而舞蹈之中能使或俯或仰、或屈或伸、或進或退、或遲或速，都能自然配合音樂的旋律；都能竭盡體力表現鐘鼓所管制的節奏，而不會有絲毫的錯誤；都因爲「舞」的意義，能使眾人之心，共積於溫柔忠厚之聲所使然。

第四節　禮樂之功能

荀子論禮樂的功能與禮樂的義理，幾乎難解難分；在義理之中有功能，在功能之中有義理。但就重點而言，論義理以抽象的理論爲重，論功能則以具體的應用爲重。所以繼第三節之論涵義之後，本節將論其應用之效，以見其功能。

一、禮的應用

禮、樂與詩教，都是儒家爲政的治本的利器，而以前者爲尤然。關於禮的應用，自然也要從爲政中「禮」的功能說起，然後論致富導善之用，喪、祭、昏、冠之用以及「禮樂」之相輔爲用，以下將分闡之：

(一)禮與為政

爲政之方，在於止亂以求治。而「禮」之定分，即所以止亂，而分之定與行，不可無君；君不以禮美之、安之、貴之，無以治天下。所以說：

(1)「人之生，不能無群，群而無分則爭，爭則亂……故無分者，人之大害也；有分者，天下之本利也；而君人者，所以管分之樞要也。故美之者，是美天下之本也；安之者，是安天下之本也；貴之者，是貴天下之本也。古者先王分割而等異之也，故使或美、或惡、或厚、或薄、或佚樂、或劬勞；非特以爲淫泰夸麗之聲，將以明仁之文，通仁之順(序)也。故爲之雕琢刻鏤，黼黻文章，使足以辨貴賤而已，不求其觀；爲之鐘鼓、管磬、琴瑟、竽笙，使足以辨吉凶、合歡、定和而已，不求其餘；爲之宮室，臺榭，使足以避燥濕、養德、辨輕重而已，不求其外。詩曰：

『雕琢其章，金玉其相，亹亹我王，綱紀四方』，此之謂也。」(富國)

(2)「若夫重(多)色而衣之，重味而食之，重財物而制之，合天下而君之，非特以爲淫泰也，固以爲王(一)天下，治萬變，材萬物，養萬民，兼制天下者，爲莫若仁人之善也夫。故其知慮足以治之，其仁厚足以安之，其德音足以化之，得之則治，失之則亂。百姓誠賴其知也，故相率而爲之勞苦以務佚之，以養其知也；誠美其厚也，故爲之生死斷亡以覆救之，以養其厚也；誠美其德也，故爲雕琢、刻鏤、黼黻、文章以藩飾之，以養其德也。……無它故焉，其所是焉誠美，其所得焉誠大；其所利焉誠多。詩曰：『我任我輦，我車我牛，我行既集，蓋(皆)云歸哉』此之謂也。」(富國)

以上第(1)則的重點是：①「禮」的強調—不可一日無群的人類，無「分」則亂，有「分」則治；故必立君制禮以定分，以管分之樞要；②凡以致「美」、致「安」、致「貴」於其君者，都爲了天下之本—「禮」的存在，「分」的存在。③凡所區分的差等有別之美惡厚薄……等等，絕不是助長他的淫佚，矜貴的聲勢，而是爲了明示天下以隆禮行仁之文，以隆禮達仁之序。所以一切禮樂的文飾，都以辨貴賤、吉凶、合歡、定和之禮爲已足；或以避燥濕、養德、辨輕重(多寡)爲已足，過此則非禮之所宜。所以詩經大雅棫樸篇第五章之美文王之能爲四方之綱紀，以爲足以當雕琢金玉慰勉之禮而無愧。也是強調「禮分」的宜當—有文王之功烈，乃得以此禮尊之飾之。

第(2)則更是「禮」與「分」眞義的詮釋。特別強調多色之衣冠，多味之玉食，多量財物供養帝王的制度，乃至舉天下之民共尊爲天子，也不是爲了帝王天子的「淫泰」而設，而是因爲他是「仁人之善」——最佳的仁人；無人比他更能統一天下，治萬殊，材制萬物以養萬民；以兼制天下，確保長治久安之局。所以凡爲「王者」，必有「足以治之」的智慮，「足以安之」的仁厚，「足以化之」的德音。所以得之則天下治，失之則天下亂。也因此，天下百姓都不惜接踵而至，爲了代勞苦以求其逸豫安樂，以養其智慧；甚至不惜犧牲性命以救其患難，以養其厚；不惜以最高禮節的文飾，以養其德。都因爲天下所肯定、所認同之「仁人」，是眞正的「美」；「仁人」之功 能使百姓之所得，遠大於其所失；之所利，也遠多於所費。所以詩小雅黍苗第二章說得更明白，更具體——百姓們爲了響應政府的征調，不辭駕車牽牛的辛苦，或個別之行，或集體勞動，不但毫無怨言，而且都在役畢歡然而歸，謳歌以歸。都因爲「禮」的效益，遠高於付出的一切。

凡此所論，皆爲「禮」對於爲政的具體效應。

(二)禮之裕民

他的構想是，以禮節用以生資本，以禮治三才，以生財富；他說：

(1)「足國之道，節用裕民以善藏其餘。節用以禮，裕民以政。彼裕民故多餘，裕民則民富，民富則田肥以易(治)則出實百倍。上以法取焉，而下以禮節用之。餘若丘山……，此無它故焉，生於節用裕民也……或以無禮節用之，則必有貪利糾譎(聚歛)之名，而且有空虛窮乏之實矣。此無他故焉，不知節用裕民也。」

(2)「禮者，貴賤有等，長幼有差，貧富輕重皆有稱者也。……德必稱位，位必稱祿，祿必稱用，由士以上則必以禮樂節之，眾庶百姓則必以法數制之……，廣人力而授事，使用必勝事，事必出利，利足以生民，皆使衣食百用出人相揜，必時藏餘，謂之稱數……。輕田野之稅，平關市之征，省工賈之數，罕興力役，無奪農時，如是則國富矣。夫是之謂以政裕民。」

(3)「故先王聖人爲之不然—知夫爲人主者不美不飾之不足以一民也；不富不厚之不足以管下也；不威不強之不足以禁暴勝悍也；故必將撞大鐘，擊鳴鼓，吹笙竽，彈琴瑟，以塞其耳；必將雕琢刻鏤，黼黻文章，以塞其目；必將芻豢稻梁，五味芬芳以塞其口，然後眾人徒，備官職，漸慶賞，嚴刑罰，以戒其心；使天下生民之屬，皆知己之所願欲之舉在于是也。故其賞行；皆知己之所長恐之舉在于是也，故其罰威。賞行罰威，則賢者可得而進也，不肖者可得而退也，能不能可得而官也。若是則萬物得宜。事變得應，上得天時，下得地利，中得人和，則財貨渾渾如泉源，汸汸(滂)如河海……故儒術誠行，則天下大而富……。」(以上詳富國)

以上第(1)則所論，重點在「上以法取焉，而下以禮節用之。」決策者以十取其一的稅法取之於民，而百吏之度支則按禮法支出，節用而無虛糜，以求藏富於民。故曰「節用裕民」。如果不知節用裕民—不能控制預算，漫無節制，勢必橫征暴斂，其民必貧，民貧則國庫必空虛窮乏，而政府更以暴虐之名而形象掃地，兩者皆危亡之主因。

第(2)則更以禮的差等功能，說明「以禮節用」的具體。由士以上皆能以禮樂之規範，使其位、其祿、其用皆得其「稱」而無人力之浪費，公帑之虛糜；庶民則以政令規範其從業，使其敬業出利以足衣食百用，自然有勞積之「藏餘」。然後更輕徭薄賦，限制工商人數而使民不奪農時之鼓舞生產，發展經濟，自然由民裕而國富。反之則所謂「士大夫衆則國貧」、「工商衆則國貧」；足用裕民都談不上。

第(3)則是由禮則「天下大而富」的強調，事實上也是「禮」的最大功能。因爲所謂「禮」，是涵蓋「禮義法度」的禮制；所有規律人倫社會的道德規範，規律政治的興革制度；規律刑罰的法律規範皆屬之。「先王聖人」對於禮樂的設計，是針對「一民」、「管下」與「禁暴勝悍」的必要，而以「美飾」、「富厚」、「威強」的禮儀制度，使國家元首獲得應有的養尊處優。然後以職官制度，慶賞制度及法律制度，分別衆其侍從，爲備其百官，更以慶賞之漸(差等漸次)，刑罰之嚴以戒天下；使皆知勸於慶賞之信，知懼於刑罰之必。是故可以進賢良，退不肖，而「能不能」(智愚)皆得其所。在這樣的人才政府統治之下，自必充分應用天時，利用地利與人和的效益；自然有多元的發展，更有「天下大富」的效果。

必須從立意之中解讀的重點是，這種效果的邏輯，是以明主爲前提的假設；有賢明的「人主」，才會從禮樂的社會成本之中獲得一本萬利的「大富」。否則，客觀存在的禮樂，便會成爲「徒法不足以自行」的浪費；甚至是助長暴君暴政的最大浪費。荀子之所以一再強調「人性不能自美」；「君子理天地……」的理由也在此。因爲禮樂本來要與君子相終始，否則就不會發生正面的相因相成；而必然是負面的循環—無君子不會有禮樂，無禮樂也不會有君子；無君子更不會有禮樂的成效。

㈢喪禮之用於遂敬

喪禮的基本作用，在於飾惡、滅惡以生哀、生敬；而殯葬之道，喪服之平，尤所以重優生；而隆殺之分，尤在於勸事功，盡忠孝之道。所以說：

⑴「喪禮之凡：變而飾，動而遠，久而平。故死之爲道也；不飾則惡，惡則不哀，爾(邇)則翫，翫則厭，厭則忘，忘則不敬。一朝而喪其親，而所以送葬之者不哀不敬，則嫌(擬)於禽獸矣；君子恥之。故變而飾，所以滅惡也；動而遠所以遂敬也；久而平，所以優生也。」

⑵「喪禮者，以生者飾死者也，大象其生以送其死也。故如死如生，如亡如存，終始一也。始卒，沐浴鬠體(潔髮膚)飯唅；象生執也。不沐則濡櫛之律(梳理)而止，不浴則濡巾三式(拭)而止。充耳而設瑱，飯以生稻，唅以槁骨(皓貝)，反生術矣。設褻衣、襲三稱，縉(搢)紳而無鉤帶矣。設掩面儇(幎)目，鬠而不冠笄矣。書其名，置於其重，則名不見而柩獨明矣。薦器則冠有鍪而毋縰，罋廡虛而不實，有簟席而無床笫，木器不成斲，陶器不成物，薄器(竹葦製器)不成用。笙竽具而不和，琴瑟張而不均(調)。輿藏而馬反，告不用也。具生器以適墓，象徙道也。略而不盡，貌(貌)而不功，趨輿而藏之，金革轡靷而不入，明不用也。象徙道，又明不用也。……是皆所以盡哀也。故生器文而不功，明(鬼)器貌而不用。凡禮，事生，飾歡也；送死，飾哀也；祭祀，飾敬也；師旅，飾威也；是百王之所同，古今之

所一也；未有知其所由來者也。故壙壠其貌象室屋也；棺槨其貌象版蓋斯（靳）象（衍字）拂（茀）也；無（幠）帾（褚）絲歶縷翣，其貌以象菲帷幬尉（網）也。抗折，其貌以象槾茨番（藩）閼也。故喪禮者，無他焉，明死生之義，送以哀敬，而終周藏也。故葬埋，敬藏其形也；祭祀，敬事其神也；其銘誄繫世，敬傳其名也。事生，飾始也；送死，飾終也；終始具，而孝子之事畢，聖人之道備矣……。」

(3)「三年之喪，何也？曰：稱情而立文，因以飾群，別親疏貴賤之節，而不可損益也。故曰無適不易之術也。創巨者其日久，痛甚者其愈遲；……稱情而立文，所以爲至痛極也。齊衰、苴杖、居廬、食粥、席薪、枕塊，所以爲至痛飾也。……二十五月而畢，哀痛未盡，思慕未忘。然而禮以是斷之者，豈不以送死有已，復生有節也哉！凡生乎天地之間者，……有知之屬莫不愛其類……小者是燕爵（雀）猶有啁噍之頃焉，然後能去之。……故人之於其親也，至死無窮。將由夫愚陋淫邪之人與？則彼朝死而夕忘之；然而縱之，則是曾鳥獸之不若也，安能相與群居而無亂乎！將由夫脩飾之君子與？則三年之喪，二十五月而畢，若駟之過隙；然而遂之，則是無窮也。故先王聖人安爲之立中制節，一使足以成文理，則舍（除）之矣。

然則何以分之？曰：至親以期斷。是何也？曰：天地則已易矣，四時則已徧矣，其在宇中莫不更始矣，故先王案此以象之也。然則三年何也？曰：加隆焉，案使倍之，故再期也。由九月以下，何也？：曰案使不及也。故三年以爲隆，緦小功以爲殺，期九月以爲閒（居其間），上取象於天，下取象於地，中取則於人，人所以群居和一之理盡矣。故三年之喪，人道之至文者也，夫是之謂至隆……。」

(4)「君之喪所以服三年，何也？曰：君者，治辨(平)之主也，文理之原也，情貌之盡也，相率而致隆，不亦可乎！詩曰：『愷悌君子，民之父母』，彼君子者，固有爲民父母之說焉。父能生之，不能養之，母能食之，不能教誨之；君者，已能食之矣，又善教誨之者也。……乳母，飲食之者也，而三月；慈(庶)母，衣被之者也，而九月；君，曲備之者也，三年畢乎哉！得之則治，失之則亂，文之至也。得之則安，失之則危，情之至也。兩至者俱積焉，以三年事之猶未足也……故社，祭社也，稷，祭稷也；郊者，并百王於上天而祭祀之也。三月之殯，反也？曰：大之也；所致隆也，所致祀也……先王恐其不文也，是以繇其期，足之日也。故天子七月，諸侯五月，大夫三月，皆使其須(遲)足以容事……容成……容文……容備，曲隆備物之謂道矣。」(以上均詳禮論)

禮之具體，以冠、昏(婚)、飲酒、鄉射、燕饗、朝聘、喪服之七教爲序。其中以「冠」爲始，以「昏」爲本，而以「喪」「祭」爲重。故荀子於禮論之中，特以「喪祭」爲重點。更因爲「喪祭」爲人倫之終，無終則禮不全；而人性則如尙書之謂「靡不有始，鮮克有終」故特加致意，而強調「終始如環」。

以上第(1)則爲喪禮功能之總則—以喪禮之儀則、「節」生死之大「變」；以儀則之「動」，飾死者生者之宜「遠」；以喪服之「久」，飾減哀痛以復於「平」常。人之死，不以禮節之必漸生惡臭，生者畏其惡臭則不哀；故必滅惡以哀之。既飾則憂其近、其狎、其厭、其忘而不敬，故必飾「動」而遠之。例如「飯於牖下，小斂於戶，大斂於阼階，殯於客位，葬埋於墓」（禮·檀弓），使死者漸「遠」於生者，使生者不忘而敬。否則既不哀，復不敬，則與禽獸無殊。至於「久」，則以哀痛之情，過則傷生，故以喪服誌其哀敬，而漸節其傷痛，使其平復於常態，而不至因哀毀而影響健康。所以說「所以滅惡……遂敬……優生也。」

第(2)則論禮之象徵功能—以種種象徵性之禮文，表生者「事死如事生，事亡如事存」終始一貫之情思。所以方死，即以大殯之禮，如沐浴梳理以潔其髮膚，以新綿充耳，以生稻爲飯，以皓貝爲唅，以爲回生之象徵；其次則以內外衣裝，及無鉤大帶，有官者則插上笏版，掩以練白之帛，黑緇之幎目；組束其髮而加以冠笄；然後書名以旌懸於重木，以名其靈柩，以示其名之因實之亡而亡，而獨明之於行將入土之柩。

所陳送葬入土之器用，包括明器與生器，前者爲虛擬之鬼器，有形似兜鍪之冠，而無網髮之縰（黑帕）；甕瓶之類的瓦器，只有包裝而沒有實物；棺中有寢具而不設床几；木器沒有雕琢加工，陶器只有形狀，竹葉所製的「薄器」也不能使用。樂器也只是張設，而不能吹彈；馬車也是以輿櫬之輿當做車，而歸其馬，以示不用。後者爲生人使用之器，也只是擇要的象徵，只有粗放而不加細工的幾件，象徵生人的遷址；以加重哀傷的氣氛；亦以生離之象節死別之哀。所以「生器」只是文飾—備而不工；

「鬼器」則只是有形而無用。

總之，禮的功能，在於表達情意，事生之禮表歡愉，送死之禮表哀痛，祭祀表誠敬，師旅(之禮)表軍威，都是以禮飾情。就喪禮而言，也無非教化人類共明事生、送死之理，始於哀敬之「送」，而終於周至之善「藏」。所以以壙穴墳墓，象徵宮室屋宇；以棺槨象徵車駕；皮革的裝飾；以飾棺之幠(ㄈㄨ)帾。以下的許多文飾(包括縪土的「抗」，與承「抗」的「折」)，分別象徵車上的戶扇帷幄帳幕—所以禦風塵外物之侵內，以表哀敬之送。至於埋葬、祭祀，以及銘誄之文，也都是「哀敬」的表達，化成「終始如一」之義，所以說「孝子之事畢，而聖人之道備」。

第(3)則則首論「三年之喪」只服二十五月而畢之故。他以爲這是聖人有鑒於小人「朝死而夕忘」之陋不可縱，縱之則必如禽獸之亂，而不能群居，對君子而言，則三年雖長，猶不足盡其哀思，下文所謂「以三年事之猶未足也」；然其苦短哀毀之情，則有違於「優生」之道，故其情亦不可遂，遂之則其哀必無盡以傷其生，所以爲之「立中制節」，而於第三年但以一月象徵之，以成三年之服，以稱親疏貴賤之情。并使小人不敢忘，而君子不過數。

次論期年之服，再期之服，九月以下之服，是爲了別親疏之間之哀思的差等：①至親之服，原則是以期年—周十二月爲斷。理由是法天；法自然—一年期備，天地之象已經改變，四時之序也已經歷遍，萬物也無不重新開始，所以「先王」以自然運作的周而復始，象徵喪服期限之長短。②「三年之喪」，是爲了「加隆」之禮而立，故以再期的二十五月之服，倍其隆重。③九月以下之服，是爲了漸殺(遞減)其隆，以其親疏之情而異也。親之服不可使及於疏，而疏之服亦不可使及於親。所以以三年之服爲最隆重、最厚之禮，而以「小功」之三月，爲有服之親中最疏、也是最輕之服。九月之服則介乎親疏隆殺之間。三者分別取象於三才，以盡人類群居之理—天地之氣，三年一閏，故以三年之喪象「一閏」。物以一期(年)爲終，故以一期之服象其周。九爲陽九之大數，又爲三時之積，故以九月之服象陽數，亦以象三時之物。五月者以象五行之氣。天地之氣以一季而變，故以三月之服象之。以上爲取法於天地。子生三年，然後免於父母之懷，故服三年；人以一歲爲情意改變之周期，故服一期(年)；九月以下之服，亦各本人情親疏之差異以象之，故曰「取則於人」。三年之象備，則宇宙無所不和，故能盡「群居和一」之理。所以說三年之喪，爲人道之至文，人道之至隆。至文至隆之功能，則爲「群居和一」之具體。

所以禮有喪服五等之制—①爲父母「斬衰」之服，三年。②爲祖父母「齊衰」之服，一年。③爲堂兄弟「大功」之服，九月。④爲曾祖父母、叔伯祖父母，「小功」之服，五月。⑤高祖父母及「小功」之下「緦麻」之服，皆三月。統稱之爲「三年之喪」。以盡其隆殺，「以成其至文」。

第⑷則所論「君」之喪何以三年，他的答案是，君爲「治辨(平)之主」，「文理之原，情貌之盡」。故其義其親皆如父母，臣民之共同隆之以父母之禮，自無不可。所以引述詩、大雅洞酌之文以證之。因爲「君」者，愷切以強教，悌慈以悅安，使民有父之尊，有母之親，故可爲民之父母。荀子更引申之以爲，君子有「爲民父母」之說，是因爲，父能生之，而不能養之；母能食之，而不能誨之；

而「君」者則既能食之，又善教誨之，這樣的君子之「君」，當然是「民之父母」。否則便沒有「致隆」之必要；便是不合理的「禮」。所以原文之謂「彼君子者」，指詩中之「君子」。，兪曲園以爲「子」字衍文，非也。

以下再論乳母、慈母之服，以盡三年之內應有之服——以三年爲極服，分別規律各種親疏貴賤之喪服。乳母之有服，是因爲能「飮食之」；慈母之有服，是因爲能「衣被之」。兩者對於幼兒之撫養，謹次於生命之所由來的生母，所以雖然是化錢僱來的乳母，儘管只是父之妾，仍然不可無服，以養人情之忠厚。如此完備的喪服之禮，自然是化民成俗，最佳的制度，所以「得之則治，失之則亂」；更因爲是忠厚之至，所以「得之則安，失之則危」。就人性而言，合兩者之義以言喪服，「三年」之制，實不足以盡之；就其良性影響而言，如果不是禮之所限，再長的喪服，都是値得付出的社會成本。所以在「社」祭社神；在「稷」祭「稷」神；而郊祀之禮，更并古今百王之神而祭之。

關於三月之殯，是指三月以上的殯期，所謂「天子七月，諸侯五月，大夫三月」是也。「殯」的原則是，上文所謂「殯」久不過七十日，速不損五十日；是指既殯之後，厝柩至下葬之期，楊注引士喪禮之謂首尾三月，即三日而殯，三月而葬之禮。三月以上之殯，顯然是原則的例外，其故則因其賢，因其功或因其慈愛，而「大之重之」。所以申其「隆」，申其「親」。由於禮之隆殺不同，而各有其「事」、其「文」，其「容備」；故必異其時日，以應所需而容其足以將事，足以成事，成禮之「文」，「成文」之周至；皆謂寬其時日以使從容於循禮之籌備；必使事物完備以貫喪禮之道。其功能則在於「致隆」、「致親」，以勸事功，以盡其孝敬。

㈣祭禮之尊尊親親

繼喪祀之滅惡遂敬，優生功能之後，還有長期的記憶思慕之情，必須以適切的禮文規範其應有的表達，以「至(致)尊尊」於君上，「親親」於父母之義。故曰：

「祭者，志意思慕之情也。愅(變)詭(異)唈僾(抑鬱)而不能無時至焉。故人之歡欣和合之時，則夫忠臣孝子亦愅詭有所至矣。彼其所至者，甚大動(變)也；案屈(竭)然已，則其於志意之情者惆然不嗛(足)，其於禮節者闕然不具。故先王案爲之立文，尊尊親親之義至(達)矣。故曰：祭者，志意思慕之情也，忠信愛敬之至也，禮節文貌之盛矣，苟非聖人莫之能知也。聖人明知之，士君子安行之，官人以爲守，百姓以成俗。其在君子，以爲人道也；其在百姓，以爲鬼事也。」(禮論)

以上詮釋祭禮之爲用，在於以禮文盡心意，以表紀念，表思慕之情。因爲君親死後，喪禮雖畢，而傷痛之情仍然潛在，不因禮畢而絕；故一旦遇外在的變異的刺激，或見景生情的刺激，都不能無感應，前者的感應，是變異的聯想；後者則爲惆悵感傷的聯想，例如遇「歡欣和合」之時，則凡忠臣孝子必因異於平常的刺激，而發生紀念思慕其君親的反應，而必有感發於其不獲同享此樂之遺憾，而且久久不能平息，必藉祭祀之禮以致其思，以平其情；否則必然惆悵不已於禮節之不存。所以「先王」因之而爲之立制—以不煩不疏之禮，以申其敬，以示不忘，(詳禮記祭義第十四)以至「尊尊親親」之義。所以說「祭」的作用，一方面是資以表達紀念思慕之情；另一方面則為「忠信愛敬」倫理美德的至上表現；第三方面更是「禮節文貌」的完美。這種義理，當然只有先知先覺的聖人才能發見。而為之立文。所以由聖人之知，士君子之行，百官之守，使大行於民間社會，以形成善良忠厚的風俗。但在君子，固然知其為人道所必要之「尊尊親親」的禮節，而平民百姓則但知其為鬼神之事，而不能排除迷信的負面影響，所謂「君子以為文則吉，小人以為神則凶」（詳天人論）。所以必須加以警惕。

以下則論祭禮之「文」的內容，他說：

「故鐘鼓管磬，琴瑟竽笙，韶夏護武汋桓箾簡（衍字）象，是君子之所以為愅詭其所喜樂之文也。齊衰苴杖，居廬、食粥、席薪、枕塊，是君子之所以為愅詭其所哀痛之文也。師旅有制，刑法有等，莫不稱罪？是君子之所以愅詭其所敦惡之文也。卜筮視日，齋戒脩涂（除），几筵饋薦告祝，如或饗之，物取而皆祭之，如或嘗之。毋利舉爵，主人有尊，如或觴之。賓出，主人拜送，反易服，即位而哭，如或去之。哀夫！敬夫！事死如事生，事亡如事存，狀乎無形影，然而成文。」（禮論）

這是列舉三種「愅詭」的不同禮節—凡有樂器文飾的祭禮，都是表達「喜樂」的禮節；凡在喪禮之中所有種種禮節如喪服之披麻、著芒鞋、執喪杖，守墓於廬，睡稻草、枕磚塊等等，都是表達「哀痛」的禮節。至於師旅有制當指禮．王制之謂「天子將出征……宜乎社、造乎禰、禡於所征之地（為兵禱之禮）。受命于祖（告祖也）……出征執有罪，反釋奠于學，以訊馘告」，皆有祭禮；「刑罰有等，……莫不稱罪」，則指關於大宗伯的「以軍禮同邦國」，注：「同，謂威其不協僭差者」。大司寇之「大軍旅涖戮于社」更有「用命賞于社，不用命戮于社」之祭之刑。皆爲「惵詭」敦善惡惡的禮節。此外則總述凡祭都必須遵守以下的基本規範，除禮記所舉之「忌日」之祭以外，其他皆須卜日，齋戒、掃除、設几筵、上祭品、頌吉祝之辭，都要一如在生之進餐；徹祭的祭品，一如鬼神之已嘗；主祭者必須親自酌酒，不得假手他人一如生前之舉觴。一直到與祭之賓出門而去，主人須拜送之，然後返宅易祭服爲喪服，就靈位而哭以致其哀，一如鬼神之將去。總之，不論其爲哀，爲敬，都爲了表達事死如生，事亡如存之心，把無形的一切，擬制爲有形的存在，雖然都是擬制的，但是禮文卻是具體的；意義更是深遠的。

㈤禮之大略

荀子論禮，僅於禮論篇中詳喪、祭二禮，其餘則於大略篇揭其大要。其他散見於各篇者，以王制篇爲最多，所論多周官部份之禮制，爲用於政治之禮。其餘則爲議論之引據或強調，皆未得其詳。大略所舉之禮，則多爲各篇所未及，當係門弟子記其口授，或錄其言論；茲就其重要各條加以闡述如次：

1.定都擇地之禮

「君人者，……欲近四旁，莫如中央，故王者居天下之中，禮也。」(大略)

這是周禮所謂「惟王建國，辨正方位，體國經野，設官分職，以爲民極」的王畿擇地之禮。首都爲天子發號施令的神經中樞，無論經常的行政聘享，或諸侯四夷的朝貢，或四方有警的馳援，或主動討伐的出兵，對於四方的屬地，都愈近愈好，以免鞭長莫及或偏枯偏榮。所以一般常理，固以中央爲最近於四方，而立國首都的擇地，自以居中爲宜。所以古人以日至之影一尺五寸之處謂之「地中」之理，於天下之中心點設首都，所謂「天地之所合，四時之所交，風雨之所會，陰陽之所和也；然則百物阜安，乃建王國焉」（周禮天官冢宰）。由於它是立國治天下的第一件大事，故揭爲大略之首，俾有遵循之原則，以免爭議。

2.應召命之禮

「諸侯召其臣，臣不俟駕，顚倒衣裳而走，禮也。詩曰：『顚之倒之，自公召之』。天子召諸侯，諸侯輦輿就馬，禮也。詩曰：『我出我輿，于彼牧矣。自天子，謂我來矣』。」（大略）

凡應命以速爲敬。而諸侯之召臣，與天子之召諸侯則各有其等差；前者指不待駕車，不及衣冠之整而行；後者則許其衣冠整齊，但要以車就馬於牧地，以求其速。所以引詩經的齊風東方未明與小雅出車分別以證之。

3.衣冠服制之禮

「天子山冕，諸侯玄冠，大夫裨冕，士韋弁，禮也。」（大略）

天子之衣冠有二：其一曰「袞冕」，其二曰「山冕」，前者之衣繡龍的圖案，後者繡山的圖案，皆天子特享之服飾，任何人不得僭越。諸侯次於天子，只能服玄（黑）色的衣冕。大夫則卑其冠冕，以示卑於諸侯。士，則韋皮爲冠，示又次於大夫。這是以服制飾貴賤差等之禮，以識別養其尊榮；并使貴以使賤，賤知事貴，所謂「相使相事」也。

4.服用異質之禮

「天子御珽（大圭），諸侯御荼（荼玉），大夫服（用）笏（象牙或竹質），禮也。天子雕（采飾）弓，諸侯彤（朱）弓，大夫黑弓，禮也。」（大略）

這是自天子以下之重要用器，以品質象徵其貴賤之禮。其義與前條同。

5.諸侯出疆之禮

「諸侯相見，卿爲介，以其教士畢行，使仁居守。」（大略）

諸侯之間，彼此出國相會，必以「上卿」爲陪「介」，以儐禮儀，任通達。即禮聘義之謂「上公七介，侯伯五介……」之禮。其次則以教養有素之士隨行，以防意外；而使有德之世子守其國，即穀梁傳之謂「智者慮，義者行，仁者守，然後可以會矣。」

6.聘問召絕之禮

「聘人以珪（玉璋），問士以璧，召人以瑗，絕人以玦，反絕以環。聘禮志曰：『幣厚則傷德，財侈則殄禮。』禮云禮云，玉帛云乎哉！詩曰：『物其指（美）矣，唯其偕矣。』不時宜，不敬文，不驩欣，雖指非禮也。」（大略）

前段諸侯之間的遣使聘問，皆以圭璋爲禮；諸侯咨國事於賢士，則以璧爲贄；召見則以瑗（大孔璧）爲贈。對於待罪之臣，則賜以如環而缺的玉玦，暗示抉絕；以玉環暗示反其「絕」之意。皆諸侯待遇人臣之禮。

後段則告誡凡禮，固然要以玉帛爲「用」，但禮之「時宜、敬文、驩欣」，顯然是更重要的「體」。過厚的玉帛，可能會傷害彼此的德操；過多的財物，也會使對方見樹不見林，而失去「禮」的意義。所以論語陽貨篇以爲，徒有玉帛，未必就是「禮」。詩小雅魚麗篇，更以爲禮物之美，在於偕其時，偕其敬，更要偕於歡欣，禮記所謂「不以美沒禮」。

7.婚姻親迎之禮

(1)「親迎之禮，父南面而立，子北面而跪，醮而命之：『往迎爾相（妻），成我宗（祧）事，隆率以敬先妣之嗣，若則有常』。子曰：諾！唯恐不能，敢忘命矣！」（大略）

(2)「霜降逆女，冰泮殺內，十日一御。」（大略）

以上第(1)則爲「親迎」的強調。婚姻之重要，是因爲它是人倫之始，所以禮昏義說：

「昏禮者，將合二姓之好，上以事宗廟，而下以繼後世也。故君子重之，是以昏禮納采、問名、納吉、納徵、請期，皆主人筵几於廟，而拜迎於門外……所以敬慎重正昏禮也。父醮子而命之迎，男先於女也。子承命以迎……婦至，壻揖婦以入，共牢而食，合巹而酳（飲），所以合體，同尊卑，以親之也；敬慎重正，而后親之，禮之大體，而所以成男女之別，而立夫婦之義。男女有別，而後夫婦有義……而后父子有親……而后君臣有正；故曰：昏禮者禮之本也。夫禮，始於冠，本於昏，重於喪祭，尊於朝聘，和於鄉射，此禮之大體也。……是故婦順備而后內和理，而后家可長久也，故聖王重之……。」

由於承先啓後的人倫意義，更由於婚姻關係之建立，而有不可侵犯踰越的規範，而有移孝以忠的「君臣之正」；所有修身、齊家、治平之道，都可以涵蓋無遺。所以說：禮始於冠禮，本於婚禮，而以喪祭之禮爲重，以「朝聘」之禮致其「尊」，更以「鄉射」之禮致其「和」。所以荀子的禮論以喪祭二禮爲重心，并於大略之中揭示禮之大端，而及於「聘問」之禮；更以爲婚禮之中，最後的一環的「親迎」之禮關係「內和理，家長久」，而爲聖王之所重，故於此處申重之。

親迎之禮的「醮而命之」，是父以酒示敬於子；非敬其子也，乃敬其事也。所「命」的一席話，更告訴他，此舉關係將來一生助手之得力與否，能否傳宗接代以續民族無窮之生命，而必尊敬她；因爲她將是歷代祖妣的後繼，沒有她，沒有賢良而備「順」的她，就不可能有家的一切，家的長久。也因此，結婚的男主角，也要敬謹惶恐表示不敢忘父命，而惟恐不及。而且成爲一代又一代的經典之辭，不敢改變半個字。

其中更值得注意的是，「夫婦有義」。必須彼此有義，方有後此的一切，否則必然是「不誠無物」，所以在婚禮過程中之六禮中的「納采」、「問名」、「納吉」、「請期」、「親迎」皆「用鴈」，除取象「順陰陽往來」之外，更因爲鴈在衆禽之中，最能頡頏比翼，「從一而終」—「有情亦復有義」。故以鴈爲象徵。因爲一切的「敬愼正隆之禮」，都爲「男女有別」而設，爲「夫婦有義」而設。前者爲法律規範—從此非有婚姻之名，不得有婚姻之實；任何一方皆不許有婚外之情；不許認錯人，走錯門。後者則爲道德的規範，爲彼此對於「有別」的堅持，所應有的美德的對應，必須如雁之有情更有義。這種美德規範比法律更有效，因爲那是植根於心靈深處的理性裁判，絕對不會讓感情搬家，不許見異思遷。有此雙重規範的婚姻，自然會發生情與義的良性循環，并從美德的型範之中，衍生「父子有親，君臣有正」的結果。這是「昏禮」的眞義，也是顚撲不破的理由。

第⑵則爲敦倫之禮。所謂「霜降逆女」，是規範親迎以農閑季節爲宜，到了立春之後的「冰泮」時期，則密月已過，而春耕開始，便要減少敦倫的次數，以免在春天的過度放縱，影響健康與胎教；更爲了農忙而蓄積體力并養成節制習慣與定力。所以要「冰泮殺內」。

8.朝野之禮要

荀子似以爲，凡儀禮所及言之禮，均各有其義(理論)而不可不明；故於上述條目之外，並就儀禮之所未詳，或作要義之陳述，或作名言的界說，或作細節之補遺。(其後多爲大小戴記所采錄)

①禮之要義

⑴「禮之大凡—事生飾驩也，送死飾哀也，軍旅飾威也。」(大略)

⑵「親親、故故、庸庸、勞勞、仁之殺也。貴貴、尊尊、賢賢、老老、長長、義之倫也。行之得其節，禮之序也。仁、愛也，故親；義、理也，故行；禮，節也，故成。仁有里，義有門。仁，非其里而虛(處)之，非禮(仁)也。義、非其門而由之，非義也。推恩而不理(順差等之義)，不成仁；遂理而不敢(敬)，不成義；審節而不和，不成禮；和而不發，不成樂。故曰：仁義以禮，

其致一也。君子處仁以義，然後仁也；行義以禮，然後義也；制禮反本成末，然後禮也；三者皆通，然後道也。」（大略）

以上第⑴則以爲禮雖繁多，不外三端—於事生必飾其驩，於送死必飾其哀，於軍旅必飾其威。驩得禮則樂而不淫，哀得禮則節而不傷；以事親則可盡心而有常，威得禮則嚴而不虐，所以飭軍紀、養士氣。這是禮的大端。第⑵則以差等爲禮之具體，「親」者遇以親屬之仁，「故」者遇以故舊之仁；「功」者則答以有功之仁，「勞」者則酬以有勞之仁。皆所以示能施於親故然後能施於非親非故，「仁」的差等，所謂「仁之殺也」。「貴」者以位之差等貴之，「賢」者以德之差等賢其禮；「老」者以齒、「尊」之以禮，「長」者以次、「敬」之以禮；所謂「義之倫也」。前者以「情」爲隆殺，故謂「仁」；後者以「理」分差等，故曰「義」。兩者皆行之以禮；禮者無過無不及之制限也，故曰「行之得其節，禮之序也」。

就其效應而言，「仁」的具體是「愛」，所以可「親」；「義」的意義是理之所「宜」，所以可行；「禮」的功能是「節制」—制其作爲，亦節其不作爲，故能有成於仁義禮樂。

更重要的是，如何由禮而入於「道」的眞諦—「仁」有仁的境界，有如居家的里巷；「義」有義的途徑，有如入室之門戶，不具「仁」的境界，固然「非仁」；不由義的途徑，自然也不是「義」；「推恩」仁也，然而不循義理之推恩，則不可謂「仁」。「遂理」義也，然而不守禮的節制，亦不可謂「義」。「審節」，知禮也；然而行之不和於序，則不能成「禮」；禮得於「和」之後，如果不能感「發」以樂章以聲樂之諧，則不能成「樂」。故凡仁義禮樂，所追求的歸趨，無非「和諧」。所以說君子處「仁」必以義理；行「義」必以禮制，然後成仁義。仁義爲體，禮樂爲用，前者只是抽象的「理」；後者則爲具體的「文」，禮樂之「文」必須可「復」於仁義之「理」；「用」可以返其「體」，「體」可以成其「用」，乃可謂「制禮反本成末」，才是「禮」的眞義；貫通於仁、義、禮(樂)三者之眞義，才是「道」——完全的「道」，而不是瞎子摸象的「道」。

②禮之詮要

(1)「貨財曰賻。輿馬曰賵(ㄈㄥˋ)。衣服曰襚。玩好曰贈。玉貝曰唅。賻賵所以佐生也，贈襚所以送死也。送死不及柩尸，弔生不及悲哀，非禮也。故吉行五十，奔喪百里，賵贈及事，禮之大也。」

(2)「禮者，政之輓也；爲政不以禮，政不行矣。」

(3)「禮者，人之所履也，失所履，必顚蹷陷溺。所失微而其爲亂大者，禮也。」

(4)「禮者，本末相順，終始相應。」

(5)「平衡曰拜，下衡曰稽首，至地曰稽顙。」

(6)「聘，問也。享，獻也；私覿，私見也。」(以上均詳大略)

以上第(1)則詮「賻、賵、襚、贈、唅」五名，前二者爲親友致送以助生者治喪之用，故曰「佐生」；次二者則爲送死入殮之用，故曰「送死」。所「贈」之玩好，謂明器幽用之琴瑟笙竽。後者爲喪家置死者口中含之入殮，故曰「唅」。送死之禮，必須送在及見柩尸之前；弔生之禮，必須在未葬之時。所以一般吉事要日行五十里，奔喪則必須日行百里，而賻賵必須及其行事，於禮都是大事。

第(2)(3)兩則，分別以物事詮「禮」，以喻其重要。前者謂車無輓，則牛馬無從牽引，故為政無禮，猶車無輓之不能行。後者則謂「禮」為人之所宜履之地，失其宜必然會「顛蹷」或「陷溺」，失宜之失，似甚微而其為亂之害則大，故不可不愼於禮。

第(4)則詮禮之本末終始。「本」謂情實，「末」謂文貌。「終」謂治死，「始」謂治生，禮的意義，即所以使文貌相循於情實，乃謂之「本末相順」；必須始於事生以禮，而終於「葬之以禮」，斯謂之「禮」。

第(5)則分別詮三種常見常聞的禮節；「拜」是鞠躬四十五度，「稽首」是下跪手接地，頭及手。「稽顙」則頭觸地以叩首。

第(6)則詮諸侯相見之禮曰「聘」，或使大夫出而報聘於諸侯，所謂「以圭璋聘，所以相問也」。「享」是因有獻而享宴之；「私覿」則為「享」之後，大夫另以私禮—束錦請見，所謂「私見」也。

③禮之補錄—以下為大略篇所作之補遺：

(1)「天子即位，上卿進曰：如之何憂之長也！能除患則為福，不能除患則為賊。授天子一策。中卿進曰：配天而下土者，先事慮事，先患慮患。先事慮事謂之接(捷)，接則事優成。先患慮患謂之豫，豫則禍不生。事至而後慮者謂之後，後則事不舉。患至而後慮者謂之困，困則禍不可欒，授天子二策。下卿進曰：敬戒無怠。慶者在堂，弔者在閭。禍與福鄰，莫知其門。豫哉！豫哉！萬民望之。授天子三策。」

(2)「禹見耕者耦(並)立而軾：過十室之邑必下」

(3)「殺(畋)大蚤，朝大晚，非禮也。治民不以禮，動斯陷矣。」

(4)「大夫之臣不稽首，非尊家臣也，所以辟其君也。」

(5)「一命齒於鄉，再命齒於族，三命，族人雖七十，不敢先。」

(6)「吉事尚尊，喪事尚親。」

(7)「言語之美，穆穆皇皇。朝庭之美，濟濟鎗鎗。」

(8)「爲人臣下者，有諫而無訕，有亡而無疾，有怨而無怒。」

(9)「君於大夫，三問其疾，三臨其喪；於士，一問，一臨。諸侯非問疾弔喪；不之臣之家。」

(10)「既葬，君若父之友，食之則食之矣，不辟梁肉，有酒醴則辭。寢不踰廟，讌衣不踰祭服，禮也。」

(11)「易之咸，見夫婦。夫婦之道，不可不正也，君臣父子之本也。咸，感也，以高下下，以男下女，柔上而剛下。」

(12)「聘士之義，親迎之道，重始也。」

(13)「坐視膝，立視足，應對言語視面。立視前六尺而大(六)之——……三丈六尺。」

⒁「文貌情用，相爲內外表裡，禮之中焉，能思索謂之慮。禮者，本末相順，終始相應。」

⒂「禮之於正國家也，……如繩墨之於曲直也。故人無禮不生，事無禮不成，國家無禮不寧。君臣不得不尊，父子不得不親，……夫婦不得不驩，……故天地生之，聖人成之。」

以上第⑴則爲新君即位，大臣授策獻言之禮。按周制：冢宰及同位者爲上卿，宗伯及同位者爲中卿，司寇及同位者爲下卿。上卿之言以爲，天子之慮宜遠，以其所慮繫天下之安危，能除天下之患，則爲福於天下，不能除患，則爲天下賊。其利害是兩個極端的，不能利之必害之。故以深謀遠慮爲第一上策。中卿以爲，德配上天位控廣土之天子，慮事宜先(早)，慮患宜「豫」。「先」則臨事敏捷，則其事易成。「豫」則防範於未然，故禍患不生。如果事至而後慮，則遲；事不宜遲，遲則不成；患至而後慮，必因困而窮，則患不及禦。是故以「先」，以「豫」爲第二策。下卿則以爲，天子宜戒懼而勤，因爲禍福無門，而且相隨如形影，往往賀者未去，而弔者已經及門。所以萬民之所望於天子者，亦唯「豫」而已，蓋第三策但求無禍，無禍之道，唯「豫」爲能。

第⑵則是讚美禹之好禮，途見農民耦立，必扶軾起立爲禮；途經十室小邑，必下車步行而過，因爲凡十室之邑，必有忠信之賢，不可不敬。

第⑶則之「殺」，宜從楊注指田獵禽獸。禮記王制亦有「天子殺，諸侯殺，大夫殺」。注殺曰：「殺，獲也」。古之田獵有定時之制，所謂「獺祭魚(一在正月，一在十月)然後虞人入澤梁；豺祭獸(在九月)，然後田獵……」，皆在繁殖期過後而行，先此而獲則傷生生之德。君臣晚朝則爲懈怠廢弛之端，皆不合於「禮」。治民不可或失於禮，失禮則民不信則必動輒得咎。是故早遲之間，其過雖微，然於禮爲大，皆不可忽。

第(4)則爲家臣見大夫之拜，平衡而不稽首。非謂家臣可以例外於君臣之禮，是因爲必須示差等於見諸侯、見天子之禮，如果見大夫之君上拜稽首，則與見諸侯天子無殊，則失「貴貴尊尊」之義。

第(5)則是齒與爵孰尊的規範。鄉黨尚齒，朝廷尚爵，爲禮之常經，故宴會以一命之「士」，在鄉則敘齒；再命之「大夫」，在族則敘齒；三命之「卿」，則鄉黨宗族，族人之間雖七十之老亦不敢先。其理由仍然是基於「貴貴尊尊之倫」。但這種原則只適用於「吉事」，喪事則例外；故於第(6)則說：「吉事尙尊，喪事尙親」。凡祭祀皆以尊居先，貴貴尊尊也。唯有喪禮，則以親者居先，以喪服之精麤爲序；所以盡孝孝弟弟之義也。

第(7)則爲朝廷之禮的補遺—言語要穆穆以敬，皇皇以正；濟濟多士的斑次，要鎗鎗有序。凡用疊字皆爲加重語氣之意；朝廷爲施政之咨詢謀議之所，爲國家最高的神聖殿堂，是故君臣百官皆應有最謹愼的言語，最正大的言語；在「立君治亂，事資賢輔」意義之下，固應有人才輩出的最佳陣容；於貴賤有等之禮，更應該有最嚴肅、最嚴格的秩序。

第(8)則爲人臣的重要規範—國君有過，人臣有諫諍之責，但不可退有後言，更不可語涉訕謗。諫不聽，則可以出亡去國，而不可有疾惡之心；可以怨艾於心，而不可有憤怒之意氣。反此則失君臣之禮；事雖難能，禮不可失！

第⑼則爲國君對臣下之問疾弔喪之禮—對士大夫應三問其疾，三臨唁其喪；對士則一問一臨，以示貴賤之等。但諸侯非因問疾弔喪，不得往臣下之家；這是更絕對的規範。以上之禮，一方面遵循君遇臣「以禮分施」的原則，另一方面則嚴防諸侯之君私面卿大夫的許多負面影響，如禮文的怠慢，綱常之廢弛或有越禮行爲；故作必要的規範。

第⑽則爲居喪之中孝子飲食起居之禮的補遺—父母喪葬既畢，君或父執若享之以食，得就而食之，亦可不避大魚大肉，但於酒醴之類則敬辭之。以示與宴樂有別。居室設備不得過侈於宗廟，而平居衣著也不得過侈於祭服。

第⑾則爲夫婦閨房之禮的補遺—以易經的咸卦之象規範之，以正夫婦之道。其義有三：其一、「咸」的卦辭是「咸亨。利貞。取女吉。」「咸」，皆也，二人以上皆有同心則成「感」，相感則情理順而「亨」通。但「亨」的關鍵卻在「貞」。貞者正也，相感相交必以「貞」，如朋友之有義而亨，君臣之有道而亨。夫婦之間尤其如是，必以禮得其正，乃得無咎之歡。故曰「亨利貞」。其二、咸卦是由「艮」爻在上，「兌」爻在下的六爻所組成。其「大象」爲「山上有澤」。艮是少男，兌是少女，象徵少男宜「下」禮於少女，乃得少女之相悅—在生理上，男爲強者，女爲弱者；強者能「下」，弱者乃得如澤之在山，而以坤道潤萬物。故「澤」雖低，以柔而能居上；「山」雖高以剛而居下，乃得強弱相扶，陰陽相濟，以使山澤之氣因「地竅」之相通而亨，故曰「取女吉」。其三、艮卦以乾三爻之陽附於坤體，則象陽之實陰；兌卦則以坤三爻之陰附於乾體，則象陰之潤陽；相實相潤則和，夫婦和然後有「父子之親」，「君臣之正」，所以說「夫婦之道不可不正」。三者之中，最重要的一環是「貞」。誠如王夫之所謂：「陽下而止陰之逼，陰上而悅陽以不流，固合於義……得其位以固保其貞也……感以貞，而貞即應；感以淫，而淫即應……得失之應，即決於一念。此乃善用夫「咸」，而不憂其德之不固也。」（船山遺書卷三）。是故男女雙方均應信守堅「貞」之義而終身不逾如朋友之於義，君臣之於道，乃得其正以亨。主動的男方，更要應之以「貞」，而不可以「淫」。以「貞」則兩情相固，以「淫」則未有不氾濫成災，這是不可不正的「一念」，爲家庭、社會乃至國家民族福禍所攸關的「一念」。也是他以「咸」卦正夫婦之禮的命意之所在。（以上三義爲本書有關「咸卦」言論之正詮）。

第(12)則爲禮重始之義的補遺—親迎之禮之「敬愼正重」，已詳前述。聘士，爲國家徵聘賢士之禮，通常以所謂，「安車束帛」爲禮之用，以示尊賢。前者將與之成宗族繁衍之大事，後者則將與謀國之大計，二者均宜愼之於始，故以徵重始之義。

第(13)則爲人子人臣坐立應對之禮的補遺—前段爲人子事父之一端，父子相對，子之視父，如儀禮士相見禮之謂「游傲目無上於面，無下於帶；若不言，立則視足，坐則視膝」；而應對言語則視父之面，以承行止之意而扶持伺候之。後段則爲事君之禮—臣視君，近不得過六尺，遠則加六倍，而以三丈六尺爲度。兩者皆所以示尊君敬父之禮也。

第(14)則爲禮重本末終始的重申。他以爲文理威儀，爲禮之「表」，情實忠誠，爲禮之「裡」，必須兩者相合於內外，才是禮義之隆，才有禮的眞實意義；處處以禮之中道爲判準、爲思索以通其理，乃可謂能慮。所以言禮，一方面要以情用爲本，以文貌爲末，必以情順文，亦以文順乎情，乃得本末之「相順」；另一方面禮貴有常，必須有始於治生，而有終於治死，終始如一日，乃得終始之相應。才是禮的中庸。

第⒂則謂禮之重要，關係人之生死，事之成敗，國之安危，更關係君臣之尊，父子之親，夫婦之順。……故天地生人而不能成就其人格，聖人制禮而教之，乃有人格之形成。

二、樂之應用

㈠王政之首善—他說：

「夫聲樂之入人也深，其化人也速，故先王謹爲之文；樂中平，則民和而不流，樂肅莊，則民齊而不亂。民和齊，則兵勁城固，敵國不敢嬰(攖)也。如是則百姓莫不安其處，樂其鄉，以至足其上矣。然後名聲於是白，光輝於是大，四海之民莫不願得以爲師；是王者之始也。……。」(樂論)

荀子以爲，音樂之聲最能深入人心，感化的功能也最神速，所以先王對樂章的制定特別謹愼，非雅頌之章不以入「樂」。由於「樂」聲之中平，則其民必和睦而不淫放；「樂」聲嚴肅莊重，則其民必習於節拍之齊，其心必油然生敬，而不及於亂。民心和敬而一致，必然兵精而城守固，敵國自然不敢侵犯。於是，民皆安居樂業，而十分敬重其君、其長，人君的聲譽因之而大白於天下，而四鄰之民人人皆渴望得之爲其君；所以說是「王」天下的開始，而爲「王者之政」的起步。

反之，如果民間音樂之聲不得其正，它的負面效應也是極端的。其民必然如刪節部份之謂「流優則亂，鄙賤則爭；亂爭則兵弱城犯，敵國危之……則百姓不安其處，不樂其鄉，不足其上矣」。這一切的反應，都因爲禮樂廢而邪音起所召致的危削侮辱。所以「王者之政」莫不首善於「樂」教。

(二)善民心正風俗

「……樂者，聖人之所樂也，而可以善民心，其感人深，其移風俗易。故先王導之以禮樂而民和睦。」(樂論)

墨子以爲「樂」爲「聖王之所非」。荀子則以爲「樂」足以善化人心，而深入心靈而且有移風易俗之功，因爲：

「夫民有好惡之情而無喜怒之應則亂，先王惡其亂也，故脩其行，正其樂，而天下順焉。故齊衰之服，哭泣之聲，使人心悲，帶甲嬰(攖)軸(冑)，歌於行伍，使人之心傷(壯)；姚冶之容，鄭衛之音，使人之心淫；紳端章甫，舞韶歌武，使人之心莊。故君子耳不聽淫聲，目不視女色，口不出惡言……。」(樂論)

他以爲人有好惡之情，不能不發於喜怒之應，否則必亂。所以古之明君恐其亂，一面自脩其德，一面制樂章以正其樂，以德行爲天下倡；以雅正之「樂」順好惡之情，而以喜怒爲之應。所以有喪禮悲「樂」，應人子之哀；使行伍之歌聲，發出征將士慷慨之情；更由於存在的妖冶之容與鄭、衛之聲都是誨淫之物，而必須以大帶玄服，舞韶樂，歌武樂之端正嚴肅，使人心歸於莊重。在這許多文化薰陶之下，也才有「非禮無聽，非禮無視，非禮無言」的君子。這是「樂」的第二功能。

㈢成象與導樂

⑴「凡姦聲感人而逆氣應之，逆氣成象而亂生焉。正聲感人而順氣應之，順氣成象而治生焉。唱和有應，喜惡相象，故君子愼其所去就也。」（樂論）

⑵「君子以鐘鼓道志，以琴瑟樂心，動以干戚，飾以羽旄；從以磬管，故其清明象天，其廣大象地，其俯仰周旋有似於四時。故樂行而志清，禮脩而行成，耳目聰明，血氣和平……美善相樂。故曰：樂者樂也；君子樂得其道，小人樂得其欲，以道制欲，則樂而不亂，以欲忘道，則惑而不樂。故樂者，所以道樂也。金石絲竹，所以道德也；樂行而民鄉方（道）矣。故樂，治人之盛者也……。」（樂論）

以上第⑴則說明「樂」主順逆之氣，治亂之象。姦聲即淫聲，所主者爲逆氣、爲悖道反常之聲，其倡和共鳴亦必爲淫放暴戾之應，故其成象則亂；正聲主順氣，以中正和平之聲感人，其反應必爲風雅祥和之氣；以成象則治。故不可不愼於取舍。

第⑵則論君子之於「樂」之導正—以鐘鼓所象徵的堂堂正正、申其志，而以琴瑟之雅、樂其心；動以干戚之舞，而飾以羽旄之美，配以管樂金石之聲，故其神志之清明，可以象天；其胸襟之廣，可以象地；俯仰周旋之舞步，可以象四時之來復。所以「樂」行則人志清，「禮」脩則德行成，自然會耳聰目明，心氣和平，彼此以美善相歡相樂。所以音樂與歡樂是一體兩面的—以歡樂爲音樂，亦以音樂表歡樂；即使所表非一，或怒或哀或怨，之後仍得心氣和平之樂。只要以道制欲，必然樂而不亂，亦必有不樂之樂，無伊戚之於心。反之，如果因欲而忘道，其樂必惑而不安，則爲非樂之樂。所以「樂」之道樂，是因爲其「樂」聲是出於道德的—樂，固所以導歡樂。而重要的是金石絲竹之導於德，故能以道制欲，其樂又可不惑而安；所以「樂」行，而民皆向道。這是「樂」的第三功能。

㈣樂之輔禮

「樂也者，和(情)之不可變者也；禮也者，理之不可易者也。樂合同，禮別異；禮樂之統，管乎人心矣。窮本極變，樂之情也；著誠去僞，禮之經也。……君子明樂，乃其德也。亂世惡善，不此聽也。於乎哀哉，不得成也。弟子勉乎，無所營也。」(樂論)

以上是說「樂」對情性的抒發功能，與「禮」對義理的引導功能，都是無可懷疑的；以「樂」之善於和同，輔「禮」之嚴於辨異，更可以使人心所同具之感情與理性，獲得合理的平衡—所謂「管乎人心」。因爲「樂」的本質，足以深入心靈以發好惡喜怒哀樂等等萬殊之情性；而「禮」義之常規，更可以強化理性功能，著明誠敬，以發人心之「微」，以去人心之「危」。自然可以使人心盡於禮樂，而禮樂與人心又可以合一以止於至善。後此的禮·樂記之謂「樂者爲同，禮者爲異，同則相親，異則相敬。樂勝則流，禮勝則離；合情飾貌者，禮樂之事也……樂至則無怨，禮已則不爭，揖讓以治天下者，禮樂之謂也。」更是最好的註腳。所以他最後對於亂世反「禮」惡「樂」如墨子者，不禁感慨系之而勉門弟子致意於禮樂，無爲妄言所熒惑！

第五節　禮樂之極致

最後，他以爲鄉飲酒禮爲教化之本，其所象徵之尊賢尙齒，尤爲禮樂精神之極致。於是他說：

(1)「吾觀於鄉而知王道之易易也──主人親速賓及介，而衆賓皆從之，至門外；主人拜賓及介，而衆賓皆入；貴賤之義別矣。三揖於賓，三讓以賓升、拜至，獻酬，辭讓之節繁，及介有矣。至於衆賓，升受坐祭，立飮，不酢而降，隆殺之義辨矣。工（樂正）入，升歌三終，主人獻之；坐入三終，主人獻之；間歌三終，合樂三終，工告樂備，遂出。二人揚觶，乃立司正焉，知其能和樂而不流也。賓酬主人，主人酬介，介酬衆賓，少長以齒，終於沃洗者焉，知其能弟長而無遺也。降，脫屨升坐，脩爵無數。飮酒之節，朝不廢朝，莫（暮）不廢夕。賓出，主人拜送，節文遂終焉，知其能安燕而不亂也。貴賤明，隆殺辨，和樂而不流，弟長而無遺，安燕而不亂，──此五行者，足以正身安國矣。彼國安而天下安。故曰吾觀於「鄉」而知王道之易易也。」（樂論）

(2)「亂世之徵，──其服組（華麗），其容婦，其俗淫，其志利，其行雜，其聲樂險（邪），其文章匿

（慝）而采（飾），其養生無度，其送死瘠墨，賤禮義而貴勇力，貧則爲盜，富則爲賊，治世反是也。」（樂論）

以上所錄，爲樂論之最後兩段，然其義實爲禮樂之總括。也是他的最後強調。所以第⑴則把鄉飲酒禮的繁文縟節，簡化爲五箇段落引申其義。「鄉飲酒」—是鄉大夫在三年大比的掄才制度之下，以宴饗之禮示敬於所貢之士的宴會。來賓按賢能等第分爲三級：第一級是「賓」，所謂「賢者爲賓」；第二級是「介」，所謂「次者爲介」；第三級是「衆賓」，所謂「又次者爲衆賓」。這是鄉大夫親訪致仕而教於鄉的「先生」（詳鄉飲酒禮・鄭註）相「謀」的將「貢」之士，也是宴會之賓。此禮的第一段落是—主人親往敦請第一、二級的貴賓，謂之「速賓及介」。第三級的「衆賓」，則爲不速之客，自出而從衆賓之後。及賓至門外，主人則北面拜賓及介，以示歡迎并謝賓之蒞臨；而衆賓亦隨之皆入。這是以禮的差等，別貴賤於賢能之教。第二段落是—諸賓入門，主人與賓主揖至階，三讓而引賓升座，以下則展開獻賓酬酢之禮。此禮之獻酬、辭讓，皆繫於「賓」，而省於「介」；至於「衆賓」則但升於階，坐而祭酒，立而飲酒，不酢主人而後降於階。這是以禮的繁省，辨隆殺於尊卑之教。第三段落是—樂正（樂隊長）升階獻唱詩・小雅之鹿鳴、四牡、皇皇者華三篇各一終；主人獻酒—以獻歌者之長。其次則吹笙者入止於堂下，奏南陔、白華、華黍三篇各一終；主人亦獻酒以獻奏者之長。復次，則堂上堂下更番而獻—堂上歌魚麗，則堂下之笙繼奏由庚；堂上歌南有嘉魚，堂下則繼奏崇丘；堂上歌南山有臺，堂下則繼奏由儀。其後則合樂周南之關雎、葛覃、卷耳；召南之鵲巢、采蘋、采蘩衆聲與笙相合，歌及奏凡三終，樂正告畢，下堂以出。於是乃以主人之吏二人舉杯與衆相始於酬酢，并立「司正」監其禮，這是和樂而無失於禮之教。第四段落是—「賓」酬主人以酒，主人酬「介」，「介」酬「衆賓」，皆以「齒」爲序；最後則及於司沃盥洗爵之群吏。這是「弟長」尊卑，周徧無遺之教。第五段落是—賓主俱降於階以脫屨，然後復升堂而坐，「脩爵無數」，以行「無算爵」之禮。此時，司正所監之節，則爲「朝飲不廢朝(事)；暮飲不廢夕(事)」。直至賓辭而出，主人拜送，乃告禮成；這是「安燕而不亂」之教。總之，凡「鄉飲酒」，必於農閑民聚之時，此禮則使鄉人皆見皆知國家社會「化智尙賢尊長」之旨，以期蔚成風氣，激勸思齊。所以原註特別引述孟子的「天下有達尊三：爵也，德也，齒也。」(詳鄭注十三經儀禮卷四)使天下共知共勉而以賢能自脩。故荀子以爲「合五者之教以見諸行事，固不難從「正身而安國」，「國安而天下安」的推理，以觀「王道之易易」。

第(2)則則痛斥當代政治風氣之「賤禮義而貴勇力」，其影響所及的許多現象，包括奇裝異服，男人婦飾，風俗敗壞，唯利是圖，無所不爲；歌舞音樂，無非淫放，文藝創作則踵事增華於諂媚，當然更不知養生送死之道爲何物，最後則無不「貧者爲盜，富者爲賊」，一切都與治世相反。糜爛如此，焉得不危敗滅亡。

所以他的結論是，充「禮樂」之教的極致，可使王道大行於生活日用之間—行不易之道於平易之舉，以成治世之大觀。而反乎治世之「賤禮義」以趨於「功利」，上下皆醉生夢死於爲盜爲賊，天下必陷於萬劫不復之離亂。

以上各節是荀子禮樂論的全部。他的理論基點是：第一、以「禮」爲人類的第一生命，因爲「人無禮則不生，事無禮則不成，國無禮則不寧（修身）」。第二、以「禮」爲人類的眞正世界，因爲「禮之中焉，能思索，謂之能慮；禮之中焉，能勿易，謂之能固。能慮、能固，加好之者焉，斯聖人矣……」（禮論），能以禮義爲慮，自有內省的境界，不爲外物所惑，他的世界自然異於現象世界的爾詐我虞。第三、以禮義爲治國的經典，更以禮樂王天下。所謂「挈國以呼禮義，則綦定，綦定則國定，……天下定」。所謂「先王之道，禮樂正其盛者也……喜而天下和之，怒而暴亂畏之」。由此而發爲「禮樂」之詮義，「禮樂」之體系，乃至「禮樂」之補遺，以濟「禮樂法而不說」之窮；而有後世「三禮」之全。使禮樂之制與在天之日月萬古同其明，政得之則治，反是則亂；人知之則入衣冠之倫，棄之則復歸於禽獸之野。而荀子所反復致意的「先王之道」、「後王之制」，也幾乎可以觀盡於此論。

（「禮樂論」終）

第三篇　方法三論

第七章　君子論

本章爲此書第三部份—方法三論的開始，也是荀子偏重「外王」的中心論。以下將分：一、君子觀，二、君子之釋名，三、君子的功能，四、君子的菁英教育等四綱分闡之。

第一節　君子觀

儒家的孔子與道家的莊子，都強調君子；都以社會結構的觀點爲基礎，也都以「內聖外王」爲前提。

孔子的「五儀」分類，以爲人類社會是由庸人、士、君子、賢人、大聖五者所組成。所謂君子、則以「言忠信，而心不德；仁義在身，而色不伐；思慮明通，而辭不爭」爲界定(詳荀子哀公)。在論語中，更有具體的指述，他的重點有二：

其一、君子的人格，必須集美德學問於一身──①須爲「食無求飽，居無求安，敏於事而愼於言」；「博學於文，約之以禮」的利他主義者。②須爲「學道而愛人」，「義之與比」，而且要「視思明，聽思聰，色思溫，貌思恭，事思敬，疑思問，忿思難，見得思義」的理性主義者。③須爲「訥於言而敏於事」，「恥其言而過其行」，而且是「能愛人，能惡人」的實踐主義者。④須爲「其行己也恭，其事上也敬，其養民也惠，其使民也義」，「仁者不憂，知者不惑，勇者不懼」；而「文質彬彬」的完美主義者。

其二、君子的社會角色，必須是貫徹仁政，化民成俗的士大夫──①須能「修己以敬，……以安人，……以安百姓。②須能「義以爲質，禮以行之，孫(遜)以出之，信以成之」。③須能「以文會友，以友輔仁」，而且是「名之必可言，言之必可行」；「可以託六尺之孤，可以寄百里之命，臨大節而不可奪」的知識分子。④須能如魯君子之教子賤，所謂「子謂子賤：君子哉若人……魯無君子者，斯焉取斯！」。⑤須能教民即戎─所謂「教民七年，亦可以即戎」。⑥須能篤於親而不遺故舊─所謂「篤於親，則民興於仁；故舊不遺，則民不偷」。⑦須能居陋而化民─所謂「子居夷九年，或曰陋如之何？子曰：君子居之！何陋之有？」。⑧以爲政則能如風之偃草─所謂「君子之德風，小人之德草，草上之風必偃」。

以上所申的「君子」，無論在朝在野，都是「內聖外王」的基礎。這種完美的君子，更可謂「上達」於聖人；在「鳳鳥不至，河不出圖」的孔子時代，更是聖人的化身。所以孔子說：「聖人吾不得見之矣，得見君子斯可矣。」

莊子之論君子，以天下篇爲最具體。他以爲，百家言治術，各以爲有道而不可復加。其實，「道」本無所不在，上自「神」何由降，「明」何由出，下至「聖有所生，王有所成」，皆屬於天地自然之德。所以復以天人、神人、至人、聖人、君子、百官、萬民之七等人，分論其義，以證其說。顧著講疏以爲，前四等以釋「聖有所生」，後三等則以釋「王有所成」，而以聖人爲中樞，以成「內聖外王」之業。至於君子之德，所謂「以仁爲恩，以義爲理，以禮爲行，以樂爲和，薰然慈仁」，則以爲成就「外王」之「第一道術」—以畜士大夫，以成其君子之人格。又以「第二道術」之「以法爲分，以名爲表，以參爲驗，以稽爲決」，使「百官以此相齒」爲序，以行其「第三道術」之「以事爲常，以衣食爲主，蕃息畜藏；老弱孤寡爲意，皆有所養」的萬民之理。由此可知，他的君子論，也是集仁義禮樂之美於一身的典型論。以之爲百官士大夫，或爲以統百官的卿相、諸侯，自然都足以佐人君以成「外王」之業。就讓王篇而言，所謂「道之眞，以治身；其餘緒，以爲國家；其土苴，以治天下；帝王之功，聖人之餘事也，非所以完身養生也，今世俗君子，多爲身棄生以殉物，豈不悲哉！」其言雖視「君子」爲可悲之入世，但他的天下篇，不僅未能忘懷於天下，而且以「君子」爲實現「外王」的唯一道術。所加於「聖人」之上的三等人，也不過爲了「清虛爲治」。他的道，顯然沒有離開儒家的仁義禮樂；而以君子具體「外王」之術，自亦無殊於儒家。

荀子的君子觀，自然是師承於孔子，而交光互影於莊子。但他對於社會組織的看法，卻是折衷孔、莊之間的五品十等說。孔子把庶民與庸常的知識分子合稱爲「庸人」，合「士」、「君子」、「賢人」、「大聖」爲五儀。莊子則舍孔子之庸人、士、賢人三等，而代以「萬民」、「百官」，并於「聖人」之上另加「至人」、「神人」、「天人」三等，合「君子」、「聖人」爲七等。荀子則於哀公篇認同孔子五儀之原則，而加以修正—①易「庸人」爲「庶民」，②改「大聖」爲「聖人」，③舍「賢人」而加「至人」於聖人之上，④合「士」、「君子」爲五品，但他的「士」復有「通士」、「公士」、「直士」，「愨士」之分；而「君子」亦分爲「士君子」、「明君子」、「聰明君子」三等。合庶民、聖人、至人而爲五品十等說。此外，又以「君子」爲「聖人」之指稱，更以君子稱天子(詳後)。他的理念是：第一、以「庶民」爲國家、天下之本。第二、以「至人」爲「無爲而治」之徵。第三、以「君子」爲百官之核心，爲理萬民、王天下之骨幹或爲社會之中堅。第四、君子不是從天而降，而必須以菁英教育培養而善用之。故以勸學、修身、不苟三篇以及散見於其他各篇之有關言論教君子；以申君子之用。最後則以君子篇之言論，教以帝王南面之術以王天下或佐人君，使爲「天子三公」之大儒。以成周備無缺的君子論。這是荀子君子觀的梗概。

第二節 君子之釋名

荀子書中所言的君子，可以大分爲以下五類。

一、君子為反於小人的道德典型

這是最基本的詮釋。他以爲，人之性本來偏向於小人之性，若無師法之化，大家都是唯利是見，見錢眼開的小人；再加上亂世亂俗的薰染，更都是雙料的小人，所謂「人之生(性)固小人。無師法，則唯利之見耳，……又以遇亂世得亂俗，是以小重小也」(榮辱)。於是他更指出兩者之「反」，與材性知能完全無關，而在於注心舉措積是積非之間。因爲在先天的氣質上本無君子小人之分，論材性知能固無軒輊，論好榮惡辱之心，也是人皆有之；所異者爲取舍趨避之道的注心舉措；其道「當」於禮義，則爲君子，反之則爲小人。故曰：「材性知能，君子小人一也；好利惡害，是君子小人之所同也；其所以求之之道則異矣……則君子注錯之當，而小人注錯之過也。故熟察小人之知能，知有餘可以爲君子之所爲也，譬如越人安越，楚人安楚，君子安雅，是非知能材性然也，注錯習俗之節異也」(榮辱)。後半段更強調小人之知能足爲君子之所爲而有餘，一如居越則安越，居楚則安楚，一如君子之習雅則「安雅」；只因爲「注錯之過」而習於「亂俗」，乃不得爲君子，甚至「不肖」爲君子。而君子則由於師法之化，注錯「當」於「禮義」，「積」於「禮義」而不習於「亂俗」，乃不至爲小人，更「不肖」爲小人；而爲反於小人的道德象徵。故舉以下三名而詮之：

(1)心態反於小人的君子──「君子，小人之反也，君子大心則敬天而道(踐)，小心則畏義而節；知則明通而類，愚則端愨而法。見由(用也)則恭而止(禮)，見閉(拒也)則敬而齊(莊)；……小人

則不然……。」(不苟)

(2)立身反於小人的君子——「見善脩然必以自存也，見不善，愀然必以自省也。故非我而當者，吾師也；是我而當者，吾友也；諂諛我者，吾賊也。故君子隆師親友而致惡其賊……小人反是。」(修身)

(3)所安所樂反於小人者——「恭敬禮也，調和樂也，謹愼利也，鬥怒害也。故君子安禮樂利，謹愼而無鬥怒，是以百舉無過也，小人反是。」(臣道)

以上三則，首以二分法的界定，詮釋君子爲小人之反。所舉也是最基本的心態問題。次論君子的實踐行爲是正面的、倫理的，而小人則相反。所舉的重點則爲立身問題。最後則論君子之能「百舉而無過」，小人則反是。所舉則爲所安所樂問題。他的理由是：①凡君子必能端正其心態，出於積極的心雄萬丈，則能敬天理而行其道；出於消極的小心翼翼，也會畏禮義以節其行己。而智者更能明達而應用「統類」於道揆；愚者也會端正謹愼於法守。仕者皆能恭敬而知止以禮，不得志也會恭敬而無怨無尤；無論窮通，都有正常的意識，指導他的行爲，所謂「君子有常道」，故得爲君子。而小人則不然，只有爲小人。②君子必有其立身之道。凡所「自存」、「自省」、「自好」、「自惡」，都是立身之常課，必能如此，乃得長保君子之身。如果更能「隆師親友而致惡其賊」，則與日俱進的境界，更是不能自已的，自然是潔身自愛的君子，自然是小人之相反，所謂「君子日進，小人日退」(天論)。③最後則以君子所安習，所愛好，示別於小人。恭敬就是禮，唯有禮才會盡於恭敬；無過無不及於恭敬，以收「人恒敬之」的效果。調和才有歡樂，才能得歡樂的眞際。一切「利」皆生於謹愼的選擇，謹愼的投注；而最大的「危」害，則來自意氣的鬥怒。所以安習愛好於禮樂，於樂群；而以謹愼無鬥怒，趨利以遠害，乃能成就「百舉而無過」的君子；這是表現於生活日用的基本特徵，也是小人所不能的基本之德。

凡此所論，皆強調道德象徵的絕對性，與小人之德是完全相反的。而兩者相反的基因，則在於注錯習俗之累積，積於「當」，習於「善」，則爲君子；積於「過」，習於「惡」，則爲小人。這是君子的第一義。以下將詮第二類的君子：

二、君子為異於衆人的菁英典型

這是指稱「無勢以臨民」的知識分子。這種典型的君子，必須是：

⑴終身無已於學者──「(古)君子曰：學不可以已。……君子博學而日參省乎己，則知明而行無過矣。……吾嘗終日而思矣，不如須臾之學也……假輿馬者非利足也，而致千里；假舟楫者非能水，而絕江河。君子生(性)非異也，善假物也。」

⑵積善成德，執義於一者──「積土成山，風雨興焉……積善成德，而神明自得，聖人備焉……不積蹞步，無以至千里，不積小流，無以成江海……螾無爪牙之利，筋骨之強，上食埃土，下飲黃泉，用心一也，是故無冥冥之志者無昭昭之明，無惛惛之事者無赫赫之功……。」

(3)言動一可爲法則者──「君子之學也，入乎耳，著乎心，布乎四體，形乎動靜，端而言，蝡而動，一可以爲法則。」

(4)貴全以德操者──「……故誦數(說)以貫之，思索以通之，爲其人以處之，除其害以持養之……及至其致好之也，目好之五色，耳好之五聲，口好之五味，心利之有天下。是故權利不能傾也，群眾不能移也，天下不能蕩也。生乎由是，死乎由是，夫是之謂德操。德操然後能定，定然後能應，夫是之謂成人。天見其明，地見其光(廣)，君子貴其全也。」(以上四則均詳勸學篇)

(5)端愨順弟好學遜敏者──「端愨順弟，則可謂善少者矣；加好學遜敏焉，則有鈞無上，可以爲君子者矣」(修身)

以上第(1)─(3)則皆論君子之治學境界：其一、不已於學乃能博學參稽以立內省之境，則知慮明達，於行己行事皆可無過。博學則善假物，以成君子之所事。其二、謂立德立功皆在於積善而能「一」；德成於「善」，「善」成於「積」。必有冥冥之志，乃有昭昭之明；必有惛惛之事，乃有赫赫之功。故君子必如尸鳩在桑，其心如結於一。其三、博學而約於禮，則其學之布乎四體，形乎動靜，則思辨、語默、行事皆可爲法以爲天下則。其四、學所以求全粹之美，故必以誦說之功，思索之勤以求其融會貫通，還要設身處地以行其所學，而且要隨時省察，痛去其賊害以養其所「積」，如僧侶之持戒；使好學之境，一如聲色五味之好，而心之所利於學，則一如「有天下」之利；而生死由之以操其德，然後能定、能應於萬舉萬變，以成其全粹之美。

第(4)(5)則皆強調君子之德，前者謂君子的基本德目是端慤孝悌，加以好學謙遜而敏進以時，乃能可及而不可加，所謂「有鈞無上」，以成君子之德。後者則以志之堅，智之廣，言、行之必當，而不忘大尊其所隆貴，隨時開導不如己者的言行，所以說是「篤厚」君子。

以上是在野君子—社會菁英的人格典型。

三、君子為士大夫的才美典型

這是指「君子以德，小人(庶民)以力……百姓之力，待之而後功」(富國)的君子；「見由」致用部份的君子，他的重點也在「用」。所以必須是：

(1)大積於禮義者—「人積耨耕而爲農夫，……積禮義而爲君子，故人知謹注錯，愼習俗，大積靡，則可爲君子矣。」(儒效)

(2)其德「至文」者—「君子寬而不僈，廉而不劌，辯而不爭，察而不激，直立而不勝(陵人)，堅強而不暴，柔從而不流，恭敬謹愼而容，夫是之謂至文。」(不苟)

(3)以公義勝私欲者—「君子之求利也略，其遠害也早，其避辱也懼，其行道理也勇。……貧窮而志廣，隆仁也；富貴而能恭，殺埶(勢)也；安燕而血氣不惰，柬理也；勞倦而容貌不枯，好文也；怒不過奪，喜不過予，是法勝私也……。」(修身)

(4)能以治代亂者—「君子治治，非治亂也。曷謂邪？曰禮義之謂治，非禮義之謂亂也。故君子者，治禮義者也；非治非禮義者也，……國亂而治之者，……去亂而被之以治，人污而修（潔）之者，……去污而易之以修也。……」（不苟）

(5)誠心守仁行義者──「君子養心莫善於誠……唯仁之為守，唯義之為行。誠心守仁則形（積於中而形於外）……誠心行義則理（順於理）……，君子之所守也，而政事之本也。」（不苟）

以上所舉第(1)則為強調「禮義」對於君子人格的決定性。君子之為士大夫者，一方面要修己以禮義，另一方面更要治人以禮義，二者皆不可須臾去禮義，所以說「積禮義而為君子」。後者所詳之三目，尤指治人而言，蓋謂必須謹施政之舉措於禮義，必須愼化民成俗於禮義，必須宏文化之積靡於禮義；這樣的士大夫，才是君子人格的多元典型。

第(2)則則進一步具言君子之為士大夫者應備的德目：其一、欲其從容於舉止而不流於怠惰或失於遲緩。從容才不會忙中有錯，但不可因「急事緩辦」而失於遲誤。其二、欲其廉介，但不可因一己之廉而以言語舉措影響人和。因為獨善其身已經非易，而兼善天下更要面臨許多阻力，固然要有「惡惡而能去」的勇氣，但也不宜把「天下烏鴉」都趕盡殺絕，而必須在人和之下求其廉頑立懦之漸化。其三、在荀子治國思想之中，非常置重於「談說之術」，所謂「君子必辯」。在野的君子必須能辯，士大夫更不可無辯（詳後），但君子之辯在理不在勝，所以雖辯而不爭於勝負。其四、正人君子往往會因明察事理的習慣，是非邪正的敏感聯想，而憂形於色，於言論之偏激，不但不易獲得共鳴，而且容易造成傷害，這樣的君子，當然不是士大夫的典型。其五、正直的士大夫，當然會有「直立其身」的風格，但是也不宜因爲正直便疾惡如仇，便睥睨一切以陷於孤立。其六、負責的士大夫，當然要擇善固執，堅強以赴，而且要不畏強禦，唯義是從。但是絕不可因爲遭遇阻力而浮燥，而暴虎憑河。其七、「柔從」固然是美德，以作迂迴的堅持，自然更是必要的，但仍然要堅持「和而不流」的原則。其八、應有恭敬謹慎的美德，也要有紆餘不迫的從容，而不因恭謹而有損溫文的氣度。以上八目可謂最符合禮文而最齊備的立德，所以荀子美之曰「至文」。這是君子人格典型之二。

第(3)則更是理性主義的典型。士大夫必須面臨利害，榮辱，以及行「道」之障礙。而宦海生涯，更不免縈懷於貧富貴賤之意念，以及晏安逸豫，勞倦、喜怒之影響，如果沒有理性的素養，每一問題，都會讓你做不好典型的士大夫，而誤盡蒼生。所以理性告訴他：公務不能排除「功利」，但功利不是絕對的必要，而應該以禮樂文教爲根本之圖，爲「天下之大利」。利己之「利」，更是百害而無一利，而賊仁之「害」，禍國之「害」，尤爲士大夫所宜避，所以一方面要「略」於見利，一方面要「早」爲避害。士大夫不可不知恥，所謂「士大夫無恥，國之恥也」。而恥之所加，尤甚於斧鉞，所以由士以上皆以爲「可殺不可辱」。所以必須避辱於時刻知恥戒懼之中。關於行道，讀聖賢書的君子，固以「行道」爲終身之職志，而政治實務之間，則往往是道高一尺，魔高一丈，更需要充分的道德勇氣去突破一切。有史以來之亂多而治少，便是不可移的實證。所以不能勇於行道，絕對不是君子，更不是君子的士大夫。而貧窮則易喪志，富貴則易驕人，晏安則易怠惰，勞倦則易體衰，無一不是來自私欲的「魔」；更可怕的喜怒之「魔」，最易掣肘於賞罰予奪之間，而使大信盡毀，紀綱掃地於頃刻，而衰敗滅亡繼之而來。所以典型的士大夫必須以唯一的慧劍—理性之劍—公義之劍，戰勝私欲的作祟。這是君子人格典型之三。

第⑷則則於釋名之中寓言治之眞諦。有史以來數不盡的政權，無一不言治平，無一不言撥亂反正，但只有極少數的成功者；而眞正的成功，在於徹底的以治代亂，如湯武之革命，漢高之約法三章，便是最典型的例子。後此的創業君臣，也無不在此原則之下，獲得一時半刻的「治」。而中落或偏安政權，則皆由於但知「治亂」而不知「治治」，總是治絲益棼，而不免於滅亡。政權的興亡不打緊，可憐的是天下蒼生，皆在長期的離亂之中，流離失所，血肉模糊，動盪不安於盜賊戰爭之禍！就如同治污以「修」一樣，不能去污而易之以「修」，那種不徹底的「修」，只是文飾太平的「修」，遮蓋一時的「修」，下面的「污」永遠是存在的。所以他特別強調「君子之治」，必能以治代亂，去亂而被之以治，才是徹底解決問題的「君子之治」。

第⑸則是強調君子必須養心以誠，才談得上君子的一切。因爲五官肢體皆受命於心，心不誠，則思惟言行必僞，其事其物必無眞實之可言，所謂「不誠無物」。更因爲君子之所以爲君子，是以「唯仁爲守，唯義爲行」爲實質意義；以誠心守仁，則仁積於中必形於外，無所不仁則如神，如神則能「化」一切。以誠心行義，則義之所至無不理（治），理則無不明，明通則能「變」一切。「化」者致於善也，「變」者；革其故也；化惡於善之「仁」，因「誠」而形；革故鼎新之義，因「誠」而形，其政必如天道之爲德，如四時之代御，如陰陽之大化。故曰「君子之所守」，「政事之所本」。這是士大夫人格典型最根本的德目。

四、君子為天子三公的智慧典型

這是天子三公應有的人格典型。以下是他的詮義：

(1)以千歲之法自持者──「……人無百歲之壽，而有千歲之信士，何也？曰：以夫千歲之法自持者，是爲千歲之信士矣。故與積禮義之君子爲之則王……」(君道)

(2)事簡不勞，而功名至大者──「聰明君子者，善服人者也。人服而埶(勢)從之，……故王者已於服人矣。故人主……欲得調一天下，制秦楚，則莫若聰明君子矣；其用知甚簡，其爲事不勞，而功名至大，……故明君以爲寶，而愚者以爲難。」(王霸)

(3)爲治法之原，而爲明主所急得者──「法者，治之端，君子者法之原也。故有君子，則法雖省，足以徧矣，無君子，則法雖具，失先後之施，不能應事之變，足以亂矣，……故明主急得其人，……則身佚而國治，功大而名美，上可以爲王，下可以爲霸。」(君道)

(4)以淺持博，以古持今，以一持萬者──「法先王，統禮義，一制度，以淺持博，以古持今，以一持萬。苟仁義之類也，雖在鳥獸之中，若別白黑；倚(奇)物怪變，……卒然起於一方，則舉統類而應之，無所儗㤜(困惑)；張法而度之，則晻然若合符節，是大儒者也。故人主……安用大儒，則百里之地久而後三年，天下爲一，諸侯爲臣……。」(儒效)

以上的四種君子：其一是所謂「千歲之信士」。因爲他所持養之「法」，是顚撲不破的禮義之道，道的生命是永恒的，故爲千歲之信法；持法者亦自爲千歲之信士，積禮義而持顚撲不破之法的君子，自爲千載難求之良佐，以爲三公卿相，自然能行王者之政，致王者之功於天下，故曰「與……爲之則王」。

其二是聽無不「聰」，察無不「明」，而善服人的君子。善服人，自然因得衆而得天下之勢。「外王」的指標，不過服人而已；這樣的君子，自然是調天下、制秦、楚、成大功的最佳輔佐，自然是逐鹿天下之至寶。但這種「君子」的已知數只是「聰明」二字；是否「善服人而勢從之」，只是推理的結果。所以只有「明君」能知之以爲寶，而愚闇之君則以爲不可能；尤其對於「其用知甚簡，其爲事不勞，而功名致大」的推理，更會當做「天方夜譚」。因爲這種蠢貨，心中眼中只有「權力」，而不知「智慧」爲何物，「人心」爲何物？

其三爲制度典章所由來的「君子」；是明本末先後之道，足以曲應事變的「君子」。有這樣的三公卿相，制法必爲良法，修法必當於時；而行法也必然會獲得最佳的效應。法所未備者，必以所通之「統類」法理加以救濟。像這樣完全把握「治法」源流，而左右逢源於爲政的君子，自然也是明主夢寐以求的典型人才。

這是智慧典型的三種「君子」，都是成王成霸以得天下的鎖鑰。

其四爲王者之師典型的「君子」，文中所稱的「大儒」，爲此型君子之別名。所謂「百里之地，久而後三年……」，顯指伊呂之相殷周的史例，自可謂「王者之師」。這種「君子」的智慧，顯然高於以上三種—他的「法先王，統禮義，一制度……」，而能如非相篇之謂「以近知遠，以一知萬，以微知明」者，皆可謂出神入化。其爲政的效應，更有歷史的驗證。有國之君，用之爲三公，自必「天下爲一，諸侯爲臣」。

五、君子為明主聖王的超特典型

這是超智慧典型的「君子」，也是荀子所憧憬的—行仁政，王天下的「聖王」典型。以下是他的詮釋：

(1)參天地，揔萬物，爲民父母者—「……君子者，天地之參也，萬物之揔也，民之父母也」。(王制)

(2)百姓貴之如帝，親之如父母者—「故仁人在上，百姓貴之如帝，親之如父母，爲之出死斷亡而愉者無他故焉，其所是誠美，其所利誠多也，……故曰：君子以德，小人以力，……百姓之力，得之而後功，百姓之群，得之而後和，百姓之財，得之而後聚；百姓之埶(勢)，得之而後安，百姓之壽，得之而後長，……故曰：『天地生之，聖人成之』此之謂也」。(富國)

(3)爲統治之「原」者—「君子者，治之原也。官人守數，君子養原；原清則流清，原濁則流濁。故上好禮義，尚賢使能，無貪利之心，則下亦將綦辭讓，致忠信，而謹於臣子矣。如是則雖在小民，……不待探籌投鉤而公，不待衡石稱縣而平，……故賞不用而民勸，罰不用而民服，有司不勞而事治，政令不煩而俗美，……。」(君道)

(4)爲道法之「摠」者——「無土則人不安居，無人則土不守，無道法則人不至，無君子則道不舉。故……道與法者，國家之本作也；君子也者，道法之摠要也。」(致士)

(5)能行仁義之兵於天下者——「……此四帝兩王，皆以仁義之兵行於天下也，近者親其善，遠方慕其義，兵不血刃，遠邇來服。詩曰：『淑人君子，其儀不忒，……正是四國』。此之謂也。」(議兵)

(6)備先王之道而不矜者——「……故尚賢使能，等貴賤，分親疏，序長幼，此先王之道也。故尚賢使能，則主尊下安；貴賤有等，則令行而不流(留)；親疏有分，則施行而不悖；長幼有序，則事業捷成，而有所休。故仁者，仁此者也；義者，分此者也；節者，死生此者也；忠者，惇愼此者也。兼此而能之備矣；備而不矜，一自善也，謂之聖……。」(君子)

以上六則皆以「君子」之美突顯聖王明君的超特人格。其一是，能制禮義，理天地，功參造化，以造福生民的「君子」。其二是，能以君子之法，使百姓之力致其功，使百姓和睦多財、安樂而長壽的「君子」。其三是，能爲統治之原，而善持養其德，使爲百官庶民萬品萬流之源，而爲正本清源之典型，使賞罰不用，有司不勞，政令不煩，而化民成俗於無形的「君子」。其四是，能爲道法之摠要，操國家之本作，以實國家之戶口，以守其土，以安其民的「君子」。其五是，能行仁義之兵於天下，儀正四方的君子。其六是，君子中的聖人，是引詩之中「其儀不忒，正是四國」的君子，更是荀子所謂「聖則盡倫，王則盡制」的聖王典型。因爲他以先王之道爲道，所行之「尙賢能，等貴賤，分親疏，序長幼」四個條目，後者爲制度之盡，前者則爲人倫之盡。而仁義忠節之莫不盡致於此，更是盡倫盡制的巔峰。特別是「備而不矜」的美德，由於不矜之得衆，使天下不敢與爭能，而致善其王者之功，這種「有而不有」、「一以自善」的人君，絕不是一般帝王所能望其項背，故爲天下所貴的「聖人」；荀子心目中的「聖王」。也因此乃以詩中的「君子」之美，喻此完美的天子。此篇之以「君子」命題，引詩點題其故也在此。後人之以篇名爲「天子」之誤者，不知以爲然否？

以上爲超特典型的君子，亦爲貫徹「外王」思想的「王者」的人格典型。

第三節　君子之功能

以下將以上述「君子」的德目，暨已錄未錄的有關言論，併同歸納爲一、典型效應，二、正義效應，三、楨幹效應，四、統治效應等四目，以分闡君子之功能。

一、典型效應

荀子似以爲，「君子」的典型功能是來自楷模效應，以下是有關的言論：

㈠楷模效應的基因

他以爲，典型之所以發生楷模效應，乃由於左列的基因：

⑴凡人皆欲爲善——「凡人之欲爲善者，爲性惡也。夫薄願厚，惡願美……貧願富，賤願貴，苟無之內者，必求於外……今人之性固無禮義，故彊學而有之。」（性惡）

⑵凡人有所共予——「天下之人，唯（雖）各特意哉，然而有所共予（許）也。言味者予易牙，言音者予師曠，言治者予『三王』」（大略）

⑶凡人莫不從可——「凡人莫不從其所可而去其所不可，知道之莫之若也，而不從道者，無之有也。……凡人之取也，所欲未嘗粹（猝）而來也，其去也，未嘗粹而往也。故人無動而不可以不與權（權衡也）俱。……道者，古今之正權也；離道而內自擇，則不知禍福之所託。」（正名）

以上第⑴則以爲，凡人皆因性惡，故莫不欲爲善。因爲，「無之內者必求於外」，爲人之恒情，有如薄者之願厚，惡者之願美，貧者之願富……。人性之惡，是因爲缺少禮義，所以皆勉彊學而有之。由於他所界定的「善」，是「禮義之謂善」，故曰「欲爲善」爲凡人之情。爲了學禮義，就必須有所師承、取法，而學之道更是「莫善乎近其人……好其人」「爲其人以處之」（勸學）。所謂「其人」，自然是有道君子的「師」或「友」，或所見所聞，衷人所善之君子，於是而有典型的效應。

第⑵則所指者，爲凡人皆有美善的共同推許。例如言烹飪必以易牙爲權威，言音樂必以師曠爲權威，論政治則必以「三王」爲權威。三者都是典型人物，所得的共同讚許，便是典型的效應，所以「共予」也是典型效應的基因。

第(3)則則謂凡人皆由心之辨知，而具有「可不可」的辨知本能，因爲從「可」則可以得福或免禍；從「不可」，則必然得禍而遠福。所以，只要知道「道」是最可從的「可」，便沒有人不從「道」。同理，凡人之所取舍趨避，也必須以「道」爲權衡，否則便成爲夜半過危橋的瞎子。所謂從可之「道」，當然是「先王之道」，「後王之制」，「禮義」之「統」；但能貫通融會這一切然後「從」之，就不是一件容易的事，而一般的「衆人」，更不知從何說起。所以最好最簡便而有效的方法是，向君子的典型看齊。於是君子的言行思考都是大衆學習效法的典型，於是「從可」之心，也成爲典型效應的基因。

(二)楷模效應的舉隅

1.容止效應

(1)「士君子之容：其冠進(峻)，其衣逢(大)，其容良(平易)；儼然(莊敬)，壯然(嚴肅)，祺(泰)然，葬(肆)然，恢恢然，廣廣然，昭昭然，蕩蕩然，是父兄之容也。其冠進，其衣逢，其容愨(謹敬)；儉然(謙退)，恀然，輔然(相親附)，端然(不傾倚)，訾然，洞然(虛心)，綴綴然，瞀瞀然，是子弟之容也……。」(非十二子)

(2)「人無法則倀倀(無所適)然……，依乎法而又深其類然後溫溫然。」(修身)

(3)「君子寬而不侵，廉而不劌，……堅強而不暴，柔從而不流，恭敬謹愼而容（裕）……夫是之謂至文。」（不苟）

以上三則皆論君子之儀容風度所具之印象效應：其一、君子典型的衣冠，固不分父兄或子弟，皆宜高峻其冠，寬大其服，以示共有的莊重。但在態度上，父兄之容則莊重矜持的「儼然」；不怒而威，凜不可犯的嚴肅，則不厭其「壯（莊）然」；安祥無懼，則不厭其「祺然」；從容紓餘，則不厭其「蕼（閎肆）然」；泱泱大度則不厭其「恢恢、廣廣」；磊落光明坦然率性，則不厭其「昭昭、蕩蕩」。爲子弟者應有之儀態，則必須爲「懇然」之敬謹，爲「儉然」之謙退，爲「恀然」之修飾整齊，爲「輔然」之可親，爲「端然」之不傾不倚其身，爲「訾然」之柔順，爲「洞然」之虛心，爲「綴綴然」之同心同德，爲「瞀瞀然」之不敢傲目以視。

其二、君子之舉止必須謹守禮法，而且要知其所以然，才是表裡一致的「溫溫君子」。

其三、君子之待人接物，不因寬緩而流於怠惰，不因廉介而以傷人，不因堅持而流於粗暴，不因柔從而入於邪惡；更要恭敬謹愼而從容。

凡此君子所表現的「容止」，自然會令人「肅然起敬」，會令人「心嚮往之」，這就是關於「容止的印象效應。

2.言行效應

(1)「……榮辱之來，必象其德。怠慢忘身，禍災乃作。……邪穢在身，怨之所構……故言有招禍

也，行有招辱也。君子愼其所立乎！」(勸學)

(2)「……與人善言，煖於布帛；傷人以言，深於矛戟。故薄薄(廣大)之地，不得履之，非地不安也，足無所履者，凡在言也。巨涂則讓，小涂則殆，雖欲不謹，若云不使。」(榮辱)

(3)「凡人莫不好言其所善，而君子爲甚。故贈人以言，重於金石珠玉；觀人以言，美於黼黻文章；聽人以言，樂於鍾鼓琴瑟。故君子之於言無厭。」(非相)

(4)「君子言有壇宇(所法)，行有防表(準繩)。」(儒效)

(5)「君子疑則不言，未問則不言，道遠日益矣。」(大略)

以上所引，多以謹言愼行爲典型。第(1)(2)則謂言行足以招禍招辱，故君子愼其所立。而言語之於人於己，尤具正負面的效應—善言令人溫暖，而惡言之傷人則甚於刀劍，不知愼言則天地雖大，將無可履之地。因爲人間世本無易行之路，大路則人車擾攘，小路則坎坷難行，只有謹言愼行，才有一片康莊。

第(3)—(5)則是從言行的正面立論，以爲君子雖謹於言，而亦無厭於言。因爲果眞是「善言」，他的價値必高於金玉，從言語之中觀人聽人，更是有「美」也有「樂」。所以君子之言，一方面是出於極端的審愼，所以無不善，無不美，得之爲珠玉，聽之無不樂；他方面更由於學之使然，而「言」必有份際，「行」必有準繩，所謂「一可以爲法則」。這種「有壇宇，有防表」的言行，自然是大衆的楷模。更由於疑事則不言，未問則不言，乃如孔子之謂「夫人不言，言必有中」。他的言行導向，必使大衆深信而不疑，則其道雖遠，固不難日益月將以至之；它的效應自然是無可懷疑的。

3.學養效應

以下為避免重複引述，故局部改變體例而以夾敘形式申論之。關於學養的典型，至少有如下的兩大效應：

(1)證以大略篇的有關引述，可知君子的學養「如」蟬之「蛻」，是日新又新的，更是即知即行的；造次顚沛皆鍥之而不舍，無一不做之於學。所以他的行為、坐立、顏色辭令都是典型的，它的效應自然存在於社會大衆心目之中。

(2)證以本章引述於前的勸學篇言論，可知君子的學養，是以「全粹」為美的，所以能思索以通之，為其人以處之，除其害以持養之，使耳目心口無一不美，而歸趨於「權利不能傾，群衆不能移，天下不能蕩」而生死由是之「德操」。這種「能定能應」的「成人」學養，它的典型，自然更是社會大衆最高的懸鵠。

4.論議效應

典型功能的論議效應，在於說理模式的形成。朝廷重論議，必有謀救之美；而法制之議，更可益趨於周延。民間重論議，士子必成於學問，衆人必習於循良；而是非之明，邪正之分，善惡之辨，尤為治亂興亡所攸關。所以他強調論議與辯說之重要：

(1)在大略篇他以為：「少不諷誦，壯不論議，雖可未成也。」因為「善學者盡其理」；欲盡其理則非論議不可。他主張「君子立志如窮，雖天子三公問正，以是非對。」不能明理，焉知是非？這是從負面突顯「論議」的重要。

(2)在非相篇兩度提及「是非容貌之患也，聞見之不衆，論議之卑爾。」他以爲「桀、紂之身死國亡」與當代的「亂君僨子」之「戮乎大市」都因爲見聞不廣，論議不高。所以他主張「君子必辯」而且教以談說之術—所謂「矜莊以莅之，端誠以處之，堅彊以持之，譬稱以喻之，分別以明之，欣驩芬薌以送之，……於是則說常無不受，雖不說人，人莫不貴，夫是之謂……「唯君子能貴其所貴」。凡此皆可見辨說之重要，而辨說的前提修養—「論議」則尤其重要。

(3)在王制篇更強調：「法而不議，則法之所不至者必廢，職而不通，則職之所不及者必隊。故法而議，職而通，無隱謀，無遺善，而百事無過，非君子莫能」。意謂「有法」還要能「議」，否則對於法無明文之問題，便無法解決，法之大信必墜，而法必隨之而廢。官制之中所設的職位，如果不明其立法理論，則職掌所不及之事，也必然不能治理。所以欲求法而能議，職而能通，算無遺策，事無遺善，而百事無過，則非善論議的君子不可。

(4)在非十二子篇更以爲：仁人君子當務之急，在於「上則法舜、禹之制，下則法仲尼、子弓之義，以務息十二子之說」以除「天下之害」，以畢仁人之事。

綜上所述，可知君子的論議典型，無論於朝廷，於社會，於成學之盡其理，皆具有絕對的效應，以論議息邪說，尤足以除天下之大害。對於分邪正、明善惡、辨是非、伸張正義，淳化風俗，更是唯眞唯善唯美的一面鏡子。

5.為仕效應

由於君子的多種典型，「爲仕」的範圍，自然也涵蓋王侯卿相士大夫。茲節其有關言論如次：

(1)大略篇—「君子進則能益上之譽而損下之憂。不能而居之，誣也；無益而厚受之，竊也。學者非爲仕，而仕必如學。」

(2)堯問篇引周公之言：「君子好以道德，故其民歸道。……。」

(3)榮辱篇強調先王所制的「禮義」爲「群居和一之道」，所謂「仁人在上，……士大夫以上至於公侯莫不以仁厚知能盡其職，夫是之謂至平。」

(4)儒效篇以爲，「儒者在本朝則美政，在下位則美俗。」并舉孔子「將爲魯司寇」及「居闕黨」的效應爲例：前者能使「沈猶氏不敢朝飲其羊，……魯之粥(鬻)牛馬者不豫賈，必蚤(早)正以待之也」。後者則能使「闕黨之子弟，罔罟不分，有親者居多。」

以上第(1)則謂君子進身於仕宦，必須能增益政府的信譽，抒解下民之憂患。「不能」而居其位，是尸位；「無益」而厚受其祿，是竊盜。所以讀書並不是一定要做官，但做了官就必須無負所學；才是君子。仕皆如此，自然弊絕風清。

第(2)則是說君子好道，其爲仕必使民德歸厚於道。

第(3)(4)則更強調爲仕典型所發生的神奇效應——前者謂仁人在上的典型能使三公諸侯以下，都以

「仁厚知能」之道德才美各盡其職，以成其「至平」之治。後者的孔子典型，竟然能使奸商們聞風而洗心革面—只聽到內定的消息，賣羊的便不敢灌水，賣牛馬的就開始「不二價」運動，及早自律以待司寇大人的上任。當他在家「孵豆芽」的時候，由於他的「孝弟以化」，竟使鄉里的打漁，都能讓家中有父母尊親的漁人多分幾尾。所以說「儒者在本朝則美政，在下位則美俗」。

㈢楷模效應的宏觀

典型功能的最後是，楷模效應的宏觀。他把這種效應推向更高的層次—用於道德領域的擴張，以求小人之消弭與社會風氣的潛移。因爲儒家傳統之憂，莫甚於小人之「成群」。下面是一段宥坐篇的引述：

「孔子爲魯相，朝七日而誅少正夘，門人進問曰：夫少正夘，魯之聞人也，夫子爲政而始誅之，得無失乎？孔子曰：……人有惡者五—而盜竊不與焉：一曰心達而險，二曰行辟而堅，三曰言僞而辯，四曰記醜而博，五曰順非而澤，此五者有一於人，則不得免於君子之誅；而少正夘兼而有之……此小人之桀雄也，不可不誅也……詩曰：『憂心悄悄，慍于群小』。小人成群，斯足憂矣。」

孔子所舉的「五惡」，其惡皆在「不痛不癢」之間(曾國藩語)，而爲害無窮；所以說有其一便難逃君子之誅。少正夘爲身兼五惡的小人，當然是誅之唯恐不及的對象。由此可見，儒家爲政，莫不以「小人」爲憂，而歷史更告訴人們：小人的確是政治之林最嚴重的蟲害，如果不及早防治，從新葉到根荄很快就會被吃光。就現實政治而言，一方面在社會無惡不作，傷風敗俗，而魚肉良民。另一方面在朝廷，愚弄闇主，把持朝政，以助長倒行逆施之暴虐。最後更不惜賣主賣國以求爲貳臣。對於忠臣良相，更是千方百計斥之、逐之，甚至殺之而後快。這才是連根吃掉；必須有勇於鋤惡的君子在朝，這個政權還有根柢，還有逢春再發的機會。一旦君子潰不成軍，這個政權也到了不可收拾的境地。悲天閔人的儒家師弟，怎能不「慍」，怎能不「憂」，怎能不恨之入骨而斷然「誅」之！

荀子的面對小人，雖然也主張「元惡不待教而誅」（王制），但他似乎以爲「殺」人畢竟不是最好的方法，而以強化君子的戰鬥體爲根本之圖。所以他不惜處心積慮，充分把握前述之效應基因，運用君子的典型功能，迅速擴張道德領域—以靜態的德目型範，影響社會，重振道德；亦以動態的言行典型，教育社會，以收風吹草偃之效。使人人皆以君子爲典型，「彊學」禮義於君子，學道「從可」於君子，更以「共予」君子，形成君子典型的禮義社會，使樂於爲君子者漸多，甘於爲小人漸少；而以道德空間取代罪惡的蔓延，一旦蔚成風氣，典型的社會模式，便會很自然地使小人無立椎之地，而消化於無形，至少也會消聲匿跡，不敢再作怪。

以上是君子功能的第一跨步—典型效應的具體。

二、正義功能

荀子以爲無論一般社會，政治社會乃至於國際社會，都不可一日無正義，而正義則存於君子所制所行之「禮義」。以下將分別以申之：

(一)正義功能與社會

社會不可無正義以對抗邪惡，故曰：

(1)「……禽獸有知而無義，人有氣有生(性)有知亦且有義，故最爲天下貴也。力不若牛，走不若馬，而牛馬爲用，何也？曰：人能群，彼不能群也。人何以能群，曰：分。分何以能行？曰：義。……故宮室可得而居也；故序四時，裁萬物，兼利天下，無它故焉，得之分義也。人生不能無群，群而無分則爭，爭則亂，亂則離，離則弱，弱則不能勝物，故宮室不可得而居也，不可少頃舍禮義之謂也。」(王制)

(2)「凡姦人之所以起者，以上之不貴義，不敬義也。夫義者，所以限禁人之爲惡與姦者也。今上不貴義不敬義，則下之人百姓皆有棄義之志而有趨姦之心矣，此姦人之所以起也。……故爲人上者，不可不順(愼)也，……古者禹、湯本義務信而天下治，桀、紂棄義倍(背)信而天下亂……。」(彊國)

(3)「觀今之世，飾邪說，文姦言，以梟亂天下，矞宇(譎汙)嵬(怪)瑣(屑)，使天下混然不知是非治亂之所存者有人矣。今夫仁人也，將何務哉？上則法舜、禹，下則法仲尼、子弓之義，以務息十二子之說，如是則天下之害除，仁人之事畢，聖王之跡著矣。」(非十二子)

(4)「……書曰：『無有作好，遵王之道。無有作惡，遵王之路。』此言君子之能以公義勝私欲也。」(修身)

(5)「有上勇者，有中勇者，有下勇者——天下有中(道)，敢直其身；先王有道，敢行其意，上不循於亂世之君，下不俗於亂世之民，仁之所在無貧窮，仁之所亡無富貴，……是上勇也。禮恭而意儉，大齊信焉，而輕貨財；賢者敢推而尚之，不賢者敢援而廢之，是中勇也……。」(性惡)

(6)「義之所在，不傾於權，不顧其利；舉國與之而不爲改視，重死持義而不橈，是士君子之勇也。」(榮辱)

以上第(1)則是從人的「能群」認識「義」的重要，人之能群，是因爲「分」——各有分際各守分際。而「分」必須是據「義」而定，才是合乎人情的正義標準，而爲大衆所接受，否則只是行不通的「分」。人是依群力而「勝物」而生存的，所以不能無群，而群必須有義「分」才能相和而合作，否則必爭、必亂，而離弱不能「勝物」就不能生存，所以說人不可片刻無禮義——不可或離正義的呼吸。

第(2)則是強調「義」以定「分」的另一面，還有更重要的「限禁」作用——在於限制逾越「分義」的規範，在於禁止爲姦爲惡的一切行爲。他以爲，「上者下之師」，「姦人」的興起與「爲姦爲惡」之瀰漫，都因爲居上位者之不知「貴義」，不知「敬義」，以致百姓都放棄所習的禮義，都有爲姦爲惡之心。於是他以禹、湯、桀、紂爲例，以明治亂之故——有仁人君子的禹、湯之以正義爲天下倡，乃有天下之大治，而拯社會的大殃。而桀、紂則否。

第(3)則是換個角度論仁人君子的正義功能。他以為「十二子」之為害，是以邪說姦言之文飾，囂亂於天下；以怪誕不經的學說，使天下不知是非為何物，其影響所至，必使天下無是無非，甚至以是為非，以非為是；也不知治亂的根源，人人從亂俗為亂政，為姦為惡而不自知。這種大害，比桀紂之亂還要嚴重，因為它一旦麻痺人類的思想，就不是一場「革命」所能為力了。而仁人君子的功能，也在於取法於舜、禹、仲尼、子弓之「義」，及時以正邪說，以除天下之害。

第(4)—(6)則則強調正義功能的理性與道德勇氣。其重點有二：其一、後世理學家所謂「天人之戰」，就是「公義」與「私欲」之戰。「私欲」是潛意識的；貪得無厭的，是貪生怕死的，往往會令人臨財苟得而臨難苟免。飽暖思淫，而以喜怒為予奪，於是乃有小人姦人的傷天害理，而以不公不正不平之行為加疾苦於升斗小民。「公義」是意識的，理性的，也往往令人會見利思義，見義忘身，更不以喜怒為取舍。君子之所以為君子，就因為他具有內省境界的「天人之戰」，而且能以「天」理勝「人」欲—「公義」勝「私欲」，所以他所表現的行為是理性主義；略於求利，而勇於行道；喜怒不過予奪的正義典型。其二、第(5)(6)兩則所舉的德目，都是道德勇氣的典型。所謂「上勇」、「中勇」或「士君子之勇」，都是堅持正義所必要的前提要件，有這樣的仁人君子，乃能為天下正是非，明善惡，平不平，人間才有正義的存在，才有歷史上許許多多的—驚天地泣鬼神的正義紀錄，而為人類社會之綱維。在平民社會之中，一旦被認為青天，奉為神明的包拯，更是亂世社會的救主，正義功能的象徵。因為他一直是不平絕望中的唯一希望，即使是絕無僅有的仁人君子，他的正義典型，仍然是疾苦小民的精神保壘；存在於痛苦無告之中的無數化身。所以，有君子的地方，就有正義的陽光，正義的風教；至少會使姦人乃至暴君不敢爲所欲爲。這是無人能夠否定的正義功能。

(二)正義功能與政治

發生於政治範疇的正義功能，只在於唯一的大事—政治風氣的端正；道德精神的發揚。因爲君子的道德典型，必然也必須發生這樣的效應—正義籠罩之下的政治風氣，必然是美善的—君必明君，臣必忠臣，士大夫必公必正，必廉必明，自然會令行禁止，得民者昌。以下是他重要的揭櫫：

(1)「今以夫先王之道，仁義之統，以相群居……，以相安固邪？以夫桀、跖之道；是其爲相懸也，幾直夫芻豢稻粱之懸糟糠爾哉！然而人力爲此而寡爲彼，何也？曰：陋也。陋也者，天下之公患也，人之大殃大害也。故曰：仁者好告示人。告之示之，靡之儇（積）之……，則夫……陋者俄且僩也……是若不行，則湯、武在上曷益……。」（榮辱）

(2)「故用國者，義立而王，信立而霸，權謀立而亡—三者明主之所謹擇，仁人之所務白也：挈國以呼禮義而無以害之……之所與爲之者，舉義士也：之所以爲布陳於國家刑法者，舉義法也：主之所極然帥群臣而首鄉之者，則舉義志也，如是則下鄉上以義矣，是綦定也，綦定而國定，國定而天下定。」（王霸）

(3)「……飾動以禮義，聽斷以類，明振毫末，舉措應變而不窮，夫是之謂有原，是王者之人也。……論禮樂，正身行，廣教化，美風俗；兼覆而調一之，辟公之事也。全道德，積隆高，綦文理，一天下，振毫末，使天下莫不順化從服，天王（天子）之事也。故政事亂，則冢宰之罪也；國家失俗，則辟公之過也；天下不一，諸侯俗反，則天王非其人也。」（王制）

⑷「故正義之臣設，則朝廷不頗；諫爭輔拂之人信，則君過不遠；故明主……尚賢使能而饗（享）其盛……。」（臣道）

⑸「川淵深而魚鱉歸之……刑政平而百姓歸之，禮義備而君子歸之。故禮及身而行修，義及國而政明，能以禮挾（治）而貴名白，天下願（慕），令行禁止，王者之事畢矣。」（致士）

⑹「……故義勝利者為治世，利克義者為亂世。上重義則義克利，……故天子不言多少，諸侯不言利害，大夫不言得失，……。」（大略）

以上第⑴則是正義的去「陋」功能。荀子以為，由於人性的醜陋，明知先王之道與桀、跖相懸殊，如同芻豢稻粱之與糟糠相去之遠，可是人總是寧願為桀、紂之暴，為跖之盜，而不願行先王之道，這就是人性的醜陋，而為天下之公患，人類的大殃大害。所以仁人君子告之示之以正義，還要以權力施政，化民成俗以靡之積之，使醜陋立化為嫻雅。否則縱然上有湯王、武王，也不能加以改變。

第⑵則是強調信義的重要—「義立」才可以王天下，「信立」才可以伯一方，如果舍二者而不為以務「權謀」，便只有死路一條。故凡明主必善操縱榮辱存亡的關鍵，而大聲疾呼以倡禮義，所以與之共天下者必皆為義士，所行之法都合乎正義的規範，而人主群臣所急之務，必以正義為取向。於是百官百姓皆以正義為信仰，這種正義的效應，自然而然會形成堅固的基礎，而由基定致國定，致天下之定。

第(3)則更強調王天下的王者，他的百官，必須皆以禮義規範行動，而以禮義的統類爲聽政判斷的準繩，所以能明察秋毫之微，所舉所措及其所應變，都能從容有方而不爲所窘。這樣的卿相士大夫，才是能以禮義爲「原」的「王人」。所以在合理分工之下，能以全面的正義籠罩，使天下莫不效法，莫不服從。

第(4)則更明確指出，朝有正義之臣，則朝政就必然會公正不偏，在正義旗幟之下的諫爭輔拂之臣見信於人主，則明君之「過」必然會及時而止。所以說，明主之尚賢使能，必享其盛，而闇主則由於妒賢畏能而滅賢能之功，甚至罰賢能之忠義以寵其佞臣，所有正義之臣，皆不能存在，當然不見其盛而見其亡。

第(5)(6)兩則分別論禮義與重義的效應。前者謂「禮義備」之能歸君子，一如「川淵深」之能歸魚鱉；君子歸，而正義效應亦歸之。而禮之及身與義之及國所得的效應，更能使人主之貴名顯揚於天下，天下莫不歆慕其仁政，而凡令必行，凡禁必止，以盡王者之事。後者則言「義」；「利」之爲害已如前述，而「義」之顯效則在於能克「利」，在正義前提之下的人主卿大夫，必然是理性的，必然會在心念初動之時，從義不從利。這樣的朝廷所統治的空間，自然是治世。

以上是表現在政治上的正義功能－(1)以正義化除君相公侯士大夫乃至庶民的人性醜陋，廓清施政的障礙。(2)以正義的取向、人才、規範乃至形成民間的正義信仰，建立國家的基礎，並在堅強基礎之上安邦定國定天下。⑶正義的全面籠罩，使王者的百官都是公正廉明之士，而使天下莫不相率服從於王者之政。⑷正義之臣，能使明主尚賢使能，以享其盛。⑸出現在朝廷的正義效應，能使出於禮義的制度精神，足以號召君子的類聚，使仁君仁名大顯於天下，而以「令行禁止」盡其事。更以理性支配爲政之「從義」，確保治世於不墜，而民間也不會有因財而「困」的百姓；也不會有游手好閑的貧民。以下將論正義功能對於國際社會的效應。

㈢正義功能與國際

先秦的國際，是王伯諸侯四夷之間的從與所構成的社會關係，國際活動則有盟會、聘享、朝覲、禮樂、征伐以及後期的縱橫捭闔等等。其意義之呈現於正面的是，濟弱扶傾，興亡繼絕，弔民伐罪與禮樂之化；具體於負面的，則爲「諸侯力征」的攻城奪地，「殺人盈野」的兼并之爭。荀子的針砭，自然是面對後者，反正於前者，而以「大同世」的王天下爲目標。所以他的國際思想也集中於根治人性的道(導)—「禮樂之化」與反兼并的「仁義之兵」。以下便是正義功能在國際社會的突顯。

⑴王道效應—「閔王毀於五國，桓公劫於魯莊，無他故焉，非其道而慮之以王也。彼王者不然，……仁眇天下，故天下莫不親也；義眇天下，故天下莫不貴也；威眇天下，故天下莫敢敵也。……故不戰而勝，不攻而得，用兵不勞而天下服，是知王道者也。」(王制)

⑵湯、武效應—「……故曰：以國齊義，一日而白，湯、武是也。湯以亳，武王以鄗，皆百里之地也，天下爲一，諸侯爲臣，通達之屬。莫不從服。無它故焉，以濟義矣(疑「義」在「濟」

上），是所謂義立而王，……」（王霸）

(3)四帝兩王效應—「……彼仁者愛人，愛人故惡人之害之也；義者循理，循理，故惡人之亂之也。彼兵者所以禁暴除害也，非爭奪也。故仁人之兵，所存者神（治），所過者化，若時雨之降，莫不說（悅）喜。是以堯伐驩兜，舜伐有苗，禹伐共工，湯伐有夏，文王伐崇，武王伐紂，……皆以仁義之兵行於天下也。故近者親其善，遠者慕其義，……德盛於此，施及四極……」（議兵）

(4)端誠信全效應—「……案夫用端誠信全之君子治天下焉，因與之參國政，正是非，治曲直，聽咸陽。順者錯之，不順者而後誅之，若是則兵不復出於塞外而令行於天下矣。……假令之世，益地不如益信之務也。」（彊國）

以上第(1)則以齊閔王，齊桓公之敗例示不以仁義之道圖「王」的結果，而論王者之所以服天下。閔王大敗於樂毅所統的燕趙楚魏秦的五國聯軍而幾乎亡國，與桓公在柯之盟之爲莊公之臣曹沫所劫持而不得不返其地，都因爲不以仁義之道而圖「王」。王者之能「用兵不勞」，而天下服，是由於他的「仁」、「義」、「威」皆出於正義的效應—高度的仁義，使下天莫不親之貴之，而來自正義的高度聲威，更能挾「大族」之力使天下莫敢爲敵。

第(2)則強調正義效應的奇蹟—「一日而白」。湯、武二王皆以百里之地，而統一天下，臣服諸侯；即使是再遠的蠻夷之邦，只要有路可通之國都不敢不「從服」。他的原因，無非以「義」治國，所謂「義立而王」。

第(3)則更以四帝兩王的示例，說明仁義之兵之所以王天下；證明「仁人之兵」的正義效應高於一切。因爲唯仁者能愛人，由於愛人，故惡人之害人；更因爲義者必循理以行仁，故惡人之亂理，所以他的「兵」是爲了「禁暴除害」而戰的義兵，而不是爭奪之兵。所以他的兵，所在之處，必有神奇的治理效應，所過之處，其民必化，就像及時之雨，令人喜悅而從化。更因爲近者親其「善」，遠者慕其「義」，的正義效應，而能不費一槍一彈，遠近來歸。

第(4)則是在彊國篇中論強固之道，益地不如益信—秦之地遍天下，威動海內，強殆中國，而憂患無窮，唯恐天下合縱以敗之（詳刪節部份）。所以攻城奪地，不如用君子的端誠信全治天下，正是非，治曲直；必以仁義得天下之心，循義者安之，不循義者誅之；必以正義聲威懼天下，自然會「令行於天下」。

凡上所述，或論「王道」精神，或論「以國齊義」，或論「仁義之兵」，或論君子之治的「益信」主義，皆所以服天下，令行於天下，在這種正義效應之下的國際社會，自然不會有侵略兼并的存在，而使人類和平相處於「王者」所建立的大同社會，所謂「四海一家」的社會。這是正義功能的國際效應，合上述的社會效應、政治效應，則爲無所不在的正義功能。

三、楨幹功能

君子的基幹功能，是由以下的五種效應所構成：

(1)「士仕」的一般效應──「古之所謂士仕者，厚敦者也，合群者也，樂富貴者也，遠罪過者也，務事理者也，羞獨富者也。」(非十二子)

(2)「吉人」的公德效應──「主尊貴之則恭敬而僔(卑退)，主信愛之則謹愼而嗛(謙)，主專任之則拘守而詳(謹守而明於法)，主安近之則愼比而不邪，主疏遠之則全(純)一而不倍(背)，主損絀之則恐懼而不怨。貴而不爲夸，信而不處謙(嫌)，任重而不敢專，財利至則善而不及也，必將盡辭讓之義然後受……富則施廣，貧則用節，可貴可賤也，可富可貧也，可殺而不可使爲姦也……夫是之謂吉人。」(仲尼)

(3)「戶牖」效應──「牆之外，目不見也，里之前，耳不聞也，而人主之守司，遠者天下，近者境內，不可不略知也……然則人主將何以知之？曰：便嬖左右者，人主之所以窺遠收眾之門戶牖嚮也……必將有便嬖左右足信者然後可；其知惠(慧)足使規物，其端誠足使定物然後可。……」

(4)「基杖」效應──「人主不能不有遊觀安燕之時，則不得不有疾病物故之變焉……事物之至也，如泉原，一物不應，亂之端也。故曰：人主不可以獨也，卿相輔佐，人主之基杖也。……故人主必將有卿相輔佐足任者然後可；其德音足以鎭撫百姓，其知慮足以應待萬變然後可。」

(5)「使節」效應──「四鄰諸侯之相與，不可以不相接也，然而不必相親也。故人主必有足使喻志決疑於遠方者然後可；其辯說足以解煩，其知慮足以決疑，其齊斷足以拒難，不還(顧)秩(常)，不反君，然而應薄扞患，足以持社稷，然後可。」(以上均詳君道篇)

以上第⑴則是強調古之士仕皆君子，而有別於「今」之士仕多小人。故君子之為士仕，必然以「敦厚自勉」，取代小人之「汙漫無恥」；以「合群益世」取代小人之「賊亂社會」；以得位行道之樂，取代小人之恣意暴戾；以分施為樂，取代小人之唯利是圖；以守分守法之無過，取代小人之逾嫻蕩檢，無視法紀；以明通事理，而以獨富為羞，取代小人之熱衷權勢而罔顧禮義。這是一般的入世效應所表現的楨幹功能。

第⑵則論君子為仕之道的「吉人」效應─受尊貴，愈知恭敬撙節；受信愛，愈謹慎謙虛；得重任之專，則愈守職而詳明於典章；主恒近之，愈知恭順而不逢迎；主疏遠之，愈知一志於忠誠；主貶抑之，則愈知恐懼自省而無怨尤。位尊而不驕奢逸豫，得信任而不處嫌疑之地，受倚重而不敢逾越專斷；面臨財利而過於所善者，則必盡辭讓之道而後受。富則廣施於人，貧必節儉於用。可以處富貴，也可以處貧賤；寧可殺身也不肯為姦為佞。這樣的吉人君子，自然有持盈保泰的吉祥；無論於奉職，於風世，都深具正面意義的效應。

第⑶則所謂「便嬖左右」顯然是指非佞幸小人的近臣。由於個人的視聽能力是有限的，目不能見牆之外，耳不能聞里之聲，而國君的職責則無論境內乃至天下之事，皆不可不知其大略，以為大政之資訊，必須有「便嬖左右」，助其為視聽，使為窺遠收衆的門戶牖嚮。但這種人員必須是有知慧，有道德的端誠君子，而且他的知慧要足以過濾事物，他的端誠要足以取信於大衆，才會發生「窺遠收衆」的效應，才是國君視聽的「門戶牖嚮」。

第⑷則是指出人主之不能無卿相輔佐，一如人之行止，不可無扶己正身之几杖。因爲，國家元首亦如衆人之必有遊觀安燕之時，自不可免於疾病物故之變。而朝政事物之多如泉源之湧，一事不加因應，皆足以致亂，所以絕不能孤獨爲政。於是而有卿相輔佐之設，以爲人主之基杖。而且「基杖」人物的道德、知慧，必須足以鎭撫百姓，應變萬物，才是適任的「基杖」，他的效應，才是可必的。

第⑸則爲使節人才之必要。因爲有國際社會的存在，就不能沒有外交活動。這種活動，當然不必由天子諸侯自爲之，而由使節人員代表之。所以人主非有善於傳遞國君心意，而能便宜行事於遠方的外交人才不可。這種使節人選應備的條件是：①辯才足以善解國之煩憂者，②智慧思考足以片言決疑者，③其處理果斷之足以排除患難者，④凡所專對，雖不顧忌常規，不類君命，然而應脅迫，拒禍患，足以安社稷者。凡此智能所發生的使節效應，同樣是楨幹功能重要的環節。

以上的五種效應之中，第⑴⑵兩種爲百官應備之入世精神與公德之效應。後三者更是人主國家所不可或無的主幹效應；所以說：「……夫是之謂國具。故人主無便嬖左右足信者，謂之闇。無卿相輔佐足任者，謂之獨。所使於四鄰諸侯者非其人，謂之孤。孤獨而晻，謂之危。國雖若存，古之人曰亡矣，詩曰：『濟濟多士，文王以寧』此之謂也。」(君道)所引的兩句詩，更是楨幹功能的最佳寫照。

四、治理功能

由於前述君子之爲「天子三公」的智慧典型與「聖王、顯諸侯」的超特典型，自然必有其治理效應，其中良相角色之特殊，尤具「楨幹功能」與「治理功能」的雙重效應。茲據以下各篇之有關言論，分別申之如次：

㈠**明主效應**

⑴君道篇以爲，「有亂君，無亂國，有治人，無治法。」因爲羿之善射，其法未失其傳，而羿之後世則不必皆如羿之百發百中。同理，禹之典制猶存，而夏之後世亦不能世世爲禹之王天下。所以「法」只是治的端末，君子才是治法之原。所稱之「人」，「君子」，是禹及後世「明主」之代稱，同時也指「明主所急得」的「其人」。點明了君子之爲明君與良相的雙重角色，也說明了君子的治理功能的重要。後面所謂「君子者，治之原也，官人守數，君子養原」。這裡的「君子」便是「人君」的指稱，所謂「原清則流清」，「上好禮義，尙賢使能，無貪利之心，則下亦將綦辭讓，致忠信，而謹於爲臣子矣」，便是明君的治國效應。而前面所謂「急得其人，則身佚而國治，功大而名美，上可以王，下可以霸」。更是明主得人的具體功效，也是良相效應的反映。

⑵王霸篇以爲，「人主」掌生殺貴賤予奪之六柄，故爲「天下之利埶(勢)」。但這種「利埶」，并無「安」的絕對效應，必須行「道」以濟之；故曰「安之者必將道也」。所以說「故用國者，義立而王，信立而霸，權謀立而亡」——三者明主之所謹擇也，仁人之所務白也。「義」與「信」皆「道」也。「權謀」則非「道」，故前者可得爲王爲霸的效應。後者則否。

更由於「挈國以呼禮義而無以害之，行一不義，殺一無罪，而得天下，仁者不爲也」；他的扶持

「心國」「且若是之固」。更由於「之所與爲之者」，其人皆「義士」；「之所以爲布陳於國家刑法者」，皆「義法」；「主之所極然帥群臣而首鄉(嚮)之者」，皆「義志」，自然會得到「下仰上以義……綦定而國定，國定而天下定」的高度效應。這裡所稱的「仁人」或「仁者」，無疑都是君子之爲聖王的指稱；所突顯的效應，當然是君子的治理功能。

(3)富國篇以爲，「足國之道」在於「節用裕民，而善藏其餘」。一方面「節用以禮」，一方面「裕民以政」；「裕民故多餘……，則民富……，則田肥以易(治)……，則出實百倍」。而君上「以法取焉」，下民「以禮節用之」，自然「餘若丘山……。」所以說「夫君子奚患乎無餘！」故知「節用裕民，則必有仁義聖良之名，而且有富厚丘山之積矣」。可見爲政者只要以君子之道治國，自然有「仁義聖良」之名，而且有富厚丘山之蓄積。這是從財經角度指出君子的治國效應。

㈡王者效應

(1)非十二子篇以爲，舜與禹之所以王天下，是由於「一天下，財(裁)萬物，長養人民，兼利天下」；使「通達之屬，莫不從服」，使十二子之中的六家之說「立息」，爲「姦言」的十二子亦隨之「而化」。這樣「兼利天下」的爲政，自然會有「莫不從服，莫不遷化」以王天下的效應。

(2)仲尼篇以爲，以霸權稱「伯」於一方，是不足爲訓的，因爲他只是「鄉方略，審勞佚，謹畜積，修鬥備，而能顚倒其敵者也」；只是以假仁假義掩飾霸權意圖的統治，而非王者之政。所以說「彼非本政教也，非致隆高也，非綦文理也，非服人之心也」。這種依「詐心以勝敵」，更是「以讓飾爭，依仁而蹈利」的「小人之傑」。所以「仲尼之門，五尺之豎子，言羞稱乎五伯」。所以他主張行王道以安天下之政；因爲「王者則不然；致賢而能以救不肖，致彊而能以寬弱，戰必能殆之而羞與之鬥，委（通綏，絢也）然成文以示之天下，而暴國安自化矣，有災繆(謬)者，然後誅之，故聖王之誅也，綦省矣。文王誅一，武王誅二，周公卒業，至於成王則安無誅矣。故道豈不行矣哉！」。由於這種仁人君子的「王者」，能行「道」於天下，所以有「文王載（之）百里地而天下一」的效應。反之，爲「桀、紂之舍(居)之，厚於有天下之埶(勢)而不得以匹夫老」。這種負面的效應，也是必然的。

(3)王霸篇以爲，人君有百樂，也有無盡的憂患，前者生於「治國」，而後者則生於「亂國」。所以明君必「先治其國以得百樂」，「闇君則急逐樂而緩治國，故憂患不可勝校（計）也。所以明君之樂，在於「治國有道」，在於以良好的分工使「貫(累)日之治詳」，簡化爲「一日而曲列(周治)」；所以不會影響「游玩安晏之樂。如果能「論一相以兼率之，使臣下百吏莫不宿(守)道鄉(向)方而務……」則可以「一天下，名配堯、禹」。因爲這樣的宰相授權，更會得到「守至約而詳，事至佚而功，垂衣裳不下簟席之上，而海內之人莫不願得以爲帝王。」的效應；這樣的「至約」之樂，更是莫大之樂。這是他的「無爲」主張，更是「王者」效應的最高境界。

(三)代位之君的良相效應

(1)由於上述的授權，宰相便成爲兼司「人主之職」的代位之君。他的「論德使能而官施之者」，皆「聖王之道」。於是而有王霸篇之謂「……農分田而耕，賈分貨而販，百工分事而勸，士大夫分職而聽，建國諸侯分土而守，三公總方而議，則天子共(恭)己而已矣；出若入若，天下莫不平均，莫不治辨……。」的統治效應。

(2)關於宰相的授權效應，王霸篇還有一段更足以突顯相臣代位功能的說理—「故君人者，立隆政本朝而當，所使要百事者誠仁人也，則身佚而國治，功大而名美，上可以王，下可以霸……既能當一人，則身有何勞爲而；垂衣裳而天下定。」這是說天子授權的宰相，果眞是仁人君子，天子便可垂拱無爲而定天下。這種更高的效應，當然是來自宰相的代位統治。所以他又具體指出歷史上著名宰相，以證其言之不誣—「故湯用伊尹，文王用呂尙，武王用召公，成王用周公旦。卑者五伯—齊桓公……九合諸侯，一匡天下爲五伯長，是亦無他故焉，知一政於管仲也……」。因爲這樣的宰相，的確有代位之權，而有代勞之能；所謂「相者，論列百官之長，要百事之聽，以飾朝廷臣下百吏之分，度其功勞，論其慶賞，歲終奉其成功以效於君—「故君人者勞於索之，而休於使之。」以上人物，都是典型的良相，典型的仁人君子。即使與齊桓俱「卑」的管仲，孔子也不禁以「唯其仁」贊美他。他的相業，自然都是一流的治理效應。

(3)臣道篇所美的更多的宰相，除伊尹、太公、管仲已如前述之外，還有齊之咎犯、楚之孫叔敖、都是所謂「內足使以一民，外足使以拒難，民親之，士信之，上忠乎君，下愛百姓而不倦」的功臣。他們的治理效應，也有同樣的可觀。

其次箕子之「諫」，比干、子胥之「爭」，平原君之「輔」，信陵君之「拂」，皆有「從道不從君」之美。他們的總效應是：「正義之臣設，則朝廷不頗；諫爭輔拂之人信，則君過不遠；……故……明主尙賢使能而饗其盛……」。這是相業難能的另一方面，而道德勇氣所得來的相業效應，無寧更值得歌頌。

㈣顯諸侯效應

王霸篇還特別提到君子之爲「顯諸侯」的治國效應：所謂「仲尼無置椎之地，誠義乎志意，加義乎身行，箸(著)之言語，濟之日，不隱乎天下，名垂後世矣。今亦以天下之顯諸侯誠義乎志意，加義乎法則度量，箸之以政事，案申重之以貴賤殺生，使襲然終始猶一也，如是則名聲之部(剖)發於天地之間也，豈不如日月雷霆矣哉……」；這是說以孔子之聖，雖無立椎之地，成就之時便能「身不隱於天下，而名垂於後世。」擁有封地的「顯諸侯」，也能那樣「以國齊義」，當然更可以「一日而白」如湯、武。這是君子爲諸侯的治國效應。因爲湯與武王，未王之前，也只是「顯諸侯」而已，以其賢然後王天下。可見傑出的「顯諸侯」，他的統治效應，同樣可以歸之於「王者」。此外還有能用「諫爭輔拂」之臣的許多「顯諸侯」，如春秋之「五伯」，戰國之「七雄」，皆有「名白天下」的治理效應；都是「顯諸侯」效應的例證。

以上的四種效應，是君子的統治功能，也是君子典型最重要的部份。

第四節　君子的菁英教育

荀子深知君子的重要，更深知君子教育爲君子之所由來，他說：

「繁弱、鉅黍，古之良弓也，然而不得排檄，則不能自正……太公之闕，文王之錄……闔閭之干將莫邪……皆古之良劍也，然而不加砥厲則不能利，不得人力則不能斷……夫人雖有性質美而心辨(慧)知，必將求賢師而事之，擇良友而友之，則所聞者堯、舜、禹、湯之道也；得良友而友之，則所見者忠信敬讓之行也。身日進於仁義而不自知也者，靡使然也。今與不善人處，則所聞者欺誣詐僞也，所見者污慢淫邪貪利之行也，身且加於刑戮而不自知者，靡使然也……。」(性惡)

在本段，他有精闢的言論論菁英之必教，然後成君子。他舉良弓、良劍爲喻，前者不得正弓之器，必不能自正；後者不加砥厲則不利，不得人力則不能斷物，而省略部份之喻良馬，如果不經調教，更不能一日千里。同理，人之生亦如草木之有菁蕪，但「菁」者不加培養則必與「蕪」同朽；性質雖美的菁英分子，不得師友之「靡」，也必然「靡」於惡，而爲小人。而外王思想之寄望於君子的一切，也成了空中樓閣。所以他的正面看法是—「君子壹教，弟子壹學，亟成。」君子必壹志於教君子，弟子必壹志於學，才有君子的產生與繼起。以下將以一、教知學，二、教身行，三、教論議，四、教爲師，五、教爲政等五目分闡之。

一、教知學

(一)學與禍福

(1)學能「無過」——君子必須博學然後能自省而長保清明；所謂「知明而行無過矣」。

(2)學能「無禍」——君子必至誠無息於學，然後能正直於其位，而能化道於無禍。所謂「故不登高山，不知天之高也……不聞先王之遺言，不知學問之大也，干越夷貉之子，生而同聲，長而異俗，教使之然也。詩曰：『嗟爾君子，無恒安息，靖共(恭)爾位，好是正直，神之聽之，介爾景福』。神莫大於化道，福莫長於無禍。」(以上皆詳前節所引之勸學篇)

(3)學能從所「欲」——君子必學，然後爲士，爲君子，爲聖人；所謂「我欲賤而貴，愚而智，貧而富可乎？彼學者：行之，曰士也；敦慕焉，君子也；知之，聖人也，……孰禁我哉！鄉也，混然涂之人也，俄而竝乎堯禹，豈不賤而貴矣哉……俄而原仁義，分是非，圖回天下於掌上，……豈不愚而智矣哉，……俄而天下之大器舉在此，豈不貧而富矣哉！」(儒效)

(4)學以爲天下士——君子必切磋琢磨於學，然後成器；所謂「人之於文學也，猶玉之於琢磨，……謂學問也。和之璧，井里之厥也，玉人琢之，爲天子寶。子贛、季路，故鄙人也，被文學服禮義爲天下列士，學問不厭……是天府也。」(大略)

以上第⑴則爲提示治學之首要，在先求「無過」於「參省」境界—即所謂「知性」的建立。而建材則來自於「博學」。學然後知爲士，爲君子，乃至爲聖人而分別建立其有別於現象世界的眞實世界。也各有其「參省」的標準。行爲合乎標準，則可以「無過」。否則必隨「過」之大小累積，而生對應的「禍」。

第⑵則則謂學然後知學海之無涯，而能自強不息，而唯「正直」是好。正直之行，神必助其得福；得福則無禍。詩的本身是具有神權色彩的。但荀子引詩的重點，是在於「正義」的強調，因爲正義爲君子所必具的典型德目。所以對「神」與「福」特加詮釋—「神」是「莫大於化道」的入化境界，而不是神明，「福」也只是人爲的無禍—最長久的福，也不是神明所賜的「福」。一切神，都是正義之鬼，鬼的生前必有其人，以其正義的事蹟而被尊敬之爲神。這種神或鬼皆不存在，而「正義」的流傳卻是永恒不朽的。崇拜正義的人，特別是君子，都必然會效法於正義的典型，而發生道德行爲，甚至於驚天動地的成仁取義，當然會造福於社會於國家，而獲得福報的反射。所以說「福莫長於無過」。所謂「神莫大於化道」，也不過是「正義」的風靡，使禮義之道—正直之行大化於天下。當然是其福無窮。這種「福」，並非是「神」的庇祐，而是來自「正義」的效應；來自學然後爲士，爲君子的效應。

第⑶⑷則是禍福的再強調。前者謂「學」可以爲士、爲君子、爲聖人；及其至也，由貧賤而富貴，由下愚而上智，皆易如反掌。其與禍福之攸關，尤其顯著。後者則具體舉例以明學之寶藏如「天府」

之富。唯學之富，可以取之無盡，用之不竭。

㈡學之全美

(1)積學之美——「……行無隱而不形。玉在山而草木潤；淵生珠而崖不枯。爲善不積邪？安有不聞者也！」

(2)學以美身——「古之學者爲己，今之學者爲人。君子之學也以美其身，小人之學也以爲禽犢。」

(3)全粹之美——「千里蹞步不至，不足謂善御；倫類不通，仁義不一，不足謂善學。學也者，固學一之也。一出也，一入也，涂巷之人也。其善者少，不善者多，桀紂、盜跖也。全之盡之，然後學者也。

君子知夫不全不粹之不足以爲美也。故誦數以貫之，思索以通之，爲其人以處之，除其害以持養之……是故權利不能傾也，群眾不能移也，天下不能蕩也……。」(以上三則皆詳勸學篇)

以上第(1)則謂君子之學如瓠巴伯牙之鼓琴瑟；如玉之在山，珠之在淵，其學之善，憂不積而不憂不聞；憂不精而不憂不美也。

第(2)則謂君子之學，宜如古之學者，爲己而非爲人，爲美其身，而非以爲進身之階。

第(3)則兩段皆言全粹之美。前者謂學之旨在於「一」表裡、盡其全，不通倫類，非「全」也；仁義不「一」於「出入」，非善學也，必須能全能盡，才是有別於市井傖夫、於桀紂、盜跖的讀書人。後者則強調全粹之美，在於貫通其所學而見諸行事，而且要朝夕參省，除其賊害以養其美；所以能臻於……不爲所傾，不爲所移，不爲所蕩的「貴全」境界。

㈢學之方法

⑴知「數」與「義」——「學惡乎始，惡乎終？曰：其數則始乎誦經，終乎讀禮；其義則始乎爲士，終乎爲聖人。眞積力久則入，學至乎沒而後止也。故學數有終，若其義則不可須臾舍也……故書者，政事之紀也；詩者，中聲之所止也；禮者，法之大分也，類之綱紀也。故學至乎禮而止矣。……禮之敬文也，樂之中和也，詩書之博也，春秋之微也，在天地之間者畢矣。」

⑵學之捷徑——「學莫便乎近其人。禮樂法而不說，詩書故而不切，春秋微而不速。方其人之習君子之說，則尊以徧矣，周於世矣……。」

⑶學貴專精——「積土成山，風雨興焉，……積善成德，而神明自得，……故不積蹞步，無以至千里，……駑馬十駕，功在不舍。螾無爪牙之利，筋骨之強，上食埃土，下飲黃泉，用心一也，……是故……行衢道者不至，事兩君者不容，……詩曰：『尸鳩在桑，其子七兮。淑人君子，其儀一兮。……心如結兮』。故君子結於一也。」（以上皆詳勸學篇）

⑷知行日新——「君子之學如蛻，幡然遷之。故其行效，其立效，其置顏色，出辭氣效。無留善，無宿問。

善學者，盡其理；善行者，究其難。」（大略）

以上第⑴則是治學的全部過程，也包括方法、意義與教程在內。他以爲，論「數」（術）必須從諷誦五經爲始，而終於「禮」的反復。論學之「義」，則自學爲「士」開始，然後學爲「君子」（狹義），爲「聖人」。唯一的法門是求「眞」、求「積」，求用「力」之「久」，以「入」於學，然後沉潛涵泳之，死而後已。學的方法，誠然有其終始之序，但學之義理—包括爲士爲聖人之義，都沒有止境；而且要念茲在茲，鍥而不舍。

關於教程，除易經之外，其餘五經皆爲必修課程。因爲，尙書是記言的政治語錄；詩經是包羅萬象的文學創作，更是表現於詩歌的社會思想，政治思想。由於這種思想是來自儒家傳統的「致中和」思想，所以都可以弦歌，而成爲「導和」的正聲。禮是一切規範的標準，自然是「類」的綱領，是一切規範義理的體系，所謂「人道之極」（禮論），所以治學以「禮」爲旨歸。於是君子所學的課程，包括具體倫理的「禮」的「敬文」作用，「樂」的「中和」作用，詩書之「博學」作用，以及春秋的「大義微言」—輿論作用，在天地之間的人文之學，當然是應有盡有，網羅無遺。至於偏向形上學的易，可能被認爲無益實用之學，故不在教程之列。因爲原書引易經之處，只有非相與大略兩篇，而引詩、引書則共達九十八次之多。

第(2)則是治學的第二方法—取法於經師所傳習之說。因爲，禮、樂二經只有具體應用的成文規範，而沒有理論—只明其然，而未明其所以然。詩書所載皆有其故，而不必皆切於今。春秋之微言，言賅而旨遠，必須讀通三傳才能理解；所以最好的方法莫過於仿效「其人」—師承其所學、所啓，然後遵之以遍其五經之學，以周行於當代。當然要比抱著書本硬啃方便得多。

第(3)則是學貴專精的強調—爲山必專於「積土」然後成山，而有風雨之興。沒有起步，不能致千里之遠；駑馬之功，在於不舍不休。而蚯蚓之能橫行於地下，更由於「用心」之「一」。所以在最後引詩以證，君子之有成，必「結於一」。有如布穀鳥之養七子，朝朝暮暮，一心一意。

第(4)則謂君子之學，必須如蟬蛻之出陳佈新，日新又新，以盡其理，故其行止、顏色、修辭皆無所不學。而且要即知即行，不知即問，以究其難，則大學所謂「博學之，審問之，愼思之，明辨之，篤行之」諸德皆備，乃可謂君子。

二、教身行

立身欲正，行道欲篤，這是教知學之後以教「身行」的基本概念。所謂「篤志而體，君子也」；「禮者，所以正身也」；「依乎法而又深其類，然後溫溫也」。是故王制篇論「辟公之事」，而以「正身行」次於「論禮樂」以先於「廣教化美風俗」。以下將依次論其立身行道所必要的德目—立身、明倫、言行：

(一)教立身

(1)必愼立德—「物類之起，必有所始，榮辱之來，必象其德。……蓬生麻中，不扶自直，白沙在涅，與之俱黑……故君子居必擇鄉，遊必就士，所以防邪僻而近中正也。」(勸學)

(2)善處其身—「見善，修然必以自存也。見不善，愀然必以自省也。善在身，介然必以自好也。

不善在身，菑然必以自惡也。故非我而當者，吾師也；是我而當者，吾友也。諂諛我者，吾賊也。故君子隆師親友以致惡其賊。好善無厭，受諫而能誡，雖欲無進，得乎哉！」(修身)

(3)治氣養心——「……血氣剛強，則柔之以調和，知慮漸深，則一之以易(坦率)良(忠直)；勇毅猛戾，則輔之以道順(訓)、齊給便利(捷速)，則節之以動止(安徐)；狹隘褊小，則廓之以廣大，卑濕(鄙)重遲(鈍)貪利，則抗之以高志；庸眾駑散(不檢)、則劫之以師友；怠慢僄(輕)棄，則炤之以禍災；愚疑端愨，則合之以禮義，通之以思索……莫徑由禮，莫要得師，莫神一好，夫是之謂治氣養心之術也。志意修則驕富貴，道義重則輕王公；內省而外物輕矣……。身勞而心安爲之，利少而義多爲之；事亂君而通，不如事窮君而順焉……士君子不爲貧窮怠乎道。」

(4)正身以禮——「禮者，所以正身也；師者所以正禮也……禮然而然，則是情安禮也；師云而云，則是知若師也……。其避辱也懼，其行道理也勇。體恭敬而心忠信，術禮義而情愛人，橫行天下，雖困四夷，人莫不貴。勞苦之事則爭先，饒樂之事則能讓，端愨誠信，拘守而詳，橫行天下，雖困四夷，人莫不任……」(以上均詳修身)

(5)戒驕持謹——「憍泄(嫚)者，人之殃也」。「恭儉(約)」則最能明哲保身。而「危足無所履」，更由於言語之傷人。(詳前引之榮辱篇)

(6)愼無鬥怒——「恭敬，禮也；調和，樂也；謹愼，利也；鬥怒，害也。故君子安禮樂，利謹愼，而無鬥怒，是以百舉不過也。」(臣道)(依加註本標點)

(7)無犯比俗—「行欲供(恭)冀(敬)，非漬淖也。行而俯項，非擊戾也。偶視而先俯，非恐懼也。然夫士欲獨修其身，不以得罪於比俗之人也。」(修身)

以上各則，皆謂君子立身欲正，非正無以別於小人。故於第(1)則首誡「愼所立」身，而愼於擇鄰擇友。因爲，邪惡在身，必爲怨毒之累積，言語不愼，必然招禍，行爲不愼，必然招辱；正如事物之起必有其因，榮辱之來，必如其德。其次則重視薰陶，而近朱者赤，更是防杜邪惡而近中正的唯一途徑。

第(2)則開始教君子如何自存於善，自省於不善。而從隆師、親友、致惡其賊的三方面，善處其「在身」的善不善，以進其德。

第(3)則更教以治氣養心之術，一方面治療人所恒有的種種缺陷，以求完美之立身，更不會因貧、因困而貪圖一時之富貴而怠於守道。所以在第(4)則強調君子正身必以禮，正禮必以師；其求利、遠害、遠辱，行道皆各有所守，以成爲「橫行天下，人莫不貴，雖困四夷，人莫不任」的君子。

第(5)—(7)則是從負面的災難著眼，而強調應有的謹愼—最値得儆惕的是第(5)則的「驕泄」，一切的失敗都會來自驕傲，而恭儉(恭敬與自制)則足以阻卻任何的攻擊。善言與傷人之言，都有意想不到的反應，而後者更能使你雖處天地之大而無立椎之地。不是地不可履，而是你的言語能使一雙腳成爲不祥之物。所以第(6)則所謂「百舉無過」，還要在謹愼之外加上恭敬、調和而無鬥怒。禮所以致恭敬，樂所以致調和，無鬥怒更可免於嫌怨之患；自然是執善無過的溫溫君子。(據加註本標點之解讀)。

最後，他更提出最低調的強調—「不得罪於比俗之人」。走路要低著頭，是爲了恭敬，不是低頭看泥淖的沾污，或是怕頭上有鷙鳥的攻擊。偶然與人相視，也要先低頭，不是怕流氓的不順眼，而是爲了獨修其身的「恭敬」二字，不願被誤會而惹來無謂的侮辱。是出於謹愼的戒懼，所謂「其避辱也懼」。因爲這種場合畢竟是步行交通的通常接觸，而不是第⑷則之謂「行道理」。當然，他的立意是，處群之道，必須以「謹愼」求其「和一」爲原則。如果是「行道理」，就要勇往直前，所謂「天下有中，敢直其身，先王有道，敢行其意，上不循於亂世之君，下不俗於亂世之民，……傀然獨立天地之間而不畏」(性惡)。這是傳統知識分子應有的意識理性，更是君子立身重要的一環。

(二)教明倫

人倫與禮義，是儒家經緯宇宙的大秩序。人倫具體於禮義，而禮義則出於君子，是故君子之教，不可不明人倫。以下是荀子有關明倫之教的言論：

(1)國之大本—「……君子者，禮義之始也。爲之，貫之，積重之，致好之者，君子(之始)也。……無君子則……，禮義無統，上無君師，下無父子，夫是之謂至亂。君臣父子兄弟夫婦，始則終，終則始，與天地同理，與萬世同久，夫是之謂大本。……。」(王制)

(2)人倫三要—「少事長，賤事貴，不肖事賢，是天下之通義，……埶(勢)不在人上，而羞爲人下，是姦人之心也。志不免乎姦心，行不免乎姦道，而求有君子聖人之名，辟之猶伏地而咶天，救經而引其足也，……故君子時詘則詘，時伸則伸。」(仲尼)

(3)臣子之大行──「入孝出弟，人之小行也。上順下篤，人之中行也。從道不從君，從義不從父，人之大行也。……孝子所以不從命有之，從命則親危，不從命則親安，孝子不從命乃衷；從命則親辱，不從命則親榮，孝子不從命乃義；從命則禽獸，不從命則脩飾，孝子不從命乃敬。故可以從而不從，是不孝也；未可以從而從，是不衷也；明於從不從之義而能致恭敬忠信端愨以愼行之，則可謂大孝矣。傳曰：『從義不從父』。此之謂也。……孔子曰……昔萬乘之國有爭臣四人，則封疆不削；千乘之國有爭臣三人，則社稷不危；百乘之家有爭臣二人，則宗廟不毀。父有爭子，不行無禮；士有爭友，不爲不義。故子從父，奚子孝？臣從君，奚臣貞？審其所以從之之謂孝，之謂貞也。」(子道)

(4)人臣之德──「從命而利君謂之順，從命不利君謂之諂；從命而利君謂之忠，逆命而不利君謂之簒；不衈君之榮辱，不衈國之臧否，偷合苟容以持祿養交(容)而已耳，謂之國賊。君有過謀過事，將危國家殞社稷之懼也，大臣父兄有能進言於君，用則可，不用則去，謂之諫；有能進言於君，用則可，不用則死；謂之爭；有能比知同力，率群臣百吏而相與彊君撟君，君雖不安，不能不聽，遂以解國之大患，除國之大害，成於尊君安國，謂之輔；有能抗君之命，竊君之重，反君之事，以安國之危，除君之辱，功伐足以成國之大利，謂之拂。故諫爭輔拂之人，社稷之臣也，國君之大寶也，明君之所尊厚也，而闇主惑君以爲己賊也，……。傳曰：『從道不從君』。此之謂也。」(臣道)

(5)受職以能——「故明主譎德而序位，所以爲不亂也；忠臣誠能然後敢受職，所以爲不窮也；分不亂於上，能不窮於下，治辨之極也。詩曰：『平平左右，亦是率從』。是言上下之交不相亂也。」（儒效）

(6)事君之義——「恭敬而遜，聽從而敏，不敢有以私抉擇也，不敢有以私取與也，以順上爲志，是事聖君之義也。忠信而不諛，諫爭而不諂，撟然剛折端志而無傾側之心，是案是，非案非，是事中君之義也。調（和）而不流，柔而不屈，寬容而不亂，曉然以至道而無不調和也，而能化易，時關内（納）之，是事暴君之義也，若馭樸馬，若養赤子，若食餧人。故因其懼也而改其過，因其憂也而辨其故，因其喜也而入其道，因其怒也而深其怨，曲得所謂焉。書曰：『從命而不拂，微諫而不倦，爲上則明，爲下則遜』。此之謂也。」（臣道）

(7)「……爭然後善，戾（違）然後功，生死無私，致忠而公，夫是之謂通忠之順；信陵君似之矣。奪然後義，殺然後仁，上下易位然後貞，功參天地，澤被生民，夫是之謂權險之平；湯、武是也。……。」（臣道）

(8)「下臣事君以貨，中臣事君以身，上臣事君以人。」（大略）

以上第(1)則首明君子爲禮義之本源，而君子之所以爲之，貫之，積重之，致好之於禮義者，必以人倫爲大本。第(2)則則謂「君子聖人之名」，乃來自人倫之間的三「事」——少必能事長，賤必能事貴，不肖必能事賢，乃能相待以成於修齊治平。反之則其志不免爲姦人之心，其行不免爲姦人之道，而求有君子聖人之名，都是背道而馳的。

第⑶則兩段皆論爲子、爲臣之「大行」。前者以爲孝子不必是絕對的從命，而以「親」之安危、榮辱爲「衷」、爲「義」。如果從則爲「禽獸」，不從爲「修飾」（禮義）—則「不從命」，更是「恭敬」的眞義；孝子之「大行」。同理，忠臣之於君命，亦以「從道」爲大。後者則從「爭臣」「爭子」之重要，以論忠孝之義。必須從所當從，才是「孝」，才是「貞」。對於不當從之命，不但可以不從，而且要作積極的爭諫，才是忠孝之「大行」。

第⑷⑸兩則皆論關係國家治亂窮通之主因，在於人臣之政治道德。前者討論「忠」、「篡」及「國賊」之概念；以爲明主「譎德序位」之前提。後者則斷言，國家之不亂、不窮，一方面由於明主之以德敘官，分義分明；他方面則由於忠臣之量「能」而受職的美德，使官必稱職。如果「能」不當其位，勢必危及大政，故雖授職不敢受，以濟「譎德序位」之所不及。這是君君臣臣之道，更是明倫之要義。

第⑹⑺兩則論人臣事君之義與「通忠之順」「權險之平」的境界。其重點有四：其一、事聖君以「順」，而以敏事無私爲要件。其二、事中君以「爭」，而以正直不貳爲要義。其三、事暴君以難能。因爲，「樸馬」必須耐心調馴，「赤子」（嬰兒）必須耐心教養，「餧人」必須節其飲食以復其體。故必「因」（利用）其恐懼，而正其過失；「因」其憂慮，而明其本源；「因」其喜悅，而導以義理；更要「因」其憤怒，而革除天下所同怨之小人。其四、諫爭然後見其善，違戾然後見其功，出生入死，大公無私以至其忠—爲求善不惜力「爭」，爲立功不惜違命，爲公忠而不計生死，以成其「通忠之順」；爲義不惜於「奪」，爲「仁」不惜於「殺」，甚至「上下易位」以得其正；以得其「權險之平」。前者如信陵君之救趙退秦，後者如湯、武之弔民伐罪。兩者皆人臣之極致，而爲超越成規之「從道」。最後的第(8)則，從另一角度論事君—最低級的人臣，是聚歛之臣；其次爲以身許國之臣；而最足以垂訓千秋的乃是「事君以人」之臣。因爲人才才是國之至寶，人才才是政治繼起的生命。能夠發現人才，而能以舉賢爲美爲樂之臣，當然是最高級的人臣。國家將因之而長盛，而舉賢之美，亦將因之而不朽。

(三)教言行

(1)基本範疇—「言道德之求，不下於安存。言志意之求，不下於士。言道德之求，不二後王；道過三代謂之蕩(浩渺)，法二後王謂之不雅(正)。高之下之，小之臣(巨)之，不外是矣。……故諸侯問政，不及安存，則不告也。匹夫問學，不及爲士，則不教也。百家之說，不及後王，則不聽也。夫是之謂君子言有壇宇，行有防表也。」

(2)言行之區隔—「法後王，一制度，隆禮義而殺詩書；其言行已有大法矣，然而明不能齊法教之所不及，聞見之所未至，則知不能類也；知之曰知之，不知曰不知，內不自以誣，外不自以欺，是以尊賢畏法而不敢怠傲；是雅儒也。法先王……以淺持(得)博，以古持今，以一持萬；苟仁義之類也，雖在鳥獸之中若辨白黑，倚物怪變，所未嘗聞也，所未嘗見也，卒然起於一方，則舉統類以應之，無所儗(疑)怎(怍)；張法而度之，則晻然若合符節，是大儒者也。其言多當矣……，其行多當矣……，其知慮多當矣……，上則能大其所隆，下則能開道不已若者，如是則可謂篤厚君子矣。

脩百王之法，若辨白黑，應當時之變若數一二；行禮要節而安之，若生四枝(肢)；要時立功之巧若治四時；平正和民之善，億萬之衆而博(專)若一人；如是則可謂聖人矣。」

(3)言行之知要——「先王之道，仁之隆也，比中而行之。曷謂中？曰：禮義是也。道者……人之所以道也，君子之所道也。凡事行，有益於理者，立之；無益於理者，廢之；夫是之謂中事。凡知說，有益於理者爲之；無益於理者，舍之；夫是之謂中說。事行失中，謂之姦事，知說失中，謂之姦道……治世之所棄而亂世之所服也……。」(以上均詳儒效篇)

(4)言行之知默——「信信，信也，疑疑亦信也，貴賢，仁也，賤不肖，亦仁也。言而當，知也；默而當亦知也；故知默猶知行也。」(非十二子)

(5)言行之爲德——「兼服天下之心——高上尊貴不以驕人；聰明聖智不以窮(窘)人；齊給速通不爭先人；剛毅勇敢不以傷人；不知則問，不能則學，雖能必讓，然後爲德。遇君則修臣下之義，遇鄉則修長幼之義，遇長則修子弟之義，遇友則修禮節辭讓之義，遇賤而少者則修告道寬容之義。……如是則賢者貴之，不肖者親之……。」(非十二子)

(6)言行之立誠——「不足於行者，說過；不足於信者，誠言。故春秋善胥命，而詩非屢盟，其心一

也……。」（大略）

以上第⑴則首論凡言必有所本，凡行必有所則，行道必有一尊。這是言行的基本範疇－言論要有基本的規模，行爲要有基本的軌範，而行道更需要「一隆」的信仰。具體言之，「道」之所求，不二於後王的禮樂刑政，因爲超過「三代」的道，只是糢糊的典型，而最切近、最適切於時代背景的、最可靠的「道」莫過於「後王」，「二於後王之法」，便不得其正。在這樣足以支配一切的信仰之下，言論自然是有本有源有規模的「壇宇」；行爲也自然有中規中矩中道的「防表」。「道」的指標是「王者之政」－行仁政於天下的「內聖外王」，故以國家「安養」爲所求的下限。君子之學，以「始乎爲士，終乎爲聖人」爲其義，故其人格之所求，也必須以「士」爲下限。所以對於下焉者之問則不告不教；之說則不聽。這是言行之教的原則揭櫫。

第⑵則繼之而論「俗儒」以外之雅儒、大儒、君子、聖人言行之區隔：第一類的「雅儒」的重點是，「持言行之大法」而更求「統類」之修－高於一切的理論法則之修。因爲必須貫通於「統類」，才能依類推援辟解決「法教之所不及，聞見之所未至」的現實問題。所以要從「不知曰不知」；「尊賢畏法而不敢怠傲」之中，增益其所不能。

第二類的大儒是，具有以淺而持博，依古而持今，以一而持萬的推理能力與貫通「統類」的應變能力－因應之間絕無困惑，張設之法必然合轍的智慧。

第三類的君子在言行、知慮多當的「道有一隆」之後，還要能夠一本「嘉善而矜不能」之精神，把自己的信仰，把自己所服膺的大道，使「不如己」的朋友皆知其眞諦，以期大道之昌明。

第四類爲最高級的「聖人」，其意頗與「大儒」相似。不過關於應變之若數一二，安禮之若生四肢，立功之若詔四時，和民之善，而能億萬若一人，顯然是指得位的大儒而言。勸學篇所謂「終乎爲聖人」，當然是這樣的「聖人」，才是入世的終點。

第⑶則論言之知要。其一、詮先王之道，爲仁之隆，是因爲比中於禮義，所以能顚撲不破，而成爲人類所以爲道之道，而爲君子所必行之道。

其二、謂行道於生活日用之中，必以事理爲判。凡有益於「理」之行事，必立以爲範例；無益者必廢之，乃可謂「中事」之事。凡所認知立說，有益於「理」者，則可爲，無益於理則舍其說。乃可謂「中說」之說。因爲失中之事，之說均反乎「比中而行」的「道」，故曰「姦事姦道」，而爲行道之所宜誡。

其三、「知默」與行道。謂信所當信固爲「信」；疑所當疑亦爲「信」。貴賢者，仁行也；賤不肖，亦仁行也；言而當理，固知也；默而當理，亦知也。所以緘默之智，等同於知言之言，雖然是靜止的，它的意義卻是積極的。無言之言，往往是最有力之言，如春秋之「不書」，猶嚴於「書」也。(詳春秋公羊傳)。

第⑷則分別論言行之美德與不誠之誡。居高位者每易驕人，遂以賈怨而身敗名裂，而名器亦淪爲不仁之徵；故以不驕人者爲美。智慧者每善逞其才華以窘人爲樂，雄辯敏捷者，每好爭先爲勝，剛毅勇敢者，每易傷人；皆反之乃見其美。凡不知不能，必求之於學問；唯能必知辭讓，才是美德。人臣之義，長幼之義，子弟之義，禮節辭讓之義，告道寬容之義，都是難修而必修之德。特別是「賤而少者」；賤者固恒犯上，而少則無知，倘不能以「告道寬容」遇之，則半數以上的人口必由怨毒而皆入歧途。是故君子之言行，必須如此完美，乃使不肖者親之，而賢者不能不貴之，乃足以「兼服天下之心」，所謂「聰明君子，善服人者也。」（王霸）

最後的第(5)則則以不誠爲誠。誠不足於行，往往會言過其實；誠信之不足，往往以虛僞的「誠言」爲掩飾，乃有市井之間的盟誓與諸侯之間的盟會，其實這種形式，都是不可靠的，亂臣賊子與霸權國家的翻臉如翻書，都是家常便飯，所謂「貨寶單（殫）而交不結，約信盟誓而畔（叛）無日」（富國）。這種「誠言」只是「不誠無物」的標誌，更是殘殺戰爭的藉口。所以春秋對於會而不盟者，特書爲「胥命」—以美兩君相見以誠，但有約言，而不歃血者。而詩經的小雅巧言篇，更以爲這種虛僞的「誠言」，只是助長戰爭的亂源。所以他在言行之教的最後，引以爲誡以教之。

三、教論議

荀子書中所稱之「論議」，是涵蓋後世文心雕龍分類之中的「論說」與「議對」兩種文體的文章，是學理論文，也是應用論文；是治學的工具，更是學以致用的工具，不知、不能運用這種工具的讀書人，最多只是「士」而不是「君子」；甚至連「士」也談不上。因爲不能論議之「學」是限於「記誦之學」，而不能進入思辨融貫境界。如果不能「議對」，尤其不足以言「仕」。以下是古人對論議文體的起源、界說、體例與功能的說法：

(1)論議之體，起源於諸子之學之據題抒論。姚鼐的古文辭類纂說：「古之諸子，各以所學著書貽後世。孔子之道與文至矣。自老莊以降，時有是非，各有工拙，然而論辨類者，蓋於學不可以已(止)也……。」

(2)劉勰的文心雕龍說：「彝訓曰經，述經敘理曰論。論者，倫也；倫理無爽，則聖意不墜。昔仲尼微言，門人追記，故仰其經目，稱爲論語。蓋群論立名，始於茲矣。」

(3)文心雕龍又說：「論也者，彌綸群言，而研精一理也……原夫論之爲體，所以辨正然否，窮於有數，追於無形，跡堅求通，鉤玄取極，乃百慮之筌蹄（莊子外物注：筌，取魚具；蹄，捕兔器），萬事之權衡也。故其議貴圓通(周延通達)，辭忌枝碎。必使心與理合，彌縫莫見其隙；辭共心密，敵人不知所乘(攻)，斯其要也。」

由此可知，此體起源於諸子，而濫觴於「論語」。其後更由於諸子之著書傳世，更不可無論議。諸子之中，於時有遇不遇，其文亦工拙不一，但其共同造因則由於「學之不可以已」。學既充實，必不能自已於論議，然後有傳世之論著。

論，以「述經敘理」爲界說。以論之爲名，取其「倫」次之義；倫次條理不亂，其所述之經，所敘之理，乃能不墜聖人之意。

論議的體例，在於組織題材，研求其結論，即所謂「彌論群言，研精一理」。它的「研精」作用，是由於「辨正然否」以求眞理。因爲它在「不能自已」的突破之下，能以有形的方法，追求抽象的「義理」；更由於蹤跡其難如破堅木，而求其通，探求其玄奥，以取其極致的全程鑽研，突顯「辨正然否」的功能；等同於「筌蹄」之所以取魚兔－百慮賴以集中，萬事賴以衡度。所以這種文字形式的應用，必以周延通達爲貴，而以枝離破碎爲忌。必使思考與義理密切結合，文辭與心思同其深微，使敵人無罅可蹈，無機可乘，才是論議功能的發揮－才能取「魚兔」於百慮之中。

荀子是據題抒論的開山祖，當然有鑒於「論議」的重要，而認爲君子不可不論議。以下是有關的言論：

(1)學不可不論議－(詳本章第三節所引大略。)

(2)聽政與論議－王制所謂「凡聽之威猛嚴厲而不好假道(導)人，則下畏恐而不親，周閉而不竭；若是，則大事殆乎弛，小事殆乎遂(墜)。和解調通，好假道人，而無所止之，則姦言竝至，嘗試之說鋒起；若是，則聽大事煩，是又傷之也。故法而不議則法所不至者必廢，職而不通，則職所不及者必墜。」

(3)賞罰與論議－王制所謂「王者之論，無法不貴，無能不官，無功不賞，無罪不罰。朝無幸位，民無幸生。……百姓曉然皆知夫爲善於家，而取賞於朝也；爲不善於幽，而蒙刑於顯也……。」

(4)論議與謀救－成相所謂「請牧基，明有祺，主好論議必善謀。」

(5)論議與善惡──非相所謂「古者桀、紂長巨姣美，天下之傑也；筋力越勁，百人之敵也；然而身死國亡，爲天下之大僇（戮），後世言惡，則必稽焉。是非容貌之患也，聞見不衆，論議之卑爾！」

(6)論議與吉凶──非相所謂「今世俗之亂君，鄉曲之儇子，莫不美麗姚冶，奇衣婦飾，血氣擬於女子；婦人莫不願得以爲夫，處女莫不願得以爲士……然而中君羞以爲臣，中父羞以爲子……中人羞以爲友；俄則束乎有司而戮乎大市，莫不呼天啼地……，而後悔其始。是非容貌之患也，聞見之不衆，論議之卑爾！」

(7)論議與無爲──王霸所謂「……三公總方而議，則天子共己而已矣。」

(8)論議與是非──正論所謂「子宋子曰：『見侮不辱』。應之曰：凡議，必將立隆正，然後可也。無隆正則是非不分而辨訟不決。故所聞曰：『天下之大隆，是非之封界，分職名象之所起，王制是也』。故凡言議期命，是非以聖王爲師……。」

以上第⑴是說「諷誦」與「論議」的同等重要。少不諷誦，則記憶不廣；壯不論議，則食古不化。其學雖可，但不可謂有成。所以治學不可不論議。更重要的是，不論議則不能以文會友，以友輔仁。必須充分應用論議之術，以自鑽研，以事切磋，乃有成學致用之可言。

第⑵則論聽政之不可無論議──爲政莫如猛，故爲政者類多威猛嚴厲而不善假告導之方，爲事前之宣導，於是下懷畏恐而不親上，固閉其情而不敢盡其言，自然談不上竭智盡忠，則朝廷之大事必危於廢弛；小事必危於墜失。反之如果徒喜溝通而不能把握原則，則不免姦言邪說比肩而至，而不成熟的意見更會徒亂人意。所以沒有論議，便不能以原則息姦言而止嘗試之說；一旦遇事而法無明文，其事必廢；沒有論議協調的分職，也往往不能配合協同，同心同德。

第(3)則是說國家的政策政令，必須經由論議而產生原則性的定論。使賞罰的方向透明於天下，使百姓皆知爲善以取賞，而不敢爲惡以取辱。

第(4)則是成相篇之以鼓詞強調，人主必須愛好論議，對於國家之得失，乃能預爲謀救，國乃「有祺」，君亦「有祺」；論語所謂「豫則立，不豫則廢」。孫子之謂「多算勝，少算不勝」。

第(5)(6)兩則皆論吉凶禍福非關容貌形相之美醜，而繫於見聞、論議之高低。前者謂桀、紂之爲天下之傑，之爲百人之敵，他的亡國喪身，而成爲後世「言惡」的例證，是因爲聞見不衆，而論議之卑。如果好論議，則必留心於見聞，必善爲謀救於國事，必不至暴虐如此，以招滅亡。

後者則謂當代的亂君與民間的儇慧少年，都是美麗妖冶如女子，奇裝異服，男服女裝如女子，婦人處女皆欲以爲夫，甚至願意爲之情奔。其結果則不免「戮於大市」而後悔不及。他的下場，也是因爲卑於論議，而不事見聞之所致。

第(7)則是證明論議在政治上的最重要的用途是議政。古代的政治，雖然君主獨任；但大政未有不議。自黃帝之後便有明堂議政之所，而每日朝會之廷議，更是家常便飯。三公的摠四方之議，就是朝政的三人小組，所議當然是天下大事，朝廷之大政。經這三公所議之政事自無不當，就不用天子煩心，只要垂拱監督而已，歷史總是喜歡讚美無爲之治，就因爲論議之下的政治，必然是客觀而睿智的，更不至因爲君主獨裁而發生涂毒生民的暴政。所以政治的是否開明，就看「三公」之「議」是否能夠致君於堯、舜。

第(8)則乃於批判宋子「見侮不辱」之中，強調論議與「是非」的密切關係。宋子之謬，就因爲「言議」不立隆正，以致「是非不明」，而「辨訟不決」。

綜上而言，舉凡君子之治學、之言行、之爲政皆不可片刻無論議。由於荀子之重君子而復重論議，自不可不以論議教君子。

四、教為師

君子的楨幹功能，不外政教兩途。在政爲尹，在教爲師。尙書之謂「赫赫師尹，民俱爾瞻」。爲師爲尹，乃是政府運作的兩鉗，是化民成俗的兩大利器，而「教」的影響，尤其深入而長遠。所以君子可以不必爲「尹」，但不可不爲「師」。也因此，不能不教以爲師之道。以下是有關的言論：

(1)師之四德—「師術有四，而博學不與焉；尊嚴而憚(敬)，可以爲師；耆艾而信，可以爲師；誦說而不陵(節)不犯(訓)，可以爲師；知微而論(倫)，可以爲師……水深而回，樹落則糞本，弟子通利而思師。詩曰：『無言不讎，無德不報』。此之謂也。」(致士)

以上所錄首揭爲師必備之四德，而「博學」之傳習不在話下。莊重尊嚴足以威弟子，而敬懼其業足以教弟子，然後師嚴(尊)而道尊；其德一也。年高足以昭其學養於弟子，而誠信有孚於弟子，乃以可敬之「老」，可尊之「賢」以爲弟子師；其德二也。講學不逾越，不違忤於師承—可以引申闡發，昌明其道，而無或違背其旨，然後可以爲薪傳經學之師；其德三也。知道之精微，而通於「統類」之理，然後可以爲傳道授業解惑之師；其德四也。引詩之言的兩句話，是指爲師所以答薪傳之德。因爲學而爲師，猶如水深而洄流，葉落之沃本。

(2)師之三誡—「問楛者勿告也。告楛者勿問也。說楛者勿聽也……故必由其道至，然後接之；非其道則避之。故禮恭而後可與言道之方；辭順而後可與言道之理；色從而後可與言道之致。故未可與言而言謂之傲(妄)；可與言而不言謂之隱；不觀氣色而言謂之瞽。故君子不傲、不隱、不瞽、謹順其身。」(勸學)

以上是說施教的基本態度—在施教之間或接受一般的問難，必須視其「由其道而至」與否。由其道至者，自然是君子。當然是可教、可與言的對象。非由其道者就是小人，當然是必須迴避的弟子或惡客。同時，在可教之中，還要分別觀察其誠不誠，然後分別與論道之深淺。故凡不可與言而苟言者，謂之「傲」；可與言而不言以私其學者，謂之「隱」；色未從而與言道之微者，謂之「盲」。因爲，不可與言而言者失其言；可與言而不言者失其人；其色未從者，心未從而與言道者，更是無謂的浪費。是故三者皆爲師表所宜誡，必須謹慎其身，然後可以爲師。因爲這是關係「師」與「道」的雙重尊嚴，更關係「教」的效果與利害。

(3)正儀之教─「禮者所以正身也，師者所以正禮也……禮然而然，則是情安禮也。……夫師以身爲正儀，而貴自安也。詩曰：『不識不知，順帝之則』。此之謂也。」(修身)

這是「身教」的典型─儀不正，則影斜。師爲弟子之儀，師不正則表裡不一，則弟子之不正，必有甚於其師，其所教則不能無疑，疑則不可入，一切都是枉然。故於四德三誠之後強調「正儀」的重要。更重要的是，「自安」二字。這種「正儀」的儀態言行，是「禮然而然」的以身作則，必須自然而然「安之若素」，有；不是做作的，更不是一曝十寒的，才能使不識不知的弟子乃至衆人，皆循其儀則以得其正。

(4)化陋之教─「……陋也者，天下之公患也，人之大殃大害也。故曰：仁者好告示人。告之示之，靡之儇之，鈆(循)之重(動)之，則夫塞者俄且通也，陋者俄且僩(寬大)也，愚者俄且知也。是若不行，則湯、武在上曷益？桀、紂在上何損？湯、武存，則天下從而治，桀、紂存，則天下從而亂；豈非人之情固可與如此可與如彼也哉！」(榮辱)

「故枸木必將待櫽括蒸矯然後直，……今人之性惡，必將待師法然後正，得禮義然後治……。」(性惡)

以上皆言教育始於人性之醜陋。彎曲不直的木材，必須經櫽括之器，蒸矯之工才會直。同理，人之性惡，也必須經過師法之教，以得禮義之習，然後才會由亂而治。在諸惡之中的「陋」，尤其可怕。由於它的狹隘自私，只知有自己而不知有他人，自然會衍生嫉妒、讒賊、侵占、爭奪，乃至殘殺戰爭的公患，而成爲人類的大災難。這種根性，更需要仁者的「告示」——耐心的教導，循循善誘而不厭其煩；或諭教、或啓示、或緩圖、或嚴課、或勉勵、或感發；或分別因才施教、或諸法兼施，務使「塞」者爲之速「通」，「陋」者爲之速僩(廣)，「愚」者爲之速知。必須經過這樣的禮義之教，才會建立良民的基礎，接受禮樂刑政的統治。教若不行，則雖有湯、武之賢，也無補於「撥亂」；雖有桀、紂之暴，也無以復加於災難之飽和。天下之從湯、武之治而治，或從桀、紂之亂而亂，皆教所使然，——教則從治，不教則從亂。所以不能無教。

(5)以「導」爲教——「不富無以養民情，不教無以理民性，……立大學，設庠序，……所以道(導)之也。」(大略)

儒家的政治思想，是以富庶爲起點，庶然後富之，富然後教之。不庶則天下戶口不足，一切都談不上。人口增加之後，就必須以經濟措施使其富，使其衣食足而知廉恥，然後可以施教以理其性。但荀子之於「教」，顯然以「導」爲重心；所以無論是大學，是庠序之學，一律以「導」爲教，所以說：「所以道之也」。在學習心理上，因爲「導」的效果大於「教」，他的教育思想，顯然是禮・學記的先河。

(6)以「壹」爲教——「君子壹教，弟子壹學，亟成。」(大略)

荀子以爲，凡事非「壹」不爲功。如勸學篇之謂「螾無爪牙之利，筋骨之強，上食埃土，下飲黃泉，用心一也。……是故……，無惛惛之事者無赫赫之功。」如解蔽篇之謂「虛壹而靜，謂之大清明，……好書者衆矣，而倉頡獨傳者，壹也……」。富國篇之謂「上一則下一，上二則下二」皆其著者；而後二者尤足爲以上所錄之註腳。師專業壹志於教，必鑽研於學以爲教，必精心設計教導之方以爲教，自必廣收教學相長之效。而如倉頡之「壹」於書而傳。而師之教精「壹」如此，弟子自必「壹學」如師之「壹教」，所謂「上一則下一」也。所以師資必須是專業而壹志於傳道者；最好是終身不移其志而不想做官的，他的傳道之業，也必然會在上一而下一的「相悅而解」(禮學記)之下而「亟成」。反之，如果是政教兩棲或以「教」爲跳板的師，甚或滿腦子「商業化」—身在教室，而心在股市、電話之中。這樣師資的負面效應，雖然有上下的等差，但價值的否定是相等的。所以他強調「壹教」，而以教君子之爲師。

(7)不教之教—「君子也者而好之，其人也；其人(也)而不教，不祥。非君子而好之，非其人也；非其人而教之，齎盜糧，借賊兵也。」(大略)

是說君子爲師，宜擇人而教，有所當教，亦有所不教。此說大同於前述之「三誡」，所異者在觀其所好；所謂「欲觀其人視其友」。好君子者，其人必近於君子；其人而不教，則悖宏道作育之旨，是爲不祥。所好非君子者則近於小人，教之適足以濟其惡；則不啻齎糧以資盜，借兵(武器)以資賊。其重點似乎在於後者，因爲「不教其人」，此人還可以另訪名師；如果教「非其人」就悔之晚矣。故以「不教非其人」爲教。

(8)師之所患—「孔子曰：『如垤而進，吾與之；如丘而止，吾已矣。』今學曾未如贅尤，則具然

欲爲人師！」（宥坐）

孔子嘉許初學者之如蟻之聚土爲垤，但對於「如丘而止」的人，則深爲失望。而今人，學問還沒有「贅尤」那麼大，居然就想爲人師表，豈不誤人子弟，爲人之患！蓋師之所患，患不學無術，故荀子引重孔子之言，以誡當代的「人患」；以免「南郭先生」充斥學府。更勉勵君子之爲師，宜知所患，而無已於學。

以上是君子之教的第四部份，以下將論爲政之教。

五、教為政

荀書以君子爲「外王」之利器，故於方略三論之外，復於本章以下列四課啓之：

(一)為政之心法—治國以人才爲重，而以禮賢去惡爲當務之急，故大略篇曰：

「口能言之，身能行之，國寶也。口不能言，身能行之，國器也。口能言，身不能行，國用也。口言善，身行惡，國妖也。治國者敬其寶，愛其器，任其用，除其妖。」

爲政必假士大夫之言行。朝士之中，有坐而能言，起而能行者，其言必有合於徵驗，而後能表裡一致，身體力行，其於郡國之利病，自必有功。更由於他的難能可貴，故當視爲國之珍寶而「敬」之。或有口不能言，而身能行之者，他的能力毅力乃至於道德勇氣，同樣都是可貴的，故當視爲國家之器而「愛」之。不論他的貢獻是已然或未然，都該予以相當的鼓舞。或有身不能行，而口能言之者，其人必工於謀略畫策，甚至可能是「房謀」杜斷之才，故當視爲「國用」而善「任」之。若有口言善而身行惡的佞臣，則必爲禍國殃民的妖孽，是故必須立「除」之。這是治國者所不能不明察的四種人，也是不可疏忽的四件事，更是必須把握的四大重點。而且要認眞處遇於禮刑之間；所謂「以善至者待之以禮，以不善至者待之以刑」；使「賢不肖不雜，是非不亂」，然後「英傑至，國家治，天下願；令行禁止，以畢王者之事」。否則賢能必望望然而去，奸佞必盤踞要津，國事不可爲矣！故以首教於爲政。

質言之，能除「國妖」，則朝無佞臣，則君子道長，治過半矣。能任「國用」，則朝有謀臣；能愛「國器」，則謀而能斷；能敬「國寶」，則能總謀斷以決大計，行大政，昭大信以盛其治。此四者，誠可謂治國之心法也。

㈡**禮義之重中**——荀子之爲治，固以禮義統之。是故

⑴王制曰：「分未定也則有昭繆(穆)，(分既定則從義分)。雖王公士大夫之子孫也，不能屬於禮義，則歸之庶人。雖庶人之子孫也，積文學，正身行，能屬於禮義，則歸之卿相士大夫。」

⑵王霸曰：「大國之主也，不隆本行，不敬舊法，而好詐故，若是則夫朝廷群臣亦從而成俗於不隆禮義，而好傾覆也，……則夫衆庶百姓亦從而成俗於不隆禮義而好貪利矣。……則地雖廣，權必輕，人雖衆，兵必弱；刑罰雖繁，令不下通，夫是之謂危國……。儒者爲之不然，朝廷必將隆禮義而審貴賤，若是則士大夫莫不敬節死制矣，百官則將齊其制度，重其官秩，若是則百

吏莫不畏法而遵繩矣。……士大夫務節死制，然後兵勁；百吏畏法循繩，然後國常不亂。商賈敦愨無詐，則商旅安，貨財通，而國求給矣。……則上不失天時，下不失地利，中得人和，而百事不廢。是之謂政令行，風俗美。以守則固，以征則強，居則有名，動則有功，此儒之所謂曲辨也。」

(3)君道曰：「……故上好禮義，尚賢使能，無貪利之心，則下亦將綦辭讓，致忠信，而謹於爲臣子矣。若是則雖在小民，不待合符節別契券而信，……故賞不用而民勸，罰不用而民服，有司不勞而事治，政令不煩而俗美，……故……城郭不待飾而固，兵刃不待陵而勁。敵國不待服而詘，四海之民不待令而一，夫是之謂至平。」

以上三則皆爲禮義之強調，而突顯「禮義」之功能—第(1)(2)則皆盛言上有所好，下必甚之。上不隆本於禮義，則百官百姓皆成俗於不隆禮義，於是爲官必好「傾覆」權謀；爲民則必「貪利」，則其地雖廣，其權必輕；人雖衆，其兵必弱；刑罰雖多，都行不通。所以儒者爲政必「隆禮義」，而以禮義審其貴賤。於是士大夫務節而死制，百吏畏法，然後兵勁，而國事不亂，國求常給，以得三才而百事不廢，以趨於「政令行，風俗美」的境界。第(3)則是從正面論「上好禮義」所得的更多好處，乃至於敵國不待征服而自屈，四海之民不待下令而自然統一，而成爲「王天下」的「至平」之治。

其中第(1)則的「禮義」功能，更具革命性的意義。那就是本書第四章制度論中所闡述的「封建」制度、貴族制度的改革、政治平等的突破。使平民子孫得依「禮義」的實踐，加上「積文學，正身行」，而躋身於卿相士大夫的行列。更硬性的規範是，卿相士大夫之子孫，只要「不屬於禮義」，便「歸之庶人」。這是社會基礎的改建工程，更徹底，更有效地把民俗導向於禮義，使一切的施政都會事半而功倍。

㈢仁政之重中—他的仁政論，是以「王天下」或以「霸」代「王」爲指標，故曰：

⑴「無德不貴，無能不官，無功不賞，無罪不罰。朝無幸位，民無幸生，尚賢使能而等位不遺（踰）；折愿（黠）禁悍，而刑罰不過，……是王者之論也。」

⑵「等賦政（正）事，財萬物，所以養萬民也。田野什一，關市稽而不征，山林澤梁，以時禁發而不稅。相地而衰征，理道之遠近而致貢，通流財物粟米，無有滯留，使相歸移也；四海之內若一家。故遠者疾其勞……莫不趨使而安樂之。」

⑶「彼霸者不然，辟田野，實倉廩，便備用，案（按）謹募選閱材伎之士，然後漸慶賞以先之，嚴刑罰以糾之；存亡繼絕，衛弱禁暴而無兼并之心，則諸侯親之矣……。彼王者則不然，……仁眇天下，故天下莫不親也，義眇天下，故天下莫不貴，威眇天下，故天下莫敢敵也，……故不戰而勝，不攻而得，甲兵不勞而天下服，是知王道者也……。」（以上詳王制）

以上第⑴則是仁政的起點—官吏的廉能，朝廷沒有倖進之官，知識分子才有公平競爭的機會；等位不踰，才會鼓勵廉能。這樣的陣容，當然不會有游手好閒的百姓。而狡滑強悍之民，也不敢爲患於社會。「刑罰不過」更可以避免酷吏之暴虐其民，都是足以安定社會的仁政。

第(2)則為仁政的具體於財經行政，(已詳本書第四章制度論)。他的重點是由租稅的合理與商業交流的促進，使有無相通，交通便利，四海為一家。是故遠方來歸之民，不怨其勞；窮荒之國，莫不超速來歸供其驅使，而安樂之。

第(3)則是讚美正常的霸權國家與王天下的「王者」，對於跨國所施的仁政。霸者之圖強，要積極充實農業生產與三軍裝備。還要切實謹募饒勇善戰之士，一面以慶賞制度加以鼓勵，一面則以嚴刑糾正其頑劣或過失。然後他的三軍才能擔任國際警察的使命，使弱國不為強權所滅亡，而「絕」國也仰賴他的使命而不絕。能夠這樣以「衛弱禁暴而無兼并之心」為號召，自然能使諸侯親而從之。

更進一步的王者之政，更不然於「暴國」，除了霸者的伸張正義之外，更以「仁義」二字，概括他的仁政，而且他的仁與義，都是為天下所僅見。這樣的仁政，自然充分造福於天下，而成為「王天下」的決定因素。

(四)最後的一課—君天下的具體

(1)尊君—「天子無妻，告人無匹也。四海之內無客禮，告無適也。足能行，待相者然後進；口能言，待官人然後治(告)。不視而見，不聽而聰，不言而信，不慮而知，不動而功，告至備也。天子也者，埶(勢)至重，形至佚，心至愈(愉)，志無所詘，形無所勞，尊無上矣。………。」

(2)刑罰—「聖王在上，分義行乎下，則士大夫無流淫之行，百吏官人無怠慢之事，眾庶百姓無姦怪之俗，無盜賊之罪，莫敢犯上之禁。天下曉然皆知，……由其道則人得其所好焉，不由其道則必遇其所惡焉。是故刑罰綦省而威行如流……。」

(3)當刑爵——「故刑當罪則威，不當罪則侮；爵當賢則貴，不當賢則賤。古者刑不過罪，爵不過法，故殺其父而臣其子，殺其兄而臣其弟，刑罰不怒罪，爵賞不踰德，……是以爲善者勸，爲不善者沮；刑罰綦省而威行如流，政令致明而化易如神。……」

(4)知貴知利——「論法聖王，知所貴矣；以義制事，知所利矣。論知所貴，則知所養(取法)矣，事知所利，則動知所出(從)矣；二者是非之本，得失之原也。……」(以上皆詳君子篇)

(5)信賢於盟誓——「誥誓不及五帝，盟詛不及三王，交質子不及五伯。」(大略)

(6)謙挹而損之——「孔子觀於魯、桓公之廟，有欹器焉，……守廟者曰：此蓋爲宥坐之器……孔子顧謂弟子曰：『注水焉！』，弟子挹水而注之。中而正，滿而覆，虛而欹。孔子喟然而歎曰：『吁！惡有滿而不覆者哉！』。子路曰：『敢問持滿有道乎？』孔子曰：『聰明聖知，守之以愚；功被天下，守之以讓；勇力撫世，守之以怯；富有四海，守之以謙；此所謂挹而損之之道也』。」(宥坐)

以上第(1)—(4)則皆原書君子篇之教帝王南面之術，而爲君子不可不修者。其一、「尊君」之說，頗爲後世所詬病。然在專制或封建體制之下，君不尊則政無重心，令必不行，禁必不止。故以尊君之禮飾之(另詳於本書禮樂論)。此處所錄諸端，則爲詮釋尊君之義。天子之妻，稱后不稱妻，示天子爲天下唯一的「王者」，故不可有「匹」。天子有臣而無賓，詩所謂『率土之濱，莫非王臣』。加上以下的種種禮儀，所以告「天子」之能，無所不備於群臣，即所謂「至備」。然後其「勢」乃爲天下之「至重」，其「形」乃爲天下之「至佚」；其「心」乃爲天下之「至愉」；而無人能詘其志，更無事能勞其形；除非是末代皇帝如東周之君之自取其辱。所以說「尊無上」矣。

其二、「聖王」是指，既是「盡倫」之「聖」，又是「盡制」之「王」。他所堅持的「分義」之政，當然是言出法隨，其信其刑都是可必的。無人敢反乎分義而以身試法。所以天下皆知「由」於分義之道，則能得其所好；反之則必得其所惡；所以他的刑罰非常簡單，而威令之行卻速於流水。

其三、「刑」與「爵」，是王者六柄之中主要的籌碼。「刑」足以儆惡，「爵」足以勸善。但它的前提在於「當」，當則信於天下，不當則不信於天下。信於天下乃能發生勸善儆惡的功能。不信則「侮」，侮刑不足畏，侮爵不足貴，所以必求其「當」。更值得警惕的是，「刑罰不怒罪」，「爵賞不踰德」—不以喜怒之情爲賞罰，必須是絕對理性的選擇，才會「威行如流，化易如神」。

其四、王者之政，還要知道如何把握「是非之本，得失之原」。必須深切體認：凡所論議必「法聖王」，乃知所「養」者何；必知「以義制事」，乃知所「出」(從)者何？才不會亂天下之是非，反仁政之得失。他所列舉的「尙賢使能」以下的四目，就是「所貴」的「先王之道」；而制事之義，也在其中。知之行之，便有「主尊下安」以下的種種效應，所以「仁義節忠」，無非先王之道；兼而備之，便是聖人。便是王天下的天子。

這是一套完整的帝王南面之術，得之便可爲周公之相成王，爲成王之王天下。

(5)(6)兩則爲分別致意於「無信不立」與持盈保泰之道的教訓──「誥誓」之道，只是「五帝」以下才用得著；「盟詛」之道，只是「三王」以下之術，而以子相質的「質子」之道，尤爲五伯以上所不聞。國際間的誠信，是如此的每下愈況，更是「王天下」者所不可不知的趨勢。後者則教以「持滿之道」──「愚」以守知，「讓」以守功，「怯」以守勇，「謙」以守富。於是，他所教的王者之術，可謂天衣無縫了。

總之，儒家的傳統指標爲「內聖外王」，而以君子爲楨幹。荀子更以爲，儒者之行道，凡所以生禮義，理天地、主庶民、貫仁政無爲於天下，固不可一日無君子。故爲之立論以申其義。其中君子之教，尤所以養其德其才以濟其業。而以帝王南面之術爲君子使命之重言；希望代有君子之君，並使良相不絕於後世，以開萬世之太平，春秋所謂「以君子之道輔其君」也。(「君子論」終)

第八章　辯說論

本章爲方法三論之第二論。其內容以原書之非相、非十二子二篇概其說，而以王制、正論、解蔽、正名四篇爲中心，輯論辯說言議之功能暨辯說之原則與規則，以期言議得其正，而歸之於聖人士君子之辯說，以明天下之是非善惡，以助人君之明分使群；使朝野之志無不喻，之事無困廢；而以禮法之大分，成化民美俗之大治。以下將分㈠先秦的辯說思想，㈡荀子的辯說概念，㈢辯說之原則，㈣辯說之規則，㈤辯說的方法與應用等五節分闡之。

第一節　先秦的辯說（名理）思想

荀子所倡的「辯說言議」，近似於西方的邏輯，更根源於孔子之正名論與中國早期的名理之學。邏輯爲思想規律之研究，學術驗證之工具；而荀子之辯說乃至所有名家的思想，則偏向於爲政道術之應用。以下的記載，可明其流衍之大略：

(1)竹書紀年：「炎帝神農氏……建明堂……作下謀之樂。」

(2)書皐陶謨：「……禹曰：知人則哲，能官人；安民則惠，黎民懷之，何憂乎驩兜，何遷乎有苗，何畏乎巧言令色孔壬？皐陶曰：都六行召九德……禹曰何？皐陶曰：寬而栗(莊)，柔而立(事)，愿(敦)而恭(恪)，亂(治也)而敬，擾(順)而毅，直而溫，簡而廉，剛而塞(斷而實塞)，彊而毅。彰厥有常吉哉！」

(3)書洪範：「……天乃錫禹洪範九疇，彝倫攸敘，初一曰五行，次二曰敬用五事，次三曰農用八政，次四曰協同五紀，次五曰建用皇極，次六曰乂(治也)用三德，次七曰明用稽疑，次八曰食用庶徵，次九曰嚮用五福，威用六極……。」

(4)論語子路：「子路曰：衛君得子爲政，子將奚先？子曰：必也正名乎！子路曰：有是哉子之迂也！奚云其言？子曰：……名不正，則言不順；言不順，則事不成；事不成，則禮樂不興，……則刑罰不中；……則民無所措手足。故君子名之必可言，言之必可行也。君子於其言，無所苟矣。」

(5)墨子尚賢：「今者……爲政於國家者，不得衆而得寡，不得治而得亂……，是在於不能以尚賢事能爲政也。……衆賢之術，譬若欲衆其國之善射御之士者，必將富之貴之，敬之譽之，然後……可得而衆也。況又有賢良之士，厚乎德行，辯乎言談，博乎道術者乎？……是故古者聖王之爲政也，不義不富，不義不貴，不義不親，不義不進。是以國之富貴人聞之皆退而謀曰：

『始我所恃者富貴也，今上舉義不辟貧賤，然則我不可不爲義』。……逮至遠鄙郊外之臣……四鄙之萌人，聞之皆競爲義。是其故何也？曰上之所以使下者一物也，下之所以事上者一術也。……」。

又小取曰：「夫辯者，將以明是非之分，審治亂之紀，明同異之處，察名實之理，處利害，決嫌疑。焉(乃)摹略萬物之然，論求群言之比，以名舉實，以辭抒意，以說出故。以類取，以類予，有諸己不非諸人，無諸己，不求諸人。……夫物或乃是而然，或是而不然……白馬，馬也；乘白馬，乘馬也；驪馬，馬也，乘驪馬，乘馬也。獲，人也；愛獲，愛人也。臧，人也；愛臧，愛人也。此乃是而然者也。獲之(視)親，人也；獲事其親，非事人也。……盜人，人也；多盜，非多人也；無盜，非無人也。奚以明之？惡多盜，非惡多人也；欲無盜，非欲無人也。世相與共是之。若若是，『雖盜(人)人也，愛盜非愛人也；不愛盜非不愛人也，殺盜(人)非殺人也』，無難(說無難)矣。此與彼同類，以有彼而不自非也，墨者有此而非之，無他故焉……此乃是而不然者也。……且(夫)讀書，(非讀書也；好讀書，)好書也。且鬥雞，非(「鬥」)雞也；好鬥雞，好雞也。且入井，非入井也；止且入井，止入井也。……若若是，「無難矣，此與彼同(類)；世有彼而不自非也，墨者有此而(罪)非之，無他故焉，所謂內膠外閉(固之蔽也)」與「心毋空乎內，膠而不解也。(荀所謂「害所將受也」)，此乃是而不然者也……。」

(6)管子立政篇(論治亂之源曰)：「君之所審者三：一曰德不當其位，二曰功不當其祿，三曰能不當其官，此三本者，治亂之源也。故國有德義未名於朝者，則不可加於尊位；功力未見於國者，則不可授以重祿；臨事不信於民者，則不可使任大官……。」

又樞言篇曰：「道之在天者日也，其在人者心也。故曰有氣則生，無氣則死；生者以其氣。有名則治，無名則亂，治者以其名……。是故人主不可以不愼貴，不可以不愼民，不可以不愼富。愼貴在舉賢，愼民在置官，愼富在務地……。」

(7)鄧析子無厚：「治世位不可越，職不可亂，百官有司，各務其刑。上循名以督實，下奉教不可違；所美觀其所終，所惡計其所窮。喜不以賞，怒不以罰，可謂治世。」

又曰：「故談者，別殊類，使不相害，序異端，使不相亂；論志通意，非務相乖也。若飾詞相亂，匿詞相移，非古之辯也。」

「所謂大辯者，別天下之行，具天下之物，選善退惡，時措其宜，而功立德至矣。小辯則不然，別言異道，以言相射，以行相伐，使民不知其要，無他故焉，故(固)淺知也……。」

(8)惠施厤(歷)物：「至大無外，謂之大一；至小無內，謂之小一。無厚不可積也，其大千里。天與地卑，山與澤平。日方中方睨；物方生方死。大同而與小同異，此之謂小同異；萬物畢同畢異，此之謂大同異；南方無窮而有窮。今日適越而昔來。連環可解也。我知天下之中央，燕之北，越之南也。氾愛萬物，天地一體也。」

(9)莊子齊物：「以指喻指之非指，不若以非指喻指之非指也……天地一指也，萬物一馬也。可乎可，不可乎不可，道行之而成，物謂之而然。」

⑽公孫龍子首篇跡府：「龍疾名實之散亂，因資財(材)之所長，爲守白之論。假物取譬，以守白辯」。註曰：「物各有材，聖人所資用者也。夫眾材殊辯，各恃所長更相是非，以邪削正，故賞罰不由天子，威福在於權臣。龍傷明王之不興，名器之乖實，乃假指物以混是非，寄白馬而齊物我，冀時君之有悟而正名實焉。」

⑾尹文子大道(上)：「大道無形，稱器有名。名也者，正形者也。形正由名，則名不可差。故仲尼云必也正名乎，名不正則言不順也。……(以)大道治者，則名法儒墨自廢；以名法儒墨治者，則不得離道。……道不足以治則用法，法不足以治則用術，術不足以治則用權，權不足以治則用勢。勢用則反(返)權，權用則反術，術用則反法，法用則反道，道用則無爲而治。故窮則徼信，終則反始，始終相襲，無窮極也。有形者必有名，有名者未必有形。形而不名，未必失其方圓白黑之實。名而不可不循名以檢其差；故亦有名以檢形，形以定名，名以定事，事以檢名，察其所以然，則形名之與事物無所隱其理矣……。」

以上所舉，可見早自神農氏即有明堂禮樂之設。若據管子之說，則黃帝更具體明堂之義「所以上觀於賢，以下聽於人」。後世之舜有告善之旌，禹立諫鼓於朝，湯有說街之聽，武王有靈臺之設。至春秋之齊則有嘖室之議，議官之設，都是循名責實的開始，都是辯說言議資治的開始。臯陶之九德，重點在於驩兜之佞人敗政之憂，故以九德之常，驗人之言行并擇人而官之，使政合乎義。箕子的洪範九疇（大法九章），則遠較皋陶九德爲詳盡，也有更進一步之推理。

孔子的「正名」，是他慣用邏輯—「一言以蔽之」的說法。但他的推理，已經是顚撲不破。所謂「名不正則言不順，言不順則事不成，事不成則禮樂不興……則刑罰不中……則民無所措手足。故君子名之必可言，言之必可行也。故君子之於言，無所苟而已矣」。只要不苟於言，則名必可言，言必可行；則名正、言順、事成、禮樂興、刑罰中，天下無不治矣。寥寥數語，可以盡爲政之道，更是治衛當務之急的推理，蓋春秋之世的鄭、衛二國，均以淫聲致其亂，其「正名」之論，實所以立政信，興禮樂，救人倫以反於正。

墨子之論，無一言不辯，就因爲他謹於推理，而爲名家之先河。以上所舉的「尚賢」之說，不過示其開端，然已足見其重視「辯乎言談」之示例。他把「辯」列在「德行」之後，而先於「道術之博」；當然是因爲它的確是治亂的關鍵。後來的墨家之見於墨經的「墨辯」，更是認識論和思想邏輯的濫觴。例如小取所節之言「馬」與言「人」；爲前提是肯定的，結論也是肯定的例子—所謂「是而然」。言「親」與言「盜」；爲前提是肯定的，而結論卻是否定的例子—所謂「是而不然」。至於「讀書」、「鬥雞」、「入井」……一段，則爲前提是否定的，而結論都是肯定的例子—所謂「（不）是而然者也」。他的示例，便是命題的說明；也是「辯者將以明是非之分……」的論證。但他的學說，顯然也沒有離開爲政與治亂。

管子的「三本」，確爲治亂之源的指出。所謂「不當」，名不副實也；名不正則言不順，其結果自然如孔子之謂「民無所措其手足矣」。所以他特別強調「不信於民者，則不可使任大官」。樞言篇更直接論及「名」之重要，所謂「有名則治，無名則亂，治者以其名」。

名家的鄧析，不論是不是鄭子產所殺的鄧析，就他的立論而言，雖然「學不純師，物無定質」，而舉凡老、莊、商、韓，鬼谷，乃至管子諸家之深於治者無不備。所以楊愼在序文中不能不承認他「長于治國」，而且讚美他「雖其書合簒組而成文，然皆幾幾乎道，可謂列素點絢，流潤發彩，言之成服者矣」。可見他的學說，有名家之長，更能包容衆家之要。無厚篇所論之「位不可越，職不可亂，循名責實，奉教不違；以及「古之辯者」與「談者」之原則功能，與「大辯之辯」的強調，皆非不正之術。對於「今之辯」之非議及「小辯」之詬病，與夫「喜不過賞，怒不過罰」；「以天下之目視，……之耳聽，……之智慮」等主張，更與荀子之書如出一轍。

惠施為名家之重要人物。莊子天下篇所舉「厤物之意」，為惠施「去尊」之學說，而舉其治物之大旨；顧實天下篇講疏謂，「惠施十事與桓團、公孫龍等二十一事，無不與恒言相反而別求勝義也」。牟宗三先生據近代相對論之視宇宙為「無邊而有限」之說，解前句為：「從無邊界言，是無窮；從有限言，是有窮」。故以為惠施的「連環可解也」暗示「雖似矛盾而實可解」。關於後句，牟氏以為「時間之不可逆轉，非如空間之可以移易，但應為惠施之錯覺，故仍非詭辯，而是移時作空，混我之實際行動之時空過程而為客觀存在之時空過程。即混行動為默想」。所以他認為「連環可解」，是一種圓圈之洞見，而不是獨立之一事。故在名學與荀子一書中認為，以致「向無善解」。其實「今日適越而昔來」，仍然是邏輯的。因為就宇宙整體而言，「今日」未嘗非來日之昔日，而今日之適燕自亦將為他日的來燕。其說蓋所以明，言之可不可無絕對；而事之能不能亦非絕對。自時空之「大一」而言，時之推移，可能使今為昔，則事之遷徙，亦可能使「適」為「來」。但若今日之「適」發生問題而中止，則他日之今日，自亦無「來」之可言，問題在「適」之實，而非在今昔之名。故今與昔，皆為「適」而設；無「適」便無「來」，也不會發生「今」與「昔」的結合。其意蓋欲以無絕對義，證其「去尊」之平等論、齊物論—示「尊」之無絕對也。所謂「我知天下之中央，燕之北越之南也。汎容萬物，天地一體也」。故莊子天下篇以為，「惠施以此為大觀於天下而曉辯者」。後此公孫龍子乃有「白馬非馬」之說。即此一端，已可概見其重要。

莊子齊物篇的邏輯結論是「道行之而成，物謂之而然」。道行之而成理，物名之而有實。道不行則其理不成，物不名則無以知其實。所以天地為一「指」，萬物為一「馬」，名之「可」則可，名之「不可」則不可。原始之名，固在約定俗成而已。約既定俗既成，則不可不正其名。不正則亂也。

公孫龍子的首篇跡府註謂：「欲推是辯，以正名實，而化天下焉……故著書而益之以白馬論、指物論、通變論、堅白論、名實論」。可見其說仍以「天下之化」為意。至於宋．謝希深序中所引鄒衍之言，雖指其「煩文以相假，飾辭以相迷，巧譬以相移，引人聲使不得及其意，如此害大道也」。但他仍然肯定「天下之辯」的正面意義之「別殊類，序異端，抒意，通指(旨)，明其所謂」，能使「勝者不失其所守，不勝者得其所求」。而且開始把「天下之化」的意義，推向知識論的境域；也使辯說之重要，更上一層樓。因爲他的概念推理，畢竟是近於科學的。

尹文子雖爲道家，但與名家頗有關係。他的大道(上)之論，固與名家學說息息相關，而言「治」之謂「名以檢形，形以定名，名以言事，事以檢名，察其所以然，則形名與事物無所隱其理。」更是「推理」的應用。所以他的學說，可以說是名理政治論。他把治國的道、法、權、術、勢的循環與名理結合在一起，在爲政功能上，似乎說得更清楚。

總之，中國的名理思想，確與爲政有密切關係。他的談辯功能，尤爲百家所共同關切；即使本文所未及列舉之縱橫、陰陽二家，也不能例外。因爲鄧析書中已取鬼谷之長，而鄒衍過趙所論公孫龍子之「害大道」的一席話，更可見他對名學的關切。但是，名家甚至包括其他五家的末流，似乎都不免傾向於詭辯，所謂「煩文以相假，飾辭以相迷，巧譬以相移」，都漸漸脫離爲政的軌道，是故荀子以爲「姦言」而非之。

荀子的正名篇，更從「後王」之成名，具體溯源於「刑名從商」，「爵名從周」，「文名從禮」。左昭六年之「叔向曰：商有亂政而作湯刑」；竹書紀年之「祖甲二十四年，重作湯刑」；呂覽孝行覽之「商書曰：刑三百莫重於不孝。」等記載皆足以證實。至於爵名之從周，文名之從禮，則有今傳之周禮、儀禮俱在。關於「散名」，荀子與名家都承認是來自早期諸夏社會的「約定俗成」與蠻夷之邦的「因之而通語言」，因爲這是歷史的事實。它的來源，自然也是由政治的需要而走向社會的共行。

第二節　荀子的辯說概念

荀子的「辯說」，是指一切爲是非、邪正、善惡而辨正的思想活動而言。故凡辨、辯、說、言、論、議、論議、言議、辨說以及默與吶，都是它的內涵。茲析言如次：

一、關於「辨」——謂分義之辨也。始見於原書之非相篇：

(1)「人之所以爲人也……以其有辨也……禽獸有父子而無父子之親，有牝牡而無男女之別。故人道莫不有辨。」

(2)「辨莫大於分，分莫大於禮，禮莫大於聖王。……故曰：欲觀千歲，則數今日；欲知億萬，則審一二；欲知上世，則審周道；欲知周道，則審其人所貴君子。故曰以近知遠，以一知萬，以微知明。」

(3)「聖人何以不可欺？曰；聖人者以己度者也。故以人度人，以情度情，以類度類，以說度功，以道觀盡，古今一也。類不悖，雖久同理；故鄉乎邪曲而不迷，觀乎雜物而不惑……」

（以上均詳非相）

以上三則，首言人以「有辨」之本能，故異於禽獸。次言由基本之能辨而進於明「分」，守「禮」，而以聖王之制度典章爲基準，以正其辨。然後可據以推「度」一切，而能以近知遠……以微知明。第三則之論聖人之明不可欺，在能觀之以道，度之以理，故能不迷不惑於邪曲雜物。其重要在於知「理」。因爲分類不悖，其理必同，理同則可以推，可推則可以得其正；乃可以辨是非。

二、關於「辯」——謂分析是非之辭辯也。始見於原書之勸學、修身、不苟諸篇：

(1)「不隆禮，雖察辯散儒也。」(勸學)

(2)「夫驥一日而千里，駑馬十駕，則亦及之矣……將有所止之，則千里雖遠，亦或遲、或速、或先、或後，胡爲乎其不可相及也……夫『堅白』、『異同』、『有厚無厚』之察，非不察也，然而君子不辯、止之也。」(修身)

以上二則，首言君子之辭辯，必須明分守禮，而以禮爲隆高(前提)，不知隆禮之辯，雖甚察甚辯，也只是未入流的辯者。次以走馬爲喻，喻辯者之不可無「止」，馬行千里，必有所適，然後有先後遲速之可及。辯者亦然，若無共同標的，則其辯必如馬之「窮無窮，逐無極」之折骨絕筋，而終身不可及矣。例如公孫龍之「堅白論」，謂「堅、白、石」三者，可二不可三；謂以目視石但見其白，不知其堅，則謂之白石；以手觸石，則但知其堅，而不知其白，則謂之堅石。是堅與白終不可合爲一也。其論雖甚「察」，而非止於禮義，故無窮無極而不知所終。這種爲辯而辯之辯，是沒有共同終點的，是以君子止之於「不辯」，而不作無謂之辯。當然這只是荀子的看法，不必是客觀的價值。

三、關於「說」—謂理論學說或持說也。始見於勸學、不苟、榮辱諸篇：

(1)「……禮樂法而不說……方其人之習君子之說……說楛不聽。」(勸學)

(2)「君子說不貴苟察……山淵平，天地比……是說之難者也，然而君子不貴，非禮義之中也。」(不苟)

(3)「聖人者，以己度者也……以說度功。」(非相)

(4)「不法先王，不是禮義，而好治怪說，玩琦辭……辯而無用，事多而寡功，不可以爲治綱紀，然而持之有故，言之成理，足以欺惑愚眾，是惠施鄧析也。」(非十二子)

(5)「談說之術……寶之、珍之、貴之、神之，以是則說常無不受……」(非相)

以上五則，首指六經之中的禮、樂二經，都只有規則語錄而沒有理論學說，不足以入人，也不便於鑽研。所以談經之學，最佳的捷徑是，做經師所習於先君子的學說。以下則謂求師者必先聽其持說（概念），其說不倫於禮義者謂之「楛」，若是之說則不可聽。第二則謂君子之察辯立說，必中於禮義。例如莊子天下篇之述惠施厤物之意之指「天與地卑」，「山與澤平」，顧實講疏以爲，厤物之首言「至大無外，謂之大一；至小無內，謂之小一」。爲明大小一體之界說，物之至大者曰大一，至小者曰小一，則大小皆齊於一，而平等。故指無厚與千里，天地與山澤……爲大小齊一之證。其說爲「去尊說」原理之一，故荀子指其類似之說雖難，而爲惠施、鄧析所能持，但由於「不中於禮義」，故君子不貴。第三則謂聖人之所以爲聖人，以其獨能以己(客觀)之意識度古人之意，論語所謂「臆則屢中」。所以能「以人度人，以情度情，以類(物類)度類」，更能「以說度功，以道觀盡」—所謂「度」，皆謂「推理」以其人之持說學述可以推知其功業，以先王之道盡物類之理……，因爲「類不悖，雖久同理」，古今一理，萬物自然也有共通之理可以推而知之。所以能不迷不惑於邪曲雜物。聖人所「度」之「說」，是指一切的學說，持說，乃至政策背後的理論皆屬之。皆可據以推知其事功。第四則所謂「怪說」，是指惠施、鄧析所立之學說，反乎恒俗，而以文辭盡其譬喻，以道其故以申其理，使人心雖不服，而口不能勝，即莊子秋水篇公孫龍所謂「合異同，離堅白，而後能然不然，可不可，困百家之知，窮衆口之辯」。其說雖能以「然」爲不然，以「可」爲不可，所謂以「反人爲實」，自能勝人之口；然而荀子以爲「辯而無用，多事而寡功」，更「不可以爲治(亂之)綱紀」，而有「欺惑愚衆」之害。第五則的「說」是指「談說」的內容；必須具備四種要件，才會令人「常無不受」。

四、關於「言」—謂言論也。

始見於勸學、不苟、榮辱等篇：

(1)「故禮恭而後可與言道之方，辭順而後可與言道之理，色從而後可與言道之故。故未可與言而言，謂之傲；可與言而不言，謂之隱……。」(不苟)

(2)「君子絜其身而同焉者合矣，善其言而類焉者應矣……其埶(勢)然也。」(不苟)

(3)「飾邪說，文姦言……以偷生反側於亂世之間，是姦人之所以取危辱死刑也。其慮之不深，其

擇之不謹，其定取舍楛（粗）僈（慢），是其所以危也。」（榮辱）

(4)「假今之世，飾邪説文姦言，以梟亂天下……使天下不知是非治亂之存者有人矣。……然而其言之成理……。」（非十二子）

(5)「……知不幾者，不可與及聖人之言。」（榮辱）

以上五則，第(1)則指言道之言，自非片言片語的語言，而為有倫有次的言論。必須是條理思想之言，才談得上言道之「方」、之「理」、之「故」。所以以下「可與言」及「不可與言」之言，自然也是言論之言。第(2)則則以善其身與善其言相結合以生類應之效。必先潔其身，然後為君子，君子之善「言」，乃有君子之為應。如果是惡名在外的小人，雖有善「言」，未必有人相信，更不會有君子與之類應。這種「言」自然也是言論之「言」，而且是有條件的「君子之言」。第(3)(4)兩則之所謂「姦言」，與「邪說」為同義詞，皆為所謂「飾詞以相逞（惇）」，「煩文以相假」的詭辯學。前者謂小人以異端邪說欺世偷生而為患於世，故不免於危辱乃至於死刑。後者更指十二子之存在，皆以姦言邪說，混亂天下之思想，使天下人皆渾渾然不知是非治亂之所由，而使昏亂之世，益趨於「梟亂」。第(5)則之聖人之「言」，謂聖人之學。

五、關於論、議、論議、言議、辨說

皆謂以語言或文字表達思想的理性活動，為言論學說形成之過程，後者尤為是非然否辨正之工具。

其說分別始見於原書之不苟、非相。而詳於大略、成相、王制、王霸、正論、非十二子、解蔽、正名等篇，如謂：

(1)「君子審後王之道，而論於百王之前，若端拜而議……。」(不苟)

(2)「故相人不如論心，論心不如擇術。」(非相)

(3)「古者桀、紂……天下之傑也……然而身死國亡……是非容貌之患也，……論議之卑爾。」(非相)

(4)「少不諷誦，壯不論議，雖可未成也。」(大略)

(5)「主好論議必善謀。」(成相)

(6)「故法而不議……，則法所不至者必廢。職而不通，則職所不及者必墜。」(王制)

(7)「三公總方而議。」(王霸)

(8)「凡議，必將立隆正……無隆正則是非不分而辯訟不決……。故凡言議期命，是（莫）非以聖王爲師。」(正論)

(9)「辨說譬喻，齊給便利，而不順禮義，謂之姦說。」(非十二子)

(10)「辨說也者，不異實名以喻動靜(是非)之道也。……辨說也者，心之象道也……心合於道，說合於心，辭合於說，正名而期，質請(情)而喻……辨則盡故，以正道辨姦，猶引繩以指曲直……。」(正名)

以上所引的許多謂詞，皆指系統言論之具有探討功能之說。第⑴⑵則之「論」，前者謂論「政」，後者謂論「相」。能貫通後王之道，以論政於王者之前，自能從容而議，乃得「辯合符驗」之旨。相人以論休咎，不若論人之心，論心則不如論擇術之正。因爲那才是眞正禍福之所寄。第⑶至⑸則皆以「論議」爲謂詞。其言則皆指辯正然否而言。桀、紂之身死國亡，不因容貌之故，而由於不能據見聞之廣以辨正身行事之然否。少不下諷誦功夫，加上壯不知以議論辨正書中義理然否之眞諦，自然不可謂有成之學。所謂「謀」，乃形成於事之反覆辯證、論議以得其正，乃可謂善於謀事。第⑹至⑻則，皆指言議而言。立法以及政策之制定，必須經由周諮博訪之言議，以濟威猛之不足，乃能使群臣知無不言，得盡其言，故其施政法令必能周延而無不至，凡職位之設計，亦必涵蓋政策政令於無遺。三公之總朝政而議，則爲最高階層決策之議，其言議之重要，可想而知，其內容更包括政策設計之議，方案審查之議，大政決行之議，當然更需要高度的辯說素養，以求正確的，時效的，共通的多種效果。最後則爲言議辯說標準問題的提出。這是前提的共同遵守，否則一切的言議辯說，必因是非之不分而「辯訟不決」。

第⑼則乃以禮義爲辯說引喻之前提。凡辯說不順，引喻失義，皆謂之姦說。

第⑽則更是「辨說」之界定—辨說來自於是非，凡名必有固實，名實相副者爲正，相異者爲反，所謂「動靜」者，事物之正反是非也。故凡同一實名而以言辭論其是非者，皆謂之辨說；所謂「以喻動靜之道也」。因爲人有是非之心，而事有是非之實，辨之則正，從非則亂，故爲辨說也。辨說之所以能一如「引繩以指曲直」者，以其心之象「道」，心合於中準是非之「道」，而說合於心，辭合於說，本其實以喻其名，以盡其理也。這是以辨說之涵義論其由來與功能。

總上以言，可知他的辯說概念是指，一切辯正是非然否的規律思辯。更是談說與名理相結合的思想活動；以名理爲談說的規律，亦以談說爲名理的應用。有了它，才能使生活日用的語言，治學求知的論議以及社會活動，政治活動的一切表達，皆可「志無不喻，事無困廢」，并依其辨證功能「辨姦言」、「明是非」，以止於「善」、於「治」，而不至長陷於邪惡混亂的深淵。

第三節 辯說的原則

荀子辯說論的基本精神是，客觀的思辯。以下是他的原則：

一、「貴當」原則

(1)「君子……說不貴苟察……唯其當之爲貴。」

(2)「山淵平，天地比……鉤有須(姁有鬚)，卵有毛，是說之難持者也，而惠施、鄧析能之；然而君子不貴者，非禮義之中也。盜跖貪凶，名聲若日月，與舜、禹俱傳而不息，然而君子不貴者，非禮義之中也。」(以上詳不苟)。

(3)「言必當理，然後君子之所長也……凡知說，有益於理者爲之，無益於理者舍之，夫是之謂中說……知說失中，謂之姦道……。」(儒效)

以上謂凡持說言議，均以「當」爲貴。山與淵平，天與地比，老姁有鬚，卵中有毛，都是難持之說，而名家的惠施、鄧析都有一套理論說得頭頭是道。但這種難能，君子不以爲可貴，因爲其說雖「察」，而非「禮義之中」。儘管如盜跖之名聲如日月，與舜、禹竝傳也是枉然。禮義爲事理的標準，中乎禮義的辯說，才是「當理」之言，才是有益於「理」的「中說」。如果持說失其「中」，便是所謂「姦道」。儒效篇所申論的「姦道」，與「姦事」同爲治世之所棄，而亂世之所從服，就因爲失中之言、之事，都是悖乎禮義事理的，皆足以顚倒是非、邪正的痲醉藥品。所謂「王公好之則亂法，百姓好之則亂事」。是故棄之則治，從服則亂。所以君子之行事與知說，必當於理，必中於禮義，必求有益於理，乃能有益於治亂。

二、「不辭」原則

(1)「君子……辯言而不辭，蕩蕩乎其有以殊於世也。」(不苟)

(2)「有小人之辯者，有士君子之辯者，有聖人之辯者……先慮之，早謀之，斯須之言而足聽，文而致實，博而黨(從)正，是士君子之辯也。聽其言則辭辯而無統……夫是之謂姦人之雄，聖王起所以先誅也……。」(非相)

(3)「……言而當，知也，默而當，亦知也，故知默猶知言也，故多言而類，聖人也；少言而法，君子也；多言無法，而流湎然，雖辯小人也。」(非十二子)

以上三則所言，皆針對名家末流之「煩文以相假，飾辭以相迷，巧譬以相移，引人聲使不得及其意，以害大道」之姦言，而正之以儒家的「脩辭立其誠」。是故首言君子之所以坦乎蕩蕩以殊於流俗者，在於「言辯而不辭」；其勝人悅人者在理不在辭，而爲世俗所不能。次言「不辭」之道，在於「先慮之，早謀之」。凡君子之說，必始於「慮」而成於「謀」，乃有成竹之在胸，故雖斯須片言，皆有足聽，因爲其辯之文，爲「致實」之文；之「博」亦爲「黨正」—從道之「博」，其言自爲「有益於理」之「中說」。否則則爲「辭辯而無統」的姦人所持之詭辯。所謂「上不足以順明王，下不足以順百姓」，然而「口舌之均」則足以害大道，亂世俗。第三爲君子小人之判別，再強調言不在多，在於有「類」，有「法」。凡辯說，爲有本有源有統而類之言，乃可謂聖人之言；必爲出於名理規律，取法先王之言，乃可謂君子之言。如果多言而無法正的洋洋灑灑，那只是小人之詭辯。因爲那只是「煩文以相假，飾辭以相迷」之言。此皆務「辭」之病，是故荀子非之而引以爲辯說之誡。

三、「不爭」原則

(1)「……辯而不說者爭也……此小人之所務，而君子之所不爲也。」(榮辱)

(2)「君子……辯而不爭，察而不激……。」(不苟)

(3)「……君子之所謂辯者，非能遍辯人之所辯之謂也；君子之所謂察者，非能遍察人之所察之謂也；有所止矣。」（儒效）

以上第(1)則謂君子之必好言、樂言，君子之必辯，皆以有「說」爲貴。無「說」之辯爲「爭」而非「辯」，故爲小人之所爲，君子所不爲。第(2)則謂君子之辯，其旨在於明是非之理，而不爭一時之勝。其辯之所由生之「察」，更在於求是，而不在於立異以爭奇。第(3)則爲「不爭」的最後境界—有所「凝止」。蓋謂君子之辯，非無所不能之辯，其察亦非無所不知之察；乃就有定之見，折衷之言以爲辯；其所察自亦限於道所必察，理所必窮之端。於是由口舌之不爭，而入於事理學理之不爭。以不爭之論爲辯，以不爭之理爲察，乃可謂君子之辭辯。

四、「言仁」原則

(1)「……君子辯言仁也。而非仁之中也，則其言不若其默也，其辯不若其吶也。言而仁之中也，則好言者上矣，不好言者下矣。」（非相）

(2)「故君子之行仁也無厭。志好之，行安之，樂言之；故言君子必辯。小辯不如見端，見端不如見本分。小辯而察，見端而明，本分而理，聖人士君子之分具矣。」

(3)「……凡人之鬥也，必以其惡之爲說，非以其辱之爲故也……今人或……竊其猪彘，則援劍戟而逐之，不避死傷……惡之故也。今夫宋子不能解人之侮，而務說以勿辱也……將以爲有益於

人與？則無益於人也……不仁不知……則得大辱而退耳！說莫病是矣。」（正論）

以上三則，首則言君子之辯，必以「言仁」爲辯。所言若不得「仁」的眞諦或旨要，則言不如默，辯不如不辯。凡言皆有得於「仁」之言，則以好言爲上品，不好言爲下品。因爲仁言者愈多，則眞理愈辯愈明，則是非分曉、善惡判然。

第(2)則謂君子無厭於行仁，重要在於「言之」。因爲「志好」於仁，「行安」於仁，都不過一己之事；必須「樂言之」，才能廣及於大衆，君子基於行仁之無厭，所以「必辯」。更由於「言」的重要，所以小事之辯不如端緒之辯，端緒之辯不如「本分」之辯。必須小事之辯而能「察」其端緒之所起；端緒之辯而能明其本分之所在，本分之辯而能得其終始條理之體系，才是聖人士君子之才、之辯；更是「言仁」原則的重心。

第(3)則以宋牼之言而不仁爲戒。宋子持「明見侮之不辱，使人不鬥」之說，以爲人皆知此義，則天下無鬥。荀子則舉二例以明「鬥」之故，在「惡」不在「辱」。前例(詳節文)以俳優侏儒狎戲之徒的「詈侮而不鬥」，證「不惡則不鬥」——雖侮，不及惡也。後例以逐盜而「不避死傷」，證「惡之則必鬥」——雖不侮，情惡之也。故知凡以無益之說，以爲有益於人者，必得大辱而退。不仁不知之病也。

第四節　辯說功能與規律

辯者之於辯說，不可不知其由來。更不可不知辯說之工具—名言及其功能。而辯說之規則，尤爲辯說活動的前提。以下將分闡之：

一、辯說之由來與效用

(1)「君子必辯。凡人莫不好言其所善，而君子爲甚焉，是以小人辯言險，而君子辯言仁也。」(非相)

(2)「故仁言大矣，起於上所以道於下，政令是也；起於下所以忠於上，謀救是也……故君子必辯。」(非相)

(3)「夫民易一以道，而不可與共故。故明君臨之以埶(勢)，道(導)之以道，申之以命，章之以論，禁之以刑。故民之化道也如神，辯說惡用矣哉！今聖王沒，天下亂，姦言起，君子無埶以臨之，無刑以禁之，故辯說也。」(正名)

(4)「……今夫仁人也……上則法舜、禹之制，下則法仲尼、子弓之義，以務息十二子之說，如是則天下之害除，仁人之事畢……。」(非十二子)

以上四則分別說明辯說發生之遠因與近因及其效能。第(1)則謂辯說起於「凡人莫不好言其所善」的心理因素。「所善」是主觀的，但君子的主觀近於理性的「仁」，而小人則近於欲性的「險」。君子爲了貫徹其「仁」，而小人也必須堅持其「險」，兩者皆不能無辯，尤其是君子的仁言。第(2)則從正面論辯說之爲「仁言」者，是緣起於朝廷之間，上「所以導下」的「政令」與「下所以忠上」的「謀救」。前者爲政策政令及其文宣，後者爲國是議論與朝政之奏議。兩者的範圍廣及於爲政之應用與社會之規範乃至治學義理之辯證皆屬之，不論治世或亂世，也不分在朝或在野，都是來自追求眞理所必要的辯說，故曰「君子必辯」。

第(3)則指出辯說之近因，由於亂世與姦言之存在。在正常的治世；辯說是用不著的，而亂世則不可無辯說。因爲，在明君政權所代表的國家運作，以公正、公平的制度爲公權力統治之法源，以公開的憲章之法理—道，爲政治社會之指導。此時的公是公非不但存在於施政的政令，曉喻百姓的文宣，同時也存在於禁令所課之不作爲義務，違者必罰，皆使百姓認同施政之必要，而不敢不遵守。所以民俗之化於「道」，必然是如神之驗，如應之速。在這樣政治環境之下，自然用不著辯說；一如韓非之謂「君明則士不議」。但在荀子之世，由「亂君」政權所代表的國家運作，必然是反常的；是非不明，善惡不分的施政，已經夠亂了，再加上「天下亂，姦言起」，其亂之危，實在旦夕。亂世的君子，必然不得其位，自不得與聞其政，所謂「無埶以臨之」，只好以「辯說」盡其在我，以助撥亂反正於盡倫盡制的王業，這是狹義的辯說。在特定的空間裡，這種辯說的時代意義，是大道「尙用」或學以致用之「大文」，更是王者之業的重新開始。所以孔子說：「邦無道則處士横議」。而辯說之辯證更是「横議」的排撤。荀子更以爲「是非不亂，則國家治」(王制)欲明是非，就不可無辯說。這是辯說發生的兩大因素，同時也是辯說的功能；因爲這種因素的存在，便是作「仁言」，申「政令」，善「謀救」……等等多種效用的存在。

第⑷則則於刪節部份敘述舜、禹之一天下，成萬物，養人民，而兼利天下。其政之可使天下莫不從服，其道則可使六家之說立息，十二子遷過而從化。故以為當代之仁人君子，其當務之急，亦在於取法於舜、禹之制；不得勢者亦當師法孔子、子弓之行道於禮義，而以仁言之辯務息十二子之說。必須如此，乃能亟除梟亂天下之大害，以畢仁人之所事；乃使舜、禹之跡復著於天下。因為，六家十二子之中：①它囂、魏牟皆主樂生玩世，放縱形骸，不知禮義，不通治道。②陳仲子、史鰌皆以異俗無求自高，其說固亦不足以合大衆，明大分。③墨翟、宋鈃以「天志」「尚用」一人心，而反於差等之分義，故其說不足以辨君臣上下貴賤尊卑之別，而亂「相事」「相使」之倫。④愼到、田駢之標新立異，皆尙法而不據禮法，不循先王之道，故其說皆遙遠仁義，而不知所歸，自然不足以治國。⑤惠施、鄧析亦皆不以先王為法，不以禮義為中，而以怪說奇辭之巧辯為能，故其說雖辯而無用，雖精而無益，不足以為治國之經緯。⑥子思、孟軻於先王之道，皆略法而不知其統，故其才雖辯，其志雖大，而見聞雜駁實不足以言治。蓋「五行」之造說，不能自圓其說，只是「文飾其辭」，以託古於孔子。然以二人之倡和，乃使世之愚闇者流，驩然受之而不知其非，傳之而見重於後世，遂皆失其眞而不自知。以上所非之六家十二子，類多持之有故，言之成理，故「足以欺世惑衆」；而思、孟之創說亂眞，扭曲大道之過，則尤將影響千世。所以他不能不引以為朝野當急之大計；不能不大聲疾呼曰：「君子必辯！」這是辯說由來的主因，更是辨說功能之宏旨；唯有它才能使天下曉然於「曲直善惡之所在，是非治亂之所存」。

二、辯說工具之產生—以下將討論辯說所必要的共同工具—名言之建立。

(1)「後王之成名：刑名從商，爵名從周，文名從禮，散名之加於萬物者，則從諸夏之成俗曲期，遠方異俗之鄉，則因之而爲通。」(正名)

(2)「散名之在人者：生之所以然謂之性；性之和所生，精合感應，不事而自然謂之性。性之好惡喜怒哀樂謂之情。情然而心爲之擇謂之慮。心慮而能爲之動謂之僞(動詞)；慮積焉，能習焉，而後成謂之僞(名詞)。正利而爲謂之事，正義而爲謂之行。所以知之在人者謂之知；知有所合謂之智。智所以能之在人者謂之能(本能)；能有所合謂之能。性傷謂之病。節遇謂之命。是散名之在人者也，是後王之成名也。」(正名)

(3)「故王者之制名，名定而實辨，道行而志通，則愼率民而一焉。故析辭擅作名，以亂正名，使民疑惑，人多辯訟，則謂之大姦。其罪猶爲符節度量之罪也。故其民不敢託爲奇辭以亂正名，故其民愨；愨則易使，易使則公(功)。其民……壹於道法，而謹於循令矣。如是則其跡長矣，跡長功成，治之極也；是謹於守名約之功也。」(正名)

(4)「今聖王沒，名守慢，奇辭起，名實亂，是非之形不明，則雖守法之吏，誦數之儒，亦皆亂也。若有王者起，必將有循於舊名，有作於新名。然則所爲有名，與所緣以同異，與制名之樞要不

可不察也。」(正名)

以上四則，第⑴則謂名之大分類—有刑之名，爵之名，文之名以及加於萬物之散名四種。前三者分別從商、周之制或從周禮所定；而散名則成於諸夏社會之所「曲期」—周詳之相約；約定而俗成之後，雖遠方異族之鄉，亦可因之而通用其名，以通其意。

第⑵則則就人之生理心理活動，作種種之命名，即在所謂「散名之加於萬物者」之中，舉其「約定俗成」之重要部份；也是「名有固善」的約定：①生理的「性」，是生命的所以然；所有人體的精神、感官及其功能，皆爲兩性之「和」所發生。這種與生俱來的生殖活動，是生而知之的本能，是故謂之「性」。②人體感官接觸外界刺激所發生的精神作用—好惡喜怒哀樂的感情活動，也是與生俱來、感物而動的本能，是故謂之「情」。③感情反應的同時，便發生心功能—選擇作用的思考活動；是故謂之「慮」。④經過思考活動所發生的肢體活動，因爲它是意識行爲，而不是直覺行爲；是經過思考的累積，禮義教化的累積所形成的意識行爲；是人爲文化的產物，是故謂之「僞」。⑤正當的利益行爲，乃爲人類所當爲之事，是故謂之「事」。⑥正於義理的行爲，乃爲人類所當行之行，是故謂之「行」。⑦心之所以能知，是由於心智的功能，是故謂之「知」(智)。⑧但這種能「知」的作用還只是本能的心智；必須知而有當於事理，才是致「知」的智—存在於人心的認識作用，是故謂之「智」。⑨人之所以能「智」，還只是本能的次級智「能」；必須是所能皆合於義理者才是眞正的智能，是故謂之「能」。⑩人也是自然物之一，生理的性，不得其所，則爲自然的傷害，是故謂之「病」。⑪人之機遇，往往是偶然的，這種偶然相遇便是「命」。即天論篇所謂「楚王後車千乘，非知也；君子啜菽飲水，非愚也，是節然也」。前者之貴，不必智於啜豆汁喝冷水的君子，而君子之賤，也不必愚於前呼後擁的楚王。兩者都由於「節然」機率的存在。呂望因爲「節然」，乃得爲太公；在他前後比他更高明的人物多的是，都因爲不得「節然」而向隅。所以名言之「命」，是指機遇的偶然而言，而非「命由天定」的「命」，故曰「節遇謂之命」。以上的正名，屬於「散名」的疇範—是理性心靈一切活動所必要的名言；說明了人性，更說明了「僞」化之後的理性。

第(3)則說明制名之功能，名既定，則其實因名而辨，名各有實，實各有名，守一而不亂，故能「道行而志通」，故王者必謹之愼之，率萬民而守一之。如有亂名者，謂之大姦，其罪則同於僞造符節度量衡之罰，故其民不敢亂名而謹愨，愨則易使，易使則有公(功)。人人謹於道法而遵循其規範，自然會「跡長功成」，而臻於「治」之極致。

第(4)則推測如有王者之興，必將以正名爲當務之急—以政令謹循舊名之規範，舊名之不足，則作新名以濟之。同時提出規範制名用名的三大原則—「所爲有名」、「所緣以同異」與「制名之樞要」的「三標」問題，以啓下文。這是辯說工具的基本認知。

三、制名與用名的規範

(一)何以有「名」

(1)「異形離心交喻，異物名實玄(眩)紐，貴賤不明，同異不別；如是，則志必有不喻之患，而事必有困廢之禍。」

(2)「故知者爲之分別制名以指實，上以明貴賤，下以辯同異。貴賤明，同異別，爲是則志無不喻之患，事無困廢之禍，此所爲有名也。」(以上詳正名)

以上二則係分析「名」之由來—發生的背景。前者道其由，客觀存在的形狀殊異的事物，一旦經由外在的感官而導入心靈，由於心是意識主體，心物之間的接觸，必然會發生「離心交喻」的「認識」問題—「異物」之名與實的互相眩亂，而急待辨識，如果沒有「名」加以區別，這許多眩目的形象，便無法由稱謂而辨別其同異之歸屬，更無法記憶何者之爲牛爲馬。自然也無法判別它的價值與貴賤。於是，號稱萬物之靈的人類，徒有意識，而不能形成思想；縱有思想也不能表達，更談不上文化的形成。這種「不喻」的痛苦實無殊於盲啞瘖聾。人際之間的種種事務，也無法透過語文思想的表達交流而完成；這種「困廢之禍」，勢必窒息文化。於是便發生「名」的需要。後者則說明「名」的應運而生，所以先知先覺的聖賢或早期的智者，便針對種種事物加以命名，約定俗成之後，人人都能以名指物，以物知名；上至人際之間的貴賤，下至事物之間的異同亦各有其名實，乃有宇宙萬物的實在。所有未制名之前的種種禍患，自可消弭於無形。

(二)用名與同異

如前所述，「名」之產生，是由「明貴賤，別異同」而來。以下將論其功能之所以然—「名」何以能「明貴賤，別異同」？由於人物貴賤之別，與事物性質異同之別，同屬於類殊問題，故以「同異」涵蓋「貴賤」而論之。因爲貴賤異同各有其內涵—「說」；「說」來自於「名」；無名則無以「舉」其說，無說則無以知其異同，所以說：

「然則何緣而有同異？曰：緣天官。凡同類同情者，其天官之意物也同；故比方之疑似而通。是所以共其約名以相期也。形體色理以目異，聲音清濁調竽奇聲以耳異，甘苦鹹淡……以口異，熏臭……以鼻異，疾養（癢）……以形體異。說故喜怒哀樂愛惡欲以心異。心有徵知，徵知則緣耳而知聲可也……五官薄之而不知，心徵之而無說，則人莫不然謂之不知，此所緣以同異也。」

（正名）

以上說明人之能知辨於貴賤同異，乃由於五官肢體的作用。由於人類所具有的共性，同類同實之事物，天官之所感受意識必「同」，所抽象的特徵也必然相同，故以相同者比併爲一類；疑似者則通名之，於是相約形成共同的概念，便是所謂「共其約名以相期」。同理，凡異類異實之物，經由口耳鼻舌心意所接觸，亦必知其「異」；而抽象的一切特徵—說、故、喜、怒、哀、樂等等，也同樣知「異」於心功能。五官肢體之有「徵知」，乃由於「心有徵知」。但「心」的意識功能，必須依肢體官能所受的外界刺激而發生「知」的反應，同於類則知其「同」，異於類則知其「異」。如果五官有感而無「知」，心有徵應而無名言之爲「說」，以況其實，則人人皆不知同異之所謂，亦不知所謂於同異。所以說凡貴賤異同，皆因「心有徵知」而有知；而心的先天功能—「徵知」，更有待於「約名以相期」的後天教育。有了「約定俗成」的名與實的結合與共通共喻，然後才能「心徵之」而有「說」，而有異同的辨知。必須有名可用，知所用名，乃有貴賤異同之可言。

㈢制名之樞要

繼「何以有名」與「何緣以同異」之後，還有更重要的「制名」問題，他說：

⑴「然後隨而命之，同則同之，異則異之，單足以喻則單，單不足以喻則兼；單與兼無所相避，則共；雖共不爲害矣；知異實者之異名也，故使異實者莫不異名也，不可亂也。猶使異(同)實者莫不同名也。」

⑵「故萬物雖衆，有時而欲徧舉之，故謂之物。物也者，大共名也。推而共之，共則有共，至於無共然後止。有時而欲徧舉之，故謂之鳥獸。鳥獸也者，大別名也。推而別之，別則有別，至於無別然後止。」

⑶「名無固宜，約之以命，約定俗成謂之宜，異於約則謂之不宜。名無固實，約之以命實，約定俗成，謂之實名。名有固善，循易而不拂，謂之善名。」

⑷「物有同狀而異所者，有異狀而同所者，可別也。狀同而爲異所者，雖可合，謂之二實。狀變而實無別而爲異所者，謂之化。有化而無別，謂之一實。此事之所以稽實定數也。此制名之樞要也。後王之成名，不可不察也。」(以上均詳正名篇)

以上四則皆論後王之所以有成於制名。第⑴則繼上段之謂古之制名者，既明人類「心有徵知」的本能之有別於禽獸，然而不可無「名約」以助其知而有說，乃於本段首論「制名」之始—「命」之以名。凡事物皆賦以名，亦使凡名皆有其實。凡同類事物，皆命以相同之名，異類之物必異其名，各以物類之共相，形成其「類」。這是制名的原則。制名的方法是，遣詞以命之，務期其喻。單字之名足喻其實，則命以單名；單名不足喻其實者則以二字以上之複名命之。例如「馬」，僅足以喻物之爲馬；如欲兼喻其色，則命之曰「白馬」；如欲兼喻其質，則命之曰「千里馬」。所謂無所避則共之，是指命名的原則是一物一名，一名必爲一物，其名必須「相避」以彰其異，但單名與兼(複)名同指一物，而無法避用其同者，則共名之。譬如命「牛」爲牛，欲兼命其色，復命爲「黑牛」。此「牛」與「黑牛」雖共二名爲一實，但其「異」不妨其「同」。故曰「雖共不爲害」。所以，凡知異實之物必爲異名者，故必使異實之物莫不異其名。名與實之間絕不可混「亂」；同名同實之物亦然。因爲「亂」則不足以辯其異同。

第(2)則說明制名的位階概念，在此原則之下，萬物雖衆，莫不各有其名實。但有時欲遍舉其涵蓋萬物之物，故命之爲「物」，這個「物」謂之「大共名」，相當於邏輯之「範疇」—無所不包的普遍概念。「大共名」爲「共名」之「累」(集合)。因爲「共」爲「別」之對稱。言「共名」，則「共之上又有共」；名由類起，類有大小之分，「共名」爲大類即邏輯上之「上位」概念。譬如鳥、獸、草、木，各爲其類之共名。等而上之，復可「共」鳥、獸曰「動物」，「共」草、木曰「植物」；再之則可「共」動、植物爲「生物」。一直可推至無類可「共」，而命之曰「物」，故曰「大共名」。所謂

「別名」，即邏輯之「下位概念」。共名是大類，別名為小類，小類包涵於大類。欲作「別名」之偏舉時，則於大類中單舉一小類，例如就「動物」所涵的許多別名中單舉「鳥獸」，這個「鳥獸」，便是下推的「大別名」——邏輯學稱之為「中間概念」，因為它介於上下位概念之間。從大類的「共名」，析別小類的「別名」，等而下之，一直下推到「單兼名」無異類之可別為止。「單兼名」即邏輯之「個體概念」，它永遠屬於「下位概念」，而不能轉為「上位概念」。這是制名所不可不知的位階概念。

第(3)則為關於制名的「固宜」與「固善」的詮析。他以為事物的命名，蓋無固然的宜不宜，也沒有固然的「實」必須作此命「名」。但在許多命名之中，仍然有「固善」問題的存在。前者謂凡「名」，在「約」而不在「宜」，只要約之以命名，「約定俗成」之後，其名其實便是大衆所共喻的「宜」。而異於期約之「名」，便是不宜。凡所名，本來也沒有固定的「實」，它的「實」也是由約定而來。約定俗成之後，其實便為其名的「固實」，而非他名所可取代，故謂之「實名」。後者則謂「名」仍然有「固」然的善不善，它的標準是「徑易而不拂」，只要是直接可喻的，平易可以理解的，一聽就懂的，就是「善名」。這是制名之初，所必須致意的要點。制名之後，則一切皆從約定而行，同樣無所謂善不善。

第(4)則論物有「一實」、「二實」之分的定數問題。區分的標準是「所」。凡物有同狀而異「所」，或同「所」而異狀者，前者如兩馬同狀而各處一「所」；後者如老幼異狀同為一身，其狀雖由幼而老，其「所」則無不同。皆可因「所」加以區別。凡形狀同而所在之「所」不同，即使是同名可「合」的同類，仍然是「二實」。例如此馬彼馬，馬雖同名，以其各處一「所」，甲所之馬，自有別於乙所之馬，故仍為「二實」。凡狀變而實無別而為異(所)者，只是自然的蛻「化」，有蛻「化」之異仍為一身，而無空間(所)的「數」變，故謂之「化」，如蠶蛾之蛻化形狀，雖變異而仍為一體，而非異「所」之二物，所謂「有化而無別」，所以只是一個實體，謂之「一實」。這是命名計數的原則，所有事物皆依此標準稽察其數量之實，而加以確定。最後一句是概括指稱以上四則所論之內容，皆為制名之「樞要」。意謂凡有後王因「名」之不足而「於有循於舊名」之外，有作於新名者，皆不可不察之。

四、辯說之規則

(一)古之大禁

這是消極的拘束，俾使辯者知所不為的規則，故以「聖王之所禁」，「古之大禁」以及「天下之所棄」諸辭加以強調。他說：

「信信，信也；疑疑，亦信也。貴賢，仁也；賤不肖，亦仁也。言而當，知也，默而當，亦知也；故知默猶知言也。故多言而類，聖人也；少言而法，君子也；多言無法，而流湎然，雖辯，小人也。故勞力而不當民務，謂之姦事，勞知而不律先王，謂之姦心；辯說譬喻，齊給便利，而不順禮義，謂之姦說。此三者，聖王之所禁也。知而險，賊而神，為詐而巧，言無用而辯，辯不惠(急)而察，治之大殃也。行僻而堅，飾非而好，玩姦而澤，言辯而逆，古之大禁也。知而無法，勇而無憚，察辯而操僻，淫太(汰)而用之(乏)，好姦而與眾，利足而迷，負石而墜，是天下之所棄也。」(非十二子)

以上所錄，皆爲言辭辯說之所共守共誡之至言。前半段以知信、知仁、知智、知言爲例，而以小人之辯爲誡。信所當信，是積極的誠信；疑所當疑，是消極的誠信。知以賢者爲貴而貴之，爲知仁；以不肖者爲賤而賤之，亦爲知仁、當言而言爲智者，當默而默同樣是智者，所以知默也是知言。是故以「多言而類」爲聖人之辯；「少言而法」爲君子之辯；而以「多言而無法，而流湎然」爲小人之辯。然後列舉「聖王之所禁」的「姦事」、「姦心」、「姦說」三條目申誡於辯者：「姦事」一條雖非辯者之務，而辯者之所務每及於姦事，如上文所舉十二子之過，其所主所務，無一而非「不當於民務」，也無一不以「持之有故，言之成理」之辯以「欺惑愚眾」。至於「姦心、姦說」自然更直接爲辯者之病；故爲聖王之所禁。

自「知而險，賊而神」以下的許多貶辭，所舉之過，皆爲古之所大禁；天下之所棄。因爲他，懷才智而其心險惡；居心殘賊而機智如神；僞詐而工於技巧；持無用之說而人不能勝；務不急之辯，而察理入微，凡此諸端，皆爲天下大亂之根源，爲政之大殃，自然是傳統爲政所大忌而嚴禁的異端邪說。行爲邪僻，而死也不肯改變；其言足以文過飾非，而修辭美好；翫好於詐術姦事而能面面俱到，天衣無縫；言辭便給，而離經叛道；故爲古之所大禁。尤其是智而不學，勇而無忌，雄辯而操守邪僻，荒淫無度，而財用不給，不務正業而黨羽衆多，這種人等同於善走而迷途，負石而墜水，必然是愈走愈迷，愈陷愈深，其爲患於世俗也愈嚴重，故爲天下所共棄，而爲辯者所不可不知。

㈡言必有合

(1)「凡以知，人之性也；可以知，物之理也。以可以知人之性，求可以知物之理，而無所疑止之，則沒世窮年不能偏(徧)也。其所以貫理焉，已不足浹萬物之變，與愚者若一。學老身長子，而與愚者若一，猶不知錯，夫是爲妄人。故學也者，固學止之也。學惡乎止？曰：止諸……聖王。聖也者，盡倫者也；王也者，盡制者也。兩盡者，足以爲天下極矣。……故有知非以慮是，則謂之懼；有勇非以持是，則謂之賊；察孰(熟)非以分是，則謂之篡；多能非以脩蕩是，則謂之知(欲)；辯利非以言是，則謂之詍(多言)。傳曰：『天下有二：非察是，是察非。』謂合王制不合王制也。天下不以是爲隆正也，然而猶有能分是非，治曲直者邪？」(解蔽)

(2)「若夫非分是非，非治曲直，非辯治亂，非治人道，雖能之無益於人，不能無損於人；案直將治怪說，玩奇辭，以相撓滑也；案強鉗而利口，厚顏而忍詬，無正而恣睢，妄辯而幾利；不好辭讓，不敬禮節，而好相推擠，此亂世姦人之說也……傳曰：『析辭而爲察，玩物而爲辯，君子賤之，博聞彊志，不合王制，君子賤之』。」(解蔽)

(3)「……道也者，治之經理也。心合於道，說合於心，辭合於說；正名而期，質請(情)而喻，辯異而不過，推類而不悖；聽則合文，辯則盡故。是故邪說不能亂，百家無所竄。」(正名)

(4)「假今之世，飾邪說，文姦言，以梟亂天下，矞宇嵬瑣，使天下混然不知是非治亂之所在者有人矣。縱情性，安恣睢，禽獸行，不足以合文通治；然而其持之有故，其言之成理，足以欺惑愚眾；是它囂、魏牟也。忍性情，綦谿利跂，苟以分異人爲高，不足以合大眾、明大分，然而其持之有故，其言之成理，足以欺惑愚眾；是陳仲、史鰌也……。」(非十二子)

以上四則皆論凡「說」必須「有合」於王制。第(1)則先就物理推求以知人有能知之性，物有可知之理，以能知之本能，求一切可知之物理，如果沒有共同的標的與範圍而無所定止，勢必無窮無盡，無以偏知其理—無以止其理於至善。亦無以統萬物之萬變。故所貫(慣)習之「理」縱有萬千，仍然得不到結論，則所求之「理」，所以貫理之「知」，都不能盡物之性，其知同於無知，智者同於愚者。所以治學必須知止，知止則必以聖王爲典型，王制爲隆正。則知所取法，乃能盡倫盡制於所知。否則所有的知識分子，都可能是白癡。如果還不知迷途，再走下去便是「妄人」。所以說有智而不以是(此)爲慮，心之危也；有勇而不以「是」爲戒，德之賊也；深察而不以「是」爲辯，理之簒(奪)也；多能而不以「是」爲脩，物欲之知(從禮・樂記註)也；有辯才而不以「是」爲言，多言(無用)之言也。古人以爲天下之理有二：必於「非」中察其「是」，然後論其「非」；必於「是」中察其「非」，然後論其「是」，處處必愼思明辯其是否有「合」於王制，才是客觀的是非曲直。

第(2)則更明指「不合王制」之辯者，爲君子之所賤。他以爲，凡辯說而非以分是非，非以治曲直，非以辨治亂，非以治人道者，雖有能，而無益於人群；皆不能，也無損於社會。那只是利用怪說奇辭，亂人思考；只是以利口勝人，強辭奪理而不知羞惡；只是無正大持說，而矜誇其說—妄爲辯說以求利的辯說；不知辭讓，不守禮節，而好與人周旋，標榜其說的「亂世姦人之說」。也就是古人所指「強析名言，以爲盡察，言物立說，以爲雄辯」。這樣的辯者，雖察雖辯而無用，雖博聞彊志而「不合王制」，故爲君子之所賤。這是他「尙用」主義一貫的持說。

第(3)則是強調辯說之心、之說、之辭，皆主於「道」。辯者之心必有「合」於道，其持說必「合」於心，而發於言辭之表達，必須有「合」於持說，乃能使辯說功能「正名而期，質情(實)而喻，辯異而無過不及，類推其理而無悖」，而能聽政則盡其「文」，辯說則盡其「故」，而以正道辯明邪說姦言之心，一如引繩墨以正曲直之四海皆準；自爲任何邪說所不能亂，百家所不能移。所以說它是爲政尙「用之大文」，也是王者之業的起步。(詳節文)

第(4)則說明當代政治環境之不能無辯說；但「不足以合文通治」或「不足以合大衆，明大分」之辯說，則爲規則所不許。故從負面論它囂、魏牟之「不足以合文通治，而足以欺惑愚衆」，再論以下十一家末流之姦言，而舉出「不足以合大衆，明大分」，「而足以欺惑愚衆」的陳仲，史鰌。并各以「其持之有故，其言之成理」，反映爲政與王業所面臨的挑戰之嚴重。因爲這班人都以道貌岸然的學者姿態出現，而且都有妖言惑衆的一套學說與辯說，的確都足以囂亂天下。而「君子必辯」的辯說者，自然更必須具備「有合」於王制、於禮文以通於治化之道；更要有合於大衆之願望而能深明禮義之大分，乃能充分應用辯說於止亂、於文治，以興王者之業。

三辯說之善

(1)「凡說之難，以至高遇至卑，以至治接至亂。未可直至也，遠舉則病繆，近世則病傭。善者於是間也，亦必遠舉而不繆，近世而不傭，與時遷徙，與世偃仰，緩急贏絀，府(俛)然若渠匽檃栝之於己也。曲得所謂焉，然而不折傷。」

(2)「故君子之度己則以繩，接人則用抴。度己以繩，故足以爲天下法則矣；接人用抴，故能寬容，因求(衆)而成天下之大事矣。故君子賢而能容罷，知而能容愚，博而能容淺，粹而能容雜，夫是之謂兼術。」

(3)「談說之術，矜莊以莅(蒞)之，端誠以處之，堅彊以持之，譬稱以喻之，分別以明之，欣驩芬薌以送之，寶之、珍之、貴之、神之。如是則說常無不受。雖不說(悅)人，人莫不貴。」

(4)「……是以小人之辯言險，而君子之辯言仁也。言而非仁之中也，則其言不若其默也，其辯不若其吶也。」(以上均詳非相)

以上四則皆爲辯者德能之軌範。第(1)則謂辯者之措辭必具「曲得所謂焉，然而不折傷」之善。因爲辯說之難，有時須以至高至治之道，說(音稅)志意至卑至亂之闇君，勢不可直來直往；因爲遠舉上世之例，則易招荒謬無稽之詬病，若下舉近世之實，復恐以庸俗見輕。所以辯說之善者，必須力求「遠舉而不謬，近舉而不傭」，通權達變，因勢利導，折衷於雅俗緩急詳略之間，以盡其意而不至傷害對方。第(2)則爲「兼術」之強調。他以爲君子之辯，於言辭之間，一方面欲其善處分寸，彼此歡恰無傷。另一方面更要以最嚴格尺度求己，而以最寬的尺度對待人。因爲以繩墨之嚴於求己，則其言亦足以爲天下之繩墨；待人以寬，必能因容人而得衆以成王者之業。這是寓德於術，求術以德的「兼」可之術；是勗勉於辯者，更是規範的要求。

第(3)則乃於「談說之術」中，誠以態度必須莊敬竭誠；持說推理必須嚴格精確堅不可破；要婉轉譬喩，區別以明其意，要以最佳辭藻表現其尊敬與才美，以達「寶之、珍之、貴之、神之」的境界，使對方欣然接受。即使不能令人悅服，而聞之者必以爲難能可貴。

第(4)則爲「君子之辯」的強調。他以爲君子之辯，乃爲「言仁」而辯。如果所言非仁之「中」肯，則爲無謂之言，不如默而不言；若所聞非仁之「中」，則不值一辯，不如吶而不辯。這就是非十二子所謂「言而當，知也；默而當，亦知也。」的註腳。因爲，無謂之言，不值一辯之辯，皆爲智者所不爲；所以「默」與「吶」都是不辯之辯──無言之辯。這是辯說的最後、也是最根本的守則。

第五節　辯說方法與應用

繼上述許多原則提示之後，將於本節申論他的辯說方法與應用的要旨。

一、「心」的把握

(1)「……，心居中虛，以治五官，夫是之謂天君……，聖人清其天君，正其天官，備其天養，順其天政，養其天情，以全天功。如是，則知其所爲，知其所不爲矣；則天地官而萬物役矣……。」(天論)

(2)「心者，形之君也，而神明之主也，出言而無所受令。自禁也，自使也，自奪也，自取也，自行也，自止也。故口可劫而使墨(默)云，形可劫而使詘申，心不可劫而使易意，是之則受，非之則辭。故曰：心容……其擇也無禁，必自現，其物也雜博，其情之至也不貳。詩云：『采采卷耳，不盈傾筐。嗟我懷人，寘彼周行。』傾筐易滿也，卷耳易得也，然而不可以貳周行。故曰：心枝則無知，傾則不精，貳則疑惑。以贊稽之，萬物可兼知也，身盡其故則美，類不可兩也，故智者擇一而壹焉。」(解蔽)

(3)「凡人之患，蔽於一曲，而闇於大理，治則復經，兩疑則惑矣……亂國之君，亂家之人，此其誠心，莫不求正而以自爲也。妒繆於道，而人誘其所追也。私其所積，唯恐聞其惡也。倚其所私，以觀異術，唯恐聞美也。是以與治離走，而是己不輟也。豈不蔽於一曲，而失正求也哉！」(解蔽)

以上三則爲心功能的認知：

(一)心是統治己身的「天君」，其心正，然後身行正，是非明。必須清明其心，乃能端正五官之接物，乃能善用他類以養人類，以明禍福順逆之道，乃能調適人類受之自然之七情；乃能合五事以盡天地造化之功。凡此為順而不為逆，以使天地盡其事，萬物盡其用，都是「天君」明辯的功能。聖人以「清其天君」，故知其所為所不為。君子之辯，自不能不置重於心智。

㈡人的心，的確是一切官能的主宰，而且是思考神智的主宰。支配意識官能，而不為官能意識所支配，一切都是自主的，任何外力都不能改變他的意志。它的取舍，不受任何節制，而自動表現它的選擇。可以接受廣博紛紜的事物，但用心所至也必須說一不二；有如詩中易得的「卷耳」，由於「心枝」而不一，卻採不滿筐。因為他心中別有所思，分心於「懷人」，乃使棄置路旁的筐子裡，總是不滿筐的「卷耳」。此時不「一」的「心」是「無知」的，傾側於他事則不能專精，同時用心於二事則不免困惑，如果「壹」心於道而稽察萬物，則可以兼察而明，兼知一切。

㈢人「心」也有極嚴重的缺陷─「蔽於一曲」的公患。必須能解除或防止其「蔽」，乃有「大清明」境界的出現，否則雖有求正之心，亦必因「蔽」而失其「正求」。所以他特別在解蔽篇列舉人君之蔽、人臣之蔽、賓孟（賓客游士）之蔽之為患，而以孔子之「德與周公齊，名與三王竝」，以證「不蔽」之福。

二、知「道」之方

(1)「聖人知心術之患，見蔽塞之禍，故無欲、無惡、無始、無終、無近、無遠、無博、無淺、無古、無今，兼陳萬物而中懸衡焉。是故眾異不得相蔽以亂其倫（理）也。」（解蔽）

(2)「何謂衡？曰：道。故心不可不知道，心不知道，則不可道而可非道……以其不可道之心取人，則必合於不道人而不合於道人。以其不可道之心與不道人論道人，亂之本也。夫何以知(道)？曰：心知道，然後可道。可道然後能守道以禁非道。以其可道之心取人，則合於道人而不合於不道之人矣。以其可道之心與道人論非道，治之要也。」故治(心)之要在於知道。」(解蔽)

(3)「人何以知道？曰：心。心何以知？曰：虛壹而靜：心未嘗不臧(藏)也，然而有所謂虛；心未嘗不滿(兩)也，然而有所謂一；心未嘗不動也，然而有所謂靜。人生而有知，知而有志，志也者，臧也；然而有所謂虛；不以所已臧害所將受謂之虛。心生而有知，知而有異，異也者，同時兼知之；同時兼知之，兩也；然而有所謂一；不以夫(彼)一害此一謂之壹。心臥則夢，偷則自行，使之則謀；故心未嘗不動也，然而有所謂靜；不以夢劇亂知謂之靜。未得道而求道者，謂之虛壹而靜。作之，則將(持)須道者之虛則人(入)，將事道者之壹則盡，將事道者(之)靜則察。知道察，知道行，體道者也。虛壹而靜，謂之大清明。萬物莫形而不見，莫見而不論，莫論而失位。坐於室而見四海，處於今而論久遠。疏觀萬物而知其情，參稽治亂而通其廣，經緯天地而材官萬物；制割大理而宇宙裏矣……夫是之謂大人。夫惡有蔽哉！」(解蔽)

以上所錄三則皆論解蔽之道在「知道」，知道乃能以道爲懸衡以解其蔽，以保大清明之神智，乃能分是非、治曲直。第(1)則論聖人之治心，他知道萬物莫不相蔽，而不可一偏。是故無欲惡、無始終、無遠近、無博淺、無古今；兼聽兼觀於萬物而懸衡其中。所以在通觀異同之下，衆異不能蔽其明。

第⑵⑶兩則爲荀子所創獲的治心心法。首論以道爲衡的效應，次論如何「知道」以保其大清明。前者以爲無衡器則輕重莫辯，無道心則是非不可分。徒具「工宰」本能的心，如果不經「道」的教育；它的「工宰」功能仍然是有限的，而且會發生盲人瞎馬的誤導。因爲心不知道，必可於非道而不可於道，以不可道之心取人，則其人必與悖道的小人同其心，而不合於從道的君子。以其悖道之心與悖道的小人論君子，自然不得其正，而爲致「亂之本源」；遑論「知道」。反之，心知道，然後「知可」於道，「知可」然後能「守道以禁非道」。以其可道之心取人，則亦合於君子，而不合於小人；復以其可道之心與君子論非道，自可同然同禁於非道之姦言邪說，實爲言治之要，而知道之道，亦在其中矣；所以說「治心之要，在於知道」。

第⑶則進一步論知道之故，他以爲「心」之知道，在於「虛壹而靜」的四字訣。心有「所已藏」，但仍然有「虛受」的空間；心未嘗不有「兩」，所謂「心枝則無知」，但它仍然有專「壹」的一面；心固然常「動」，但它也有「靜」的能力；這是心功能的兩面，故有「知道」之可能。以下則分別論其心法之著手：其㈠、人有「知」的本能，有「知」必有心之所之的「志」，這樣的「志」便是人心所收藏的感受，這是「藏」的功能。在「藏」的另一面另有「虛」的功能，因爲它比電腦還要神奇，它的容量是無限的，永遠都有接受新感受的空間。這就是它的四字訣之中的頭一個字—「虛」。其㈡、人有知的本能，是因爲心體有「知」的潛能。「知」必有異同兩面，知「同」也同時兼知於「異」，謂之「兩」。在「兩」的另一面，復有所謂「一」；由於「虛」的功能，乃使心的收藏，不因固有的感受而妨害新的感覺；有如大壹所涵的許多小一，故謂之「壹」。這是訣中的第二字。其㈢、心的活動是無日夜無休止的，睡眠之中則動於「夢」幻，閒暇之時則動於「行」思，臨事而非直覺所能應者，則動之於「謀」；所以說心「未嘗不動」。但它仍然有「靜」的功能—不因爲夢幻或雜念之煩囂影響它的「知」性，這就是第四字的「靜」。至於第三字的「而」，雖然是虛字連詞，但它實有「兼能」之義。就是說「心」的功能俱有能「虛」、能「壹」而兼能「靜」的作用。所以未得於道而能求之者，就因爲有此功能。它的運作是，利用「虛」的空間功能，將所需要的軟體—「道」加以輸入。利用「壹」的功能，將從道之「道」，納入大「壹」的系統，專一其思以盡其故。再運用「靜」的功能，將所欲「盡故」之「思」，求「察」於「靜」。於是，知道以察，知道而行，便是「體道」的完成。所以「虛壹而靜」便是「大清明」的境界。具有「大清明」，則凡事凡物無所不見其微，所見無不稽之以論，所論必不失位，故能不出戶而能觀及四海，論之久遠；分析萬物而知其情實，稽考治亂而通曉其故。如果得位，則更能經天緯地，裁制萬物一如天論篇之謂「天地官而萬物役」；左右逢源於大道，以事宇宙之治理，而入聖者之域，自然不會有蔽塞之患以通於辨說。

三、「明辨禁惑」之方

(1)廣而能棄—「爲之無益於成也，求之無益於得也，憂戚之無益於幾也，則廣焉能棄之矣；不以自妨也，不少頃干之胸中。不慕往，不閔來，無邑憐之心，當時則動，物至而應，事起而辨，

治亂可否，昭然明矣。」(解蔽)

(2)驗其所以——「『見侮不辱』、『聖人不愛己』、『殺盜非殺人也』，此惑於用名以亂名也。驗之所(以)爲有名，而觀其熟(孰)行，則能禁之矣。『山淵平』、『情欲寡』，『芻豢不加甘，大鐘不加樂』，此惑於用實以亂名者也。驗之所緣以同異，而觀其熟(孰)調，則能禁之矣。『非而謁楹，(有)牛馬非馬也』，此惑於用名以亂實者也。驗之名約，以其所受，悖其所辭，則能禁之矣。」(正名)

以上兩則，分論明辨之方在於揚棄主觀之「廣焉能棄」，而禁惑之道，則在於證驗辯言之「驗其所以」。第(1)則謂凡無益於成事的作爲，無益於獲得的尋求，無益於危急的憂傷，都必須遠爲揚棄，因爲那都是來自直覺的衝動，主觀的產物，必須以更客觀的視野徹底加以揚棄，不讓它片刻停留於胸中，使客觀的思辨，不因庸人自擾而滯礙。更無須歆慕往昔而作臨淵羨魚的玄思，也不必爲不可知的將來而憂慮，讓你的心沒有絲毫感情因素的干擾，而作理性的判斷。一切都以禮義爲前提，都以當下的事實爲考慮，時所當動則動，事來必知所應，變起必辨其故，則事之是非，理之然否，皆驗之以大清明之心，自可明辨而不惑。

第(2)則是驗證方法的強調。因爲他一貫主張，凡言論必須「有節」、「有徵」，「有辯合苻驗」。所謂「善言古者，必有節於今；善言天者，必有徵於人，凡論者貴其有辨合有苻驗。故坐而言之，起而可設，張而可施行」(性惡)。所以本段在正名篇建立制名用名三原則(詳後)之後，特舉三類的許多錯誤推理加以批判：

第一類：①「見侮不辱」，是宋牼的學說，所謂「明見侮之不辱，使人不鬥」。宋子以爲「人皆以見侮爲辱，故鬥也，知見侮之不辱，則不鬥矣」。②「聖人不愛己，殺盜非殺人也」，爲墨者學說；前者見於大取篇所謂「愛人不外己，己在所愛之中，己在所愛，愛加於己。倫列之愛己，愛人也」。故曰「聖人不愛己」。③後者見於第一節所錄之小取篇，所謂「盜人，非人也。多盜，非多人也。惡多盜，非惡多人也。不愛盜，非不愛人也。殺盜人，非殺人也」。荀子以爲三者皆違反「所爲有名」的原則。制名，所以明貴賤，辯同異。所謂「見侮」之名，實涵「見辱」之實，「盜」之名，亦「人」之實。「己」之名與「人」之名之內涵外延皆不同，若謂「見侮非見辱」，「聖人非愛己」（愛己即愛人），「殺盜非殺人」，則皆「以名亂名」，無以別異同矣，其言不可行也。故曰「惑也」。只要以「所爲有名」之原則加以證驗，而觀其適可（孰調）與否，便知其「惑」而能禁之。

第二類①「山淵平」是莊子天下篇所引惠施之謂「山與澤平」；②「情欲寡」，亦宋子學說（見原書正論篇）；③「芻豢不加甘，大鐘不加樂」，爲墨家尙儉非樂之論。荀子以爲此三者亦違反「所緣以同異」的原則，因爲，此一原則是以感官之分辨而建立同異之名，而「山與澤平」之說，顯與感官之辨殊異而不能成立。「情欲寡」更與欲多不欲寡之恒情相悖，「芻豢不加甘，大鐘不加樂」，更不是人情之常。以上三種都是以例外之實，取代原則之名，雖然上游的水可能與低海拔的山一樣平；知足的人也可能欲少不欲多，也有不喜歡吃肉或愛靜不喜鬧的人，但都只是特殊的例子，而不是一般的事實。所以三者都是以偏概全—以特殊的事「實」亂一般人情之「名」。所以只要證以「所緣以同異」的正「名」原則，而觀察其內外感官的反應，便可知其「惑」而能禁之。

第三類：①「非而謁楹，有牛馬非馬也」此文當有訛，李滌生教授採孫貽讓說，以「牛馬非馬」爲一句，此句上五字當存疑。(說詳李滌生荀子集釋)。墨辯經說下：「故曰：『牛馬，非牛也』，未可。『牛馬，牛也』未可。則或可或不可。而曰：『牛馬，牛也，未可』，亦不可。且牛不二，馬不二，而牛馬二。則牛不非牛，馬不非馬，而牛馬二。則牛不非牛，馬不非馬，無難。」此言若以「牛馬」爲一詞，則謂「牛馬爲牛」，不可；因「牛馬」之中牛固是牛，而詞中之馬則非牛。但謂「牛馬非牛」亦不可，因「牛馬」之中固有牛也。然「牛不二(實)，馬不二，而牛馬二」，則可謂非牛馬也。荀子以爲「牛馬」一詞，既爲「牛」與「馬」所組成，自然是二實的指稱。名約的原則是「……約定俗成謂之宜，異於約謂之不宜。」約定的說法：「牛馬」一詞是牛是馬—有牛馬之名，必有牛馬之實。今日「牛馬，非牛非馬」，顯與名約原則相悖，故曰「以名亂實」。蓋謂墨家此說，自名約驗之，其「所辭而非」的「牛馬是馬」一詞正是事實，而「所是而受」的「牛馬非馬」卻與事實相反。故以所受之理，驗之以所辭之事實，便知其「惑」而能禁之。

以上三惑，均由「名實亂」之所致，故舉「三標」—「驗之所以有名」、「驗之所緣以同異」、「驗之名約」三者分別以破之。能破，則能禁之矣。惑禁則是非明，「是非不亂則國治」。

四、「期命辯說」之用

(1)聖人之辯說—「……故期命辯說也者，用之大文也，而王業之始也。名聞而實喻，名之用也。累而成文，名之麗也。用麗俱得，謂之知名。名也者，所以期累實也。辭也者，兼異實之名以論一意也。辯說也者，不異實名以喻動靜之道也。期命也者，辯說之用也。辯說也者，心之象道也。心也者，道之工宰也，道也者，治之經理也，心合於道，說合於心，辭合於說，正名而期，質請（情實也）而喻，辯異而不過，推類而不悖；聽則合文，辯則盡故。……有兼聽之明，而無矜奮之容；有兼覆之厚，而無伐德之色。說行則天下正，說不行則向道而冥窮。是聖人之辯說也。」（正名）

以上所錄，謂古者明君於三惑之邪說，知分而不辯；其所務者，「一民以道，臨之以勢，道之以道，申之以命，章之以論，禁之以刑。是故民之化道也如神」（詳刪節原文），所以用不上辯說。及荀子之世，由於聖王沒，天下亂，姦言起，不在位的君子，無刑以禁之，不能不以辯說為王業的再出發。於是必須以「期命辯說」為「王業之始」。因為它是人類文化的具體，形成社會國家的基本工具。有了「名」，才會聞「名」而喻「實」，然後依喻實之「名」，累之而成「文」；兩者俱得，乃謂之「知名」。所以名言是用以累名以舉實的。聯綴許多名言而成的「辭」，是用以兼喻許多異實之名以明其意義的。墨子小取的「以辭抒意」的辭，名家之「以辭亂道」的辭，都是邏輯的命題—表明言詞的判斷。由於一語必有一意，一意非一名所能盡者，必須兼異實之名以表明之，故凡「兼異實之名以明一意」者，皆謂之「辭」。所謂「辯說」，乃以固定名實之名言闡明事理（動態與靜態的一切），判定是非的論證。所謂「期命」，更是辯說的基本工具。而辯說的要求，尤在於表裡一致，以道爲裏的境界。因爲，心是道的主宰，道是治國治事的綱領。必須心合於道，說合於心，辭合於說。（「期不喻然後說」的詮釋）在基本上，更要先正其名而如名實之期約，其義爲社會所共知之後，所舉之實乃爲天下所共喻，乃能辯異無失於實，推類不悖於理。於是以此聽政，必合於禮義之「文」；以辯是非，必盡其所以然之「故」，以善其論證。於是，以正道察辯姦言，必如引繩墨以正曲直，所以他的理論，爲任何邪說所不能混淆，諸子百家所不能竄易（詳刪節部份）。其爲政必有兼聽之明，兼覆之厚，得位則說行而天下正，不得位則明道以自脩，是爲聖人之辯說。

(2)士君子之辯說—「辭讓之節得矣，長少之理順矣；忌諱不稱，袄辭不出。以仁心說，以學心聽，以公心辯。不動乎眾人之非譽，不治觀者之耳目，不賂貴者之權勢，不利便辟者之辭。故能處道而不貳，吐（咄）而不奪，利而不流，貴公正而賤鄙爭，是士君子之辯說也……。」（正名）

以上所錄，蓋謂士君子之辯說，首重社交辭讓之禮，次重老少倫理之順位，再次爲口不出忌諱之言，辭不以妖言惑衆。其持說蓋以仁心爲出發，重義理而不騁辭辯。更要以學道的虛心傾聽對方之說辭，然後以公正客觀之心辯其是非然否—不爲衆人之毀譽所動，不爲觀者之耳目而飾辭取悅；不爲權勢而委曲其言，亦不務得於便嬖人物之揄揚。必如是乃能一切守道，執著不移，雖困詘不爲所奪，雖聞達不妄同流，而能以公正爲貴，鄙爭爲恥。這才是「君子必辯」之辯—正名辨惑以明道之辯。

(3)言辯之道—「君子之言，涉然而精，俛然而類，差差然而齊。彼正其名，當其辭，以務向其志義者也。彼名辭也者，志義之使也，足以相通，則舍之矣。苟之、姦也。故名足以指實，辭足以見極，則舍之矣。外是者謂之訒，是士君子之所棄，而愚者拾以爲己寶。故愚者之言，芴然而粗，嘖然而不類，誻誻然而沸。彼誘其名，眩其辭，而無深於志義者也。故窮藉而無極，甚勞而無功，貪而無名。故智者之言也，慮之易知也，持之易立也，成則必得其所好，而不遇其所惡焉。而愚者反是……。」(正名)

以上所錄，乃於泛論辯說應用的境界之後，更具體以論名言之應用的第一部份—措辭之道。所謂「君子」之言，乃眩聖人士君子之智者而言，故以愚者爲對稱。

荀子以爲，智者之言，必須深入淺出，辭淺而意精，謙虛平易而條理分明；是非之辯容有殊途之參差，但必同於「大壹」之齊。必正其名言，必當其措辭，都爲了昌明其所欲言之義理。所以名與辭，皆以達意爲己足；如果刻意「煩言以飾辭」，甚至強辭以奪理，那就是「姦言」，而不是君子之言。所以名言但能指稱事物之實在，措辭言論，也只要讓人理解眞義，就要適可而止，逾此限度，便是故作艱深的「訒」—鄒衍之謂「煩文以相假，飾辭以相迷……引人聲使不得及其意」了。自然是「君子所不爲，而愚者拾以爲寶」。所以愚者之言，似微妙而實皮毛，似深入而無統類，多言誻誻而紊亂不堪。他的名言是虛僞誘人的，用辭是眩惑迷人的，其實無關宏旨。是故窮其敷陳而無旨歸，徒勞而無功，貪名而無名之可言。所以智者之言，是深思之而易知，篤行之而易安，以爲持說則易立而難破，說成必得其所願，而愚者則不然。

(4)治心與論道—「凡語治而待去欲者，無以道欲而困於有欲者也。凡語治而待寡欲者，無以節欲而困於多欲者也。……人之所欲，生甚矣，然而人有從生成死者，非不欲生而欲死也，不可以生而可以死也。故欲過而動不及，心止之也。心之所可中理，則欲雖多，奚傷於治？欲不及而動過之，心使之也。心之所可失理，則欲雖寡，奚止於亂？故治亂在於心之所可，亡於情之所欲。

凡人莫不從其所可，而去其所不可，知道之莫之若也，而不從道者，無之有也。假之有人欲南，無多；而惡北，無寡；豈爲夫南之不可盡也，離南行而北走也哉！今人所欲，無多；所惡，無寡；豈爲夫所欲之不可盡也，離得欲之道，而取所惡也哉！故可道而從之，奚以損而亂？不可道而離之，奚以益而治？故知者論道而已矣……。」（正名）

以上所錄，皆論論道所以治心。道不明無以治心，心不治無以爲辯說。是故於正名篇中詳論之。關於「心」之功能，已詳前說；此處則先論「欲」之存在。凡治心而有待去欲者，皆因無術以導欲，而爲欲所困。凡治心而有待寡欲者，亦皆因無術以節欲，而爲多欲所困。因爲人之有欲，「生(性)之然也」。與生俱來的欲，固不待其可得而後有欲，但所欲必須可求而後求之。求之從所可者，心之所求也。但心功能，是有待不斷培養的。人的欲望之中，沒有比生存更重要，人之所不欲，也沒有比死更嚴重，但是仍然有人舍生以取義，當然不是不欲生而欲死，而是心功能在告訴他，不可以生而可以死。所以心之所可中於理，再多的人欲，皆無傷於爲政。因爲心能使「欲過而動不及」，也能使「欲不及而動過之」。但若心之所可失理，就談不上心功能了。其欲雖寡，也無益於止亂。

其次則指出「道」的重要。人類主宰「天官」的心，必須與道相結合，才會產生眞正的意識功能。所以說凡人皆知從其所可，而去其所不可；皆知重要莫過於「道」，知「道」而不從「道」者更是絕無僅有。就好像有人一心要南行，再遠也不以爲遠；而惡北行者，再近也不以爲近；絕不會因爲行之遙不可及而棄南以走北。同理，人之所欲雖至多猶欲之，所惡雖至寡猶惡之，絕不會因爲欲之無盡而舍欲以取惡。所以可道而從道，絕不至有損於國家以致亂；不可道而棄道，更不會有益於國家的治理。所以智者之爲辯說，「論道」而已。之所以務於辯說，亦「論道」而已；「道」明則衆人之心治，天下之是非明，則百家異說皆寖矣。

五、「重己役物」之用

(1)「凡人之取也，所欲未嘗粹而來也；其去也，所惡未嘗粹而往也。故人無動而不可以不與權俱。衡不正，則重懸於仰，而人以爲輕；輕懸於俛(俯)，而人以爲重；此人所以惑於輕重也。權不正，則禍託於欲，而人以爲福；福託於惡，而人以爲禍；此亦人所以惑於禍福也。道者，古今之正權也；離道而內自擇，則不知禍福之所託。易者，以一易一，人曰：無得亦無喪也；以一易兩，人曰：無喪而有得也；以兩易一，人曰：無得而有喪也。計者取所多，謀者從所可。以兩易一，人莫之爲，明其數也。從道而出，猶以一易兩也，奚喪！離道而內自擇，是猶以兩易一也，奚得！其累百年之欲，易一時之嫌（慊），然且爲之，不明（辨）其數也。」

(2)「有嘗試觀（其）隱而難（其）察者：志輕理而不重物者，無之有也；外重物而不內憂者，無之有也；行離理而不外危者，無之有也；外危而不內恐者，無之有也。心憂恐，則口銜芻豢而不知其味，耳聽鐘鼓而不知其聲，目見黼黻而不知其狀，輕煖平簟而體不知其安，故饗（享）萬物之美而不能嗛（快）也。假而得閒而嗛之，則不能離也。故嚮萬物之美而盛憂，兼萬物之美而盛害，如此者，其求物也，養生也？粥壽也？故欲養其欲而縱其情，欲養其性而危其形，欲養其樂而攻其心，欲養其名而亂其行，如此者，雖封侯稱君，其與夫盜無以異，乘軒戴絻，其與無足無以異。夫是之謂以己爲物役矣。心平愉，則色不及傭（常）而可以養目，聲不及傭而可以養耳，蔬食菜羹而可以養口、麤布之衣，麤紃之屨，而可以養體。屋局室，蘆庾葭，蘆簾，高蓐，尚（敝）機筵，而可以養形。故雖無萬物之美而可以養樂，無埶列之位而可以養名。如是而加天下焉，其爲天下多，其私樂少矣。夫是之謂重己役物。」

(3)「無稽之言，不見之行，不聞之謀，君子愼之。」（以上均詳正名篇）

以上三則，皆爲名學應用於行爲心理的指導。第(1)則謂凡人之取舍，皆基於欲惡之心理，「欲」則取之，「惡」則去之。但在事實上不論是具體或抽象之事物，其取舍都不可能盡如人意。所以人的欲與惡，須如衡量輕重之用稱。稱有權(稱錘)衡(稱桿)乃能依其俯仰知輕重，如權衡不準(正)，必然重者仰而輕者俯，則不免以重爲輕，以輕爲重。人之取舍亦然，所欲不必利，所惡也不必害，必須以道爲「權」，兼衡其利害以定其輕重，然後據以爲取舍，才不會以禍爲福，以非爲是。故曰「無動而不可不與權俱」。務必時刻與「道」同在，因爲只有「道」才是古今事物的中準，如果離「道」而從心所欲，必然是盲目的取舍。後段以物物交換的平易道理，說明凡人皆知物物交換是以「價值相當」爲原則；至少是各取所需的「以一易一」；人人皆知這是公平的「無得亦無喪」；如果發生「以一易兩」的現象，則皆知這是「倍蓰之利」的「無喪而有得」；一旦而有「以兩易一」的事實，則必知這是得不償失的「無得而有喪」。所以由物而言，必須是「計者取其多」；由事而言，必須是「謀者從所可」。但人也往往會昧於事物的實質意義，而不知何者爲眞「多」，何者爲眞「可」。也往往會以直覺的「欲惡」爲標準，則往往會以無多爲「多」，而以不可爲「可」，自不免以「累百年之欲，易一時之嫌」(快)。因爲他不知以「道」權衡一切。

第(2)則是進一步推論心理之觀察。他以爲凡人不知以道爲衡，必然輕理而重物，「志輕理」必然「重物」；重外物，也必有內在的煩憂；多行不義，必然有外來的危險；外有危險，也必有內心的恐懼。在這樣心態之下，任何享受都無法取代恐懼的存在，即使有一瞬的快意，也無法脫離長期的恐懼。所以享萬物之美而多憂，兼備萬物之美而多害，既不能養生，更不能長壽。凡欲「養性」，「養樂」，「養名」者，皆背道而馳，其結果必適得其反；即使能封侯做皇帝，這種富貴與整天處於恐懼之中的盜賊毫無差異。所得來的滿足，也與匱乏無殊。因爲他的心靈已經是物慾的奴隸。反之，如果以道爲衡，則心長「平愉」，則一切取舍都能心安理得，最低度的享受，也可以甘之如飴。所以，雖然沒有萬物之美，同樣可以養知足之樂；沒有權勢地位，同樣可以養無價清名。這種精神所加於天下，更能使天下得同樂者多，而他自己的私樂也在同樂之中，雖少猶多。這樣的心態與取舍，才是眞正的重己以役萬物的選擇。

第(3)則謂無稽之言，恒非「由道」之言，不見之行，恒非「由義」之行，不聞之謀，恒非「所可」之謀，但它也往往更會誤導人的心態與行爲，如果不愼加思辨，必然會舍己以殉物，以心爲形役。所以劉念親註曰：「正名之大要，即在稽之名約，緣以耳目，稽之名約而不合，緣之耳目而不調，所謂苟之姦也，故曰……君子愼之。」（詳梁啓雄註本）。

總之，辯說的功能，在於名理規律的應用，在於「稽之名約」的「辨合符驗」，以正名實，以明天下之是非，正天下之治亂；管子所謂「有名則治，無名則亂，治者以其名」。關於觀心察物之應用，更在於思辨的指導—知道所以持志，所以重理以輕物；以道爲權衡，則能愼擇以知輕重禍福之所託；乃知「計者取所多，謀者從所可」，而不爲姦言姦行姦謀之所惑，乃能「重己役物」以加於天下。否則一切都會適得其反。所以說「不可不與權俱」，不能沒有思辨方向的接引。這是正名篇的殿後，是名學的心理應用，也是本書辯說論的最後歸納。所謂「治亂在於心之所可」，心靈世界的治理，顯然比現象世界更來得重要；「所可」的指導，自然也是本書辯說論的「萬法歸宗」。（「辯說論」終）

第九章　操術論

本章爲全書第三部份—方法論的第三論。共同的前提是「人有其治」，故以前二論分別求基幹政策的落實與致亂根源—「姦言邪說」的面對。於本章則更進一步尋求人治之「操術」，以求仁政之「速效」。以下將分㈠操術之概念，㈡爲士成人之術，㈢聖人師表之術，㈣人臣之術，㈤人君之術，㈥大將之術等六節分闡之。

第一節　操術之概念

荀子之學，固爲經天緯地之道術；本書所輯之言「術」，則爲狹義之「操術」—爲政之利器。他的概念是由以下七種涵義組成，茲舉要示例之：

一、所以總其要

人主日理萬機，如果事必躬親，不厭其詳，勢必疏於大計；必須執簡御繁以「總天下之要」，則群臣相率守道行道，而謹於奉職，自然會「一天下，名配堯舜」，所謂「之主者，守至約而詳，事至佚而功，垂衣裳不下簟席，而海內之人莫不願得以為帝王……」也。君子之為良相，其能「治海內之眾若使一人」如前述者，也因為「操彌約，而事彌大」。

「至約」之術，莫過於「好要」，「要」的具體是「治近不治遠，治明不治幽，治一不治二」。因為，主能「治近」則遠方之政自然嚮風而理；主能治天下之所共憂共樂者，則隱慝之患，自然聞風而化，主能善處以求最大一事之當，則其他百事自正於型範之下；故雖「兼聽天下」，而「日有餘時」。反之，「既能治近，又務治遠，既能治明，又務治幽，既能治一，又務治二，是……過猶不及也」；如果「不能治近，又務治遠，不能察明，又務治幽，不能全一，又務正百，那更是悖謬之至。所以說：「明主好要，而闇主好詳。主好要則百事詳，主好詳則百事荒」。至於「操彌約而事彌大」之術，則由於本源的操控，治萬事萬物於本源之處，自不難神乎其神，所謂「千人萬人之情，一人之情也，……推禮義之統，分是非之分，總天下之要，……則操術然也」。（以上引述另詳本書第五章第二節及本章第五節），這是言「術」的第一涵義。

二、所以明其辨

荀子以為人類社會之所以優於禽獸，在於能以思想辨是非，明善惡，判曲直，而以義分為群體生活之規繩；乃能相安共存於人類世界，而以能群勝萬物。所謂「人之所以為人何已也？曰：以其有辯(辨)也」(王制)。但人類也有思想的危機—內有人欲足以亂是非；外有邪說足以亂視聽，是故往往以非為是，以禍為福，而恒處於悖亂爭奪之中，強弱凌辱之中，其禍皆由於是非不明之故。關於察辨是非之道，他的看法是，人的思辨本能，是與生俱來的，所以皆具知物之可能。但這種本能的「知」是有限的，而物之理是無窮的，而非此「知」所能盡，所以不能沒有方法加以界定，而求知求足於「疑(定)止」，故曰：「以可以知人之性，求可以知物之理，而無所疑止之，則沒世窮年不能徧也」。

界定萬物之理以求止求足的方法是，以學「止」之，學「止」以求「至足」於聖王之制，取法於聖王之德，然後以非察是，以是察非，察其是否有合於王制，而互證以定其是非也。自其非者以察是，則凡同於非者皆為非，異於非者皆為是；自其是者以察非，則凡同於是者皆為是，凡異於是者必為非。是者，合於王制之謂也。反之，則所是皆非，所非皆非是。所謂「是是非非者知也，非是是非者愚也」。故曰：「故學也者，固學止之也。……聖也者，盡倫者也，王也者，盡制者也，兩盡者足以為天下極矣。故學者以聖王為師，案以聖王之法為法……以求其統類……傳曰：天下有二，非察是，是察非，謂合王制與不合王制也。」(以上所引詳解蔽篇)

所以他的結論是，除了「立隆正」(標準)「明辯說」之外，沒有任何方法能夠「分是非、治曲直」。凡是不能分是非，治曲直，不能辨治亂，治人道者，雖能無益於人；故凡析辭而為察，言物而為辯，博聞彊志而不合王制者，皆為君子之所賤。所以他的名理修正論，乃以辯說之術，求治於是非之不亂，曲直之分明，使天下統一於「正理平治」的仁政之下。(說詳本書第八章第三—五節及本章第二節)，這是言「術」的第二涵義。

三、所以易其難

儒家自周、孔以下皆主實用。凡尙實用必求之於「器」、「具」、「術」、「數」之「善脩」，以期圖難於易，事半功倍。是故周公以「踰越好士」，知天下是非之所在(見堯問篇)。孔子亦曰：「車唯恐其地之不堅也，舟唯恐其水之不深也，有其器，則以人之難爲易。夫道(術)，以人之難爲易也」(群書治要．尸子勸學)。荀子更作具體的指述，他說：「爵祿慶賞以申重之，時其事，輕其任……故姦邪不作，盜賊不起，而化善者勸勉矣。是何也？則其道(術)易也」(王制)。所謂「姦邪不作，盜賊不起」，皆爲今古之所難者，以「其道(術)」易而功易也。又曰：「持國之難易—事強暴之國難，使強暴之國事我易……。」(富國)。戰國時代，弱小之國處於強大之間，其難蓋可想知，然而荀子能以圖強制強之術使其移形換位，化難爲易。又曰：「君子位尊而志恭，心小而道大，所視聽者近，而所見聞者遠……操術然也」；「治國內之衆，若使一人……五寸之矩，盡天下之方也……則操術然也。」(不苟)。人主以養尊之故，固不宜輕舉妄動周行於天下，更不可能以身躬親於天下，但爲政之見聞不可不遠，自不可不以術使之然。欲其「總天下之要，治海內之衆」，尤非易事，然而「五寸之矩，可盡天下之方」，操術以治之則不難治之「若使一人」。又曰：「故上者下之本也，上宣明則下治辨矣；上端誠則下愿慤矣，上公正則下易直矣。治辨則易一，愿慤則易使，易直則易知，易一則彊，易使則功，易知則明，是治之所由生也。」（正論）。政府的責任在使國治天下平。政府的功能自然也必須以種種必要的工具—器，透過「術」的操作，圖衆難於一易。以海內人口之衆，其志之難一，其頑之難使，其心之難知，都要以適當的操術，化難爲易，才會舉重若輕，輕而易舉。

以上示例，蓋無不以操術之然否爲難易之道，操術然則易，不然則難。無術則尤難。這是言「術」的第三涵義。

四、所以速其事

荀子以術解決難易之後，還要求「速」求「達」於術。所以首從治學說起，當時的「國子」課程，大柢不外六經，除了形上學的易經之外，直接致用於爲政的只有五經。但其中「禮、樂法而不說，詩、書故而不切」，而春秋更是「約而不速」。爲學欲速之道，非術不可，故曰：「學之經（徑）莫速乎好其人……將原先王，本仁義，則禮正其經緯蹊徑也。若挈裘領，詘（屈）五指而頓之，順者不可勝數也。」（勸學）這是求學速成之術。

次論治國欲速之術之來自師法。他以爲即使是「百里而王」，「一朝而伯」甚至「一日而白」如湯、武，都不難求速於師法，儒效所謂：「用大儒則百里之地，久而後三年，天下爲一，諸侯爲臣；用萬乘之國，則舉錯而定，……故有師法而知（智）則速通；勇則速威，云能則速成，察則速盡，辯則之術。

速論（中）……」。王霸亦曰：「今亦以天下顯諸侯，誠義乎志意，義乎法則度量，著之以政事，則夫名聲之部（剖）於天地之間也，豈不如日月雷霆然矣哉。……一日而白，湯、武是也。」是爲治國速事之術。

三論積微速成之術。他以爲時間決定一切，而在於小事治辨之累積；能積微者速成。故曰：「月不勝日，時（四時）不勝月，歲不勝時，凡人好慢小事，大事至然後興之務之，如是則常不勝夫敦比（治辨）於小事者矣……小事之至也數，其縣（懸）日也博，其爲積也大，大事之至也希，其縣日也淺，其爲積也小。故善日者王，善時者霸，……故王者敬日，霸者敬時，……能積微者速成……」（彊國），這是與時爭勝之術。但這種「積微」，是指政府整體機能之運作而言，故與上述人主「至約」之術並無抵觸。

至於「達」，更關係君臣父子師徒之間的倫理關係，所以求速於師法，更要求「達」於「術之師教，故曰：「夫達，師之教也。弟子安焉、樂焉、休焉、遊焉、肅焉、嚴焉，此六者得於學，則邪僻之道塞焉；不得於學，則君不能言於臣，父不能言於子，師不能言於徒。」（御覽四百四）。又曰：「知者明於事，達於數，不可以不誠事也。」（大略）。後者蓋謂智者欲誠於事，必明達而有中於事理，曉暢於術數。前者謂學者明「達」則能各正於安樂休遊肅嚴之道，以遠邪僻。否則雖速無益也；而倫理蕩然更是欲速而不能。

關於談說之術，則爲更精微的「達」；非相所謂「堅彊以持之，譬稱以喻之，分別以明之……。」

是「中說」「中事」之所攸關，因爲師術之四曰「知微而論」，其「教」自必明達於事理。此爲言「術」之第四涵義。

都是嚴格確切的邏輯要求。

以上示例，或指治學，或謂爲政，或爲辯說，皆不可不求其速效於操術。師術之於「達」教，更

五、所以持其勢

荀子的禮治設計，始於「埶」（勢）的假設。所以說：「古者聖人以人之性惡，以爲偏險而不正，悖亂而不治，故爲之立君上之埶（勢）以臨之，明禮義以化之，起法正以治之，重刑罰以禁之，使天下皆出於治，合於善也；是聖王之治而禮義之化也」。他以爲有這樣的政治架構，才能保持良好正常的社會秩序。否則「……倚而觀天下民人之相與也……則夫彊者害弱而奪之，衆者暴寡而譁之，天下之悖亂而相亡不待頃也。」（性惡）

但他又以爲，「人主者天下之利埶也，得道（術）以持之則大安也，大樂也，……不得道以持之，則大危也，大累也，有之不如無之；及其綦也，索爲匹夫不可得也……安之者必持道也。故用國者，義立而王，信立而霸，權謀立而亡，三者明主之所謹擇也」（王霸）。所謂「得道」、「持道」的道，皆指治國之道術而言。是故以「義」爲術則可以「王」，以「信」爲術則可以「霸」，若以「權謀」爲術則必亡。所以他舉例說：「處勝人之埶，行勝人之道，天下莫忿，湯、武是也……不以勝人之道，

厚於有天下之埶，索爲匹夫不可得也，桀、紂是也」。（彊國）

最後且看他的一段話：「聰明君子者，善服人者也。人服而埶從之，人不服則埶去之……故人主……欲得善馭—及速致遠—則莫若王良，欲得調壹天下，制秦、楚，則莫若聰明君子矣……」。他以爲王良、造父之所以能「及速致遠」，是因爲得善馭之術；而「聰明君子」之所以「調一天下」，更由於「其用知甚簡，其爲事不勞而功名致大」之術（王霸）。

由此可知，爲政臨民固不可無「勢」，但若無術以持勢，則有勢不如無勢，甚至國破家亡，其身不免於刑戮。這是言「術」的第五涵義。

六、所以成其大

操術的最後涵義是，以正大成其大。因爲，他的思想指標是追求千秋大業的「王天下」；而他的操術也一直以光明正大的「禮義」爲中心—是最能獲得廣大認同的陽光；所以具有最正大而最能成其大的功能。例如論士大夫修身之術，則謂「體恭敬而心忠信，術禮義而情愛人」。如此以「禮義」爲術而具有「愛人」情操的正人君子，自然爲天下之所貴任；所謂「橫行天下……人莫不貴……人莫不任」（修身）。論人君治國之術，則謂「……聞修身矣，未聞爲國也」。因爲「君」的居位，最能發生「禮義」的示範作用，最能立竿見影於事功；所謂「君者儀也，民者景（影）也，儀正而景正……」（君道）。論爲政開明之術，則謂「上者下之本，上宣明則下治辨（平）矣……故主道利明不利幽……

……。」這種揚棄奸佞之「誕詐」，闇主之「權謀」的開明領導，自然更能推心置腹於臣下，而一切都在陽光之下的施政，自必更能獲得百姓的心悅誠服；所謂「主道明則下安……則貴上……親上……則上安」(正論)。論人君善群之術，則謂「上好禮義，尙賢使能……下民不待合符節，別契券而信，不待探籌投鉤而公，不待衡石稱懸而平……敵國不待服而詘，四海之民不待令而一」。這種的政治示範，自必政簡刑清，化民成俗以至富強；甚至不戰而屈人之兵，不令而歸天下之民(君道)。

最後的示例是，論正大的術的無例外於用兵。他以「仁人之兵」推翻了臨武君所謂「孫吳用之無敵於天下」的「變詐」論；所謂「仁人之兵不可詐也……以桀詐堯，譬之若以卵投石……若赴水火入焉焦沒耳……夫又何可詐也？故仁人用國日明(盛)，諸侯先順者安……反之者危……此四帝兩王皆以仁義之兵行於天下；故近者親其善，遠者慕其義，兵不血刃，遠邇來服」。此外，更以「六術五權三至五無壙」之說，使統兵大將成爲「通於神明」的「天下之將」。議兵篇的顚撲不破，不但使趙王及臨武君不能不稱「善」，而且刷新了「軍以詐立」，「兵不厭詐」的兵學傳統，而成爲「以戰止戰」，祈求和平的無上經典。

凡此皆可見以正大成其大的一面—皆見皆仰的正大，也是「充塞大宇」的成其大；最可能爲天下所認同，也最可能是人類福祉的永恒。是爲言「術」的第六涵義。

總之，荀子之言「術」，爲多種方法之總稱，爲操術之「術」與行道之「道」、之「方」所組成的行爲方法論。術的指要，在於積極求是於端緒、思辨、難易、遲速乃至於勢柄之中，以圖「王政」

之大成。而術的本質，則為君子明王為行仁導善所操持的規矩繩墨，而有別於小人闇主之權謀誑詐。歸納而言之，術也者，蓋所以總其要，明其辨，易其難，速其事，持其勢，成其大；士以善其身，大夫以善其職！大將以善其兵，君相以善其治，天子以一天下之道也。以下將分別論述之：

第二節 為士成人之術

一、治學之道—為士的基本工夫在治學，故曰：

(1)「學惡乎始？惡乎終？曰：其數(術)始乎誦經，終乎讀禮；其義則始乎為士，終乎為聖人。」

(2)「不登高山，不知天之高……不聞先王之遺言，不知學問之大也。干越夷貉之子，生而同聲，長而異俗，教使然也。詩曰：『嗟爾君子無恒安息，靖共(恭)爾位，好是正直，神之聽之，介爾景福……神莫大於化道，福莫長於無禍。』」

(3)「吾嘗終日而思矣，不如須臾之學也……假舟檝者，非能水也，而絕江河，……善假物也。」

(4)「騏驥一躍，不能十步，駑馬十駕(十日之程)，功在不舍……。螾無爪牙之利，筋骨之強，上食埃土，下飲黃泉，用心一也……是故無冥冥之志者，無昭昭之明，無惛惛之事者，無赫赫之功……故君子結於一也。」

(5)「學莫便乎近其人。禮樂法而不說，詩書故而不切，春秋約而不速。方其人之說，則尊以徧矣，周於世矣。」

(6)「……千里蹞步不至，不足謂善御；倫類不通，仁義不一，不足謂善學……全之盡之，然後學者也。君子知夫不全不粹之不足以爲美也，故誦數以貫之；思索以通之；爲其人以處之；除其害以持養之。使目非是無欲見也，使耳非是無欲聞也，使口非是無欲言也，使心非是無欲慮也。及其致好之也，目好之五色，耳好之五聲，口好之五味，心利之有天下。是故權利不能傾也，群眾不能移也，天下不能蕩也……夫是之謂德操。德操然後能定……能應……夫是之謂成人。天見(貴)其明，地見(貴)其光(廣)，君子貴其全也。」(以上均詳勸學)

(7)「人之於文學也，猶玉之於琢磨也。詩曰：『如切如磋，如琢如磨。』謂學問也。和之璧，井里之厥(石)，玉人琢之，爲天子(下)寶。子贛、季路故鄙人也，被文學、服禮義，爲天下列士。」

(8)「少不諷誦，壯不論議，雖可，未成也。」(以上均詳大略篇)

以上(1)至(6)則爲勸學篇關於治學之術的提要。第(1)則之謂「其數始乎誦經」之「數」，據楊倞注曰：「數，術也」故此處實爲全篇之重心，以下五則皆爲「術」之引申。「誦」者，誦數(說)也，「讀」者，精讀也。由於「禮之敬文也，樂之中和也，詩書之博也，春秋之微也」，此五者可以「畢在天地之間者」，故以五經之誦數爲始。更因爲「禮爲法之大分，類之綱紀」，所以「終乎」於「禮」

的精讀。六經中之易經，爲形上之學，而爲孔子之所難，自非一般學子之所宜，故不在誦說之列。

第⑵則所以明學之首要在「教」，故引詩以喻教學莫如勤，勤然後能「化道」如神。能「無禍以長福」。

第⑶、⑷兩則，強調「恒」與「一」的重要。欲圖「昭昭之明」，必有「冥冥」─默默深察之意志，欲立「赫赫之功」，必有「惛惛」─懃懃奮發之致力。

第⑸則是治學的方便之門─「近其人」。因爲禮樂二經，只有規範而沒有學理；詩書二經也只是遙遠的「故」事，而未能「切」近於今人今事；春秋由於大義微言之故，難以從「約」速曉。所以最方便的方法，莫過於「近」得「其人」─近仿良師所習之誦說。則「道尊以徧」，周至於學。

第⑹則，更具體提出求全求粹的方法要：貫之，通之，設身以處之，除害以養之，一切皆如佛門之持戒。所謂「致好之者」的境界，則來自從心所「好」而不踰距，以成能定能應之「德操」，這就是爲士爲君子的「成人」境界。可以與「天地同其貴」的「全粹」之美。孔子但謂「雖不能盡道術，必有循也……故富貴不足以益之，卑賤不足以損之」(哀公)，而荀子顯然有更進一步的蘄求。

最後的⑺⑻兩則，爲大略篇的治學效果論，也是治學方法重要的提示。前者之謂「文學」，乃指學問而言。其中「謂學問也」，是指「學」與「問」的兩大法門。意謂治學之道必須如治璞玉；學之問之於師友，則必如玉之琢磨，骨之切磋，乃得爲「天下之至寶」；學之者乃得爲「天下之列士」。後者爲人文教育的強調：所謂「諷誦」，爲「小學」階段的「記誦」之學，只是「知其然」的工夫；

「論議」則為「大學」所授的「義理」之學，是「所以然」的工夫。故在記憶最強的年齡，先以「記誦」之學，把經典之言牢牢記住；到了悟性漸高年齡，再從論議教育之中通達其章句義理，有如佛門之由「無知」教育，而入於「智慧」教育。此時老師應有能力發經典之精微，以授學生；學生亦可依「論議」驗證思辨之然否。師生皆可不用課本，而從容以授之，從容以學之，其豁然貫通事半功倍，自在意中。其為「言議」、「謀救」之引經據典，尤可左右逢源於記誦，而不必勞苦於蒐檢。而且能使莘莘學子，心無旁騖，無暇無力於遊蕩；而洒掃應對，進退辭讓的許多基本教育，更會根深蒂固於胸中。其中規中矩之基礎，更有助博學全粹之素脩。反之，如果學問不以其道，即使是「和之璧」，也不可能成器；再好的秉賦，都是奢侈的浪擲。因為，「諷誦」是「論議」的基礎，而「論議」更是辯說明道、成學成人之本。「不諷誦」則「論議」不精；「不論議」更不知義理為何物，自然談不上有「成」。他的話尤其反映了百家爭鳴的時代背景與「論議」的必要；也似乎遠遠在憂心於「身」無準繩，「言」不及義，不能「書」，不能「判」的士大夫。

二、正身之道——治學的同時，也是長期修身的開始，所以說：

(1)「治氣養心之術：血氣剛強，則柔之以調和，知慮漸深，則一之以易良；勇毅猛戾，則輔之以道順；齊給便利，則節之以動止；狹隘褊小，則廓之以廣大；卑濕重遲貪利，則抗之以高志；庸眾駑散，則刼之以師友；怠慢僄棄，則炤之以禍災；愚款端愨，則合之以禮樂，通之以思索。

凡治心養氣之術，莫徑由禮，莫要得師，莫神(速)一好。」

(2)「體恭敬而心忠信，術禮義而情愛人(仁)；橫行天下，雖困四夷，人莫不信。勞苦之事則爭先，饒樂之事則能讓，端愨誠信，拘守而詳，雖困四夷，人莫不任……行而供冀(恭翼)，非漬淖也。行而俯項，非擊戾也(抵觸)也。偶(相)視而先俯，非懼死也。然夫士欲獨修其身，不以得罪於比俗之人也。」(以上所引詳修身)

(3)「君子養心莫善於誠。致誠則無他事矣；唯仁之爲守，唯義之爲行。誠心守仁則形，形則神(無不能)，神則能化矣。誠心行義則理，理則明，明則能變矣。變化代興，謂之天德。……夫誠者，君子之所守也，而政事之本也，唯所居以其類至。操之則得之……得之則輕(易舉)，輕則獨行，獨行(專一力行)而不舍，則事濟矣。濟而各盡其材(材性也)，則所化者必長遷而不反其初，則成化矣。

君子位尊而志恭，心小而道大，所聽者近，而所聞見者遠；是何也？則操術然也。故千人萬人之情，一人之情是也。天地始者，今日是也。百王之道，後王是也。君子審後王之道，而論於百王之前，若端拜而議。推禮義之統分是非之分，總天下之要治海內之衆，若使一人。故操彌約，而事彌大；五寸之矩盡天下之方也。故君子不下室堂而海內之情舉積此者，則操術然也」(不苟)

(4)「君子之度己則以繩，接人則用抴(舟楫)。度己以繩，故足以爲天下法則矣。接人用抴，故能寬容，因求(眾)以成天下之大事。故君子賢而能容罷，知而能容愚，博而能容淺，粹而能容雜，夫是之謂兼術。詩曰：『徐方既同，天子之功』，此之謂也。」(非相)

以上四則首論養心不可無術。次論如何以恭敬禮義之愼行，廣得天下之貴任。三論「誠」之養心與志恭道大之操術。前者可以成「天德」，可以得一切；不誠則不獨，不能化萬物；後者則五寸之矩，可以盡天下之方。四論律己待人之道，而以寬容兼人爲美。凡此諸說除已詳第一節所詮者外，由於其中第(3)、(4)兩則尤關重要，特爲補申如次：

第一、所引不苟篇前段之謂「天德」者，爲誠心守仁行義之境界。其具體在於「守」「行」之間的「變化代興」。守仁積仁於中者，必發之於外，積善於外者，則心物相感，必如神之無不能，自無不可「化」之物。誠心以「義」者，積久則所行無不宜，所事無不中理，則是非之判，必如理之固然於人心，則無不可變之惡。前者之「化」，爲受動的從善之變；後者之「變」，則爲能動之遷善。於是化物於外，遷善於內，則人人可因君子之化物而從善，亦可因人人之遷善而相化，其循環代興之所至，自可如天之德，神以化之，明以變之。這是養心以誠之妙用，它的彈性意義直可小施於生活日用，而大用於化民成俗。所以中庸曰：「誠則形，形則著，著則明，明則動，動則變，變則化。唯天下之至誠爲能化。」

後段則謂君子以操術之故，而能持恭謹翼翼之志，服膺至大無外之道，故能視聽近而見聞遠。更能推一人之情以見萬人之情；於今日以見天地之始，自後王以觀百王之道，故能治海內之衆若一人。

他的操術是事物本源的把握，故能所「操彌約」，而所「事彌大」，有如五寸之矩之能盡天下之方。

第二、非相篇之謂「兼術」，其義爲兼能之術，蓋謂此術可兼律己接人之善，律己足爲天下法，接人復可因寬仁而得衆以成天下之大事。而且它的「容」，必須是難能的—易人之所難。凡賢知、博學、全粹而能兼容者，此天下之難也。然而君子必能之，然後足爲天下法則，足以成「內聖外王」之業。這種「兼術」的彈性意義，與前項「天德」之能小能大，是異曲同工的。也都是君子修身成人所不可不知的精義。凡君子之脩身條目，皆必務人之難，而易人之所難，然後與天地同其貴。

三、談說之道

談說之術，爲荀子言術之重要環節。故除本書第七、八章之所論述之外，本章仍述其要義如次：

第一、荀子原書，特於非相篇以「談說之術」爲題，分四端以論辯術之大旨：其一、談說之術，爲君子之所貴，所以君子必須能「貴其所貴」。所說必使聽者「常無不受」；持說的內容，雖然不必能取悅於人，然而「人莫不貴」之。所以它的基本操術是—矜莊、端誠的最佳態度；堅彊、譬稱以及區別分明、嚴格而精確的推理與「欣驩芬薌」的詞令。

其二、由於辯說所以徵聖人士君子所必具之人格等第，所以「君子必辯」。「辯之道，則爲小辯不如能見其條理端緒，見端緒不如能見其本源分義—小辯而能察，見端而能明，本分而得其理—與其汲汲於小事之辯，不如默察其大端；與其汲汲於大端，又不如深察於本源所及之倫理分義。這是「辯」

的大體。

其三、「辯」的正面功能是，如聖人的不待謀慮而當，出口成章而皆出於禮義之統，無論取舍轉合，皆能應變不窮；或爲士君子的謀慮於先，片言動聽，文而有質，博而從正。

其四、要揚棄辯說的負面—姦人之雄辯。因爲「聽其言則辭辯而無統」—辭其辯而不經於禮義。非十二子所謂「辯說譬諭，齊給便利而不經於禮義……言無用而辯，辯不惠(急)而察，治之大殃也。」故其人爲「聖王所先誅」；其說爲「仁人之所務息」。

第二、他的辯說之術是名理之學的修正與應用。是立身爲政求是求實所必要的正名之學。他的基調是「君子之辯」并以息小人之姦言。其一、辯說的基本前提是「王制」所具體的禮義，凡辯說必須有此共同的標準。所謂，「凡議，必將立隆正……無隆正則是非不分而辯訟不決」(正論)。故以「是非之封界、分職名象之所起」的「王制」爲隆正，故凡「言議期命」之所是非，皆以「聖王爲師」。其二、爲聖王之分重在「榮辱」二字，而榮辱復有義、勢之分，所謂「志意脩、德行厚，知慮明」由中而出之「榮」，謂之「義榮」—義理之勝的榮譽；反之爲「義辱」。凡所謂「爵列尊，貢祿厚，形埶勝……」從外而至之榮，謂之「埶榮」。反之爲「埶辱」。這種「榮辱之分」，便是「聖王之分」，也是古今「聖王以爲法，士大夫以爲道，官人以爲守，百姓以爲俗」的客觀標準，「萬世不能易」的標準。其三、王制的內容是「禮」。凡由正面之「中」而出之「榮」，必有合於禮，乃可謂義「榮」；由負面之中而出的「辱」，便是悖乎義的「辱」。凡由外而至的天子、諸侯、卿相士大夫的名位，都只是形式的「埶榮」。由名位之實不副名而發生的外來之辱，便是「埶辱」。「埶辱」之實，不全是客觀因素的，而「義辱」之至則必爲客觀的，所以君子可以不要權勢，而不可不爭義理。

第三、辯說之術的要求，要做到嚴格精確。所以從治心著手先求其正—先求心無蔽塞，懸衡於道，知正而察，知足而行，虛壹而靜的嚴格；然後求「萬物莫形而不見，莫見而不論，莫論而失宜」的精確。其次要精通後王所成之舊名—包括刑名、爵名、文名、散名之加於萬物者(正名)。然後循舊名，作新名而愼察於三標之要—分類制名以指事物之實在，緣名以辨實在之同異，更要深明制名用名的原則與種類，所謂「所爲有名，所緣以同異，制名之樞要」。以求嚴格的精確把握，然後凡「用名以亂名」，「用異以亂名」或「用名以亂實」的三惑三亂，皆能以嚴格精確之辯說「禁之」制之，以明天下之是非。

第三節　聖人師表之術

前節所論之「爲士成人」，是希望國家所培養的「士」，皆爲全粹完美的君子。本節則將論聖人師表操術之重要。他認爲「學之義……終於爲聖人」。以下是關於聖人聖王及一般師表應有之術：

(1)「……聖人何以不可欺？曰：聖人者，以己度人者也。故以人度人，以情度情，以類度類，以說度功，以道觀盡，古今一也。類不悖，雖久同理，故鄉乎邪曲而不迷，觀乎雜物而不惑……

……。」(非相)

(2)「總方略，齊言行，壹統類，而群天下之英傑，而告之以大古(道)，教之以至順……歛然聖王之文畢具焉，佛(勃)然平世之俗起焉，六說者不能入也……無立椎之地，而王公不能與之爭名……是聖人之不得埶者也，仲尼、子弓是也。」(非十二子)

(3)「一天下，財萬物，長養人民，兼利天下，通達之屬莫不從服，六說者立息，十二子者遷化，則聖人之得埶者，舜、禹是也。」(非十二子)

(4)「脩百王之法若辯白黑，應當時之變若數一二；行禮要節而安之，若生四枝；要時立功之巧，若詔四時；平正和民之善，億萬之衆而博(摶)若一人；若是則可謂聖人矣。」(儒效)

(5)「井井兮其有理也。嚴嚴兮其能敬己也。分分(介)兮其有終始也。猒猒(靜)兮其能長久也。樂樂(落)兮其執道不殆也。脩脩(條)兮其用統類之行也。綏綏兮其有文章也。熙熙兮其樂人之臧也。隱隱兮其恐人之不當也。如是則可謂聖人矣，此其道出乎一。」(儒效)

(6)「曷謂一？曰：執神而固。曷謂神？曰：盡善浹治之謂神。萬物莫足以傾之之謂固。神固之謂聖人。」(儒效)

(7)「上察於天，下錯於地，塞備天地之間，加施萬物之上，微而明，短而長，狹而廣，神明博大以至約……是爲人者，謂之聖人。」(王制)

(8)「古者先王審禮以方皇周浹於天下，動無不當也。故君子恭而不難，敬而不鞏，貧窮而不約，富貴而不驕，並遇變態而不窮，審之禮也。故君子之於禮也，敬而安之；其於事也，徑而不失；其於人也，寡怨寬裕而無阿。其所爲身也，謹修飭而不危……其於天地萬物也，不務說其所以然而致善用其材。……是故窮則必有名，達則必有功……仁智之極也，夫是之謂聖人審之禮也。」(君道)

(9)「夫師，以身正儀，而貴自安者也。」(修身)

(10)「師術有四—而傳(博)習不與焉：尊嚴而憚……耆艾而信……誦說而不陵不犯……知微而論……。」(致士)

(11)「其爲人上也，廣大矣，志意定乎內，禮節脩乎朝，法則度量正乎官，忠信愛利形乎下，行一不義，殺一無罪，而得天下不爲也。……則天下應之如讙……故近者謳歌而樂之，遠者竭蹷而趨之，四海之內若一家，夫是之謂人師(聖王)。」(儒效)

以上自(1)至(8)則皆論聖人之術。蓋荀子心目之中的聖人，是指擁有「儒術」的「大儒」。第(1)則謂聖人以善「度」之術，觀盡以道，故能不迷、不惑於邪曲雜物。第(2)則謂孔子、子弓以聖人之術，垂教化俗，使六家所代表的「姦人邪說」莫能浸；無立椎之地，而王公大人莫能與爭名。第(3)則具體舉聖人之得勢的舜、禹爲證，以明儒術之成效。第(4)至(6)則或舉聖人爲政之明辨，要節、立功、和民之道；或論聖人治事嚴謹，安泰樂人之術，或美聖人盡善浹治神化之術；第(7)(8)兩則，則舉聖人審禮之術，察天錯地仁智之極。

第⑼⑽兩則爲師表之道。前者強調身教自安的人表之術；後者則具體列舉爲師之術：必須莊敬而懷戒懼，耆艾彌篤於信，講授不違所學，知理精微而通於統類。

第⑾則更以「人師」稱聖君，因爲這樣的境界，唯有兼君師之德的聖人才做得到。儒家「內聖外王」的指標，就需要這樣既能「盡倫」又能「盡制」的聖人，所以是爲士的終極目標。其所以形成境界的一切方法，正是作之君、作之師最具體的「人師」之術。

總之，儒家以「聖人」爲傳統之偶像，而「師」則爲禮法人才之根源，操術之重要，自然關係治國之成敗，天下蒼生之休咎。故博學而無術固不足爲聖人，更不可爲「人師」；自然談不上王道仁政之落實。由於一般師資爲莘莘學子之楷模，自然要有「正儀」的身教，要有行己「自安」的身教；博學之外的「四術」，更是承先啓後的基礎：第一必須在莊敬矜持之餘，還要知所戒懼，而不斷進修，以免不進則退，誤人子弟。第二、須是年高德劭的鄉老，而在「戒之在得」之年，更要內立誠而外有信，以免「白沙在涅，與之俱黑」；第三須能明經傳道，絕不可扭曲師承，自以爲是，以免失之毫厘。第四、人師論道不可不通精微之理，但不可一瀉千里不知所歸，必須無悖於大道之綱紀，必須折中聖賢之所見。凡以此爲術者，乃可以爲人師，然後有拓展文化、明刑弼政的教育。最後所論的「人師」境界，更可謂亦君、亦師政教之術的畫龍點睛。

第四節　人臣之術

一、事君之道

(1)「事聖君者，有聽從無諫爭，事中君者，有諫爭無諂諛；事暴君者，有補削無撟拂。」

(2)「迫脅於亂時，窮居於暴國，而無所避之，則崇其美，揚其善，違其惡，隱其敗，言其所長，不稱其所短，以爲成俗。」

(3)「恭敬而遜，聽從而敏，不敢有以私決擇也，不敢有以私取與也，以順上爲志，是爲事聖君之義也；忠信而不諛，諫爭而不諂，撟然剛折端志而無傾側之心；是案曰是，非案曰非，是事中君之義也。調而不流，柔而不曲，寬容而不亂，曉然以至道而無不調和也，而能化易，時關內(納)之，是事暴君之義也。」

(4)「若馭樸馬，若養赤子，若食餒人。故因其懼也而改其道，因其憂也而辨其故，因其喜也而入其道，因其怒也而除其惡，曲得所謂焉。」(以上均詳臣道)

以上五則爲事君之術。其一、聖君至明而無過事，故但從命而不必諫爭。中君非上智，喜譽而惡毀，行事則多過，故宜諫爭，而不可阿諛以助長其過。暴君無道，故宜有補過彌縫之言，而不可拂違其命。其二、處亂世，失意於暴君之國，避世固佳，否則只好推崇其美，揄揚其善，言其所長而不稱其短，隱其敗德而遠違其惡行。此不可與言之君，諍之適得其反，故宜將順以處之，論語所謂「邦無道，危行言遜」也。其三、事聖君宜恭敬順從而敏，取予決擇不敢以私，凡事順循其則。事中君宜忠信諫爭而不諛不諂，敢於面折廷爭而無反側之心；是非之所在，更要直言不諱。對於暴君，更要「不流」「不曲」「不亂」而以至道爲「調和」化易之啓迪，以通言路。(3)(4)兩則似爲事君之通則。前者謂事君之方法，宜如馭未馴之生馬，不可不謹愼；如照顧幼兒，不可不周到；更要如侍久飢之人，務使少量進食，不可操之過急。後者論事君以「順」爲第一。凡事君而不順者，皆由於不盡力；凡盡力而不順者，皆由於不敬；凡敬而不順者，皆由於忠誠之不足；凡忠而不順者，皆由於無功績以副君命；凡有功績而不順者，則由於欠缺道德修養。因爲，能順方能獲得君心，以遂其志，獲君心而能以立德爲本，自然無往不利以善其所事。反之無法則無功，無功則不忠，不忠則不敬，不敬則不能盡心，則事君不遂。

二、敬人之道

(1)「仁者必敬人。凡人非賢則案不肖也。人賢而不敬，則是禽獸也；人不肖而不敬，則是狎虎也。禽獸則亂，狎虎則危災及其身矣。」(臣道)

(2)「敬人有道—賢者則貴而敬之，不肖者則畏而敬之；賢者則親而敬之，不肖者則疏而敬之。其

敬一也，其情二也。……恭敬禮也，調和樂也，故君子安禮樂，利謹愼而無鬥怒，是以百舉無過也。」(臣道)

以上所錄二則皆論「敬人」的重要。第⑴則論仁者必知敬人。因爲凡人，不是賢者便是不肖，敬賢然後皆知貴賢輕不肖，乃有人倫社會的基本是非。乃有人獸之間的區隔。所以說人賢而不敬，則與禽獸無別。人不肖也不可不敬。因爲不肖者恒如虎狼，不敬不肖則有如輕侮虎狼。人如禽獸，其國必亂，輕侮虎狼，則其身必危。第⑵則論敬人之道。對於賢不肖，同敬之而有別。前者之敬，爲貴之而敬，敬而親之。後者爲畏之而敬，敬而遠之，以重人和；所以說「其敬一也，其情二也」。禮所以致恭敬，樂所以利調和，皆爲人際關係的基本文化，所以君子安於禮樂利於謹愼，故能遠禍於鬥怒。

(榮辱)

三、行術通義

⑴「天下之行術—以事君則必通，以爲仁(人)則必聖；立隆而勿貳也。然後恭敬以先之，忠信以統之，謹愼以行之，端慤以守之，頓窮則疾力以申重之。君雖不知，無怨疾之心；功雖甚大，無伐德之色；省(寡)求多功，愛敬不惓，如是則常無不順矣。」(仲尼)

⑵「少事長，賤事貴，不肖事賢，是天下之通義也。有人也，埶(勢)不在人上，而羞爲人下，是姦人之心也。志不免乎姦心，行不免乎姦道，而求有君子之名，辟之猶伏而咶天，救經而引其

足也。說必不行矣，俞務而俞遠。故君子時詘則詘，時伸則伸也。」(仲尼)

荀子書中凡謂「立隆」、「隆正」，皆指禮義而言；所謂「先王之道，仁之隆也，比中而行之。曷謂中，禮義是也。」(儒效)。以上所錄二則，前者論政治倫理通行天下之術，在於立禮義之隆正而終身不二。隆禮之道則以恭敬爲先，忠信爲統；謹愼端慤，無怨疾於君上，無自伐於功德，更要求寡而功多，愛敬而不倦。是故事君則必通其志，以爲人則必然爲聖者，終身常無不順。後者以天下共通之義理，爲「行術」之輔助。基本上必知「詘伸以時」的道理，必守長幼尊卑貴賤賢不肖之間相「事」之倫理，才談得上「立隆而不貳」。

四、持寵之道

(1)「持寵處位終身不厭之術—主尊貴之則恭敬而僔，主信愛之則謹愼而嗛(謙)，主專任之則拘守而詳，主安近之則愼比而不邪，主疏遠之則全一而不倍，主損詘之則恐懼而不怨。貴而不爲夸，信而不處謙(嫌)，任重而不敢專，財利至則善不及也，盡辭讓之義然後受。福事至則和而理，禍事至則靜而理；富則施廣，貧則用節，可貴可賤也，可富可貧也，可殺而不可使爲姦也……雖在貧窮徒處之埶(勢)，亦所象於是矣；夫是之謂吉人。」

(2)「求善處大重(理)任大事，擅寵於萬乘之國必無後患之術—莫若好同之，援賢博施，除怨而無妨害人。能耐任之，則愼行此道也；能而不耐任，且恐失寵，則莫若早同之；推賢讓能，而安隨其後。如是有寵則必榮，失寵則必無罪。」

(3)「……故知者之舉事也，滿則慮嗛，平則慮險，安則慮危；曲重其豫，猶恐及其禍，是以百舉而不陷也。孔子曰：『巧而好度，必節（說苑雜言篇作「工」），勇而好同，必勝；知而好謙，必賢。』此之謂也。愚者反是：處重擅權，則好專事而妒賢能，抑有功而擠（排）有罪，志驕盈而輕舊怨，以恡（吝）嗇而不行施，道乎上爲重，招權於下以妨害人。雖欲無危，得乎哉！是以位尊則必危，任重則必廢，擅寵則必辱，可立而待也，可炊而僥（竟）也。是何也？則墮之者眾，而持之者寡矣。」（以上均詳仲尼篇）

以上三則皆仲尼篇所論持專寵、處高位之術。第⑴則謂得人主之尊貴，必須恭敬而有節，切不可失儀失態。得人主之信愛，必須謹愼而謙卑，切不可得意忘形。得人主之專任，必須守禮守法，謹於奉職，切不可跋扈不遜。得人主之親近，必須愼其交遊以遠邪惡，切不可營私植黨。身遭貶絀，必須逆來順受，惶恐自省，切不可心懷怨望。身貴而不可自大。獲信而益遠嫌疑，切不可擅作威福。負重任而不敢自專。面臨財貨封賞，必須自問功德，善不及則不可受，必須掬誠辭讓然後受。喜事及身，必須和愼而理之；面臨禍事，必須冷靜而理之。富須廣爲施惠，貧則宜知節儉。必須可以貴亦可以賤，可以貧亦可以富；甚至可殺而不可使爲邪惡。擅此術者，必能無往不利，故曰『終身不厭之術』；即使是貧窮無位，也要效法而行，才是趨吉避凶的吉人。

第二則爲重臣擅專寵於萬乘大國之術。其術之要莫如以下數端：㈠與同道同賢者同心於國事。㈡

提攜賢能而廣施惠，以結忠義之心。寬厚容人，不念舊惡之私，而不因寬宥而危衆。㈢才而勝任，則謹愼行道；力不從心，久而有失寵之憂，則及早引賢共事，然後擧賢自代而安然從其後以助之。㈣果能如此，則可無過而深獲人主之心，是故有寵則必榮，失寵則必無罪。故爲事君之寶而必無患之術。

第三則是此術的重要提示：智者之操術，恒危其心：物忌過盛，滿必招損，故於得意則以過失爲慮，處坦途則思艱險，曲重周詳於豫備，猶恐疏漏之禍及身，其謹愼如此，是故可「百擧而不陷」。故引孔子的一段話—巧匠好深慮，其事必工；勇者不陵物而好與人同策同力，自必多力而勝人；智者好謙，其人必賢—以證其說。後者則謂愚者必反其道，處重任擁大權者，每好擅專而嫉賢妒能。而且壓抑有功之賢，恐其勝己；排斥有罪之賢，恐其妨己；得意則驕矜輕賤於舊怨；以吝嗇而不務養惠，慳吝成性而不知施惠；道諛於上以自貴重，攬權於下以惡草害苗。其結果必處危地而無可立椎。這樣的人，位尊必然危殆，位重必然廢絀，擅寵難久必招侮辱，而且非常的快速，可以立以待之，可以炊以竟之。原因是，反對者多而支持者少，其寵既必衰，墻傾而衆人推之，焉有不危之理。

總之，人君愛才每專信之謂之「寵」。賢臣因才得寵者，亦每因才而失寵，寵失則無柄以爲蒼生霖雨矣。故人臣不可不知持寵處位之術。

第五節 人君之術

一、為政根本之方

(1)王者之政——「請問爲政？曰：賢能不待須而舉，罷不能不待須而廢，元惡不待教而誅，中庸不待政而化。分未定也，則有昭繆。雖王公士大夫之子孫也，不能屬於禮義，則歸之庶人。雖庶人之子孫，積文學，正身行，能屬於禮義，則歸之卿相士大夫。故姦言、姦說、姦事、姦能，遁逃反側之民，職而教之，須而待之。勉之以慶賞，懲之以刑罰。安職則畜，不安職則棄。五疾，上收而養之，材而事之，官施而衣食之，兼畜無遺。才行反時者死無赦。夫是之謂天德，王者之政也。」

(2)「聽政之大分——以善至者待之以禮。以不善至者待之以刑。兩者分別，則賢不肖不雜，是非不亂。賢不肖不雜則英傑至，是非不亂則國家治。若是則聲名日聞，天下願，令行禁止，王者之事畢矣。」

(3)「聽政之盡——威嚴猛厲而不好假道人，則下畏恐而不親，周閉而不謁；若是，則大事殆乎弛，小事殆乎遂(墜)。和解調通，好假道人，而無所凝止之，則姦言竝至，嘗試之說鋒(蜂)起，若是則聽大事煩，是又傷之也。故法而不議，則法之所不至者必廢。職而不通，則職之所不及者必隊(墜)。故法而議，職而通，無隱謀，無遺善，而百事無過，非君子莫能。故公平者，職之衡也，中和者，聽之繩也。其有法者以法行，無法者以類舉，聽之盡也……。」

（以上所引均詳王制）

(4)爲治之極——「主道治近不治遠，治明不治幽，治一不治二。主能治明則幽者化，主能當一則百事正。夫兼聽天下，日有餘而治不足者，如此也，治之極也。……故明主好要，而闇主好詳。主好要則百事詳，主好詳則百事荒。」（王霸）

(5)愛民好士——「君者，民之原也，原清則流清，原濁則流濁，故有社稷者而不能愛民不能利民，而求民之愛己，不可得也。民不親不愛，而求其爲己用爲己死，不可得也。……而求兵之勁城之固，不可得也。……而求敵之不至，不可得也。……故人主欲彊固安樂，則莫若反之民；欲附下一民，則莫若反之政；欲脩政美俗，則莫若求其人。彼其人者，生乎今之世而志乎古之道。以天下之王公莫好之也，而是子獨好之；以天下之民莫爲之也，而是子獨爲之。好之者貧，爲之者窮，然而是子猶將爲之也，不爲少頃輟焉；曉然獨明於先王之所以得之失之，知國之安危臧否若別白黑，則是其人也，大用之則天下爲一，諸侯爲臣；小用之，則威行鄰敵；縱不能用使無去其疆域，則國終身無敵。故君人者，愛民而安，好士則榮。兩者無一焉則亡。」（君道）

(6)論才任官——「材人—愿愨拘錄（劬勞），計數纖嗇而無敢遺喪，是官人使吏之材也。脩飾端正，尊法敬分而無傾側之心，守職脩業，不敢損益，可傳世也，而不可使侵奪，是士大夫官師之材也。知隆禮義之爲尊君也，知好士之爲美名也，知愛民之爲安國也，知有常法之爲一俗也，知尚賢使能之爲長功也，知務本禁末之爲多材也，知無與下爭之爲便於事也，知明制度權物稱用

之爲不泯也，是卿相輔佐之材也，……能論官此三材者而無失其次，是謂人主之道。」(君道)

(7)衡察進良——「衡聽顯幽重明退姦進良之術——朋黨比周之譽君子不聽；殘賊加累之譖，君子不用；隱忌雍蔽之人，君子不近；貨財禽犢之請，君子不許。凡流言、流說、流事、流謀、流譽、流愬(訴)、不官(正)而衡至者，君子愼之，聞聽而明譽(察)之，定其當而(不)當，然後士(出)其刑賞而還與之；如是則姦言姦說……莫之試也；忠言忠說……莫不明通，方起以尚(上)盡矣。夫是之謂衡聽顯幽重明退姦進良之術。」(致士)

以上七則所論皆爲政根本之術。第(1)則以爲，爲政之首要在於舉賢廢不能而誅元凶，而且刻不容緩，不待教而誅；然後中庸者不待政教而自化。當爲政之初，大分未定之際，則有如父子昭穆之例，使賢者如父之居上，不肖者如子之居下，而不計其世族貴賤。所謂賢不肖之具體條件爲禮義之歸屬。凡不能歸屬於禮義者，雖爲貴族子孫，亦歸之於庶人，視之爲平民。凡能脩積學問，正其行己，而能歸屬於禮義者，則雖爲平民之子孫，亦可歸之於卿相士大夫。故凡姦邪之言論、行事、技能以及因罪遁逃不安之民，皆授職而教之，假時日而待其遷善。然後繼之以慶賞之勸善，以刑罰之懲惡。安於其職者養之，不安職者則棄之於流放。凡五疾者——瘖、聾、跛躄、斷、侏儒之徒，皆由政府收容教養之，因材而役使之，官之、施(用)之、衣食而溫飽之，必使遍及天下而無向隅。但凡才德悖於時政者，則殺無赦。因爲那是禍亂之根源，絕對不可寬貸。所以說這是「天德」之術，是王者之政。

第(2)(3)兩則皆論聽政之術，前者論聽政之大經，而以禮賢判是非於天下，觀點是「是非不亂則國家治」。他的方法則以禮與刑分別處遇善不善，則朝士之間必無賢不肖之雜處，而是非亦必厘然而判，於是賢良舉則天下之英傑莫不「至」，而是非不亂則國家莫不治；則令名日著，天下歸之，其令必行，其禁必止，其政之美自必無以復加。後者以為威猛與和調，都有副作用，威猛而不宣導，則有畏恐不親，言路不通之病；宣導而不能盡善以衷於天下，則有姦言嘗試之說紛亂於視聽，必有治絲益棼之弊。任法而不先於「議」，則無法理之救濟，分職而不能聯席調通，則有「自掃門前雪」之偏失。只有「法而議，職而通，才會無隱謀，無遺善，而百事通」。於是他揭櫫——公平、中和、行法，舉類四條——以公平為聽政之衡器；以中和為聽政之準繩。而以行法濟之以類舉，以盡聽政之道。

第(4)則論人主為治之極——治要不治詳。要者，齊民之要術也。凡政，近者簡，而遠者繁；明者簡而幽者繁；一為簡，二為繁，近者治，則遠者不治而自理；明者治，則幽者不治而自化；治當一事者，則百事不治而自正。是故時日有餘，而政雖繁不足治，所謂「主好要則百事詳」也，這是為政的極致。

第(5)則謂凡為政者莫不求民之愛己；求其為己用，為己死，然後兵可勁，城可固，而敵不至。故欲彊固安樂，莫如「附下一民」之政；而欲脩政美俗，則莫如「求其人」。求之之道，則在於默察好古出眾之士——獨好天下王公所「莫好」，獨為天下之民所「莫為」。即使為之而貧窮，也要獨為而無或輟。唯其眾醉獨醒如此，乃能曉然獨明於先王所以得失之道，以知國之安危，政之臧否如判黑白。

第(6)則為因材器使之道，①凡謹愨勤勞，纖細不遺者，皆職官下吏之材。②凡脩品正身，崇法守分，無或邪傾者；凡能善務職守，善敬其業者而不敢出入，其風可傳，其志之不可侵奪者，皆為士大夫大吏司官之材。③凡知好士所以美名，知愛民所以安國，知國有常法所以一風俗，知尙賢使能之所以起事功，知務於農本而禁其末業，所以生財者；知不與民下爭利，所以便政事者，知制度規矩之大用而不爲所拘泥者，則爲公卿宰相良輔之材。此三者，爲治國不可或失之大具，能論之官之而不失其次，自然會「身佚而國治，功大而名美，上可以爲天下之共主，下可以伯天下，所以「是人主之要守」（詳省文）：是人主治國之道。

第⑺則所論爲重明進良之術。明君不偏聽比周朋黨之言，所謂「衡聽」也。不用譖言，則朝有正人，野無遺賢，所謂「顯幽」也；不近妒賢矇蔽之臣；不許賄賂之請；一切無稽之談，未經官方查證而「衡至」的談說，聞之必明察以定其當不當，然後分別刑之賞之，而還以應得之責實，則姦佞之臣不敢嘗試其姦謀。於是忠言忠說忠事忠謀忠譽忠愬（訴），無不因其明而通達，而競盡其言；是所謂「重明」也。人主明驗於朝，則姦人自退，賢良之士自必聞風而來，王制篇所謂「賢不肖不雜則英傑至」也。故謂重明退姦進良之術。

二、「三德」之政

⑴「……故古人爲之不然；使民夏不宛（鬱）暍（傷暑），冬不凍寒，急不傷力，緩不後時，事成功立，上下俱富，而百姓皆愛其上，人歸之如流水，親之歡之如父母，爲之出死斷亡而愉者，無它故焉，忠信、調和、均辨（平）之至也。故君國長民者，欲趨時遂功，則和調累解（寬容），速

乎急疾；忠信均辨，說乎賞慶矣，必先脩正其在我者，然後徐責其在人者，威乎刑罰。三德者誠乎上，則下應之如影響，雖欲無明達，得乎哉！書曰：『乃大明服，惟民其力懋，和而有疾』。此之謂也。」

(2)「故不教而誅，則刑繁而邪不勝；教而不誅，則姦民不懲；誅而不賞，則勤勵之民不勸；誅賞而不類，則下疑俗險而百姓不一。故先王明禮義以壹之；致忠信以愛之；尚賢能以次之；爵服慶賞以申重之；時其事，輕其任，以調齊之；潢然兼覆之，養長之，如保赤子。是故姦邪不作，盜賊不起，而化善者勸矣。是何也？則其道易，其塞固，其政令一，其防表明。故曰：上一則下一矣，上二則下二矣。辟之若中(草)木枝葉必類本。此之謂也。」

(3)「不利而利之，不如利而後利之之利也。不愛而用之，不如愛而後用之之功也。……利而不利也者，愛而不用也者，取天下者也。利而後利之，愛而後用之者，保社稷者也。不利而利之，不愛而用之，危國家者也。」(以上均詳富國)

以上三則皆論人君得民之道。第(1)則先敘「三德」之效果，後道其方法。所謂「三德」者，指「和調累解，忠信均辨，正己而後責人」三者而言。荀子以爲，古之爲政，皆能使民養生以時，於夏不傷暑，於冬不凍寒；使民雖急而不至傷民力，行事雖緩而不後農時；所以能事成功立，上下俱富，百姓歸之，歡之，樂爲之犧牲；其故皆由於爲政者之必忠必信，使民之寬厚調和，聽政之公正公平之所致。所以君國長民之爲政者，欲得天時以立功，則和調寬大使民樂於聽令，則其呈效必速於躁急之求；平正之治亦必賢於慶賞；正己然後責人，則其威勝於刑罰。「三德」誠正於上位，處處以誠爲感召，則百姓之歸心，自必如響斯應。故書經．康誥強調民力之無倫；唯有賢君能以「大明」服之，自必和協團結而多力，多力自必速於多功。這是「三德」之術的輪廓。

第(2)則論「三德」必須具體於政教。但徒有刑罰之「誅」，則如老子之謂：「法令如毛，盜賊多有」；徒教而不誅，則姦民不知戒懼；徒誅而不賞，則良民不知勵進。而更重要的是，誅與賞不得其分─誅不當其罪，賞不當其功，如此政出私門，公權力不信於民，於是下之疑上，必形成爾詐我虞之俗，其民必難定之於一。是故必以禮義之教使民俗不「疑」不「險」，而一志於禮義；必以忠信之道，愛民以德；尙賢使能以分貴賤之等；復以爵位服制慶賞制度尊之重之，以倡思齊之義。然後施政以時，輕徭薄賦，調而齊之；廣其德澤，善被其民，養長如赤子，所以邪惡不興，盜賊不生，善良之民則加勉而化。故歸納其要，則不外乎治道欲其公平，邊防欲其安固，政令欲其劃一，禮防欲其彰明。一切的施政效果，皆以「上一」爲根源。「上一」政則下民一心，其理一如草木之必類於根本，根本良者，其枝葉未有不良。

第(3)則爲最後的引申，也是最重要的操術。國家唯一的政治資源是「民」，爲政不能不取之於民；也不能不用民力。「取之於民，用之於民」只是起碼的準則。先利而後取，自然比不利而取來得高明，所以管仲說：「知予之爲取，政之寶也。」同理，愛民然後用民，則百姓必愛其上，自然樂爲之用，故能「保社稷」。如能利民而不取於民，愛民而不勞民，則四海歸心，更不難「取天下」。

三、「稱義」之治

(1)「道者，何也？曰：君之所道也。君者何也？曰：能群也。能群也者，何也？曰：善生養人者也，善班治人者也；善顯設人者也，善藩飾人者也。善生養人者人親之，善班治人者人安之，善顯設人者人樂之，善藩飾人者人榮之；四統者俱而天下歸之，夫是謂能群。……」

(2)「省工賈，眾農夫，禁盜賊，除姦邪——是所以生養之也。天子三公，諸侯一相，大夫擅官，士保職，莫不法度而公——是所以班治之也。論德而定次，量能而授官，皆使人載其事而各得其宜，上賢使之爲三公，次賢使之爲諸侯，下賢使之爲士大夫——是所以顯設之也。修冠弁衣裳黼黻文章彫琢刻鏤皆有等差——是所以藩飾之也。故由天子至於庶人也，莫不騁其能，得其志，安樂其中，是所同也；衣煖而食充，居安而游樂，事時制明而用足，是又所同也。若夫重色而成文章，重味而成珍備，是所衍(餘)也。聖王財衍以明辨異，上以飾賢良而明貴賤，下以飾長幼而明親疏，上在王公之朝，下在百姓之家，天下曉然皆知其非以爲異也，將以明分達治而保萬世也。故天子諸侯無靡費之用，士大夫無流淫之行，百吏官人無怠慢之事，眾庶百姓無姦慓之俗，無盜賊之罪，其能以稱義遍矣。故曰治則衍及百姓，亂則不及王公。此之謂也。」

(3)「至道大形——隆禮至法則國有常，尚賢使能則民知方，纂論公察則民不疑，賞克(勤)罰偷(惰)則民不怠，兼聽齊明則天下歸之。然後明分職，序事業，材技，官能，莫不治理，則公道達而私門塞矣，公義明而私事息矣。如是，則德厚者進，尚佞說者止，貪利者退而廉節者起。……臣下百吏至於庶人莫不修己而後敢安止(位)，誠能而後敢受職，百姓易俗，小人變心，姦怪之屬莫不反愨，夫是之謂政教之極。故天子不視而見，不聽而聰，不慮而知，不動而功，塊然獨坐而天下從之如一體、如四肢之從心，夫是之謂大形……。」

(4)「為人主者莫不欲強而惡弱，欲安而惡危，欲榮而惡辱，是禹、桀之所同也。要此三欲，避此三惡，果何道而便？曰：在愼取相，道莫徑是矣。故知而不仁，不可；仁而不知，不可；既知且仁，人主之寶也，而王霸之佐也。不急得，不知；得而不用，不仁。無其人而幸有其功，愚莫大焉……。故古之人……其取人有道，其用人有法。取人之道，參之以禮。用人之法，禁之以等。行義動靜，度之以禮；知慮取舍，稽之以成；日月積久，校之以功。故卑不得以臨尊，輕不得以縣重，愚不得以謀智，是以萬舉不過也。故校之以禮，而觀其能安敬也；與之舉措遷移，而觀其能應變也；與之安燕，而觀其能無流慆也，接之以聲色、權利、忿怒、患險，而觀其能無離守也。……故伯樂不可欺以馬，君子不可欺以人，此明王之道也。

人主……欲得善馭──及速致遠者，一日而千里，縣(懸)貴爵重賞以招致之。內不可以阿子弟，外不可以隱(錯)遠人，能致是者取之……故有社稷者，莫不欲彊，俄則弱矣；莫不欲安，俄則危矣；莫不欲存，俄則亡矣。古有萬國，今有(數)十數焉，是無他故，莫不失之是也。故明主有私人以金石珠玉，無私人以官職事業，是何也？曰：本不利於所私也。彼不能而主使之，則是主闇也；臣不能而誣能，則是臣詐也。主闇於上，臣詐於下，滅亡無日，俱害之道也。夫文王非無貴戚也，非無子弟也，非無便嬖也，倜然乃舉太公於州人而用之，豈私之也哉……然而用之者，文王欲立貴道，欲白貴名，以惠天下……非于是子莫足以舉之，……於是……兼制天下，立七十一國，姬姓獨居五十三人……如是者能愛人也。……故曰：唯明主爲能愛其所愛，闇主則必危其所愛。此之謂也。」(以上均詳君道篇)

以上四則論治國平天下的四大綱領。第(1)則首申「道」的概念。他以爲所謂「道」，就是人主治國之行術，故曰「君之所道也」。由於「君」的界定是「能群」，所以揭櫫善群的四統。其內容如下：1.善生養人(養民)，2.善班治人(治理)，3.善顯設人(富貴之)，4.善藩飾人(尊榮之)。四者的效應分別是：「人親之」，「人安之」，「人樂之」，「人榮之」。兼四者而有之，則天下之吏民必歸之，便是能群天下之君；反之則天下去之，便是爲天下所賤之「匹夫」。所以說「道存則國存，道亡則國亡」。

第(2)則爲申言「四統」的大要：1.所謂「生養」之統的內涵，是適應農業社會安土重遷的需要，人口的分佈要農民多於工商人口，農業經濟才會繁榮。盜賊與姦邪，都是影響治安的害蟲，所以必須能禁絕，然後「人親之」。2.「班(辨)治」的一段話，自然是治國爲政所必要的基本設施—政府機構之形成，重要的是，所有的公卿士大夫，都必須「法度而公」—守制度、依法令、重原則，公正無私以任事，才是「班治」之「善」，所以「人安之」。3.關於職位設計的「顯設」，是名器功能的落實。

一方面要使位得其人，另一方面也使人得其位，後者是尊賢的「顯」，前者則為稱職的「設」，所以「人樂之」。4.至於「藩飾」的一環，是以從徒、文飾之禮，使天子、諸侯、公卿、士大夫之侍衛、車馬、服制、器物各有等差，以分貴賤；所以「人榮之」。所以上自天子下至庶人，都能各依其位而各盡其才，各得其志，安樂其所事；也都能豐衣足食，居之安，游之樂，事以時，制以明，而財用足。此外還有所謂「重色而成文章，重味而成珍備」，是以上制度所衍生的餘事，但它仍然具有積極的功能，所謂「聖王財(裁)衍……」，同樣以享受的差別限制，上以藩飾賢良，表明貴賤，下以文飾長幼，以別親疏。使朝野上下皆知貴賤尊卑於同異之間，而產生「明分達治而保萬世」的功能。更由於各有限制，使貴如天子諸侯不敢任意奢靡，士大夫更不敢有荒淫行為，百吏官人不敢怠慢於本職；民間不會存在姦邪風俗，人人不會有盜賊之罪刑，這種政治自然為人人所認同。所以說：國治則澤衍於百姓，時亂則王公持節不敢或亂。

第(3)則是「四統」最高境界的引申。這種境界是來自隆禮法、尙賢能、察輿情、正賞罰之「兼聽齊明」。他強調優良制度所產生的效果—所謂「國有常」、「民知方」、「民不疑、不怠」，乃至於「天下歸之」。另一面則以為他的治術可使「公道達而私門塞」，「公義明而私事息」，而使德厚者獲得仕進而佞說之風息，貪墨之徒退而廉節之士起；乃至於朝野皆知修己乃敢正位而作；量其能然後敢受職；是故風俗為之不變，姦怪之流無不反於謹愨，以趨於「政教之極」的境界。於是為天下共主者，則可以不視而無所不見，不聽而無所不聞，不慮而無所不知，不勤而無不有功。只要垂拱而坐，而天下相從如一體之共存，如四肢之從心，所以他用「大形」形容這種治術的境界。

第(4)則先指出，人主莫不欲強而惡弱，欲安而惡危，欲榮而惡辱；其趨避之便，莫過於亟求既仁且智的良相；他以爲不知亟求者不智，得而不用者不仁，不得其人而冀其功者「愚莫大焉」。但事實上亂世多闇主，闇主則多「雄猜」。由於予智自雄，固難於接受人才，由於私心而好阿諛，而唯便嬖親己者是用；更由於猜忌之故，雖得良相而不能用之不疑，是故「使賢者爲之，則與不肖者規之；使智者慮之，則與愚者論之；使脩士行之，則與污邪者疑之。」故於刪節文中以「立直木而恐其景之枉」爲譬，以爲「惑莫大焉」！凡立直木者，其影必直，而雄猜之主則處處懷疑「直」的存在。而且，智愚之相去既遠，邪正賢不肖之對立更是絕對的，如此「唯便嬖親己者是用」的作風，無疑是棄直而取枉，故曰「猶立枉木而求其景(影)之直也，亂莫大焉」。

然後乃自「故古之人……」以下續論取人用人的方法。取人之道，必以禮參驗之；用人之法，則必分等掄才以限禁之。其容止動定，必以禮揆之；其知謀判斷，更要經過長期考成考功的觀察，務使卑者不得爲尊者之監臨，賤者不得高懸於貴者，愚者不得謀議智者之所慮，才會萬無一失。以下更有許多具體的方法，分別觀察其起居是否正常，應變是否有方；能否於安樂飽暖中思無邪；能否於聲色、得意、喜怒、患難之中不失其德操。則其人之德能有無，必如辯白黑。伯樂知馬，故不可欺以馬；同理，君子知人，亦不可欺以人，這是明主知人之術。

第(4)則後段爲用人之道必要的引申，以申論貴公去私之義。他以爲古之萬國，今乃僅存十數，被淘汰之故皆由於用人之不公；特別是「卿相輔佐」之任使，故以文王舉太公之史例，驗證古今治道之得失。他強調「貴爵重賞」之所加，必為國家所祈求的「既仁且智」之才；必如「善馭者」之能「及速致遠，一日而千里者」，才會獲得「治國馭民，調一上下」的效果。如果內以阿子弟之親，外以私便嬖之遠（相對而言），則賢者不來，小人充斥，其國則必弱必危必趨於滅亡，其所阿所私之子弟便嬖，亦不免同歸於盡，誠所謂「俱害之道也」。

文王則不然，故能「舉天下之大道，立天下之大功」，然後「所憐所愛」者，亦得其封賞之餘，所謂「唯明主能愛其所愛」。愛之以公，俱得之道也；故曰「明主有私人以金玉，無私人以官職事業」。蓋慮後以思之，私人者「本不利於所私也」。誠如呂覽貴公篇所謂「昔先聖王之治天下也，率得於公」。可見任何治道，都不能不以開誠佈「公」為本，因為它的確是最基本的萬術之術；所以說「雖聖人不能易也」。

五、王天下之道

(1)「百里之國，足以獨立矣—凡攻人者，非以為名，則案以為利也。不然則忿之也。仁人之用國，將脩志意，正身行，抗（極）隆高，致忠信，期（綦）文理，布衣紃屨之士誠是，則雖在窮閻漏屋，而王公不能與爭名，以國載之，則天下莫之能隱匿也；若是則為名者不攻也。將辟田野，實倉廩，便備用，上下一心，三軍同力，與之遠舉極戰，則不可，境內之聚也保固，視可午其軍取其將，若撥鑪；彼得之不足以藥傷補敗，彼愛其爪牙，畏其仇敵，若是則爲利者不攻也。將脩小大強弱之義以持愼之，禮節將甚文，珪璧將甚碩，貨賂將甚厚，所以說之者必將雅文辯慧之君子也，彼苟有人意焉，夫誰能忿之；若是則忿者不攻也。……則國安於磐石，壽於旗翼。人皆亂，我獨治；人皆危，我獨安；人皆失喪之，我案起而制之，故仁人之用國，非特將持其有而已，又將兼人……。」（富國）

(2)「百里之地可以取天下。是不虛；其難在人主之知之也。取天下者，非負其土地而從之之謂也，道足以壹人而已矣。彼其人苟壹，則其土地且奚去我而適它！故百里之地其等位爵服，足以容天下之賢者矣；其官職事業，足以容天下之能士矣；循其舊法，擇其善者而明用之，足以順服好利之人矣。賢士一焉，能士官焉，好利之人服焉，三者具而天下盡，無有是其外矣。故百里之地，足以竭勢矣；致忠信著仁義，足以竭人矣。兩者合而天下取，諸侯後同者先危。」（王霸）

(3)「用國者，得百姓之力者富，得百姓之死者強，得百姓之譽者榮─三者具而天下歸之……湯武者，修其道，行其義，興天下之同利，除天下之同害。天下歸之。故厚德音以先之，明禮義以道之，致忠信以愛之，賞賢使能以次之，爵服賞慶以申重之，時其事輕其任以調齊之，潢然兼覆之，長養之，如保赤子……是故百姓貴之如帝，親之如父母，爲之出死斷亡而不愉（逾）者，無他故焉，道德誠明，利澤誠厚也。」（王霸）

(4)「古之兵，戈矛弓矢而已矣，然而敵國不待試而詘，城郭不辨(治)，溝池不扣(掘)，固塞不樹(立)，機變不張，然而國晏然不畏外而固者，無它故焉，明道而鈞分之，時使而誠愛之，下之和上也如影響，有不由令者，然後俟之以刑。故刑一人而天下服，罪人不郵(尤)其上，知罪之在己也，是故刑罰著而威行如流，無它故焉，由其道故也。」(議兵)

(5)「凡兼人者有三術：有以德兼人者，有以力兼人者，有以富兼人者。彼貴我名聲，美我德行，欲爲我民，故辟門除涂，以迎吾入，因其民，襲其處，而百姓皆安，立法施令莫不順化(親附)，是故得地而權彌重，兼人而兵愈強，是以德兼人者也。非貴我名聲也，非美我德行也，彼畏我威，劫我埶，故民雖有離心，不敢有畔慮，若是則戎甲愈眾，奉養必費，是故得地而權彌輕，兼人而兵愈弱，是以力兼人者也。非貴我名聲也，非美我德行也，用貧求富，用飢求飽，空腹張口來歸我食；若是則必發乎掌(廩)窌之粟以食之，委之財貨以富之，立良有司以接之，已期三年，然後民可信也；是故得地而權彌輕，兼人而國俞貧，是以富兼人者也。故曰：以德兼人者王，以力兼人者弱，以富兼人者貧。古今一也。」(議兵)

(6)「故樂在宗廟之中，君臣上下同聽之，則莫不和敬；閨房之內，父子兄弟同聽，則莫不和親，鄉里族長之中，長少同聽之，則莫不和順。故樂者審一以定和者也，比物以飾節者也，合奏以成文者也；足以率一道，足以治萬變，是先王立樂之術也……故樂者，天下之大齊也，中和之紀也，人情之所不免也；是先王立樂之術也。」(樂論)

(7)「爲人主上也者，其所以接下之百姓者，無禮義忠信，焉慮率用賞慶刑罰埶詐除(險)阨其下，獲其功用而已矣。大寇則至，使之持危城則必畔，遇敵交戰則必北……故古之人羞而不道也……故厚德音以先之，明禮義以道之，致忠信以愛之，尚賢使能以次之，爵祿慶賞以申之，時其事輕其任以調齊之……政令以定，風俗以一，有離俗不順其上，則百姓莫不敦惡，莫不毒孽(害)若祓不祥，然後刑於是起矣，是大刑之所加也，辱莫大焉。於是有能化善脩身正行，積禮義尊道德者，百姓莫不敬貴，莫不親譽，然後賞於是起矣，是高爵豐祿之所加也，榮孰大焉。……雕雕焉懸貴爵重賞於其前，懸明刑大辱於其後，雖欲無化，能乎哉！故民歸之如流水，所存者神(治)，所爲者化……夫是之謂大化至一……。」(議兵)

(8)「……備官職，漸慶賞，嚴刑罰，以戒其心，使天下生民之屬，皆知己之所願欲之舉在是于也，故其賞行；皆知己之所畏恐之舉在是于也，故其罰威；賞行罰威，則賢者可得而進也，不肖者可得而退也，能不能可得而有也。若是則萬物得宜，事變得應，上得天時，下得地利，中得人和，則財貨渾渾如泉源，……故儒術誠行，則天下大而富，使而功，撞鐘擊鼓而和……。」(富國)

(9)「兼并易能也，唯堅凝之難焉。齊能并宋，而不能凝也，故魏奪之……故能并之而不能凝則必奪，不能并又不能凝其有則必亡。能凝之則必能并之矣。得之則凝，兼并無強(敵)。古者湯以薄(亳)，武王以滈(鎬)，皆百里之地也，天下爲一，諸侯爲臣，無它故焉，能凝之也。故凝士

以禮，凝民以政，禮脩而士服，政平而民安；士服民安，夫是之謂大凝。以守則固，以征則強，令行禁止，王者之事畢矣。」（議兵）

⑽「凡人之盜也，必以有爲；不以備不足，足則以重有餘也。而聖王之生民也，皆使當（富）厚優猶（寬泰）不（而）知足，而不得以有餘過度。故盜不竊，賊不刺……而農賈皆能以貨財讓；風俗之美，男女自不取（聚）於涂，而百姓羞拾遺。故孔子曰：『天下有道，盜其先變乎！』」（正論）

以上十則皆論王者取天下、安天下之術。第⑴則首自國防角度以論因應之道。他以爲攻人之國者，不外爲名，爲利或因忿怒。所以仁人之治國，必「脩志意、正身行、抗隆高、致忠信，期文理」之五事。即使爲布衣之士，誠能如此，則雖居於窮閻陋巷，其名必白於天下，爲政者誠如是，其名既盛，則爲名而攻者，自不敢師出無名以攻有道。在治國實務上，則以廣闢田野，殷實倉庫，充實裝備，配合上下一心，三軍同力之效應，備以逸待勞之一戰，則其勢固不可攻；若以境內之生聚教訓之爲不敗，俟機之可而擊其軍，擒其將，必若撥䵄之易。攻者縱有所得，亦必得不償失；彼若愛其將士，畏其世仇強敵之虎視眈眈，則爲利而攻者，必明利害而不攻。在外交方面，處處謹於小事大，弱事強之通則，執禮必盡其文，輸誠脩好之珪璧必盡其碩，貢獻之禮物不厭其厚，所遣之使節，必爲溫文善辯之君子，則爲忿而攻者必因無忿而不攻。於是國家必安如磐石，國祚必長於壽星。人之國皆亂，我之國獨治，人之國皆危，我之國獨安，人皆失喪其德其民，而我乘機而制之，則不但可以安持其既有，而且可以兼人以德。是所以取天下之術其一也。

第(2)則以爲凡百里之國皆可以取天下，其難易則在於人主之知不知。取天下者以道而不以地。天下之民一心歸我，則其土之歸屬舍我其誰？百里雖小，但諸侯國所擁有之權力名器，足夠容納天下賢能之士，循舊法擇善而公佈施行之，也足夠激勸好利之才。此三者可以盡天下之人情而無例外，所以說百里之地，足以竭盡治國之勢；致忠信著仁義，足以竭盡治人之道，合竭人竭勢兩者之盛，則可以取天下，而且足使諸侯從之唯恐不及。是所以取天下之術二也。

第(3)則謂人主欲國之富強而榮者，莫如脩道行義，興利除害。故必厚其德音以先其民，深明禮義以導其民，施忠信之政以愛其民，以職官之位賞賢能，以爵祿慶賞之典申重於天下，使天下皆勸於賢能。對於百姓，更要不失農時，輕其傜役賦稅，足其衣食以調齊於禮義，兼愛天下如潢然之霖雨，長之養之一如幼兒。所以百姓尊敬如天帝，親愛如父母，爲之冒險犯難至死不逾者，無非「道德誠明，利澤誠厚」八個字。此爲取天下之術三也。

第(4)則爲明主治國晏然而固，刑服天下之術，在於「明道而鈞分之，時使而誠愛之……刑罰省而威行如流」。百姓之寄望於政府在於均平其分，在於無違農時，在於君臣百吏心誠於愛民之政。其政如此，自然使下之和上如影響，是故不治城郭，不掘溝池(阻絕用之護城河)，不修要塞，不用計謀，而敵國不待嘗試而屈其兵，至於用刑，則於盡愛民之道之後僅施於「不由令」之第一人，以明其刑之必嚴必信，故能刑甚省，罰甚威以服天下，而罪人無怨尤之心。其道者，治天下之術也。

第(5)則論兼人之國三術之利弊，而強調以德服人。因為三者皆可得地，而不必盡得其民。以德服人者，以得民之故乃能「得地而權彌重，兼人而兵愈強」。以力服人者，以未服其民其衆，則必戎甲愈衆以備之，奉養之費必倍，故「雖得地，其權彌輕，兼人而兵愈弱」。以富服人者，則須發倉庫之食以食其民，委財貨以富之，還要增設官吏以教之，三年然後可信，故「得地而權彌輕，兼人而國愈貧。」故唯「以德兼人之術」，斯可謂取天下之道。

第(6)則所論立樂之術，已詳本書第六章之禮樂論。於此所宜重申者，為先王立樂之所以統大道之隆，治萬殊之變者，蓋禮樂記所謂「禮節民心，樂和民聲……樂至則無怨，禮至則不爭，揖讓而治天下者，禮樂之謂也。」合兩者之用，充其極致，則可以治天下於揖讓之間。當然是取天下之術的重要環節。

第(7)則所論為「大化至一」之術。其說蓋以為，以賞罰權勢為詐術之統治，只能得一時形表之功用，而不能得民心。一旦大盜至，使之保危城則必叛，遇敵作戰則必敗。故為政之道，必須從根本上導之以禮義，愛之以忠信；尙賢使能而以爵祿慶賞激勸之，然後施以「時其所事」，輕其稅負徭役之政教，以定政令之必信，以化風俗之和一，然後以大刑加於「不順」者，使百姓皆以脩上之法，象上之志為安樂；皆知大榮大辱之所在，而不能不化善，是故天下之民歸之如流水，其所存思者如神之政，其所行為者必化於治。這是治天下之術的無上境界，故曰「大化至一」。

第(8)則所論為天下大富，使而有功，而和民以鐘鼓之儒術。其法乃以政治制度之刑賞二柄，分別使民皆知凡所願所欲者皆由「賞」而必至；皆知凡己之所憂所恐者皆由「刑」之所至。於是賞必行，而罰必威，賢者得進，而不肖者可退，更使能不能皆無失業之恐懼。自然會萬物得宜。事變得應，而以天時地利人和之皆得，而財貨之來如泉源如江海，之積如丘山，故曰「儒術誠行，則天下大富，使而功，撞鐘擊鼓而和」。

第(9)則論取天下之後的凝固之術──「大凝」之道。荀子蓋以為，兼并以得天下並非難事，所難者則為「凝固」之能。證以史乘，齊之并宋，而為魏所奪，燕能并齊，而為田丹所奪，以及韓之「完全富足而趨趙……」，皆由於不能「凝」之故。是故必如湯、武之能「凝」。湯之亳，武王之鎬，皆不過百里，而天下長如一，諸侯為臣，皆由於「凝士以禮，凝民以政」，故能以守則固不可破，以征則所向無敵，其令無不行，所禁無不止，以畢王者之事。是故取天下者，不可無「大凝」之術以固之。

第⑽則所論者，為嚴重威脅政治、社會的盜賊問題。因為它，小則為慣竊，大則為流寇；中則打家劫舍，殺人越貨，擄人勒贖，姦殺婦女，能使舉國上下，徬徨恐懼不可終日，能否定政府之功能，能動搖國家之根本。其實，盜之病並非無藥可救，而且它還是治亂的風向球，為政者的試金石。歷代的昏君皆如醉漢，醉漢從不曾承認酒醉，昏君也從不承認昏庸；暴政總說是仁政。但在儒家看來，是明君是昏君，是仁政是暴政，只要看盜賊是否「先變」，一看便知。所以荀子說：凡人之盜者，不因以備不足，便由於增益其有餘。是故聖王為政，必使其民富厚寬泰而知足，更不許過度「有餘」。衣食足，自然知廉恥；沒有聲色享受的誘惑，而有財富的限制，更無需為「重有餘」而盜其「有餘」。

於是爲盜者不必竊，爲賊者不必探囊；一般善良的農商之民，皆能以貨財養其辭讓之德。風俗既美，則男女自然知廉恥而不會私聚於途，而百姓皆以拾遺爲羞。所以孔子以爲只要「天下有道，盜其先變」。荀子的強調，似乎更以爲盜的本質並非萬惡，其爲盜皆由政教不良所使然，所謂「亂其政、煩其刑、其民迷惑而墮焉」。所以對於政治的感受反應也最靈敏。因此，盜也是政治的試金石，有一天盜賊改行，便是「天下有道」的年頭。是不是明君，能否取天下，要看是否「有道」；也只要看看這個風向球。其盜不變，再「有爲」的政府，再「高明」的元首，也不能「及格」。所以是王天下的最後之術；也是最後一關的考驗。

六、霸天下之道

(1)「……殷之日，安以靜兵息民，慈愛百姓，辟田野，實倉廩，便備用，安謹募選，閱材伎之士，然後漸慶賞以先之，嚴刑罰以防之，擇士之知事者使相率貫也，是以厭然畜積修飾而物用之足也。兵革器械者，彼將日日暴露毀折之中原，我今將脩飾之，拊循之，掩蓋之於府庫。貨財粟米者，彼將日日棲遲薛越之中野，我今將畜積并聚之於倉廩。材技股肱健勇爪牙之士，彼將日日挫頓竭之於仇敵，我今將來致之，并閱之，砥礪之於朝廷。如是，則彼日積敝，我日積完；彼日積貧，我日積富；彼日積勞，我日積佚。君臣上下之間者，彼將厲厲焉日日相離疾也，我今將頓頓焉日日相親愛也。以是待其敝，安以其國爲是者霸。」(王制)

(2)「彼霸者不然，辟田野，實倉廩，便備用，案謹募選閱材伎之士，然後漸慶賞以先之，嚴刑罰以糾之，存亡繼絕，衛弱禁暴，而無兼并之心，則諸侯親之矣。修友敵之道，以敬接諸侯，則諸侯悅之矣。……故明其不并之行，信其友敵之道，天下無王(霸)主，則常勝矣，是知霸道(術)者也。」(王制)

(3)「……齊桓公有天下之大節焉……倓然見管仲之能足以託國也，是天下之大智也。安忘其怒，出忘其讎，遂立以爲仲父，是天下之大決也。立以爲仲父，而貴戚莫之敢妒也！與之高國之位，而本朝之臣莫之敢惡也；與之書社三百，而富人莫之敢拒也；貴賤長少扶扶焉，莫不從桓公而貴敬之，是天下之大節也。……其霸也，宜哉！非幸也，數(術)也。」(仲尼)

(4)「德雖未至也，義雖未濟也，然而天下之理略奏矣，刑賞已諾信乎天下矣，臣下曉然皆知其可要(約)也。政令已陳，雖覩利敗不欺其民；約結已定，雖覩利敗不欺其與；如是則兵勁城固，敵國畏之，國一綦明，與國信之；雖在僻陋之國，威動天下，王伯是也。」(王霸)

以上四則，皆論霸者之術。荀子以爲，「義立而王，信立而霸」(王霸)。故前四則皆以立信爲中心。是故第(1)則雖未舉「信」之名，然所務之「謹募選閱材伎之士，漸慶賞，嚴刑罰」以及君臣上下之日日親愛，砥勵於朝廷，皆不可須臾之無「信」也。所謂「安以靜民息兵……」，「安謹募選……」之兩「安」字皆按語之「按」，與「蓋然」之「蓋」同義。所謂「彼將日日……」之兩「彼」字，皆指國所擬設(假想)之敵也。蓋本則所論者，於根本措施之外，更以比較優勢之術以勝敵。最後則以懸殊之勢，待其自斃。所以說「能以其國為治之若此者必霸」。

第⑵則謂霸者之術又賢於強國之術。彼所務者，除了足食足兵，嚴其賞罰，以脩其內政之外；更重要的是，張正義於天下，亡者存之，絕者繼之，而不廢其國；衛弱者以禁侵暴，而無兼并取代之心。於是諸侯親之、悅之；親之者，以其不兼并無侵略之意；悅之者，信其能友其敵也。故能常勝於天下，是之謂知霸道之主也。

第⑶則是讚美齊桓公有天下之大節，具體以言其霸術。他的「大智」，能一見而知管仲之才可以託大政；他的「大決」，能忘射鉤之怒，敵對之讎，乃立以為相國而尊之曰「仲父」。如此尊顯管仲，更贈以國高世卿之位，復封以書社三百之采邑，無人敢妒忌，敢反對，而且無貴賤老少，皆能秩秩有禮以從桓公之貴敬。他的智慧、果斷、專信不疑的泱泱大度，都是超人的。所以無人懷疑他的霸業，都承認不是倖致，而術數之然也。（從楊倞注）

第⑷則謂霸者，雖不能為王者之「仁眇天下，義眇天下」，但他一方面使國家之治理略奏其效，另一面則能立信於內外。刑賞之信既昭於天下，則政令不欺其民，盟約不欺與國，絕不因成敗利鈍而改變。於是民因信而親，「與」因信而附，自然兵勁城固，敵國畏之。即使是邊遠僻陋之國，同樣可以威動天下如五伯。

七、王者用兵之道

(1)「臨武君與孫(荀)卿子議兵於趙．孝成王前。王曰：請問兵要？臨武君對曰：上得天時，下得地利，觀敵之變動，後之發，先之至，此用兵之要術也。孫卿子曰：不然，臣所聞古之道，凡用兵攻戰之本在乎壹民：弓矢不調，則羿不能以中微，六馬不和，則造父不能以致遠；士民不親附，則湯武不能以必勝也。……故兵要在乎善附民而已。」

(2)「臨武君曰：不然，兵之所貴者埶利也，所行者變詐也。善用兵者，感忽悠闇，莫知其所從出。孫吳用之無敵於天下，豈必待附民哉！孫卿子曰：不然，臣之所道，仁者之兵，王者之志也。君之所貴，權謀埶利也；所行，攻奪變詐也，諸侯之事也。仁人之兵，不可詐也；彼可詐者……，君臣上下之間，渙然有離德者也。故以桀詐桀，猶巧拙有幸焉；以桀詐堯，譬之若以卵投石，以指澆沸；若赴水火，入焉焦沒耳。故仁人上下，百將一心，三軍同力；臣之於君也，下之於上也，若子之事父，弟之事兄，若臂之扞頭目而覆胸腹也，詐而襲之與先驚而後擊之，一也。且仁人之用十里之國，則有百里之聽……用千里之國，則將有四海之聽，必將聰明警戒和傳而一。故……聚則成卒，散則成列，延則若莫邪之長刃，嬰之者斷；兌(銳)則若莫邪之利鋒，當之者潰；圜居而方止，則若磐石然，觸之者摧……且夫暴國之君，將誰與至哉？……其民之親我歡若父母，其好我歡若椒蘭；彼反顧其上，則若灼鯨、若讎仇……豈又願爲其所惡，賊其所好者哉！……夫又何可詐也！」

(3)「孝成王、臨武君曰：善！請問王者之兵設何道(王念親曰：道，術也)，何行而可？孫卿子曰：

凡在大王，將率末事也……君賢者其國治，君不能者其國亂；隆禮貴義者，其國治，簡禮賤義者其國亂；治者強，亂者弱，是強弱之本也。上足卬(仰)則下可用也……下可用則強，下不可用則弱；是強弱之常也。隆禮效功，上也；重祿貴節次也，上功賤節下也；是強弱之凡也。好士者強，不好士者弱，愛民者強，不愛民者弱；政令信者強，政令不信者弱……權出一者強，權出二者弱，是強弱之常也。

齊人隆技擊，其技也，得一首者，則賜贖錙金，無本賞矣……事大敵堅則渙焉離耳……是亡國之兵也。……魏氏之武卒，以度取之……中試則復其戶，利其田宅，是數年而衰，而未可奪也……，改造則不易周也……，是故地雖大其稅必寡，是危國之兵也。秦人……使天下之民所以要利於上者，非鬥無內也；阸而用之，得而後功之，功賞相長也；五甲首而隸五家，是最爲衆彊長久，多地以正，故四世有勝……數也。

故齊之技擊不可以遇魏氏之武卒，魏氏之武卒不可以遇秦之銳士，秦之銳士不可以當桓、文之節制，桓、文之節制不可以敵湯、武之仁義……故具大齊則制天下，小齊則治鄰敵，若夫……隆權詐，尚功利之兵，則勝不勝不常，代翕代張代存代亡相爲雌雄耳矣！」(以上詳議兵)

以上三則皆論王者用兵之術。第(1)則爲荀子對應臨武君之「要術」而主張用兵之要在以政治之「善附民」爲大本。因爲用兵攻守之本必先「壹民」，民心附然後兵可強。亦猶弓矢之調，爲中微之本；六馬之和，爲致遠之本；不務其本者，則雖有善射之羿，不能中微；而善御之造父亦不能致遠；

故曰士民不親附者，雖湯武不能勝也。

第(2)則於答問之中，以爲王者之兵賢於勢利變詐。因爲仁人之兵不可詐，詐則君臣上下有「離德」。這種以詐對詐，其勝負猶繫於巧拙幸不幸；如果以桀之詐對堯之仁，則必如以卵擊石。故其術在於上下百將一心，三軍同力，如父子兄弟，如手臂之護頭目胸腹，詐而襲之，與先驚而後擊之，皆不可勝。故其術在於「壹民」同心之先爲不可勝，然後挾得衆之優勢，聽聰四海之便，以行「聰明警戒和傳(搏)而一」之術；敵之動靜，無不先知，警戒之備，無不先之，以戰則無不萬衆一心；故其兵聚之則成陣勢，散之則自成行列，延長其陣線則其勢如莫邪之長刃，攖之必斷；縱深其銳，則若神劍之利鋒，銳不可當。以守則壁壘方圓如磐石之不可犯。且其民之親我好我，而惡其上如讎仇，必不爲所用，固將不待攻奪變詐而後勝之也。

第(3)則亦於答問之中，論其用術。他分析治亂強弱之勢，分析當代列強操術之優劣，以爲「大齊則制天下，小齊則治鄰敵」，而「勢詐功利」之兵則勝敗無常，或強或弱，或存或亡以角雌雄而已。而所謂「大齊制天下」之術，則在於「隆禮貴義」、「好士愛民」、「政令信」而「權出於一」之四端。

第六節　大將之術

(1)「孝成王、臨武君曰：請問爲將？曰：知莫大乎棄疑，行莫大乎無過，事莫大乎無悔，事至無悔而止矣，成不可必也。故制統政令欲嚴以威；慶賞刑罰，欲必以信；處舍收臧，欲周以固；徙舉進退，欲疾以速，窺敵觀變，欲潛以深，欲伍以參；遇敵決戰，必道吾所明，無道吾所疑，夫是之謂六術。」

(2)「無欲將而惡廢，無急勝而忘敗，無威內而輕外，無見其利而不顧其害，凡慮事欲孰(熟)而用財欲泰，夫是之謂五權。」

(3)「(將)所以不受命於主者有三：可殺而不可使處不完，可殺而不可使擊不勝，可殺而不可使欺百姓，夫是之謂三至。」

(4)「凡受命於主而行三軍，三軍既定，百官得序，群物皆正，則主不能喜，敵不能怒，夫是之謂至臣。慮必先事而申之以敬，愼終如始，終始如一，夫是之謂大吉。凡百事之成也必在敬之，其敗也必在慢之；故敬勝怠則吉，怠勝吉則滅；計勝欲則從，欲勝計則凶。戰如守，行如戰，有功如常，敬謀無壙(曠)，敬事無壙，敬吏無壙，敬眾無壙，敬敵無壙，夫是之謂五無壙。愼行此五權三至而處以恭敬無壙，夫是之謂天下之將，則通於神明矣。」(以上皆詳議兵)

以上四則皆論聞名天下的大將之術，故謂「天下之將」。第(1)則是荀子答問而論爲將之道有六術：其①發號施令，欲嚴以綦脩之威；其②慶典刑罰，則欲必以不寬不貸，而無差異之信；其③營塞糧械收藏之所，則欲其隱密完固以策安全；其④行軍作戰進退之間，則欲急之以速；其⑤敵情變化之刺探存疑之所。

觀察，則及於九地之深，錯綜驗證而定其眞僞；其⑥接敵決戰，必擇我所深明深知之地，而不可輕赴

第⑵則所論之「五權」，爲「六術」之引申。其①不可有患得患失之心――不可心好爲將，而惡廢奪之命，這是最基本的心理健康；其②不可心急於求勝，而忘或敗之計慮；其③不可徒威不惠於士卒，輕易怠慢於敵軍。因爲威而不惠，則士卒不親；輕易其敵，則必爲所乘；其④不可但見其利而不見其害。利之，則未見其利先見其害，或利之所在害亦隨之；其⑤凡所計慮必欲其成熟，而用財則欲其寬泰。切勿予智自雄，輕率行事，更不可因吝小而失大。戰爭的本質，本來就是花錢的遊戲，所以一切要從寬，甚至不妨奢侈。因爲所爭的是勝利，更重要的是勝敵之心；一旦因吝於財用而失其機宜，則必噬臍莫及，凡此五事，皆關用兵之勝負，所以一切都要兩面兼權其利弊。

第⑶則爲將權之引申，兵法所謂「將在外，君命有所不受」。此處所申者爲大將不可不堅持的三大原則。其①將可以殺，不可使其軍處於危地；其②將可以殺，不可使其戰而不勝；其③將可以殺，不可以使其不信於民。處危地必有覆沒之虞。戰不求勝，則無異插標賣首，辱命辱身，危及國家百姓。兵者，國之大事，其休咎成敗皆與百姓息息相關；不信於民則不得民心民力之支持，其影響之大，自不待言。這是針對喜歡遙控的闇主而設的原則，辦不到寧可不受命。

第⑷則謂爲大將之位至重――受命於主而令行於三軍，所統之百官皆得其序，百事皆正於令，則爲將者，雖君上不能使之喜，雖頑敵不能使之怒，其心一平如水，然後能指揮若定，無動於萬物，才是

所謂「至臣」之臣。凡謀慮必先其事，而以居敬之心愼終如始，才是所謂「大吉」之慮。還要以敬謹勝怠慢，以計慮勝情欲，其戰必如其守之嚴，其行必如其戰之謹，立功則如倖致，而不敢居其功。是故敬於謀而無曠分秒，敬於事無曠分秒，「敬吏」、「敬衆」乃至於「敬敵」皆無或曠，是之謂「五無壙(曠)」。

第(5)則爲歸納以言，能繼「六術」以愼行此道者，可謂天下之將。因爲他的將術可以通於神明。

總之，無道術，則如孔子之謂「徒託空言」也。必有道術，然後體聖人之心，見王者之仁。是故荀子先以操術教天下之爲士爲聖人者，然後論人主之術，王者取天下之術，霸者伯天下之術，最後則以「天下之將」，「仁義之兵」—不兼而兼之術，止天下攻人兼并之戰，使「近者謳歌而樂之，遠者竭蹙而趨之，四海之內若一家。」所謂「具具而王」者也。(「操術論」終)

結論

荀子書中有名言二則：

(1)「君子之學如蛻」。(大略)

(2)「善言古者必有節於今，善言天者必有徵於人。凡論者貴有辨合，有符驗。故坐而言之，起而可設，張而可施行。」(性惡)

前者可窺其推陳出新的超越精神；後者則可爲務實、理性與辨證精神的寫照。因爲他的思想是，通六經的蛻變，而超越於周、孔；綜合百家的蛻變，而超越於道、法、名、墨。務實於言「天」以徵人，也務實於言「古」以節「今」；而以理論辨證之「辨合」，與現實的驗證之「符驗」的推理爲立論。所以他的治平思想是始於「言天」與「徵人」，貫於「言古」與「節今」，而終於「外王」思想的「可設」、「可張」、「可施行」。這是經緯全書的脈動。以下是本書的歸納：

壹、本書的前提三論，爲言天而有徵於人的辨證：「天人論」是宇宙天人定位之認知—針對神權傳統的流毒與當代朝野迷信機祥，淫祀鬼神的墮落，而以自然說證明天人應有之定位，而以「非神觀」

啓其靈悟於陷溺，而振作於人事；所謂「天有其常，不爲堯存，不爲桀亡，應之以治則吉，應之以亂則凶」。復以三才說的「同步觀」，求其奮發於人治；所謂「天有其時，地有其財，人有其治……」。更以積極的「制天觀」，求制天用物之突破；所謂「……孰與制天命而用之……孰與騁能而化之……孰與理物而勿失之……故錯天而思天，則失萬物之情也」。最後則以「以道貫治」的「道貫觀」落實於政治的「貫道」與「表道」；更以「道」的眞諦，使朝野皆能「上下無蔽」，由「知道」而「行道」，以條貫禮義之道於人倫、於政教，以爲主宰宇宙之具體；所謂「道者，非天之道，非地之道—人之道也」。「百王之無變，足以爲道貫。……應之以貫，理貫不亂。……亂生其差，治盡其詳，故道之所善，中則可從，畸則不可爲，匿則大惑。水行者表深，表不明則陷；治民者表道，表不明則亂。禮者表也，非禮昏世也，昏世大亂也。故道無不明，……民陷乃去」。以上二則，前者求宇宙資源無止境的開發；後者則以「道」所具體的禮義功能，規範人類的行爲，使如涉水之表深，而不至滅頂。更以此道條貫人治，以統「君子理天地」的一切，以見宇宙萬物的眞實意義—不「失萬物之情」。(詳第一章)

「人性論」是針對紛爭攘奪，人欲之禍所作之認知—首以「人格之透視」，證「僞性」之可能。因爲「心知道」而有能知能慮的功能，能接受「道」的標準，過濾潛意識的行爲。所謂「人何以知道，曰：心……」。「情然而心爲之擇，謂之慮」。「心者，形之君也，而神明之主也……」。次以「性惡的辨證」，證師法禮義，政教刑賞之不可廢。復次則爲「僞性之方」的辨證，而從「禮義」之教化

「內化」之形成──「積靡」之薰陶，以人爲之「僞」，改變人性之「惡」，使「合於善」。最後則更以「化性起僞的多面觀」，增益「僞」性的效果，以求人性問題的徹底解決。其中所引解蔽、正名二篇關於「大清明」與「道(導)欲」之理論，尤爲治心化性之精微。(詳第二章)

「庶民論」是針對庶民的定位問題與民生疾苦現實所作之辨證──首以「庶民觀」的立君起源說，強調「立君爲民」的民權思想，而以庶民爲國家天下之主體；天子或諸侯則爲應乎立君命意之客體。所謂「天之生民，非爲君也；天之立君，以爲民也……」。同時更以「無土則人不安，無人則土不守」；「用兵攻戰之本，在乎一民；士民不親附，雖湯、武不能勝也」的持說，強調兩者的依存關係。以求合理之定位。以下則分別以「保民」、「養民」與「富」「教」之政，爲庶民定位之延伸，以「除天下之同害，興天下之同利。而以君職的正面作爲──保之、養之、富之、教之以底於「風俗致美」之境界。關於「治安」與「吏治」兩目之論，尤其周至。前者如「大化至一」的強調──以身教爲主的禮義忠信之教，配合刑賞可必的功能，使百姓莫不願於慶賞，莫不懼於刑罰而不得不「化」於禮義忠信，以化邪惡於無形。後者乃以始於「序官」分職的綱紀如山，而以標本兼治之「治田」、「治市」二職「謹盜賊」；并以「司寇」之職，「五刑」之施，使「暴悍」、「淫邪」不復存在，而無強淩弱，衆暴寡之疾苦；使妻女無被盜之虞，財產無被擄之虞，更使忠誠正直者無被讒之虞；以臻於「政令不煩而俗美」的境界。最後的特點是，他的經濟體系之建立──以經濟心理之觀察爲基礎；由生理需要的滿足，導向心理需要的滿足，并使畜積有餘，使由農本中心而趨於工商社會，使農民得憑勞力以盡農事，商人得憑觀察以盡財貨之互通有無，百工得以技巧製造器械，以形成大領域的經濟結構。同時以「至平」的政治管理，使生產與消費皆得通盤合理的規劃與調節，使百業皆得更高的效益，而不至因官吏苛擾而窒息；人人皆知差等報酬的意義，而以知足爲樂，才能擁有心安理得眞正的財富。（詳第三章）

貳、本書的方略三論，爲言古而有節於今的辨證：

「制度論」爲立國大法之設計—「法後王」所作的超越—更多屬於治平框架的修正。例如篇首所申的「制度背景」—人性之惡，天下之亂。所謂「聖人以人之性惡，偏險而不正，悖亂而不治，故爲之立君上之勢以臨之，明禮義以化之，起法正以治之，重刑罰以禁之；使天下皆出於治，合於善」。「故性善則去聖王；性惡則與聖王，貴禮義矣。故……立君上，明禮義，爲性惡也」。然後以「制度理論」，就「基本取向」，「爲政旨歸」與富強的設計作一般的序說，例如「善善惡惡」的開始說：「賢能不待須而舉，罷不能不待須而廢，元惡不待教而誅……。雖王公士大夫之子孫也，不能屬於禮義，則歸之庶人；雖庶人之子孫也，積文學、正身行，能屬於禮義，則歸之卿相士大夫」—前段求進賢去不能之明快徹底，後段則就貴族封建作重大的修正揭櫫，使貴族不再壟斷政治，更使天下皆知「禮義」「賢能」之可貴，而向風於道德學問。其次則以「制度取法與次霸」，首揭—「法後王」以下的大原則。例如「……聖王有百，吾孰法焉……故曰：欲觀聖王之跡，則於其粲然者矣，後王是也……」又如「法先(後)王，統禮義，一制度，以淺持博，以古持今，以一持萬……所未嘗聞也，所未嘗見也，卒起一方，則舉統類以應之，無所疑怍，張法而度之，則晻然若合符節，是大儒者也」。前者以法後王爲制度設計之準繩，後者證取法後王之效應。至於「次霸」，則爲「外王」備胎的設計，使天下不因「無王」而大亂不止。以下則分別以「制度的具體」，「制度的貫徹與善擇」二節充實之。此外關於開明封建說，繼統唯聖說，明分等差說，「治人」與「治法」問題的厘清，以及「序官」之中對於「天王(子)」政治責任的規範等等，都是非常突出的修正。(詳第四章)

「君相論」是法後王的政府設計，也是政治建設的超越—他的設計是以殷、周之任伊、呂爲選例，而具體於宰相政府—君無爲而相有爲的模式。是故首於「君國與君相」之中論「相之必要」，所謂「……羿蠭門者，善服射者也……聰明君子者，善服人者也。人服而埶(勢)從之，人不服而埶去之……故人主欲得……調一天下，制秦、楚，則莫若聰明君子矣」。其次則於「明君持國」之中，強調「治道之微」與「無爲而無不爲」。所謂「……夫微者至人也……聖人縱(從)其欲，兼其性，而制焉者理矣……故仁者之行道也，無爲也……」；「人主者，以官人爲能者也；……人主得使人爲之……今以仁人兼聽天下，日有餘而治不足者，使人爲之也……以是懸天下，一四海，何故必自爲之……」。「……所使要百事者，誠仁人也，則身佚而國治，功大而名美……故能當一人而天下取……則身何勞而爲，垂衣裳而天下定。故湯用伊尹，文王用呂尙，武王用召公，成王用周公旦……齊桓公……一匡天下爲王伯長，是以無他故焉，知一政於管仲也……」。以下則論「良相之輔國」，以爲宰相政府之具體。然後作「興亡治亂之衢」的推論，而以楊朱哭衢途之寓言，爲君相遇合之警示，使人君皆知

「辨方」於衢途，而謹於任相，以成其盛。(詳第五章)

「禮樂論」是社會建設的設計—針對風氣糜爛之社會現實與重振道德、挽救民俗的必要，所作的超越。他仍以「言古」的原則取法後王的禮、樂二經，而以「有節於今」的修正，適應務實的要求。於是首以「禮樂思想」說明傳統禮、樂之「法而不說」—語焉不詳或只見其然，而不見其所以然。然後自「禮樂之起源」以下之分別以精闢而系統的新詮論述，建立完整的禮樂新論；并針對治亂興亡之故，而開出針砭之教，使君子以教庶民；使人欲情性皆化於禮樂。更以風俗之化，求返善於治的永恒。最後則以「禮樂之極致」，申論禮樂功能的最高境界，而自鄉飲酒禮的五行之教，以觀「王道之易易」。所謂「……貴賤明，隆殺辨，和樂而不流，弟長而無遺，安燕而不亂—此五行者，足以正身安國矣。彼國安而天下安。故曰：吾觀於鄉而知王道之易易也」。(詳第六章)

參、本書的方法三論，則就以上辨證之結果，導入「施行」的階段—分別以三大利器，貫徹他的「外王思想」：

「君子論」爲貫徹方略的「楨幹」思想。因爲他的務實，是以君子(含聖人)爲第一利器。所以首以「君子觀」肯定君子的人格，肯定君子的社會角色，其次則以「君子之釋名」爲正名之界定，復次則以「君子之功能」突顯其重要。最後則以「君子的菁英教育」，培養君子的治平能力—以「內聖」工夫支持「外王」的實現。最後一課—「君天下的具體」，更說明了「君子」不但是方法的主軸，而且是貫徹整個治平思想的主幹。儒家的傳統，本以「內聖外王」爲指標，而以君子爲楨幹；荀子更以爲，儒者之行道，凡所以生禮義，理天地，主庶民，貫仁政無爲於天下，皆不可一日無君子。故立論以申其義。其中君子之教，尤所以養其德、其才以濟其業。而以帝王南面之術爲使命之重言，更希望代有君子之君，並使良相不絕於後世，以開萬世之太平。（詳第七章）

「辯說論」爲務實於治平方略的第二利器，更是荀子邏輯思想之所薈萃。它的任務則爲裨助君子之論議談說，輔助爲政議政之謀救，更爲了息姦言，止邪說，以明天下之是非。所以他首以先秦的辯說思想，明名理之學的源遠流長，以明其偏重爲政應用之特性，有別於西方的邏輯功能。其次則以「辯說概念」爲基本「名言」作界說，以爲應用之基礎。復次則以「辯說原則與功能」的規律，分別規範辯說的範疇與方法。最後則以「方法與應用」爲結束。其中解蔽篇的心理分析—「知道之道」與正名篇的「重己役物」的心理指導，尤其突出。前者爲「治心」的門徑；後者則推論人類每以好惡爲取舍，以致重物而輕己，輕「累百年之欲」，以「易一時之嫌（快）」。以致志在養「欲」，而「從其情」，志在養「性」，而「危其形」，志在養「樂」，而「攻其心」，志在養「名」，而「亂其行」，故爲物欲所奴役；雖「封侯稱君」，其心之惴惴，則與盜賊無異；雖富有四海，亦以心靈之空虛，而無殊於匱乏。至於改變之道，他以爲只要處處以「道」爲衡，則一切取舍都能心安理得，在一片「平愉」之下，最低度的享受也可以甘之如飴。雖然沒有萬物之美，同樣可以養知足之「樂」；沒有權勢地位，照樣可以養無價清「名」。這種「從道」的選擇精神所加於天下的影響，更能使天下的同養同樂者多，而「私養」之菲薄，「私樂」的犧牲，正是天下豐樂的泉源（原文從略）。則所謂「役物」的

眞實意義，豈能以道里計。他的心理指導之平實與持說之精微；更可見辯說價值之一斑。（詳第八章）

「操術論」爲貫徹方略的利器之器—以方法運作求「外王」思想的落實。是故首以「操術概念」—「所以統其要」，「所以明其辯」，「所以易其難」，「所以速其事」，「所以持其勢」，「所以成其大」等六義揭操術之功能。復以「爲士成人之術」以下的五種操術，使「外王」之道的貫徹，無往而不利，爲「內聖」工夫之大用，也是達成「外王」指標的最後工具。然後更以最後的「大將之術」，統「仁義之兵」，以戰止戰—止天下兼并之戰，使「近者樂之，遠者趨之……四海之內若一家」，以告成「具具而王」之大功。而深入根本的「大凝」之術與「治盜」之術，尤其可作全豹之一窺。

總之，全書的基本精神是，針砭亂世的理性堅持。所以由強調「讀禮」而強調名理辨證的「辨合符驗」，而以「隆禮義」、「統禮義」爲揭櫫；遂使理性精神化身千萬—使「天子千官，諸侯百官」，乃至所有的士庶皆由「參省其身」而「皆屬於禮義」。乃使禮義所規範的道德刑律，皆因理性堅持而如日月之昭明。更由「聖則盡倫，王則盡制」的堅持，使所有制度理論皆成爲倫理的眞實；使天下之來歸，亦如明火之耀蟬，以完成人類文明發展的先決階段—禮樂社會、和平社會的建立，以開「後繼文明的新天地。是之謂「放推皆準，百世猶新」之學，「根極理要，易如反掌」之術。（全書終）

荀子繹傳

荀子名況，字卿，或作孫卿、郇卿❶，戰國趙人❷。約生於公元前三五〇年前後❸，爲文王十七子郇伯之後。其先世之可考者，始於晉之荀息，荀林父—左僖二七年，有「荀林父御戎，林父子息屬之」之書。林父子庚，於左成三年聘魯。庚子偃於左成一六年佐上軍。偃子吳，於左襄二六年聘魯。吳子寅，於左昭二八年與趙鞅城汝濱。左定一三年入於朝歌叛魯；哀公五年奔齊。計由寅至荀子約二百年❹。

荀子之學，出於子夏、仲弓❺；受詩於根牟子❻。受左氏春秋於虞卿❼，受穀梁春秋於赤❽并精於公羊春秋。善爲易而得仲弓之傳❾，其義見於非相、大略二篇。長於禮，故其書之修身、大略入於大戴禮、曾子立事篇；禮、樂二論入於小戴記之樂記、三年問、鄉飲酒義等篇❿。所謂「於經無不通」也⓫。

荀子既博通諸經，乃留意於時政并兼傳六藝之學於時。一時碩彥如秦相李斯⓬、法家集大成之韓非⓭、關係詩義承傳之毛詩作者毛亨⓮、西漢詩經經師浮丘伯⓯、春秋經師漢相張蒼⓰皆出其門下。

其後，浮丘伯傳詩於魯人申公、楚・元王交；申公以詩、春秋傳於瑕丘・江公；瑕丘・江公之傳穀梁，東海・孟卿之傳禮於后蒼、疏廣，劉向傳魯詩、穀梁春秋，劉歆治毛詩、左氏春秋，董仲舒治公羊，皆根源於荀子。其學術之有功於諸經影響於後世者，實有加於孟子。故論者曰：「蓋自七十子之徒既歿，漢諸儒未興，中更戰國暴秦之亂，六藝之傳賴以不絕者，荀卿也」⑰。

時蘇秦以合縱而顯，齊之大夫與秦爭寵，使人刺秦，殺之。張儀乃復爲秦相。荀子聞而笑之⑱，蓋譏其貴顯不以君子之道，而時君亦不知尙賢也。

公元前三一四年前後遊燕⑲，見子噲，噲不能用，而賢子之。後讓國於子之，身死爲僇。荀子乃遊楚，旋適齊見宋銒，并見孟子而論人性⑳。

公元前二八六年(齊湣王三八年)前後，荀子年五十始遊學於齊㉑，湣王方奮威、宣二世之餘烈，南舉楚、淮，北并巨宋而矜功不休。荀子危之，乃說齊相「毆勝人之勢，赴勝人之道」，以代「窮兵瀆武」之危。(詳原書彊國篇)

書上，齊相不能用其言，荀子乃適楚㉒。湣王四十年，五國果共擊齊，燕人果入臨淄，而楚魏共其淮北；湣王奔莒，楚執湣王，殺之於鼓里。及田單復齊，襄王重修列大夫之制，荀子復遊齊爲列大夫。時田駢、鄒奭，淳于髡之屬皆已死，以荀子最爲老師，并三爲祭酒。然荀子終以襄王不能用其說，且以詐臣之讒而去適楚㉓。

楚考烈王元年，以春申君・黃歇爲相，封淮北。八年，春申君以荀子爲蘭陵令。客說春申君曰：

「湯以亳，(文)武王以鎬，皆不過百里以有天下。荀子天下賢人也，君籍之以百里勢，臣竊以為不便。」春申君使人謝荀子，荀子去之趙，趙以為上賓。後他客又說春申君曰：「伊尹去夏入殷，殷王而夏亡……今孫子天下賢人也，君何辭之？」春申君復使人請之於趙，荀子為書謝之。

春申君復謝過而固請之，荀子乃行，遂復為蘭陵令[24]。

方荀子之居趙也，趙有邯鄲之圍，以平原君之輔，信陵君之救，趙賴以存，而魏以威。荀子賢之曰：

「……平原君之於趙，可謂輔矣。信陵君之於魏，可謂拂矣。傳曰：『從道不從君』此之謂也」。(詳原書臣道篇)

趙．孝成王初年，荀子與臨武君議兵於孝成王之前，其論仁義之兵，王者之政，趙王及臨武君皆稱「善」，然而終莫能用其術。(詳原書議兵篇)

秦昭王四十一年，秦以范睢為相，封應侯。稍後，荀子應聘入秦。應侯問以「何見」？荀子曰：

「……『佚而治，約而詳，不煩而功，治之至也』；秦之類也矣。雖然，則有其諰(懼)矣。兼是數具而盡有之，然而縣之以王者之功名，則倜倜然其不及遠矣。是何故也？則其殆無儒也。故曰：『粹而王，駁而霸，無一焉而亡』，此亦秦之所短也。」(詳原書彊國篇)

應侯以告昭王，昭王問之以儒曰：「儒無益於人之國？」荀子對曰：

「儒者法先王，隆禮義，謹乎臣子而致貴乎上者也。人主用之則勢在本朝而宜，不用則退編百姓而慤，必為順下矣。雖窮困凍餓，無置椎之地，而明於持社稷之大義。嗚呼而莫之能應，然而通乎財萬物、養百姓之經紀；勢在人上則王公之材也；勢在人下，則社稷之臣，國君之寶也；雖隱於窮閻漏屋，人莫不貴，貴道誠存也。」(詳原書儒效篇)

昭王曰：「善。」而亦不能用之。其際遇蓋未出孔、孟之轍也；儒之過歟？時君之過歟？荀子蓋欲寄王霸之望於四強之中，惜趙、秦之君，知「善」而莫為，終以世無王霸，六國不免於兼并；強秦政悖仁義，乃隳於一夫。齊、楚之相，知荀子而不能舉賢，聞善言而不能遠禍，此湣王、春申之所以僇，田文之所以走，悲夫！「後八年，春申君自淮北徙封於吳，荀子為令如故。」㉕。蘭陵人生子皆望其象效於荀子，其禮樂之盛，禮俗之美，好學風氣之蔚成，竝皆昭著於史傳㉖。使春申君而能荐賢自代，楚王能以之為伊、呂，則湯、武之業何難哉！孔子曰：「如有所譽，其有所試」㉗；蘭陵者，荀子之所小試其美者也。

楚考烈王十六年(始皇四年、公元前二三二年)，李斯辭荀子西入秦而問曰：「當今之時，為秦奈何？」荀子曰：「力術止，義術行，秦之謂也。」㉘二五年，考烈王卒，李園果殺春申君；荀子亦廢，因家蘭陵㉙。或謂後九年，李斯相秦，荀子為之不食㉚，蓋逆覩其志在法術而不免於商鞅之禍歟；抑憂其益秦之「謬」以禍天下歟！

荀子不遇於時，深嫉濁世之政，亡國亂君相屬，不遂大道而營巫祝，信機祥；鄙儒不拘，如莊周之輩復玩世而亂俗；於是綜論儒、墨、道德三家之說於行事之興替，著書數萬言而卒(約西元前二三三年）因葬蘭陵㉛，壽約一〇二歲（詳年表）。所著書，劉向敘錄稱「孫卿子」；唐楊倞注本一稱「荀子」；後世沿之。其書以言性與孟子相反，後世重「性善」之說，遂伸孟而詘荀。至明、清之世，儒者多能闡其說，乃復爲世所重㉜。清人謝墉稱其「醇正博達」。郝懿行則謂「讀其書而樂之，其學醇乎醇，其文明白宣暢，微爲繁富，益令人入而不能出矣……」㉝。王先謙亦美其「論學論治，皆以禮爲宗，……探聖門一貫之精，洞古今成敗之故，論議不越几席，而思慮浹於無垠……行事可信其放推而皆準」㉞。唐·楊倞注序尤稱之曰：「觀其立言指事，根極理要，敷陳往古，掎挈當世，撥亂興理，易於反掌，眞名世之士，王者之師。又其書亦所以羽翼六經，增光孔氏，非徒諸子之言也……」。其學誠可以不朽矣。

荀子族系傳世甚久，惟近裔莫能詳。其十一代孫遂生淑（？）㉟，淑所生之儉、緄、靖、燾、汪、爽、肅、敷並擅盛名於世，時稱「八龍」。故荀子之後尤著於東漢。下迄魏、晉六朝，知名之士不絕；而西漢之經學尤多得荀子之傳焉！㊱

身後，或謂「孫卿不及孔子」。門弟子爲之不平曰：「……當是時也，智者不得慮，能者不得任，賢者不得使……今之學者，得其遺言餘教，足以爲天下法式表儀，所存者神，所過者化，觀其善行，孔子弗過；天下不治，孫卿不遇時也」。甚至以爲，「德若堯禹，宜爲帝王……時世不同，譽何由生，不得爲政，功安能成！」其既聖而不得聖者之功名，蓋亦「節遇」使然也（原書堯問篇）。余讀其書，益見其悲天憫人而具遠謀於先見；所立治亂世之術，尤著顚撲不破之言，雖百世不可廢，誠所謂「天地不能埋」者也。謹爲繹傳如上。

附年表：

西元前約三三六　荀子出生，約後孟子三六年。

三一七　蘇秦被刺，張儀復相秦，荀子笑之。時年約二十歲。

三一六　燕王噲讓國於子之稍前，荀子遊燕并自楚適齊見孟子而論性。

二八六　齊湣王三八年，荀子年五十遊學於於齊。齊滅宋而矜功不休。荀子說齊相，不聽而適楚。

二七七　楚考烈王八年荀子爲蘭陵令。旋去趙。

　　　　齊襄王五年，田單復齊，襄王續修列大夫之制，荀子復遊齊，時年約五九歲。以田駢之屬已死，荀子最爲老師并三爲祭酒。

二六六　趙・孝成王立、范睢相秦封應侯。稍後，荀子自楚歸居趙，與臨武君議兵於趙孝成王之前。年約七〇歲。其後應聘入秦見應侯述所見并與昭王論儒效後返趙。

二五五　荀子反楚復爲蘭陵令。時年約八〇歲。

二三八　春申君死，荀子廢居蘭陵，年約九七歲。

（二一四　李斯相秦，荀子爲之不食，年約一二二歲。）

二三三　設荀子於廢後五年中著書而卒年約一〇二歲。

說明：

一、荀子生年係據遊齊之年上溯推算——設荀子於西曆前二八六年齊湣王滅宋之年遊齊。理由：1.遊齊年齡以史記本傳「年五十」爲準。以此說資料較早，證據較多，且史記爲信史，以古人治學精神而論，尤不至有傳鈔之譌，故從之。2.本書彊國篇，未提宋國，可知其遊齊當在宋滅之年或稍後。3.據鹽鐵論論儒：「湣王奮二世之餘烈……北并巨宋而矜功不休，諸儒諫，不從，各分散……而孫卿適楚」。可爲佐證。

二、依本表推算，荀子較孟子約晚三六年，與一般所持「大約四十年」之說相接近。

三、燕王噲讓國於西曆前三一六年，故1.韓非子所謂「賢子之而非荀子」，2.正論篇之可據爲與宋鈃對話，3.孟子外篇所謂「見孟子而論性」，均當在此稍前。

四、古以百二十歲爲上壽，而百歲人瑞固爲古今所常見。且荀子善治氣養心，著書之年猶倡「勞倦終日而容貌不枯」，其克享大年，當非意外。

註釋：

❶荀子原書之儒效、議兵、彊國、堯問；韓非子難三，戰國策楚策，劉向敘、漢書藝文志、楚元王交傳、儒林傳、鹽鐵論毀學、風俗通義窮通均作「孫」。彊國篇有「荀卿子說齊相」句，孫貽讓曰：「以全書文例校之，荀實當作孫。」然史記之本傳、韓非傳、李斯傳均作「荀」。

日知錄二十七：荀之爲孫，如孟卯之爲芒卯，司徒之爲申徒，語音之轉也。

謝墉荀子箋釋序：荀音同孫，語遂移易，如荊軻在衛，衛人謂之慶卿；而之燕，燕人謂之荊卿。又如張良爲韓信都，潛夫論云：『信都猶司徒也，俗音不正曰：「信都」或曰「申徒」，或曰「勝徒」，然其本「司徒」耳！』然則荀之爲「孫」正如此義。

讀史卮言：古人於音近音轉之字均可適用，故古人姓名往往載籍互異。荀、孫古音同部，故古書多通假，考論語「其於鄉黨恂恂如也。」劉師培作「遜遜如也」，荀之爲孫，猶「恂」之爲「遜」矣。

荀子柬釋：古書均作「孫」，獨史記作「荀」，疑孫爲本字，以音同轉爲荀耳！

黃公偉孔孟荀哲學證義：荀初作郇，原自黃帝。據林寶元和姓氏纂：郇，周文王十七子郇侯之後，以國爲氏後去邑爲荀。

❷郇卿別傳考異：古郇國在今山西猗氏縣境，其地戰國屬趙，故爲趙人。

❸據史記列傳及原書彊國篇「荀子說齊相」文推定。

❹據元和姓氏纂。

❺汪中通論：「子弓之爲仲弓，猶子路之爲季路，知荀子之學實出於子夏、仲弓也」。

❻經典敘錄毛詩：「子夏作詩傳曾申，申傳魏人李克，克傳魯人孟仲子，孟氏傳根牟子，根牟子傳趙人孫卿子」。

❼劉向敘錄。

❽楊士勛穀梁疏、原書大略篇「春秋賢穆公以爲能變」及「春秋善胥命」之論。

❾史記仲尼弟子列傳。
❿劉向敘錄。
⓫汪中通論。
⓬鹽鐵論論儒：「浮丘子(即浮丘伯)與李斯俱事荀卿」。
⓭史記列傳。
⓮經典敘錄毛詩：「……孫卿子傳魯人大毛公」。
⓯漢書楚元王交傳：「少時嘗與魯……申公同受詩於浮丘伯。伯者，孫卿門人也」。劉向敘：「浮丘伯受業為名儒」。
⓰劉向經典敘錄：「左丘明作傳以授曾申。申傳魏人吳起。起傳其子期。期傳楚人鐸椒。椒傳趙人虞卿。卿傳同郡荀卿名況。況傳武威張蒼。蒼傳洛陽賈誼」。
⓱汪中通論。
⓲胡元儀郇卿別傳。
⓳韓非子難四篇：「燕王噲賢子之而非荀卿，故身死為僇」。
⓴梁啓雄柬釋年表據原書正論及孟子外書「孫卿子自楚至齊見孟子而論性」語，假設及見宋子及孟子。
㉑史記本傳。
㉒鹽鐵論・論儒。
㉓史記年表。

㉔戰國策。楚策。
㉕劉向敍、國策・楚策。
㉖漢書儒林傳。
㉗漢書・藝文志・諸子略。
㉘汪中通論。
彊國篇，楊倞據新序注。
㉙史記春申君傳及孟荀傳。
㉚鹽鐵論・毀學篇。
㉛史記孟荀傳。
㉜楊倞注。
㉝謝墉荀子釋序及郝懿行補注與王引之論孫卿書。
㉞王先謙集解序。
㉟後漢書・荀淑傳稱淑爲荀卿十一世孫與林寶所云出入，故存疑之。
㊱黃公偉孔孟荀哲學證義四四〇。

參考書目

1.王先謙，荀子集解。2.梁啓雄，荀子柬釋。
3.李滌生，荀子集釋。
4.十三經，春秋三傳。
5.十三經，鄭注三禮。
6.十三經，尚書孔傳。
7.十三經論語、中庸。
8.吳闓生，詩義會通。
9.梁沈約注，竹書紀年。
10.房玄齡，注管子。
11.公孫龍子。
12.鄧析子。

13.太平御覽。
14.顧炎武，日知錄。
15.王煜，老莊思想論集。
16.顧實，莊子天下篇講疏。
17.宋．杜道堅，文子纘義。
18.梁啓超，先秦政治思想史。
19.蕭公權，中國政治思想史。
20.黃公偉，中國哲學史。
21.孫本文，社會學原理。
22.張金鑑，中國政治制度史。
23.馬起華，政治心理學。
24.牟宗三，理學與荀子。
25.余英奇，中國思想傳統與現代詮釋。
26.高承恕，理性化與資本主義。
27.金耀基，從傳統到現代。
28.劉譯日人渡邊秀方，中國哲學史。